制造业单项冠军企业创新之路

制造业单项冠军企业展示集

第一册

中国工业经济联合会 编

机械工业出版社

为进一步发挥制造业单项冠军战略引领和标杆示范作用，引导更多制造企业走"专精特新"的高质量发展道路，中国工业经济联合会在工业和信息化部的指导下，开展制造业单项冠军企业典型经验总结推广工作，编辑出版"制造业单项冠军企业创新之路"系列丛书。

本分册是制造业单项冠军企业展示集第一册，书中描述了各企业成长为单项冠军的典型经验，其中包含了各企业对自身经验的进行总结、提炼和剖析（如技术创新、管理能力、企业文化、国际化、质量品牌、经营绩效、产业协同等）。由衷希望在制造业内进行示范推广，以带动更多企业快速发展，实现我国制造业向高质量发展。

图书在版编目（CIP）数据

制造业单项冠军企业展示集. 第一册/中国工业经济联合会编. —北京：机械工业出版社，2021.6

（制造业单项冠军企业创新之路）

ISBN 978-7-111-68465-7

Ⅰ.①制… Ⅱ.①中… Ⅲ.①制造工业-工业企业管理-介绍-中国 Ⅳ.①F426.4

中国版本图书馆 CIP 数据核字（2021）第 119640 号

机械工业出版社（北京市百万庄大街22号　邮政编码100037）
策划编辑：李万宇　　　责任编辑：李万宇　王彦青　高依楠
责任校对：李　杉　王　延　封面设计：马精明
责任印制：常天培
北京宝隆世纪印刷有限公司印刷
2021年8月第1版第1次印刷
169mm×239mm·30.5印张·575千字
0001—3000册
标准书号：ISBN 978-7-111-68465-7
定价：189.00元

电话服务　　　　　　　　　网络服务
客服电话：010-88361066　　机　工　官　网：www.cmpbook.com
　　　　　010-88379833　　机　工　官　博：weibo.com/cmp1952
　　　　　010-68326294　　金　书　网：www.golden-book.com
封底无防伪标均为盗版　机工教育服务网：www.cmpedu.com

序

制造业是实体经济的主体，是推动经济发展、改善人民生活、参与国际竞争和保障国家安全的根本所在。推动制造业高质量发展，"保持制造业占比基本稳定，巩固和加强实体经济根基"是当前和今后一个时期我国经济发展的重大战略任务。我国工业门类齐全、体量巨大、配套优势明显，但发展不平衡不充分的状况仍普遍存在。产业基础能力亟待加强，一些关键核心技术受制于人，在大变局下被"卡脖子"的风险明显增多，加快推动制造业由大变强尤为迫切，亟需我们围绕产业基础高级化、产业链现代化和企业数字化转型升级，锻长板、补短板、强企业。

以制造业单项冠军企业、专精特新"小巨人"企业和产业链领航企业为代表的制造业优质企业，具有创新能力强劲、质量效益卓越、市场地位领先、引领作用显著的突出优势。培育和拥有一批制造业单项冠军企业，是走自主创新和内生驱动道路、建设制造强国的重要支撑，是破解我国制造业发展瓶颈与难点、提升产业链供应链安全稳定的重要措施，是制造业优质企业梯队建设、质量强国建设、品牌强国建设的重要环节。从2016年起，工业和信息化部会同中国工业经济联合会组织开展制造业单项冠军企业遴选工作。截至目前，已发现、培育和提升了五批共计596家制造业单项冠军企业。

2021年年初，为贯彻单项冠军企业培育工作要求，进一步宣传单项冠军企业标杆示范作用，在工业和信息化部指导下，中国工业经济联合会积极探索制造业单项冠军企业发展模式，以"一企一篇"的形式总结了这些企业在创新发展、人才培育、发展路径、经营理念和特色产品等方面的宝贵经验，组织出版了"制造业单项冠军企业创新之路"丛书——制造业单项冠军企业展示集。

期望丛书的出版能够为专家学者研究制造业单项冠军企业提供帮助，为有关部门科学决策提供参考，为引领更多中小企业走"专精特新"发展道路提供借鉴，为加快推进制造业高质量发展发挥积极作用。也期待单项冠军企业能保持战略定力，以"稳固中高端水平"为方向，持续培育以技术、质量和服务为核心的竞争优势，带动所在行业和产业链其他企业协同进步，在实现第二个百年奋斗目标的伟大征程中发挥更突出的骨干带动作用。

李毅中

2021年7月

注：本序作者是工业和信息化部原党组书记、部长；中国工业经济联合会会长。

目　录

序

京东方科技集团股份有限公司
　　半导体显示领军企业　物联网创新典范 ………………………… 1

中钢集团邢台机械轧辊有限公司
　　深耕细作　持续超越　专注打造轧辊行业领军企业 …………… 6

中信戴卡股份有限公司
　　深耕细作谋发展　砥砺前行创未来 …………………………… 11

太原重工股份有限公司
　　创新引领　质量保障　建设现代智能装备制造企业 …………… 16

内蒙古北方重型汽车股份有限公司
　　持续领跑矿车行业　打造高端矿山装备国家名片 ……………… 21

沈阳鼓风机集团股份有限公司
　　打破国际垄断　掌握压缩机全部细分领域核心技术 …………… 27

大连电瓷集团股份有限公司
　　专注绝缘子制造创新　甘为电力铺路 …………………………… 31

南京高精传动设备制造集团有限公司
　　"五维"铸造可靠性　打造全球风电传动领域领导者 ………… 36

徐州重型机械有限公司
　　改变全球起重机产业竞争格局　引领产业结构向高端转型 …… 41

徐州徐工基础工程机械有限公司
　　以高端装备为核心　打造世界级基础工程机械第一品牌 ……… 47

目　录

镇江液压股份有限公司
　　专注液压件45年　"小产品"做出"大文章" ………………………… 51

五洋纺机有限公司
　　聚焦双针床经编机研发与产业化　每年持续推出新品 ………………… 56

杭州前进齿轮箱集团股份有限公司
　　船舶推进系统解决方案缔造者 …………………………………………… 61

万向钱潮股份有限公司
　　奔竞不息　勇立潮头 ……………………………………………………… 66

海天塑机集团有限公司
　　匠心精神塑产品　改革创新注灵魂 ……………………………………… 71

宁波德鹰精密机械有限公司
　　坚持自主研发　打造全球规模最大旋梭制造企业 ……………………… 76

巨石集团有限公司
　　创新驱动国际化布局　实现玻璃纤维工业高质量发展 ………………… 80

铜陵精达特种电磁线股份有限公司
　　专注特种电磁线制造　尝试各种创新实践 ……………………………… 84

安徽中鼎密封件股份有限公司
　　深耕"专精特新"　争当"行业冠军" …………………………………… 87

中建材（合肥）粉体科技装备有限公司
　　专注粉磨40载　创新引领铸辉煌 ………………………………………… 92

福建泉工股份有限公司
　　专注制砖行业上下游　与砖机"较劲"40年 …………………………… 96

福建龙溪轴承（集团）股份有限公司
　　创新引领　持续提升核心基础零部件竞争力 …………………………… 101

潍柴雷沃重工股份有限公司
　　创新驱动　龙头引领　推动高端农机装备高质量发展 ………………… 107

山东泰丰智能控制股份有限公司
　　不忘初心　深耕细作　铸就关键液压件国产化旗帜 …………………… 112

山东临工工程机械有限公司
　　专注发展工程机械主业　核心关键技术不断实现新突破 ……………… 117

山东威达机械股份有限公司
　　数字赋能建立新模式　科技创新夯实真冠军 …………………… 123

淄博水环真空泵厂有限公司
　　专注水环真空泵生产18年　振兴民族工业 ………………………… 126

胜利新大新材料股份有限公司
　　深耕复合材料输油管道行业　引领纤维增强复合材料创新 ……… 130

山东华夏神舟新材料有限公司
　　坚持自主创新　走科技发展之路 ……………………………………… 135

山东尚舜化工有限公司
　　注重创新铸就冠军　合作共赢推动发展 ……………………………… 140

万华化学集团股份有限公司
　　深耕MDI制造技术　引领全球产业发展 …………………………… 145

青岛科海生物有限公司
　　深耕细作提质量　创新提升创品牌 …………………………………… 151

中信重工机械股份有限公司
　　领跑重型装备制造　探索"核心制造+综合服务商"新商业模式 … 156

中国一拖集团有限公司
　　推进全面深化改革　提升经营管理水平 ……………………………… 161

中南钻石有限公司
　　贯彻新发展理念　推动公司高质量发展 ……………………………… 166

长飞光纤光缆股份有限公司
　　专注光纤核心技术　铸就行业单项冠军 ……………………………… 170

中石化石油机械股份有限公司
　　打造尖端钻探利器　助力油气勘探开发 ……………………………… 175

湖南省长宁炭素股份有限公司
　　推动电池炭石墨制品行业进步　实现标准与国际接轨 …………… 180

潮州三环（集团）股份有限公司
　　坚持自主研发　主要产品光纤陶瓷插芯成知名品牌 ……………… 185

广州广电运通金融电子股份有限公司
　　掌握核心现金循环技术　致力成为人工智能行业领军企业 ……… 190

目 录

广州珠江钢琴集团股份有限公司
  打破技术壁垒　核心零部件自主支撑民族钢琴"弯道超车" ……… 194

研祥智能科技股份有限公司
  以"质量、创新、自主"铸就行业百年老店 …………………… 198

深圳顺络电子股份有限公司
  深耕电子元器件主业　小尺寸电感开发与国际同步 …………… 203

深圳市金洲精工科技股份有限公司
  微钻设计制造水平行业领先　四大战略提升核心竞争力 ……… 206

四川旭虹光电科技有限公司
  打破国外垄断　全面掌握高铝盖板玻璃成套技术　实现规模生产 …… 210

隆基绿能科技股份有限公司
  持续加大创新能力　确立行业领先地位 ………………………… 214

陕西法士特汽车传动集团有限责任公司
  打造全球最大商用车变速器及汽车传动产品系统供应商 ……… 219

新疆金风科技股份有限公司
  为人类奉献碧水蓝天　给未来留下更多资源 …………………… 225

一重集团大连核电石化有限公司
  专注核电压力容器制造　打造核电石化产业"第一品牌" …… 230

天津汽车模具股份有限公司
  汽车模具上市第一股　打造最大汽车覆盖件模具生产集团 …… 234

江苏力星通用钢球股份有限公司
  深耕主业　打造精密滚动体行业高地 …………………………… 239

万丰奥特控股集团有限公司
  打造汽车金属部件轻量化和通用飞机创新制造"双引擎" …… 244

浙江双环传动机械股份有限公司
  打造独特专业优势　深耕齿轮零件生产 ………………………… 248

东睦新材料集团股份有限公司
  深耕新材料产业　争做国内粉末冶金零件制造龙头 …………… 253

福建龙净环保股份有限公司
  坚持环境领域研发及应用　打造环保装备制造领军企业 ……… 257

福耀玻璃工业集团股份有限公司
　　为世界贡献一片有灵魂的玻璃……………………………………………… 262

郑州宇通客车股份有限公司
　　专注客车关键技术自主研发　助力汽车工业向技术输出转型………… 266

中铁工程装备集团有限公司
　　掌握隧道掘进机制造关键核心技术　引领行业标准制定……………… 271

河南威猛振动设备股份有限公司
　　专注振动筛分设备研发制造　促进钢铁矿山向深度环保发展………… 276

卫华集团有限公司
　　专注通用桥式起重机研发　四大系列产品抢占市场…………………… 281

中石化四机石油机械有限公司
　　打造大国重器　助力国内油气资源开发………………………………… 286

成都成高阀门有限公司
　　专注管线球阀市场　努力实现天然气液化低温阀门国产化…………… 291

同方威视技术股份有限公司
　　安检产品和安全检查解决方案供应商…………………………………… 296

天合光能股份有限公司
　　专注高品质光伏组件研发生产　技术创新引领冠军梦………………… 300

浙江水晶光电科技股份有限公司
　　五大业务协同并进　推动国内光学电子产业技术进步………………… 305

宁波舜宇光电信息有限公司
　　打造光电之星单项冠军的发展历程……………………………………… 309

杭州海康威视数字技术股份有限公司
　　海康威视的数字化转型之路……………………………………………… 313

宁波激智科技股份有限公司
　　激智科技——液晶显示用光学膜的领军企业…………………………… 318

厦门宏发电声股份有限公司
　　努力代表民族继电器工业在全球保持领先地位………………………… 323

福建新大陆支付技术有限公司
　　每一次支付　都能发现新大陆…………………………………………… 328

目 录

陕西宝光真空电器股份有限公司
　　"宝光"之光　闪耀世界 ······ 333

红宝丽集团股份有限公司
　　打造全国最大聚氨酯硬泡组合聚醚产业基地　持续推进技术迭代 ······ 338

安徽国星生物化学有限公司
　　吡啶碱产业"链"动未来 ······ 343

青岛明月海藻集团有限公司
　　国家制造业单项冠军示范企业发展案例 ······ 348

重庆昌元化工集团有限公司
　　创新发展　追求卓越 ······ 353

国投新疆罗布泊钾盐有限责任公司
　　"死亡之海"铸造"硫酸钾航母" ······ 359

常熟市龙腾特种钢有限公司
　　深耕 PC 钢棒产品生产　争做中国民营中型优特钢行业领头羊 ······ 364

浙江久立特材科技股份有限公司
　　中国不锈钢管产业领跑者 ······ 368

贵州钢绳股份有限公司
　　深耕钢丝绳主业　抢占中国钢丝绳企业国际标准"话语权" ······ 373

辽宁忠旺集团有限公司
　　专注工业铝挤压产品研发制造　三大核心业务并举发展 ······ 378

哈尔滨东盛金属材料有限公司
　　技术水平全球领先　打造铝合金添加剂行业"隐形冠军" ······ 383

北新集团建材股份有限公司
　　使命引领、创新驱动　为打造世界级工业标杆奋斗 ······ 386

中材（天津）粉体技术装备有限公司
　　技术为核、创新求进　立磨技术发展领军者 ······ 391

江苏鹏飞集团股份有限公司
　　专注回转窑　通过工程项目总承包扩大国际市场份额 ······ 395

江苏苏博特新材料股份有限公司
　　行业领先的新型土木工程材料供应商 ······ 400

沪东重机有限公司
　　深耕船舶动力60余年　大型船用主动力柴油机制造国内领先 ……… 405

大连华阳新材料科技股份有限公司
　　深耕产业用纺织品专用装备　填补多项技术空白 …………… 410

杰克缝纫机股份有限公司
　　聚焦主业发展　实现缝制装备产业革命 …………………………… 415

桐昆集团股份有限公司
　　加快发展化纤主业　推进建设制造强国 …………………………… 421

康赛妮集团有限公司
　　全球高档纱线顶级供应商 …………………………………………… 426

宁波慈星股份有限公司
　　方向对了　路就不远 ………………………………………………… 430

新凤鸣集团股份有限公司
　　科技赋能　打造化纤行业全要素一体化智能工厂 ………………… 435

长乐力恒锦纶科技有限公司
　　力恒锦纶助力中国化纤产业创新可持续发展 ……………………… 439

山东如意毛纺服装集团股份有限公司
　　打造纯毛机织物单项冠军 …………………………………………… 444

鲁泰纺织股份有限公司
　　以振兴中国纺织产业为己任　打造棉纺织行业龙头企业 ………… 449

泰安路德工程材料有限公司
　　锐意进取　铸造世界高性能土工材料知名品牌 …………………… 453

青岛环球集团股份有限公司
　　连续三年产销第一　引领纺织行业数字化、智能化发展 ………… 458

淄博大染坊丝绸集团有限公司
　　打造完整产业链条　壮大企业核心实力 …………………………… 462

北京大豪科技股份有限公司
　　深耕专业领域　争为行业第一 ……………………………………… 467

晨光生物科技集团股份有限公司
　　晨光生物单项冠军发展案例典型经验分享 ………………………… 472

BOE 京东方科技集团股份有限公司

半导体显示领军企业　物联网创新典范

一、总体情况简介

显示作为智能交互的重要端口，已成为智能硬件、物联网和虚拟现实等新兴产业的重要支撑，同时它也成为全球各国近年来竞相发展的战略性新兴产业中的一部分。近年来，我国半导体显示产业规模实现快速增长，在产业集聚、产品竞争力、创新能力等方面也都取得了令人瞩目的成绩。

京东方科技集团股份有限公司（以下简称"京东方"）创立于1993年4月，是一家为信息交互和人类健康提供智慧端口产品和专业服务的物联网公司，发展至今已形成了以半导体显示事业为核心，Mini-LED、传感器及解决方案、智慧系统创新、智慧医工事业融合发展的"1+4"航母事业群。面对激烈的市场竞争环境，京东方抢抓市场机遇，深耕细分市场，持续提升核心创新能力。作为全球半导体显示产业龙头企业，京东方带领我国显示产业实现了从无到有、从有到大、从大到强。目前全球有超过1/4的显示屏来自京东方，其超高清、柔性、微显示等解决方案已广泛应用于国内外知名品牌，同时京东方将全球领先的显示、传感技术赋能应用场景，为交通、金融、艺术、零售、教育、办公、医疗等领域提供物联网解决方案。目前，京东方拥有多个制造基地，子公司遍布多个国家和地区，服务体系覆盖全球主要地区。

二、突出优势

咨询机构Omdia 2020年第3季度数据显示，京东方在TFT-LCD五大产品领域全球市场占有率为：智能手机显示器件占26%（全球第一）、平板计算机显示器件占41%（全球第一）、笔记本计算机显示器件占27%（全球第一）、显示器显示器件占26%（全球第一）、电视显示器件占18%（全球第一）。上述成绩的取得主要依托于京东方在以下方面的突出优势。

（一）产业规模

京东方显示器件产品整体出货量多年保持全球第一，2020年上半年，京东方出货量同比增长超过15%，五大主流产品销量市场占有率继续稳居全球

全球最高世代线京东方第 10.5 代 TFT-LCD 生产线外景

全球最高世代线京东方第 10.5 代 TFT-LCD 生产线

第一，其中高端产品持续实现突破，8K 超高清显示屏销量环比增长超过 15 倍，氧化物笔记本计算机显示屏销量同比增长超过 10 倍；创新应用产品销量同比增长超过 60%，电子标牌、穿戴设备、电子标签等产品市场占有率全球第一。2020 年以来，京东方持续推动中电熊猫南京 8.5 代和成都 8.6 代 LCD 生产线项目的收购和整合，不仅进一步完善了京东方技术和产品布局，还提升了行业集中度，引领和优化了产业环境，推动了全球半导体显示行业良性发展。

群智咨询预测，到 2022 年，京东方在全球大尺寸 LCD 市场的市场份额将达到 28.9%。京东方引领我国显示面板产业从跟跑、并跑进入全球领跑阶段。

（二）技术创新

京东方始终笃信"对技术的尊重和对创新的坚持"，在高强度的研发投入下，企业创新技术和产品不断涌现。在 8K 超高清显示方面，京东方推出 8K 超高清系统解决方案，携手合作伙伴实现"8K + 5G"超高清实况直播。在大尺寸显示方面，京东方拥有 65～110in 显示产品，其中 0.9mm 极致窄边框 4K 电视创造了显示领域的新标杆。在柔性屏方面，打孔屏、瀑布屏、折叠屏相继实现量产并应用于国内外知名手机品牌，创新推出 360°内外双向弯折的柔性屏、弯折半径达到全球最小的 1.0mm 的折叠柔性屏、12.3in "滑动卷轴"形态的柔性显示产品、首款 6.2in 柔性腕带手机等创新技术和产品。在量子点显示方面，京东方 55in 4K 主动矩阵量子点发光二极管（AMQLED）显示屏，是全球电致发光量子点领域取得的重大突破。同时，京东方专利申请、授权数量保持快速增长，专利服务机构 IFI Claims 发布的 2020 年度统计报告显示，京东方位列美国专利授权排行榜全球第 13 位，专利授权量达 2144 件。京东方已连续多年在世界知识产权组织（WIPO）专利排名中位列全球前 10，创新能力持续提升。

（三）人才聚集

京东方致力于建立使组织不断优化、人才适配度不断提高、利于员工快速发展的"人才辈出"机制，通过持续推动组织与人才发展计划项目，不断提升组织效能及领导效能、动态挖掘和储备各层级后备力量，将领军团队建设与后备人才培养相结合，加快各级管理人员的成长，促进组织专业能力的提升，打造符合京东方战略要求的高素质国际化人才队伍。京东方员工结构呈现高学历、专业化的趋势，研发人员占比逐年提高。

2020 年，京东方发布首个中长期股权激励计划。

三、典型经验

一是加强行业细分领域前瞻性研究。20 世纪 90 年代末，京东方正式进军液晶显示领域，在当时显示领域 TFT-LCD、PDP、FEP 等多条技术路线中，京东方基于对前沿技术的深入研究和对未来趋势的科学判断，前瞻性地选择了 TFT-LCD 作为主要研究方向。

二是坚定地从技术追赶向颠覆性创新迈进。京东方保持持续高强度的研发投入，在实践中摸索建立创新理论和体系支撑，推进产业链协同创新，把技术优势转化为产品优势。

三是始终把人才团队建设放在突出位置。京东方高度重视人才，激发人才创造力，为人才发展拓展空间，营造成就人才的文化氛围，持续强化人才体系建设，为企业发展提供源源不断的动力，实现企业和人才的价值共创。

四是坚持开放创新、整合资源，实现共创共赢。京东方每年召开全球创新伙伴大会，在业内倡导"开放两端、芯屏气/器和"的理念，推进"产学研用"结合，构建合作共赢价值创造系统，不断推进上游材料和装备的国产化配套，技术创新和应用拓展的路子越走越宽，增强了企业自身的创新活力和竞争力。

四、未来发展展望

目前 TFT-LCD 显示仍是半导体显示的技术主流，AMOLED 技术快速发展，新型显示产业已进入技术多样化阶段，Micro OLED、印刷 OLED、Mini/Micro-LED、量子点等新兴显示技术发展突飞猛进。此外，随着日本和韩国面板厂商退出 LCD 市场，行业加速洗牌，显示领域竞争格局正在被重塑。

（一）技术突破方面

①加快大尺寸 8K 超高清显示器件开发和量产，深入挖掘玻璃基 Mini-LED 背光、反射式 LCD 等技术，提升技术竞争力；②持续拓展柔性产品应用，发展从高端智能手机到柔性笔记本、柔性车载等产品线，不断提升大尺寸 OLED 工业化生产及分辨率，加快打印 OLED 技术开发，完善 AMOLED 供应链生态体系建设；③注重新兴技术的研究和储备，布局 Micro OLED 新型显示技术，实现超高分辨率不断突破，提升近眼显示等场景体验，挖掘产品高价值；④重视器件创新，通过指纹识别、摄像头集成、3D 探测集成、图像显示智能化、整合算法、IC、指纹模组等软硬件资源，实现交互方式创新及显示智能化升级。

（二）应用拓展及创新方面

①深化面板企业与终端企业的合作交流，拓展互联网、物联网、人工智能等不同领域的应用，在中高端消费领域培育新的增长点；②在前瞻性领域开发 AR/VR、可穿戴设备等创新应用，进一步扩大在健康医疗、智能家居等领域的应用范围。

（三）高质量发展方面

①打通产业链条，即从材料、设备、零组件到终端的制造供应链，发挥骨干面板企业的引领作用，联合产业链上下游共同开展对材料、器件、工艺和关键设备的共性技术联合攻关，提升资源配置率；②开展多层次、全方位产业合作，进一步加强高水平人才引进培养力度，打造具备国际竞争力的产业集群。

在巩固半导体显示优势的同时，京东方坚持物联网转型方向，积极把握发展机会，及时调整经营策略、优化产品结构，推进在创新应用业务、传感器、智慧物联和智慧医工等多个领域的发展，稳步推进物联网转型战略。加速传感器及解决方案、智慧系统创新、智慧零售、数字艺术、移动健康、健康服务等创新转型事业成长，稳步提升市场占有率、行业影响力和品牌知名度。

五、专家点评

我国显示技术与世界同步发展，液晶显示技术已经超过国外同行，柔性OLED屏产量也有望跟上，AMOLED显示技术与液晶显示技术一样，同样呈后来者居上的发展态势。

京东方独有的ADS超硬屏技术，是全球广视角显示的重要核心技术之一，具备画质表现力佳、普适性强、超宽视角、超高色彩表现力、超高速运动画面处理等优势，已广泛应用于手机、计算机、电视等全系列高端产品，全球市场渗透率极高。京东方BD Cell系列技术是实现TFT-LCD百万级对比超高清显示的全新技术突破，通过数百万分区，实现像素级控光调制，带来震撼的HDR体验。

中国科学院院士 欧阳钟灿
中国科学院理论物理所战略发展委员会主任

中钢集团邢台机械轧辊有限公司

深耕细作　持续超越
专注打造轧辊行业领军企业

一、总体情况简介

中钢集团邢台机械轧辊有限公司（以下简称"中钢邢机"）始建于1958年，注册资本6.5351亿元，占地面积121.3万 m^2。公司主导产品为冶金轧辊，年产能18万t，产品远销60多个国家和地区。建企60多年来累计生产各类轧辊60多万支，轧制各类钢材70多亿t，为我国钢铁工业的发展发挥了重要作用。

中钢邢机是国家火炬计划重点高新技术企业、国家技术创新示范企业、国家创新方法示范企业和河北省创新型企业，是国内唯一荣获国家质量金奖、银奖的轧辊企业。"邢机轧辊"品牌是国际知名品牌，在世界钢铁行业享有良好信誉。

中钢邢机厂区鸟瞰图

二、突出优势

（一）生产规模及市场领先优势

中钢邢机是目前世界上最大的轧辊研发与生产企业，每年生产销售各类轧辊4万~5万支，产品涵盖全部黑色及有色金属轧制领域，是全球唯一一家金属轧制全覆盖的企业。其轧辊品种多、数量大、规格全、范围广、各种产品互补性强、资源综合利用优势强是目前其区别于行业内其他企业的优势。

中钢邢机生产车间场景及部分产品展示

（二）研发与技术优势

中钢邢机是目前国内乃至全球轧辊行业产品研发领军企业，建有"轧辊研究所、轧辊技术中心、轧辊复合材料重点实验室"三个国家级科研平台，一个"河北省轧辊工程技术中心"省级工程技术中心，同时建有院士工作站和博士后科研工作站；拥有高级工程师以上各类科研人员150多人；与东北大学等多家高校、科研机构以及宝武集团等多家用户建立了"产学研用"一体化创新与研发模式。目前中钢邢机已获授权的各项专利360多项，专利总数超过其他轧辊企业总和，荣获包括国家科技进步一等奖在内的各类省部级以上科技进步奖60多项。

中钢邢机科技研发中心

（三）行业内的管理领先优势

中钢邢机是工信部选树的标杆企业和示范企业，目前生产全过程已实现了两化深度融合，生产过程中已建立了2万多个数据自动采集点，实时自动录入系统，通过 2000 多个应用终端对系统数据进行开发应用。中钢邢机培养的 100 多名编程人员已经开发了 1 万多种应用程序，推进了管理的持续改进和变革，为企业实现生产、工艺、设备、质量、成本精准管理奠定了坚实的基础。中钢邢机是全球行业内唯一一家通过质量管理体系、环境管理体系、职业健康安全管理体系、能源管理体系、测量与计量管理体系、两化融合管理体系、武器装备质量管理体系、中国船级社工厂认证 8 体系认证的企业，企业管理达到了行业领先水平。

（四）精益化制造的比较优势

依托大数据开发应用以及两化深度融合优势，中钢邢机在产品生产全过程所涉及的"人、机、料、法、环、测"各环节上努力推进精益化管理、精细化管控和精准化生产，大力实施机械化、自动化、数字化、智能化改造，推进"一键式操作、无人化工序、集成式作业"的生产作业革命式改进，产生了大量革命性成果，形成了质量和成本优势，成为企业的核心竞争力，为创建世界一流企业奠定了坚实的基础。

（五）持续盈利能力优势

自 2003 年至今，中钢邢机保持了连续 18 年盈利，成为国内机械制造行业特别是重机行业的典范，牢牢占据了行业第一的优势地位，形成了独特的比较优势。

（六）差异化的商业模式优势

在应用两化融合改造企业由传统制造业转为先进制造业的同时，中钢邢机于 10 年前便开始探索先进制造业与现代服务业的"两业"深度融合，推进企业由生产商向生产服务商，由产品提供者向产品使用整体方案解决者转变。中钢邢机秉持为客户创造价值的经营思想，组建市场技术服务处，100 多名科研人员服务于用户使用现场，广泛开展轧辊使用技术研究和产品应用服务，并投资千万元构建客户云服务中心，打造全球轧辊行业首个智能化远程技术服务系统。2017 年，中钢邢机被工信部授予全国首批服务型制造示范企业。目前，功能计价商业模式已成功开发 24 家重点钢企、36 条轧线。

（七）强大的品牌优势

中钢邢机确定了创建民族品牌、国家品牌的品牌战略，确立了品牌驱动发展、引领企业转型升级、高质量发展的品牌理念，构建了以"诚信文化"为内核的品牌文化和"安全可靠，稳定一致"的品牌内涵。2010 年，"邢机轧辊"被认定为"中国驰名商标"，并先后获评"中国轧辊市场产品质量过硬用户满意第一品牌""中国轧辊行业最具影响力领军品牌"。2020 年，中钢邢机荣登中国品牌价值榜。

三、典型经验

（一）以科研创新为引擎，持续打造企业核心竞争力

中钢邢机坚持走科技先导型、技术引领型发展道路，构建了"全员创新、管理系统创新和科技创新"三级创新管理架构，建设了国家轧辊研究所、国家轧辊技术中心、国家轧辊复合材料重点实验室"3C"国家级科研平台，通过聘请多名院士和业内资深专家、学者担任技术顾问，加强与国内知名高校和科研院所的战略合作，企业内部设立责任、主任、首席工程师和责任、首席技师岗位，搭建既"相马"也"赛马"的创新人才培养选拔机制，形成了企业科学系统的创新与研发模式。中钢邢机瞄准行业科技前沿、轧辊制造关键技术和颠覆性工艺革命方向，围绕生产现场和用户现场，每年投入营业收入5%左右的研发费用，开展基础材料研究、工艺技术研究、产品使用研究。同时，设立3%的创新工资单元，每月对创新提案、成果进行评审奖励，每年对重大科研课题与创新成果进行表彰，进一步浓厚企业创新氛围，激发全员创新的积极性。

（二）以新型商业模式为路径，不断增强企业持续发展能力

中钢邢机深入推进先进制造业和现代服务业融合，强力推进服务型制造企业建设，充分发挥拥有世界一流轧辊研发科技力量和为全球知名钢企提供配辊服务丰富经验的综合优势，在全行业首创"全线总包、配套供给、租赁使用、功能计价"新型商业模式，开创了轧辊行业产品全生命周期管理的新模式，实现了从"单支产品提供"到"全线配辊设计"，从"全程技术指导"到"轧机用辊整体解决方案"，解决了钢铁企业买轧辊、存轧辊、用轧辊、管轧辊消耗大量人力、物力、财力、精力的问题，使中钢邢机充分融入了钢铁生产的环链当中，中钢邢机与钢铁生产企业形成了共生共赢的战略合作关系。

（三）坚持品牌驱动战略，积极培育行业发展制高点

中钢邢机制定企业品牌战略规划，深入落实"生养用测"品牌建设要求，以提升品牌力、彰显品牌价值为主线，建立客户价值评价体系。完善质量管控"铁门槛"机制、实施"方圆工程、镜面工程"竞赛评比、推行"零返工、零废品"的"质量双零"考核、推进"万点控制无偏差"工程等一系列管理举措，持续提升产品品质，形成品牌优势及品牌引领企业可持续发展的能力。自主开发品牌建设网和管理系统，组织全员参与市场分析，定期发布公司品牌建设动态和市场评价信息，不断增强全员市场意识和品牌意识。

（四）加强管理能力建设，全面推进企业高质量发展

2015年，中钢邢机确立了"深耕细作，持续超越"的工作方针，确定了"深、细、严、稳、准、精"的管理标准，紧盯建设世界一流企业、推进企业

高质量发展的目标，在企业各个管理单元和子系统每年都确立多个阶段性奋斗目标，开展主题创建活动，一步一个台阶地推进企业技术创新、精益生产、商业模式推广、信息化改造、品牌建设、管理进步，推动企业转型升级，实现"两化""两业"深度融合。中钢邢机总资产由 2000 年不足 17 亿元增长到 2018 年的 88.5 亿元，轧辊产品的产销规模超过了世界排名第二和第三轧辊企业的总和，创造了世界轧辊发展史上的奇迹。

四、未来发展展望

（一）将企业建设成以轧辊生产为核心业务的世界一流企业

新工厂将充分按照智能化工厂、数字化工厂、世界一流工厂的要求，大量采用新技术、新工艺。新工厂的设备布局、流程布局都反复经过了计算机仿真模拟推算，并不断进行优化，目前已完全成型。新工厂建成后，能源消耗、产品生产成本将大幅下降，生产效率将大幅度提高，污染物将实现超低排放。

（二）将企业建设成为核燃料后处理关键设备生产与研发企业

中钢邢机致力于推动我国核工业的可持续发展，开发生产百吨级核电乏燃料贮运一体化设备，目前正在推进产品的设计资质和生产资质的取证工作，力争早日实现工厂量化生产。

（三）将企业建设成为钢铁生产运营服务商

中钢邢机将依托商业模式的转变，由生产制造商转型升级为钢铁生产运营服务商，实现先进制造业与现代服务业的深度融合。

（四）将企业建设发展成为工业互联网应用平台商

借助功能计价商业模式的推进及运营服务商的转型，借助公司钢铁设备工业互联网国家应用平台建设，中钢邢机将建设国家钢铁轧制设备研发应用工业互联网平台，服务于全国钢铁企业，架起钢铁生产设备需求与设备生产商供需平台。

五、专家点评

中钢邢机作为我国轧辊乃至世界轧辊行业的翘楚，始终致力于振兴民族产业、创建具有国际领先水平的世界一流轧辊企业，专注于将轧辊产品做专、做精、做特、做优、做强，大力推进"两化""两业"深度融合，深入实施创新驱动、数字驱动、品牌驱动、管理驱动发展战略，闯出了一条从小到大、从弱到强、从追赶到引领的绿色、可持续、高质量发展的奋斗之路，其发展案例和创新改革经验具有很强的历史意义、时代意义和实践意义，值得众多企业学习、研究和借鉴。

中国机械工业联合会副会长、中国铸造协会会长　张立波

中信戴卡股份有限公司

深耕细作谋发展　砥砺前行创未来

一、总体情况简介

中信戴卡股份有限公司（以下简称"中信戴卡"）是中信集团 1988 年投资建设的国内第一家铝车轮制造企业，经过 30 多年的发展，铝车轮产销量连续 13 年全球第一，成为全球最大的铝车轮及铝制底盘零部件供应商。中信戴卡是国家高新技术企业，拥有优秀级国家企业技术中心，建有国家地方联合工程实验室、国家工业设计中心。中信戴卡在国内及北美、欧洲和日本建有研发中心，专利累计超 7000 件，在我国汽车零部件行业排名第一，是行业标准的制定者，拥有国际车轮标准委员会唯一中国席位，是业内技术创新引领者，荣获国家科技进步二等奖。目前，在我国汽车零部件出口领域中排名第一，河北省出口企业中排名第一，在最新的全球汽车零部件供应商百强排名中位列第 66 位。

中信戴卡全景

二、突出优势

（一）传承中信基因，勇担国家使命

中信戴卡自成立起就承载着中信"改革的先锋，开放的窗口"的使命。

从我国第一只铝车轮的诞生,到首次中国制造的镁合金 F1 赛车车轮驰骋于赛道,再到搭载我国轻量化零部件的各品牌汽车遍布全球,这中间都伴随着中信戴卡勇担使命、创新拼搏的身影。

(二)聚焦绿色发展,完善轻量化技术

中信戴卡以"绿色、环保"为主题,着力推进绿色发展、循环发展、低碳发展的相关技术,已经建立起完善的轻量化技术体系,覆盖轻量化材料研究、产品设计、制造工艺、试验检测等方面。近年来,中信戴卡重点对铝镁合金、碳纤维复合材料等轻量化材料、低碳环保的加工工艺以及智能化生产管理等技术进行了投入和研发攻关,并取得了丰硕的技术创新成果。2019 年突破大尺寸车轮制造中轻量化、高效率、高性能的强水冷成形技术瓶颈,开创了铝车轮数字制造新模式。其他核心技术包括模拟实况试验技术、熔体高效复合净化技术、磁控真空溅射技术、全水冷铸造技术、工程仿真技术、浮雕技术等。目前已形成三个独有特色:实现与世界前 12 大汽车厂同步开发能力;同时拥有铝车轮铸造、铸旋、锻造三种成形工艺;能够提供铝车轮所有表面状态解决方案。

(三)定位国际化战略,实现全球化布局

中信戴卡实施国际化发展战略,在全球化营销、全球化生产、全球化研发方面进行全方位拓展,实现全球化布局。中信戴卡客户数量超过 157 家,遍及全球 25 个国家,覆盖全球所有主要汽车厂,形成了全球化营销服务网络;在生产方面,中信戴卡瞄准全球高端制造,共建有 26 家生产基地,其中海外生产基地 8 家,员工过万人,为客户提供本地化供货;在研发方面,中信戴卡构建了研发基地,可为全球汽车主机厂实现 24h 不间断同步研发设计,并能利用 PLM 系统,实现跨区域、跨时域协同设计,以及产品全生命周期管理。

(四)践行国家战略,推行智能制造

中信戴卡积极践行国家大数据战略,提出了"戴卡 + 互联网"的发展理念,打造了以自动化为基础、以柔性化为体现、以数字化为前提、以智能化为灵魂的智能制造体系,并自主迭代开发了 DMS 智能制造系统,推动产业平台的智能化升级。中信戴卡在智能制造领域的创新应用,使生产效率、生产成本及产品质量等实现重大突破,进一步提升了在行业内的领先优势。最新打造的铝车轮"未来工厂",70% 以上的智能化装备自主开发,可初步实现"非接触式制造"和"大批量定制",智能制造水平行业领先。中信戴卡正在打造的铝车轮"灯塔工厂"项目,将实现从"高度柔性自动化"向"高度智能化"飞跃,达到世界级的产品质量和极致的产品交付速度。

(五) 突出主业重点，打造产业生态

为持续增强主业核心竞争优势，中信戴卡不断完善材料、装备、模具、能源管理、数字化、出口服务等全产业链条服务能力，目前已形成了从原材料研发、装备研制、产品设计，到最终生产的产业链垂直布局，具备了行业领先的生产线集成能力及综合服务配套解决能力。通过产业链垂直布局，提升了中信戴卡在整个产业链条的附加值，形成了自我迭代、永续创新的内生能力。

中信戴卡产品展示

(六) 创新商业模式，实现行业领先

我国加入世界贸易组织后，作为全球制造业中心，汽车产销量出现井喷式增长，订单急剧增加，产能出现巨大缺口，传统意义投资建厂无法满足当时订单需求。为迅速突破产能瓶颈，中信戴卡大胆探索创新，依托技术、品牌、营销等优势，以少量资金、专利等入股民营企业合作经营，走出了一条国有经济与民营经济互促共进共同发展的独特路径。轻资本合作的商业模式，对中信戴卡实现跨越式发展发挥了决定性作用，同时也对深化行业供给侧结构性改革做出了有益探索，避免了企业靠高负债进行产能扩张，有助于抵御行业周期冲击，对于有效整合行业产能、提高产能利用率、提升供给质量具有重要意义。

(七) 擦亮"戴卡"品牌，点亮民族工业

中信戴卡致力于打造汽车零部件高端制造，在产品和服务方面精益求精，赢得了全球汽车主机厂的信赖，形成了竞争对手难以比拟的品牌优势。2011年，中信戴卡成功跻身于全球汽车零部件百强榜单，成为首家进入该榜单的中国企业。2020年，中信戴卡创新设计的"百变车轮设计项目"，获设计界"奥斯卡"德国iF工业设计大奖。

（八）打造特色企业文化，助推企业全球发展

中信戴卡将我国传统思想的精华与西方工业文明高度融合，形成了独有的企业文化理念，并提出让人文精神进入产业科技，对"仁、义、礼、智、信"的文化理念进行现代阐释，发展为"凝聚""担当""合规""创新""诚信"，引领中信戴卡事业持续发展。在德国、美国、摩洛哥的工厂，外籍员工对中信戴卡企业价值观十分认同，这为中信戴卡的全球化发展、构建全球有生命力的生态圈打下了坚实的基础。

三、典型经验

（一）服务国家建设与企业经营深度融合

中信戴卡让产品和服务承载理想信念，努力将戴卡制造做成中国符号，不断提升中国制造的国际形象和影响力，积极服务国家建设，践行"一带一路"倡议，探索数字制造技术，打造高端制造，充分发挥国有企业的政治责任、经济责任和社会责任。

（二）"轻资本合作"商业模式引领行业发展

中信戴卡对"轻资本合作"商业模式进行持续探索与完善，在产品技术创新、合作对象选择、合作机制、企业文化等方面积累了丰富的实践经验。一是中信戴卡以"四大基地、两大中心"（即新产品研发基地、新技术新装备研究试验基地、人才培养基地、高端核心产品制造基地，全球营销网络中心和财务管控中心）定位，持续打造中信戴卡本部的技术创新能力和品牌影响力。二是根据民营企业地域情况、企业特点、比较优势等，准确定位，合理选择合作企业，优化产能区域布局。三是对民营企业实行"五个统一管理"（即统一产品开发、统一品牌、统一技术质量、统一市场销售、统一生产计划），形成制度健全、分工明确、资源风险共享共担的合作机制，实现互利共赢。四是促进企业文化理念的充分融合，让合作企业把"戴卡"品牌视为自己的品牌，让中信戴卡文化深入到每一位员工，打造高度认同的企业文化，凝聚为企业发展合力。

（三）30 年不懈推动创新

中信戴卡不断创新发展战略，持续引领铝车轮行业发展。1993 年，中信戴卡率先进入国内铝车轮 OEM 配套市场，开拓了行业竞争的"蓝海"；2000 年，率先进入国际铝车轮 OEM 配套市场，引领国内铝车轮行业走上全球配套的发展平台；2003 年，探索出"轻资本合作"的商业模式，重塑和优化了铝车轮市场竞争格局。目前，公司大力推进智能化制造，引领行业向智能转型升级。

在技术方面，中信戴卡深耕汽车轻量化零部件领域，坚持自主研发创新的同时，积极吸收引进外部先进技术，形成了汽车零部件设计、加工、产品检

测、制造工艺、新材料应用等方面国际领先的全链条轻量化技术研发体系和制造能力，使企业保持创新活力的同时持续引领行业发展。

不断创新管理理念，指导中信戴卡更好发展。从"三好、三安、三学"，到"6A、6S"，再到"1PnD、QEC01010、Q+3D"等，中信戴卡管理理念覆盖指标管理、方法管理、体系管理等，实现管理理念与发展实践的相互促进、螺旋提升。

四、未来发展展望

"十四五"期间，中信戴卡将依据新发展理念，围绕新发展格局，实施"轻量化、系统化、智能化、全球生态化"四化战略，拓展新业务方向，打造"全球领先的具有核心技术和自主品牌的轻量化、系统化、智能化出行服务综合解决方案供应商"。

（一）聚焦轻量化业务

轻量化是汽车产业的发展方向，全球节能减排也要依靠轻量化，中信戴卡已形成了国际领先的全链条轻量化技术研发体系和制造能力。未来中信戴卡将继续聚焦轻量化业务，深挖轻量化机遇，向产业链上下游及轨道交通、航空航天等业务领域拓展。所有的布局、设计能力都是围绕轻量化开展并已形成优势，未来要在轻量化的主赛道上继续发力，保持领先并扩大优势。

（二）坚持系统化发展方向

集成化、模块化、系统化是汽车零部件行业发展的主要趋势，未来，中信戴卡将以投资并购与合作开发的方式，积极寻求外部合适的并购机会，同时采取与行业内先进企业合作开发的形式，逐渐培育系统化业务能力，在汽车零部件行业率先具备综合配套服务能力，满足客户未来产品需求的战略选择，在市场竞争中赢得先机。

（三）推进实施智能制造

充分利用边缘计算、云计算、大数据等先进技术，与生产制造场景深度融合，建设智能制造"灯塔工厂"，实现全封闭、无返修、无废品的智能制造能力，并分阶段实现生产智能化、产品智能化、研发智能化、服务智能化和管理智能化，进一步实现产业转型升级，实现提质、降本、增效。

（四）实现全球生态化

一方面，中信戴卡将积极推动全球生产基地布局，在为客户提供本地化服务的同时，有效规避贸易风险；进一步强化集团管控、统筹能力，持续提升全球资源配置能力和海外投资运营的风险防控能力。另一方面，积极与全球领先企业开展技术研发等合作，充分利用"两个市场""两种资源"，实现业务增长和关键技术突破。

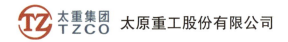

创新引领　质量保障
建设现代智能装备制造企业

一、总体情况简介

太原重工股份有限公司（以下简称"太重"）成立于1998年，是我国重型机械行业第一家上市公司，曾荣获"第二届中国质量奖提名奖""全国质量标杆企业""山西省五一劳动奖状""全国机械工业质量奖""创新型企业""技术创新示范企业"等荣誉称号。

太重主营挖掘设备、起重设备、轨道交通设备、锻压设备、轧钢设备、焦炉设备、煤化工设备、齿轮传动、风力发电设备、油膜轴承、铸锻件、海洋工程装备等产品及工程项目的总承包，产品广泛应用于冶金、矿山、能源、交通、航天、化工、铁路、造船、环保等行业，已累计为国家重点建设项目提供了2000多种、2万多台（套）装备，属国家特大型重点骨干企业，被誉为"国之瑰宝"和"国民经济的开路先锋"。

太重已成为我国研制重大技术装备的骨干企业，成为国内最大的具有国际一流品质的全系列起重机制造基地、最大的露天矿山开采成套设备制造基地、最大的航天发射装置生产基地、最大的轧机油膜轴承生产基地、最大的矫直机生产基地、最大的管轧机定点生产基地、唯一的火车轮对生产基地，是国内品种最全、水平最高、历史最悠久的锻压设备生产基地，国内多功能大型旋转舞台唯一生产基地。

太重设计制造起重设备已有60多年的历史，主要产品有：冶金类铸造起重机、加料起重机、板坯夹钳起重机、电磁盘起重机、锻造起重机、淬火起重机、水电站用桥式和门式起重机；普通桥式起重机、门式起重机、装卸起重机、干熄焦提升机、核电站环形起重机、架桥机等。为冶金、水利水电建设、重矿机械、能源、铁路、航天、汽车等行业领域提供了6000多台起重设备，形成了具有自主知识产权的"TZ"牌起重机系列化产品，被评为"中国名牌产品"。

二、突出优势

太重设计制造的铸造起重机,具有专业性、经济性、合理性、先进性等方面的优势,是标志性产品之一。350t以上的铸造起重机市场占有率达到90%以上,是行业龙头。为印度公司研制的2台550t铸造起重机,为目前世界起重量最大的铸造起重机。

2018年,太重为上海梅山钢铁股份有限公司研制的250t智能冶金铸造起重机成功投产,填补了我国在大型冶金智能化起重机领域的空白。太重250t智能化铸造起重机是我国首台(套)具有独立自主知识产权、达到世界领先水平的智能化冶金铸造起重机。它集先进传感技术、无线通信技术、传动技术、PLC处理技术以及物联网、互联网+等诸多前沿技术于一身,可以实现传统起重机不具备的智能化控制、自动巡航、超精准定位、电气防摇、智能诊断、远程监控等功能,代替人工操作,极大地提高了起重机的安全性、可靠性,提高运行效率、降低工人劳动强度,而且还可根据用户要求与工厂管理系统无缝对接,最终实现真正意义上的智能工厂。对进一步提高我国大型智能化冶金起重机在世界领域内的竞争力、提高我国装备制造业实力具有里程碑式的意义。

在产品关键性能、能耗方面,首次在480t铸造起重机上采用了4梁6轨桥架、上下部双层主小车和主起升机构低速轴同步整体结构减速器相结合的专利技术,减轻自重,减少了工程投资,降低制造、运输、安装的难度。主起升机构采用低速轴同步整体结构减速器,结构简单、传动环节少、分组性好、安全可靠。在电气方面,首次在480t铸造起重机上采用了能量回馈变频调速技术,调速范围宽、精度高,可实现稳定的低速运行,改善了定位的准确性;采用回馈制动,制动时的机械能量转换成电能回馈至电网,实现机构快速准确停车;软起动和制动,减小了机械冲击,延长了传动机构的寿命;使整个起重机运行平稳、技术先进、节能效果显著,整体技术水平达到了国际先进水平。

三、典型经验

(一)技术创新

太重技术中心为国家认定企业技术中心,2015年在全国1098家企业技术中心评价排名中名列第二,多年名列重型机械行业首位。同时,太重还建有国家重点实验室、中国实验室国家认可委员会认可的理化中心、机械工业工程技术研究中心(实验室)、博士后科研工作站等多个创新平台。近年来,太重每年投入研发经费占当年产品销售收入的5%以上,科技活动总费用占销售收入的10%以上。此外,根据国家、地方政府的引导政策,积极争取政府科研专

应用于宝钢湛江钢铁的国内最大的 520t 铸造起重机

项经费支持。太重每年制定科技发展计划,结合该计划的实施,制定项目经费计划,保障研发经费的投入。各项目承担单位充分调动各方资源,通过自主研发、产学研合作、国际合作等形式,保障项目的高质量完成。

太重的技术创新体系以技术中心为核心,辐射至各分子公司研究所、技术部门、工艺部门,涵盖了公司与国内高校、科研院所成立的联合研究室(中心),以及国家重点实验室、院士工作站等,扩展至国内外知名企业、用户等,形成集产品开发、科研攻关、试验试制、推广应用为一体,产学研用相结合的技术创新体系。技术中心内部成立了起重机械设计研究所,专业从事大型专用起重机的研发,被认定为"大型专用起重机山西省重点科技创新团队",依托该团队成立了"机械工业桥门式起重设备工程研究中心"。由于业绩突出,团队成员中先后有5名被评为享受国务院特殊津贴专家,3名被评为山西省学术技术带头人。团队中高级工程师占比超过40%,设有机械设计、电气控制、齿轮传动、力学分析、工艺设计等专业研究组。在理论分析、智能化研究、软件工程等方面,太重与清华大学、大连理工大学等多所高校建立了长期合作关系。

太重积极参与标准制定和修订工作,利用相关专业的技术助推行业标准升级,先后主持制定了多项起重机国家标准和行业标准。太重的多项起重机创新成果荣获科技奖,其中,国家科技奖4项,省部级科技奖9项。

(二)品牌培育

在企业品牌培育方面,太重多年来始终坚持"用户至上、效益导向、以人为本、改革创新、对标一流"的核心价值观，坚持"以质量创品牌、以品牌树信誉、以信誉促发展"，不断为用户提供优质的产品和服务。"TZ"被国家工商行政管理总局商标评审委员会评为"中国驰名商标"。"TZ"牌桥、门式起重机械，"TZ"牌减速机，"TZ"牌油膜轴承三个产品被国家质量监督检验检疫总局评为"中国名牌产品"。2011年荣获"中国工业大奖表彰奖"，2016年被评为"第二届中国质量奖提名奖"，先后被评为"技术创新示范企业""创新型企业""国家火炬计划重点高新技术企业"等；荣获了"全国质量标杆企业""全国用户满意企业""中国质量诚信企业"等荣誉称号。

（三）质量强企

太重大力实施质量强企战略，坚持"质量就是生命，品质就是人格"的质量理念。从20世纪80年代开始推行全面质量管理，1997年通过了ISO 9001质量管理体系认证，完成GB/T 19001—2016和ISO 9001：2015标准转换；同时，结合长久以来实施可靠性管理的实践经验，实施可靠性管理体系认证；通过整合质量管理体系和可靠性管理体系，降低了管理成本，提升了质量管理水平和产品质量水平。

在ISO 9001质量管理体系认证的基础上，按照不同产品建立个性化管理体系，以便更好地适应市场和产品的需求。焊接结构件取得国际焊接企业资格认证，火车轮轴产品取得了美国AAR质量体系认证、CRCC认证和亚洲首家在欧盟的EC认证，压力容器取得了美国ASME认证，船用铸锻件取得了中国船级社CCS、美国船级社ABS等认证，太重还取得了民用核安全设备生产许可证。

（四）知识产权保护

太重不断建立、健全知识产权管理机制，逐步贯彻落实《知识产权管理规范》国家标准，建立知识产权体系，将知识产权管理渗透到研发、运营、销售等各个环节。太重建立了以技术总监为首的知识产权工作管理体系，成立了专门的知识产权管理办公室，负责公司专利、技术标准、论文以及企业技术秘密的管理，制定了《专利工作管理办法》《技术秘密管理办法》《技术标准化管理办法》《科技论文管理办法》等规章制度，规定了奖惩、专利产权管理、专利制度的运用等方面的内容，完善了以专利为重点的知识产权管理体制，使知识产权工作走上了规范化、制度化的良性发展轨道。

（五）安全生产

在企业安全生产保障方面，太重通过了职业健康安全管理体系认证，编制了《职业健康检查制度》《职业病危害项目申报制度》《安全生产、环境保护、职业健康报告制度》等，涵盖了综合管理、安全生产管理、职业健康管理、环境管理、特种设备安全管理和配套制度等部分。太重始终坚持"预防为主、综合治理"的方针和"以人为本、安全至上"的理念，全面落实安全生产责任体系。

四、未来发展展望

进入经济新常态以来，冶金等传统行业由于动能转换加快，加上推行绿色制造、建设美丽中国的发展需要，冶金行业升级改造的需求正在逐步释放，冶金起重机市场需求正在新一轮的发展周期中显现出稳中向好的发展态势。随着制造强国战略的实施进入关键期，传统工业领域基于智能化技术实现智能制造，强化工业互联网、大数据和人工智能的应用，实现发展模式的跃升已是大势所趋，起重机智能化已成为行业的发展趋势。太重智能化的冶金起重设备正逐步形成新的发展优势。

五、专家点评

太重从事起重机设计制造已有半个多世纪，在创新能力、技术水平、标准引领、品牌影响、质量管理、安全生产及市场业绩方面的突出表现无愧于冶金起重机全国之翘首。

太原科技大学教授　　
起重运输机械行业知名专家　徐格宁

铸造起重机是钢铁冶金企业采用的关键核心特种设备，作业条件恶劣、工况复杂，对安全性和可靠性要求极高。太重的铸造起重机囊括起重量、起升高度、跨度等性能参数从小到大的全系列产品，智能化程度高、安全可靠、性能优越、适用面广、市场占有率高、享誉国内外，是当之无愧的铸造起重机单项冠军企业。

中国机械工程学会物流工程分会副理事长　孟文俊
山西能源学院副院长

内蒙古北方重型汽车股份有限公司

持续领跑矿车行业
打造高端矿山装备国家名片

一、总体情况简介

内蒙古北方重型汽车股份有限公司（以下简称"北方股份"）是我国专业从事非公路矿用车及其零部件研发、生产和销售的企业，于1988年由中外合资组建成立，现为中国兵器工业集团旗下A股上市公司。北方股份拥有我国矿用车领域唯一的国家级工程研究中心，是中国工程机械工业协会工程运输机械分会和中国汽车工程学会矿用车分会理事长单位，是矿用车国家标准牵头编制单位，是工信部首批54家制造业单项冠军示范企业之一，是2019年工业强基工程承制单位，2013—2020年连续8年入选"全球工程机械制造商50强"。

北方股份具备年产1000台矿用车生产能力，产品覆盖TR系列载重25～91t机械传动矿用车（含矿用洒水车）、NTE系列载重110～400t电动轮矿用车。北方股份系列化产品广泛应用于冶金、煤炭、有色、化工、建材、水电、交通基建七大矿业领域，遍布于国内外数百个大型露天矿山，特别是在长江三峡工程、黄河小浪底水电工程等国家级建设项目及国家能源集团、华能集团、中铁建集团、中广核集团、中水电集团、鞍钢集团、海螺集团、华润集团旗下各大矿山开发中发挥了重要作用。

北方股份坚持走矿用车专业化发展道路，秉承"借力、借智、借势""共生、共享、共赢"的发展理念，以"互联网+"为纽带推进数字化转型升级，致力于研制全球性价比最优矿用车，坚持为用户提供智能化、定制化的产品和服务，通过遍布全国、辐射全球的完善服务网络体系，提供矿山运输系统解决方案，实现产品全生命周期运行成本最低和客户价值最大化。

二、突出优势

近几年，北方股份在智能产品、智能制造和智慧矿山方面走在行业最前沿。2019 年，北方股份自主研制的载重 110t 无人驾驶电动轮矿用车 NTE120AT 顺利下线，标志着我国成为世界第三个进入无人驾驶矿车领域的国家。2020 年，由北方股份与北京理工大学联合研制的我国首个矿车智能化中央控制系统成功运行，实现了对整车所有运行情况的远程监控服务。北方股份是目前国内矿车领域最早推出智能化系统平台的企业，且完全掌握自主知识产权。

在智能制造方面，北方股份矿车产能达到世界第三，拥有机械轮矿车车厢、电动轮矿车前桥、后桥、车厢四个智能机器人焊接生产线和盘制动无人组装生产线，正加快建设电动轮车架智能机器人焊接生产线等柔性智造生产线。在智慧矿山建设方面，北方股份是我国无人驾驶矿车和智慧矿山建设国标制定的牵头单位，已在包钢集团、海螺集团、国电投蒙东能源集团等旗下矿山实现小批量应用。截至 2020 年年底，北方股份起草国家标准 16 项，完成国家级、省部级重点新产品项目 31 项，获得省部级科技进步一等奖 5 项，获得国家专利授权 170 项。北方股份技术处于国内领先、国际先进水平，多项产品填补国内空白，从根本上扭转了我国矿用车长期依赖进口的局面。

2018—2020 年，北方股份销售收入实现年均增长 17.7%，利润年均增长 26.2%，牢牢占据国内 80% 以上市场份额，2020 年成功进入澳大利亚和欧洲两大矿业高端市场，其国际市场拓展至 65 个国家和地区，销量位居全球第三。

三、典型经验

（一）背景情况

在全球矿用车领域，以美国卡特彼勒和日本小松为代表的国外巨头企业基本占据全球矿用车市场 70%~80% 的市场份额。澳大利亚矿业市场是全球标准最高的市场，对矿山设备技术和质量认证非常严格，对产品性能、使用安全性、操纵舒适性、可靠性和维修便利性等方面的要求都排在全球前列。兖煤澳大利亚有限公司（Yancoal）是目前澳大利亚最大的专营煤炭生产商，年生产能力为 8000 万 t，其中其 3 口矿井年产均超过 1500 万 t，位居澳大利亚前 10 大矿井行列，其矿山上使用的矿车大多是卡特彼勒、小松等。

矿用车是矿产商必须批量采购的高附加值产品，采购金额动辄数亿元，而且每个标的均采取国际招投标方式进行。与卡特彼勒和小松相比，北方股份的品牌影响力和技术实力均难以匹敌。但事实上，用户真正关注的并不是单纯的产品本身，而是使用产品过程中带来的价值创造，就是期望用最低的投入获取最大的收益。面对卡特彼勒、小松等世界级企业的竞争压力，面对理性的用户群和产品使用寿命长达 15 年以上的要求，北方股份坚决落实兵器工业集团关于把矿用车打造成兵器民品"小巨人"和"单项冠军"的品牌定位要求，坚持以产品全生命周期运行成本取胜,研发运行更高效、创造效益更突出的产品,成功中得兖煤澳大利亚有限公司矿车订单近 10 亿元,进入国际公认的高端市场。

(二) 持续打造以产品全生命周期客户价值最大化为中心的产品研发模式

1. 跟踪国际一流品牌技术发展趋势,实现部分技术领跑

在对国际国内市场需求、技术发展趋势以及相关政策导向进行充分研究的基础上,北方股份确定产品技术定位的原则,即充分考虑全球经济绿色发展的大趋势,在安全性、节能环保方面以国际最先进技术水平为定位基准,尤其是在节能环保方面起到积极引领作用。比如北方股份 NTE 系列电动轮矿用车在方案设计中确定了混合分流控制技术、完全交流控制技术等方案,以减少燃油消耗;确定 ROPS 驾驶室、坡道启动防溜技术、重载下坡恒速控制技术、防滑控制技术等方案,以提高安全性;同时在操纵舒适性、维修方便性、提高运行效率、提高可靠性等方面充分考虑用户需求。上述设计出发点在样车试验过程中和与用户交流过程中都被证明是完全正确的,并且也正是澳方客户最为关注的。根据市场需求量和紧迫性有计划地陆续开发新产品,推广模块化设计,在工装夹具设计、加工设备选型、生产线改造过程中充分考虑系列化产品的通用性,以降低生产和管理成本,并且将这部分降低的成本分流到产品使用成本上。

2. 聚焦高可靠性、高耐久性要求,打造高端矿车的"高品质"

首先从安全角度出发,提高安全可靠性,为全系矿车标配防滚翻、防落物驾驶室,开展混合制动和转向、举升安全性试验和安全策略研究,提升了矿车主动安全性;重视对新材料的研究应用和轻量化设计,从实用角度出发优化整车结构,提升车架抗疲劳寿命,提高了矿车地区适应性;推行协同式过程质量管控,提前介入设计、采购、生产等环节,从事后管控向事前预防转变,质量问题 100% 强制"双归零",实现了质量信息大闭环管理。其次,从客户、标杆对手、竞争对手、供应商四个来源获取充分有效的信息,再通过三个部门以上人员组成单项攻关小组汇聚合力,推动各部门、各专业板块的技术、工艺和质量升级,持续改进质量;以年度文件形式明确攻关小组长、组员和项目,改进内容、完成时间和达到的效果目标,实现质量改进行动计划全覆盖。

3. 加强信息化建设,以供应链整合优化确保产品的"高性价比"

通过 SRM、WMS 信息化系统的开发应用,实现了从询价选厂到采购入库,再到对账付款的全流程线上运行;通过扩大供应商使用 SRM、WMS 系统的普及应用范围,基本实现内外部信息化系统全覆盖。同时,严格按照全年生产计划进行采购,采取一次性签订全年采购计划合同、分批供货的模式,避免零散采购，保证标准件安全库存，切实解决了独家供货窄口问题和容易引发的缺件风险。尤其注重在配套件性能、质量和价格上取得平衡，保证为用户提供最具性价比优势的整车和备件。

（三）持续构筑以提供系统解决方案为抓手的个性化、定制化客户服务模式

1. 上游环节，结成"互融共生"关系

积极推进与供应商的业务融合，成为 GE 和西门子电驱动系统等各大进口总成件品牌在国内的零备件及服务代理商，与派克合作建立的液压胶管扣压生产线通线投产，实现了国际品牌在公司的 OEM 集成，与专业矿山爆破公司联合中标蒙古大型煤矿项目，以产业链集成方式为用户提供一体化解决方案。

2. 下游环节，提供"个性化"服务

着力推广维修承揽、维修承包及各类有偿服务，变成本中心为利润中心。进一步细化服务模式，大力推广后市场维修承揽、服务承包、各类有偿服务和属地化外包服务，细化建立服务人员劳务派遣、车辆完好率承包、矿石拉运量承包等更多满足用户个性化需求的项目制服务模式，完善相应的管理制度和以利润为核算中心的考核激励机制。所有的创新举措最终都体现为客户的个性化需求得到充分满足和矿用车的运行效率进一步提高，支撑了产品全生命周期客户价值最大化目标的实现。

3. 内部环节，突出"科学高效"运转

加强销售订单源头控制，加强订单预测准确率考核并直接与销售人员薪酬挂钩；订单预测原则上不允许大幅度调整，销售合同务必为采购生产预留周期；订单的变化情况必须第一时间向计划部门传递。同时，调整生产组织方式，采取上半年"定量"和下半年"滚动调整"相结合的方式，缩短供货周期；产品技术状态原则上一年一调整，保持相对稳定性。

（四）建立以产品全生命周期运行成本优势为合作方创造最大价值的商业模式

1. 借助央企海外投资平台，建立"借船出海"商业模式

随着我国能源企业"走出去"投资步伐加快，北方股份"借船出海"，发挥国内市场溢出效应，为用户提供具备运行成本优势的产品，扩大了企业的知名度和影响力，打破了合资方最初对北方股份拓展国际市场的限制，产品远销世界各地，提高了企业在非洲、东南亚等区域国家的知名度。

2. 积极对接"一带一路"，建立"借路出海"商业模式

北方股份与国资委管理的 20 多家资源类央企均建立了合作关系，这些央企都是"一带一路"沿线矿业投资的主力军。通过"借路出海"，积极推进国际化运营，随着系列政策的实施和落地，尤其是与更多中资企业的抱团出海和

在当地的集约化发展，北方股份提高了单一品牌拓展的边际效应，为挖掘海外增量市场打开了窗口期。

3. 统筹运用全球供应商资源，建立"借势出海"商业模式

北方股份矿用车的核心零部件均来自全球顶级配套商，其是否在用户当地建有维修服务机构，将左右用户的选择。北方股份通过"借势出海"，发挥顶级配套商优势，将合作关系由单纯的零部件采购发展为在全球市场联合开发、联手服务的战略同盟，以更加优惠的采购价格获得最优质的外购零部件。

（五）持续领跑我国矿车行业，成为我国高端装备的"国家名片"

2020年3月，北方股份在与兖煤澳大利亚有限公司历经近两年的技术及商务沟通后，最终通过拼技术、拼全生命周期运行成本，击败众多国内外巨头，赢得客户青睐，达成采购方案。本次合同所需的产品全面采用澳洲技术标准、适用澳洲安全环保法规及准入要求。28台NTE360A矿车将被应用于Yancoal旗下MTW煤矿开发建设，从2020年年底分批发运交付。MTW煤矿当前使用的矿车均为欧美和日本品牌，NTE360A电动轮矿车将是在该矿山出现的第一张"中国面孔"，再一次让中国制造得到国外市场认可。

北方股份技术团队

四、未来发展展望

矿业在全球经济社会发展中的地位越发凸显。亚非拉发展中国家强化了矿业支撑工业化进程,欧美发达国家也在加强矿业对高端制造业的支撑。亚洲新兴经济体已成为全球金属矿产消费中心。从中长期看,我国矿产资源需求仍将处于较高水平,印度、东盟等国家和地区矿产资源需求将持续增长,其他发展中国家的矿产资源消费也将不断增加,有望带动全球矿业的持续发展。

科技创新正引领传统矿业装备转型升级,加速向绿色、安全、智能、高效方向发展。大数据、人工智能、云计算、移动互联等现代信息技术与矿业发展开始融合,智能勘探、智能矿山、矿业物联网等快速兴起。目前北方股份已经具备了良好的基础,将以实际行动落实"以推动高质量发展为主题"的重大部署,持续致力于为用户提供全生命周期运行成本最低的矿车和矿山运输系统解决方案,推动"高端化、智能化、绿色化、国际化"高质量发展,继续把"中国矿车"打造成中国矿山高端装备的"国家名片"。

沈阳鼓风机集团股份有限公司

打破国际垄断
掌握压缩机全部细分领域核心技术

一、总体情况简介

沈阳鼓风机集团股份有限公司（以下简称"沈鼓集团"）始建于 1934 年，1952 年成为我国第一家风机专业制造厂。经过 60 多年的持续发展，沈鼓集团已经成为我国重大技术装备行业的骨干支柱型、战略型领军企业，担负着为石油、化工、冶金、电力、空分、天然气输送、公用工程、制药、制酸、煤炭、纺织、国防、环保、科研等关系国计民生的重大工程项目提供国产装备的任务，主导产品均为石油、化工等国家重点工程、重点项目的"心脏"设备。

近年来，沈鼓集团先后推出了一大批如大型百万吨乙烯压缩机、大型长输管线压缩机、大型空分、大型 PTA、大型 LNG、大型炼油、大型煤化工等装置压缩机组，125t、150t 大推力往复式压缩机，核电站用主泵，二、三级泵等重大国产化装备，填补了我国 100 多项空白，达到国际先进水平，是国内在上述领域唯一能与美国 GE、德国西门子、日本三菱等国际著名公司抗衡的企业。多年来，沈鼓集团间接为国家石油化工、煤化工、天然气、冶金、电力等行业创造了不可估量的经济效益，替代进口产品为国家节约上百亿美元，为国家重大技术装备国产化、能源安全及国防建设发挥了重要作用，被称为"国家砝码""大国重器"。2016 年，沈鼓集团被工信部评定为全国压缩机行业制造业单项冠军。

二、突出优势

压缩机是石化工业的核心装备，其技术含量高、结构复杂、制造精度高、设计制造难度大。沈鼓集团是我国规模最大、技术最先进、装备能力最强的国家重大技术装备压缩机制造基地，在我国市场的份额为 80% 以上。同时，沈鼓集团拥有压缩机全部细分领域的核心技术，成为世界上唯一一家能够设计制造能源化工全领域压缩机的企业，打破了国际垄断，保障了国家能源安全。

(一) 领先的技术水平和雄厚的科研能力

沈鼓集团始终坚持"科技兴企"的发展战略，紧紧跟踪世界先进技术发展方向，走出了一条主导产品向"宽领域"扩展、单元技术向"高精尖"进军的特色发展道路，科研成果在多个领域实现了历史性突破，填补了我国大乙烯、大化肥、大炼油、大空分、大型煤化工、大型火电、大型核电、天然气长输管线等多个领域的空白。目前，离心压缩机气体动力学的研究和高效基本级的开发，压缩机转子动力学、强度分析，压缩机热力计算及优化选型软件，三元闭式叶轮整体铣制等，具有自主知识产权的核心技术已经达到国际先进水平，部分核心技术居于国际领先水平。

(二) 强大的设计能力和与之相应的配套加工制造能力

沈鼓集团具备年产 150 万 t 以上大型乙烯装置，年产 2000 万 t 以上大型炼油装置以及单元年产 400 万 t 以上连续重整装置，年产 1000 万 t 以上直接煤制油装置，年产 400 万 t 间接煤制油装置，年产 140 万 t 大型 PTA 装置，年产 70 万 t 合成氨、120 万 t 尿素的大型合成氨装置，年产 250 万 t 大型甲醇装置，年产制氧量 150000 m^3/h 大型空分装置，年产 500 万 t LNG 装置，百万千瓦核电机组和天然气大型长输管线装置用离心压缩机、泵、往复式压缩机及辅机产品的研发设计和加工制造能力。沈鼓集团强大的设计能力和与之相应的配套加工制造能力在我国通用机械制造行业内首屈一指。

(三) 广泛的品牌影响力和客户认知度

沈鼓集团基于强大的研发与生产优势，通过多年的品牌建设，逐步树立了公司的品牌优势。"沈鼓"被国家质量监督检验检疫总局评为"中国名牌产品"，获得"中国风机自主创新第一品牌""中国品牌 500 强"等多项荣誉。2010 年，沈鼓集团商标被国家工商行政管理总局核准为"中国驰名商标"。2014 年，沈鼓集团获得我国工业领域的最高奖项"中国工业大奖"，是截至目前通用机械行业唯一获得该奖项的企业，在行业中具有广泛的品牌影响力和客户认知度，良好的品牌和商业信誉是沈鼓集团实现高速增长的根本保障。

三、典型经验

(一) 建立高效的研发体系

沈鼓集团早在 2000 年就组建了国家级企业技术中心，经过 10 多年的运行发展，构建了以企业为主体、"政产学研用"相结合的科技创新体系，形成了以"两站三院五中心（特邀院士工作站、博士后工作站、沈鼓研究院、沈鼓大连理工研究院、沈鼓西安交大研究院、东北大学技术分中心、浙江大学技术分中心、西安交通大学技术分中心、大连理工大学技术分中心、哈尔滨工程大学技术分中心)"为核心、集团内技术部门为支撑、国外研发机构为补充的多维创新体系。作为行业技术领军型企业,建有国家能源大型透平压缩机组研发(试验)中心、离心压缩机技术与装备国家地方联合工程研究中心等省级以上研发机构15个,科研实力、产品试验和检测水平均处于国际先进水平。

沈鼓集团充分利用国内外的创新资源,与国内知名高校和科研院所开展多渠道的创新合作,针对企业实际技术需求,开展联合攻关;与意大利NP公司、日本三井公司、德国Borsig公司、德国亚琛工业大学、英国伦敦大学、美国NREC公司等企业和大学开展技术合作与技术引进项目,显著提升了企业的核心技术水平,加快沈鼓集团在国内大型风洞压缩机、核主泵等高端装备的研发步伐,为企业的发展提供持续动力。

(二)重视科技成果的产出与转化

沈鼓集团非常重视科技成果的产出与转化,每年组织开展科研攻关100多项,有针对性地将企业科研成果转为专利和企业、行业、国家标准,累计拥有专利技术540项,其中发明专利218项,实用新型专利322项,为10万等级空分压缩机组、20MW级管线压缩机、百万吨级乙烯"三机"、大型炼油装置用全系列压缩机组、百万千瓦核电机组用泵等首台套重大装备的国产化研发和长周期稳定运行提供了技术保证。作为风机和泵行业标准化技术委员会的秘书处单位,沈鼓集团牵头主持或参与制修订国家或行业标准100多项,对规范和促进行业高质量发展发挥了积极的推动作用。

(三)以科技创新为引领,实施"5+2"转型战略

沈鼓集团始终将掌握自主核心技术和自主创新作为企业核心竞争力,不断探索更好满足市场与客户需求的高质量发展之路,积极推进围绕能源与化工设备领域,向高端装备、服务型制造、工程成套、国际化和新市场五项核心业务发展,加快推进金融服务和智能制造两项支撑能力建设的集团"5+2"转型战略,通过实施科技创新作为引领经营发展的主要驱动力,引导沈鼓集团首先向高端装备转型,并通过自身不断开发新技术、新产品、新工艺,带动向新市场、工程成套、国际市场、服务型制造业转型,进一步通过智能制造和融资租赁转型,在信息化和数字化管理以及融资等方面给沈鼓集团注入新的生机和活力,走出一条科技创新和产业发展融合互动之路。

(四)强化现代化管理方式,做好企业基础管理

多年来,随着企业经营规模的扩大、国际化经营业务的扩张,沈鼓集团逐步强化了现代化管理方式、方法的应用。全面质量管理、方针目标管理、价值工程、品牌管理、人力资源管理、绩效考核管理、保密管理、两化融合体系建设、成本管理、市场营销管理、科技管理、精益管理和数字化赋能等,都从不

同的角度、不同的专业学科丰富和发展了企业基础管理，并在企业经营实践中进一步提升了企业管理能力和水平，取得了显著的管理成效，确保了企业健康发展，并逐步与国际化经营管理接轨。

四、未来发展展望

"十四五"期间，沈鼓集团将继续保持高质量发展态势，不断增强应对经济波动的能力。2021年，沈鼓集团实现主要经济指标稳定增长，效益指标显著提高。到2023年，沈鼓集团实现集团上市目标，以资本市场融资进行相关产业链的并购与投资，主要经济指标快速增长，经济运行质量和企业核心竞争力显著增强。到2025年，形成能源化工装备制造、工业服务、核电军工多元并举、协同发展的"3＋N"的产业布局。积极开拓氢能、储能、环保等新市场，稳步进入气体运营和装置运营市场，使新业务成为确保集团"十四五"稳定发展的经济增长点，主要经济目标实现收入翻倍。沈鼓集团主导产品将继续保持国内领先、世界一流，实现市场覆盖全球、技术全球领先、品牌全球公认的"领跑者"目标。

大连电瓷集团股份有限公司

专注绝缘子制造创新　甘为电力铺路

一、总体情况简介

大连电瓷集团股份有限公司（以下简称"大连电瓷"）主营输电线路用瓷绝缘子、复合绝缘子、电站电瓷及电瓷金具的研发、生产和销售。

大连电瓷的绝缘子发展起源可追溯至1915年，是国内少有的同时具备特高压瓷绝缘子和特高压复合绝缘子研发制造并投入线路运行的厂家之一。其旗下拥有多家子公司，主要包括大连电瓷集团输变电材料有限公司、瑞航（宁波）投资管理有限公司、浙江大瓷信息技术有限公司、大连拉普电瓷有限公司、大连电瓷（福建）有限公司、大连亿德电瓷金具有限责任公司等。

二、突出优势

近些年来，大连电瓷在董事会管理团队带领下，通过专业化的管理，推进一体化经营，整合内外部资源，加强技术创新，全面提升公司发展规模，中标标的额屡创新高，开启了发展史上的新篇章，以绝对优势占据了行业市场领军地位。

（一）质量对标国际一流标准，产品覆盖类别全

大连电瓷注重绝缘子产品质量建设，严格执行国际电工委员会（IEC）标准和中国、美国、英国等标准，其中生产的40~840kN交流和直流悬式瓷绝缘子、10~1000kV交流复合绝缘子、±500~±1100kV直流复合绝缘子、10~1000kV电站用支柱绝缘子/高压瓷套及各种电瓷金具等产品种类齐全，全部实现了与国际一流标准接轨，达到国际先进水平，畅销世界各地近百个国家和地区。

（二）汇聚人才提高创新水平，产品性能提升大

多年来，大连电瓷培养和培育了稳定的技术研发团队，各类专业技术人才储备充足，尤其在产品结构设计、配方升级、工艺改进、材料性能分析及高压试验检测等方面均具有完备的科研人才优势。大连电瓷建有技术研发中心，拥有独立自主的知识产权，使产品性能得到大幅提升，其中参与的研发项目三次

荣获国务院颁发的"国家科学技术进步奖"、多次荣获"中国机械工业科学技术奖"等行业奖项。

(三)创新赋能"三箭"品牌价值,产品应用项目多

大连电瓷始终坚持"甘为电力铺路"的企业宗旨,秉持"技术引领发展,质量造就品牌"的发展理念,选择深耕绝缘子主业,作为国家电网和南方电网的重要供应商,先后为三峡输变电工程、葛洲坝—上海我国首条±500kV直流超高压线路、向家坝—上海我国首条±800kV直流输电重点工程以及昌吉—古泉世界首条±1100kV直流输电线路工程等多项国家首条和重点工程项目供货。至今,已有超过600万片绝缘子应用于我国特高压输电线路,持续赋能"三箭"品牌。

三、典型经验

以制瓷技艺为基础,大连电瓷时刻把握时代脉搏,释放产业经济发展动能,大连电瓷高标准和高起点规划了宏伟的战略蓝图,从多角度、多层次、多维度挖掘绝缘子领域价值,具有引领性、前瞻性、针对性和可操作性,形成了大连电瓷内部管理特色。

(一)技术创新、质量第一

大连电瓷始终坚持以创新求成本,以创新求质量,专注于绝缘子主业。大连电瓷利用技术力量雄厚的特点,以成本控制为目标,从科学配方、工艺改进、提升效率等方面着手,注重在持续优化产品结构上下功夫,研发团队在保证产品质量的前提下,将绝缘子产品头部结构由原来的圆锥形改为圆柱形,同时优化了产品的伞形和附件部分,不仅提高了产品的使用性能,还适当降低了产品采购成本,减少了资金使用率。在产品配方优化方面,用新型氧化铝配方代替原有的配方,使产品的性能提高,稳定性增强,产品的市场优势得以充分显现,同时分析各类配方不同批量生产的边际成本水平,并且在上游原料供应紧张的预期下,储备研发新型产品配方以备使用。

在大连电瓷自身开展产品研发的同时,不断联合高等院校和科研院所进行关键技术科研攻关,并在原材料种类、应用比例、配方性能等方面持续优化,以提高产品质量、促进企业效益提升。同时大连电瓷持续跟踪新材料、新设备、新工装、新工艺、新结构、新管理方法和新生产方法发展动态,梳理关键核心技术。为适应未来发展的需求,大连电瓷持续推进对生产设备的升级改造,用自动化机械设备代替人工操作,使生产效率得到大幅提升,产品质量稳定性得到较大改善。

(二)开拓市场、精准营销

在紧抓产品质量不放松的前提下,大连电瓷面向市场长期实行"双轨并

高压试验大厅

行"战略,公司与用户从技术、生产、检测、竞标履约、售后服务等诸多层次全面沟通,展示大连电瓷长期坚持并已形成的品牌观念、质量理念,以及各项工作成效,这在一定程度上提升了用户信任度,巩固了市场地位,促成了业绩增长。在巩固和加强国内瓷绝缘子市场占有率的同时,坚持国际业务市场齐头并举、两翼齐飞,取得骄人的成绩。

随着国家基建投资力度的加大,大连电瓷全面深入分析绝缘子市场发展趋势,拓宽思维,针对重点产品、重点客户,进行精准市场开发。在竞争日趋激烈的大环境下,大连电瓷坚持市场导向原则,及时调整营销策略。在国内市场,大连电瓷在大项目竞标中精心准备、统筹策划,分析客户的合作需求及潜在市场目标客户情况,不断加强售后服务,以夯实老用户群;在国际市场,大连电瓷积极扩大对外宣传,提升品牌形象,利用"一带一路"倡议机遇,多方面综合进行市场布局,以东南亚为核心,辐射欧洲、非洲和美洲市场,保证市场资质认证和准入,夯实既有市场,开拓其他市场,积极打开销售门路。

(三)以人为本、人才兴企

大连电瓷重视人力资源管理对企业发展的关键作用,做到人尽其才、才尽其用,合理调整公司的组织机构和人员结构,建设合法合规的制度环境,创建"友好型"工作环境,建立有竞争力的薪资体系及发展通道,积极发挥员工的主观能动性,尊重员工的自我价值,引导员工的自我管理,最大化激发员工的创造力,培养员工的忠诚度和归属感,以此树立共同的信念和价值观,把企业利益和员工利益有机统一起来,保障和助推公司持续、稳定、协调发展。

大连电瓷始终致力于打造学习型组织，加大员工培训投入，提升管理能力、专业技术能力和岗位操作能力；加强关键岗位人才的储备及管理技术业务人才梯队建设；继续完善技能人才自主评价标准化体系，为公司技能人才评聘使用提供机制保障；同时积极开展人才引进工作，充实公司经营管理和专业技术管理团队力量。加强企业文化建设，加强员工关怀，增强员工的归属感和凝聚力，组织开展各类文化活动、健康教育培训等活动，提升了企业的凝聚力和向心力。

（四）提升管理、降本增效

大连电瓷以成本为龙头，全面推进强精益生产和精细化管理，控制成本和各项费用支出，每年结合公司整体目标，集团公司与下属子公司签订"年度目标责任书"，分解落实公司管理体系效益指标、质量目标及考核细则等具体要求，并指导各部门、车间制定分解目标，以岗定人，确保做到"指标到人""人人有指标"，努力实现公司效益的最大化、成本最小化。

加强内部管理，提升管理效能。围绕大连电瓷总体发展规划，不断推进"向管理要效益"工作。稳步打造大连电瓷理念体系、目标体系、薪酬体系；建立良性沟通、激励机制，规范核心业务系统；根据业务特点，针对集团内部业务以及母子公司运作等进行了管理流程优化，确保经营活动高效运转。引进金蝶云星空、云之家信息系统，完善业务管理和财务流程，提升了管理效率。优化供应商准入标准，全面落实各项规章制度，全方位考量供应商资质，更好地选择与大连电瓷相匹配的合作伙伴，深入挖掘改善点；增强过程控制能力，促进质量提升。大连电瓷面对部分订单产品交货集中的问题，将生产压力转化为企业展示的机遇，在生产中科学排产、严把质量关，强化管理服务职能，对人员、场地、设施等进行合理调配，深度挖掘设备潜能，对重点生产关键工序设备、工装等进行升级改造，按时完成国家重点项目的供货任务。

四、未来发展展望

2021年是"十四五"的开局之年，根据国家"十四五"电力发展政策，国内电力市场未来几年持续向好，国内的资源禀赋和电力需求逆向分部决定了"西电东送""北电南送"的电力流格局，预计"十四五"期间，东部继续加快形成华北、华中、华东"三华"特高压同步电网，建成"五纵五横"特高压交流主网架，同时统筹推进特高压直流通道建设，到2025年，进一步完善特高压骨干网架，同时加强区域750kV、500kV主网架建设，优化完善330kV、220kV电网分层分区，实现各级电网协同发展。作为电力行业主要绝缘子供应商，大连电瓷根据国家电力发展政策动态调整发展战略，在保持现有市场占有率的情况下力求突破，紧盯行业技术前沿，借助品牌和技术优势，引领行业企业发展进步。

经济发展，电力先行，未来，亚洲、中东、非洲、美洲等地区，电力建设市场投资红利巨大。大连电瓷"三箭"绝缘子产品质量可靠、性价比高，具备较强的竞争力，历年持续得到国际电力用户的认可，国内外知名度较好，形成了较为稳定的客户群体。大连电瓷将继续创新，强化品牌优势，在原有海外市场基础上，不断深化合作关系，打通营销渠道优势，更加有效地拓展国际市场，使大连电瓷在国际市场上成为绝缘子领域的一张亮丽的中国名片，以自身努力为"中国制造"的国际影响力增光添彩。

未来，大连电瓷将继续深耕绝缘子制造领域，做大做强做实主业，用创新赋能"三箭"品牌，提升大连电瓷智能装备水平；同时学习国际同行先进经验，加强关键核心技术研发，提高产品质量，实施人才发展战略，构筑人才高地，贯彻"以人为本"的发展理念，促进企业稳步发展，凝心聚力，砥砺前行，为实现中华民族伟大复兴的中国梦贡献一份力量。

产品应用场景

五、专家点评

大连电瓷深耕绝缘子市场多年，致力于最专业的绝缘子制造，技术力量雄厚，产品定位清晰，有独立自主的研发能力，坚持创新驱动发展战略，不断提升公司的核心竞争力，现已成长为我国规模最大线路瓷绝缘子制造企业。依托技术力量和工匠团队，大连电瓷实施生产设备智能化升级，努力实现从传统制造企业向智能制造企业的转型升级，为建成本行业最具竞争力的现代化企业不断摸索前行。

全国绝缘子标准化技术委员会委员　张继军

南京高精传动设备制造集团有限公司

"五维"铸造可靠性
打造全球风电传动领域领导者

一、总体情况简介

南京高精传动设备制造集团有限公司（以下简称"南高齿"）是专业从事高速、重载、精密传动设备生产的高新技术企业，成立于1969年，是涵盖风力发电、工业装备、轨道交通、机器人减速器等业务的全球传动领域领军企业，现位列中国机械工业百强第40位、全球新能源企业前100强。

南高齿旗下南京高速齿轮制造有限公司的主要产品为风电用齿轮箱，现已销往美国、加拿大、日本、泰国、印度、澳大利亚、德国、西班牙、法国等30多个国家和地区，主要客户包括远景能源、明阳智能、运达股份、国电联合动力、金风科技、GE、Siemens Gamesa、Nordex等国内外著名主机厂商。

二、突出优势

南高齿深耕齿轮传动领域已超过50年，在风电齿轮传动领域，迄今已先后自主研发了为多种机型的风电机组配套的多种型号的风电齿轮箱，涵盖750kW～10MW全系列产品族，可适应低温、高温、低风速、高海拔、海上及其他特殊工况等环境，广泛应用并显示良好性能。

南高齿拥有专利248项，其中发明专利15项。凭借领先的技术，强大的供货能力，南高齿已成为世界风电主机厂和运营商最具竞争力的合作伙伴和供应商之一。

作为全球风电传动设备的领军企业，南高齿风电产品国内市场份额近6成，全球市场份额超3成，已连续多年稳居行业第一，2017年被工信部评为首批制造业单项冠军示范企业，截至2020年已累计为客户提供超过81000台风电主齿轮箱，年销售额超百亿元。

三、典型经验

风电齿轮箱是风电机组的关键零部件，由于风力发电场大多位于人迹罕至的偏僻地区，如沙漠戈壁荒野山口，自然环境恶劣，且风电机组通常体积庞大，运输、安装成本很高，一旦出现故障，维护成本很高，会给客户及业主带来巨大的经济损失。

经过不断地探索试验、总结提升，南高齿逐步形成了"五维铸造可靠性 智造国际化品牌"的品牌培育核心思路，即通过以下五个维度不断努力、开拓创新，以满足用户更高、更强的可靠性需求。

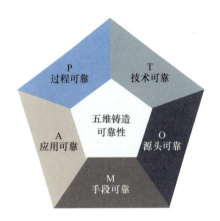

五维铸造可靠性

（一）维度 T（Technology）：技术可靠——研发设计，采取"自主创新、可靠第一"的研发策略，确保技术可靠性

1. 确立创新与稳健并重的技术研发思想

南高齿以国家级企业技术中心、风电齿轮传动系统重点实验室、南京市工程技术研究中心为基础，开展前瞻性、战略性、前沿性关键技术、共性技术的研究。

2. 围绕可靠性加强建设规范化、系统化的研发流程体系

南高齿对于新产品设计有着严格的流程管控，在制定计划前先通过市场调研，后进行详细的可行性分析及认证，通过批准后开始制定实操方案与实施推进表。

3. 聚焦可靠性技术研发，形成技术创新成果保障

南高齿在技术研发过程中，特别聚焦于产品可靠性技术的研发创新，对标国际、国内同行业竞争者，搭建了专利数据库——"IP 数据库"，不断增加知识产权投入，形成了一系列创新成果。

4. 国内外并举并重的双元研发体系架构，形成研发保障

南高齿采用中德双元研发模式，在国内总部和欧洲分别建立研发中心负责产品与技术研发。

(二)维度 O(Origin):源头可靠——采购供应,严格控制供应商与采购管理,确保源头可靠性

1. 建立严格的采购管理检验制度体系

南高齿建立了产品品质可靠性追溯系统,为产品可靠性提升以及原材料品质改进提供了可追溯的管理路径。为保证源头可靠,南高齿对原材料的多项关键性能指标采购要求均高于同行业。

2. 建立供应商筛选与管理合作机制

在与供应商合作方面,南高齿从原材料源头控制产品品质,通过严格精密的筛选、审核、验证流程,将质量管理延伸到供应商层面,筛选出可靠、可信赖的供应商合作伙伴,为产品可靠性提供源头保障。

南高齿建立了完善的供应商管理制度,从供应商准入、样品试制、批量生产、绩效监督与评估形成完整闭环。南高齿成立了专门的供应商质量发展团队,全面负责供应商新产品、新技术、新工艺的导入,监督评估供应商生产过程控制及生产条件变更控制,以及不断推动供应商内部质量改善等。

3. 优化改进来料来件的检测手段与方法

南高齿对供应商来料除了常规的外观尺寸检测,还侧重于材料物理化学检测,包括冲击试验、拉伸试验、金相试验、夹杂物与颗粒度检测等。南高齿拥有检测类器具9000多件,其中近50件具有世界先进水平。

(三)维度 M(Measure):手段可靠——工艺装备,提升生产加工工艺及装备系统,确保手段可靠性

1. 大力投资生产加工工艺及装备系统更新与革新

南高齿配备了先进的生产、试验设备及检测仪器,从德国、意大利、美国、奥地利、瑞士等国家引进了世界一流的齿轮加工设备和热处理设备,并自主开发了设计过程中的优化计算软件,生产规模和加工质量在世界同行中遥遥领先。

2. 注重试验能力建设,提高产品可靠性

南高齿拥有全球领先的检测设备,如主齿轮箱试验台和偏航变桨齿轮箱试验台,能够对1.5~10MW的各类主齿轮箱、偏航变桨齿轮箱进行试验。

(四)维度 P(Process):过程可靠——质量控制,运用先进的质量管理方法与工具,确保过程可靠性

1. 以极限"做崩"破坏性试验检验和提升产品可靠性极限

按照风电齿轮箱可靠性试验标准规定,一般齿轮箱标准载荷下测试需460h。为了探索产品可靠性的极限范围,南高齿开展了对齿轮箱不断施加破坏性载荷直到齿轮箱"崩"掉的破坏性试验。通过破坏性试验,把产品做到坏,再通过对坏处的分析找出产品薄弱环节，对于产品品质可靠性的提升有极大的帮助。

2. 严格的过程质量管理

南高齿通过对过程的监控来达到生产产品的一致性，通过对过程质量的控制改善来达到提高产品质量的目的。

3. 积极参加各类国际认证审核，全面提升产品可靠性管理能力

南高齿先后获得 ISO 9001：2015 QMS 认证、ISO 14001：2015 EMS 认证、ISO 45001：2018 职业健康安全体系认证。风电主齿轮箱产品通过了 CE、ETL、TUV、DNV、GL、ETL 及 DEWI、CCS、CGC 等国际、国内认证共计 56 项。

（五）维度 A（Application）：应用可靠——产品服务，为客户运用提供更适配的产品和更可靠的运维服务

1. 提供与客户需求相匹配的产品可靠性价值

南高齿通过和国际、国内领军客户紧密合作，掌握最新行业技术和市场需求，可根据用户要求进行海上风机型及高原型、高温型、低温型等多种类型齿轮箱的定制化设计。

2. 产品模块化、平台化创新，针对行业特征解决可靠性问题

为快速反应客户的定制化需求，提供高质量的产品，南高齿建立了 NGC StanGear™ 平台。该平台涵盖了主齿轮箱、偏航驱动和变桨齿轮箱，即在满足客户要求的接口尺寸的前提下，使用已验证的平台齿轮传动结构。

风电齿轮箱系列化产品平台——NGC StanGear™

该平台不仅缩短了研发周期，降低了研发成本，也为客户节省了维修费用，实现了新品研发可靠性高、开发周期短、规模效益强等优势，为主机用户和风场运营商大幅度优化风电设备全生命周期成本并确保齿轮箱产品高可靠性，助推整个风电行业健康持续发展。

3. 通过运维服务提升和保障产品应用可靠性

南高齿研发了 Gear-Sight™ 传动设备健康状态监测及故障诊断服务平台，通过利用物联网技术和工业 4.0 智能技术，监测诊断风电齿轮箱运转状况和寿命，从而提升设备运维的可靠性。

南高齿始终践行创新和国际化"双轮"驱动，现已相继完成了欧洲、美洲、亚太的全球战略布局。2020年，南高齿风电主齿轮箱销售收入创历史新高，约105亿元，同比增加48%，出口达30亿元。

四、未来发展展望

未来，南高齿将继续定位于齿轮箱与传动技术解决方案专家，专注齿轮箱与传动技术，以深度国际化为契机，围绕创新思维、"零缺陷"品质、专业服务、贴近客户、高绩效人才梯队、深入人心的企业文化六大核心竞争力，在风电与工业业务，配套市场与售后市场以及亚洲、美洲和欧洲各个区域市场实现稳健均衡发展，努力成为可持续发展的全球齿轮传动市场领导者。

五、专家点评

装备制造领域传动产品生产企业成千上万，南高齿能以风电传动产品领衔世界，离不开以下因素："为人类文明传递进步动力"的使命指引，"国际品牌才有国际市场"的理念秉承，"齿与齿的传动，心与心的交流"的精细专注，聚集国内外先进技术的中德研发平台双元建设，模块化的"推广一代、试制一代、研究一代、规划一代"产品开发战略落实，引入"先期策划""失效模式与影响分析"等先进工具的制造过程严格控制，以及国际国内几十种认证、极限试验、健康状态监测反馈等多模式的产品质量验证。

全国齿轮标准化技术委员会委员/研究员级高工　翁秀明

XCMG 徐州重型机械有限公司

改变全球起重机产业竞争格局
引领产业结构向高端转型

一、总体情况简介

徐州重型机械有限公司（以下简称"徐工重型"）是国内最大的生产、销售汽车起重机、全地面起重机、越野轮胎起重机的专业化生产企业，产品主要覆盖8～220t汽车起重机、25～1600t全地面起重机和25～150t越野轮胎起重机，全球最大吨位的220t汽车起重机、1600t全地面起重机和150t越野轮胎起重机均诞生于徐工重型。

徐工重型连续17年稳居我国工程起重机行业第一位，2020年晋升为全球第一，是行业唯一的"国家一级企业""出口免验企业"，行业首家获得解放军总装备部"装备承制单位"资格的企业，是解放军军用起重机主供方。徐工重型"全地面起重机关键技术开发与产业化"项目获得国家科学技术进步奖二等奖，"超级移动式起重机创新工程"项目荣获中国工业大奖。

二、突出优势

（一）全面突破核心技术，产品关键性能指标达到国际先进水平

在78年的企业发展历程中，徐工重型依托自主创新，始终引领着行业产品和技术由中低端向品质化、高端化方向发展，数次引领行业变革，一再打破跨国公司技术封锁。

1. "轻量化、人性化"技术全面领先行业，"智能、节能"技术与国际先进水平同步

1）轻量化水平达到国际领先。与国际技术同步研发的大吨位单发动机动力技术、参数化多体动力学整机优化匹配技术等关键技术，已在系列轮式起重机产品上全面应用，作业性能高出行业同吨级产品3%～10%。

2）人性化水平达到国际领先。全新外观造型、人机交互系统、风电臂自翻转技术等核心技术的应用实现了整机拆装时间由原来的6h减少至3h，达到

世界最快水平；人机交互界面规划清晰、互动友好，达到汽车级水准。

3）产品智能化在关键技术上实现突破，达到或接近国际先进水平。通过全新自主研发的智能臂架技术、行驶智能控制技术 2 项原创技术，使产品的作业精准性提升 10%，达到国际先进水平；安全控制项次达到 9 项，并逐步实施 SIL2 安全控制等级达到国际先进水平。

4）节能技术与国际先进技术保持同步，部分效果国际领先。从底层原理出发实现能量回收技术、低速大扭矩动力传动系统、节能液压系统 3 项原创技术突破，实现传动系统节能效果提升 10%~15%、液压系统节能效果提升 15% 以上。

2. 产品关键性能指标达到国际领先水平

1）4 项关键性能指标全面领先。起重性能、底盘动力和爬坡能力超越国际先进水平 3%~10%，上车作业效率达到国际先进水平。

2）7 大系统关键指标达到或超越行业先进水平。起重机的变幅系统、回转系统、转向行驶系统、制动系统 4 大系统关键指标达到国际领先水平，卷扬、伸缩、散热 3 大系统关键指标达到国际先进水平。

3. 持续保持知识产权与标准领先优势

1）专利申请及授权量在工程起重机领域遥遥领先。发明专利总授权量达 520 多件，授权发明专利占比 60% 以上，专利技术实施运用率达到 98%，国家专利奖 4 项。

2）标准走向国际，话语权不断增强。徐工重型是全国起重机械标准化技术委员会流动式起重机分技术委员会秘书处单位，制定和修订国家、行业标准 25 项。

（二）构建出强大的智能制造体系，生产制造交付实力全球最强

徐工重型领先行业 5 年建成轮式起重机智能制造基地，率先实现焊接、装配、涂装等全流程线性化、柔性化生产。通过打造数字化研发系统、数字化车间、智能物流与仓储系统，形成全球领先的大型起重机单元化智能制造体系，在本行业生产效率、制造实力全球第一。

1. 制造体系完备高效，全面支撑精益化生产

徐工重型制造体系已从传统制造型转变为线性化、自动化和专业化生产体系，拥有各类大型设备 1300 多台（套），包括行业规模最大的焊接机器人集群，高效数控切割和超大型折弯成型设备，智能化定扭、线性化生产的装配生产线。

2. 致力于轮式起重机专业制造工艺研究，支撑高端品质

徐工重型始终专注于轮式起重机制造，制造工艺达到国际先进水平。在全行业内，率先攻克大圆弧形臂制造工艺，推行自动化焊接，并首次引入线性化装配技术。

3. 致力轮式起重机智能工厂建设，打造智能化产品

徐工重型 2016 年提出智能化发展战略，2017 年形成规划蓝图和推进计划，2018—2019 年建成 3 个数字化车间，9 条智能产线，获得国家智能制造标杆企业、江苏省智能制造示范工厂等荣誉。

（三）改变全球移动起重机竞争格局，引领产业结构高端转型

徐工重型是全球行业中产品型谱覆盖最全、技术及工艺水平国际先进的轮式起重机制造商，改变了全球起重机产业竞争格局，引领产业结构向高端转型。

1. 起重机产品向中高端转型发展

从无到有、从有到强，从中国制造到中国创造，徐工重型研发了产品规格全、覆盖范围广的超级移动起重机产品系列，填补了百吨级至千吨级产业空白，带领行业从以中小吨位起重机为主的产业结构向中大吨位产品结构转型。

2. 改变全球起重机产业竞争格局

徐工重型产品关键指标与国际先进水平同步，已全面替代进口，带动移动式起重机批量进入利勃海尔等国际制造商传统优势市场，推动我国移动式起重机产业走向高端市场。

3. 国内配套体系从产业空白向价值链中高端发展跨越

徐工重型带动发动机、高强度钢板、高压大流量关键液压元件、高精度控制系统等国内基础零部件配套体系，从产业空白向价值链中高端发展，引领产业链整体向高端产品转型升级。

三、典型经验

（一）构建创新体系与机制，持续强投入创新资源

徐工重型坚持贯彻"技术领先、用不毁"的产品理念，以研发体系创新作为核心引擎，构建基于产品全生命周期管理的研发创新体系，产品核心竞争力显著增强。

1）顶层设计，构建基于产品全生命周期管理的研发体系。
2）两化融合，构建产品全生命周期管理信息化平台。
3）重塑全生命周期、多部门参与研发流程，提升研发质量。
4）打造新技术、新产品测试验证体系，加速新技术孵化。

（二）内外部协同突破高端核心部件瓶颈，解决行业"卡脖子"技术难题

徐工重型全面攻关突破液压系统、智能控制系统、动力系统三大关键零部件系统难关，解决行业"卡脖子"技术难题，引领产业链整体升级并提升了

我国在大型施工装备领域的全球竞争力。

1. 自主攻关解决高端液压系统、智能控制系统难题

在自主攻克高端液压系统方面，徐工重型通过潜心对基础材料和加工工艺进行研究，取得突破，实现全车液压缸的内部生产配套。在高端智能控制系统方面，车载物联网终端控制器、智能终端控制器全面实现自制配套。

2. 联合攻关解决动力系统难题

徐工重型充分联合国外三大研发中心的外国专家团队，不断推出欧洲型、北美型、南美型主机。在大型动力系统方面，与潍柴等联合攻克了大功率道路发动机的难题，与宝钢联合攻克了钢液高纯净度、钢板的高强度、高板形质量、高尺寸精度、冷成型及焊接性等课题。

（三）构建预防级质量管理体系，全力打造用不毁产品

徐工重型以"树立中国轮式起重机质量第一品牌"为质量目标，着力打造预防级质量管理体系，稳步推进质量提升工作。

1）建立区域质量成熟度认证机制，提升实物质量稳定性水平。

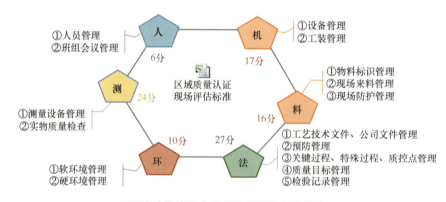

区域质量管理成熟度认证评价标准维度

2）建立关键质量特性过程管控体系，提升过程一致性保证能力。

3）建立数字化的 X-QMS 质量管理信息系统，提升全生命周期大数据应用能力。

（四）深化实施卓越绩效管理模式，持续加强管理体系和能力建设

徐工重型持续深化实施卓越绩效管理模式，大力营造追求卓越的文化氛围，健全卓越绩效指标体系，强抓关键过程改进，完善人力资源管理体系，不断提升管理水平。

1）加强文化建设，营造追求卓越的良好氛围。

2）建立卓越绩效管理体系，推动改进和创新。

3）建立"以人为本"的人力资源管理体系，打造一流人才队伍。

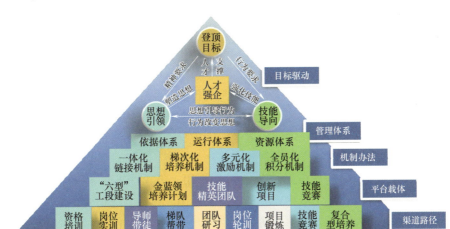

"13459"高技能人才培养体系

四、未来发展展望

未来，徐工重型将坚定不移地贯彻"三高一可"的高质量发展新理念，以变革转型为主线，突出质量优先、效率优先、效益优先，着力提升发展质量和效益，持续巩固轮式起重机全球第一的地位。

（一）构建全球顶级的技术创新能力，赶超标杆

坚持市场与创新两轮驱动，实施"登顶行动"，突破卡脖子零部件及关键技术，研发具有全球领先技术集合的产品技术平台，通过技术平台化、零部件模块化，研发更具竞争的产品，实现技术与零部件国际领先。

（二）推进"质量4.0"工程，助力品质珠峰登顶

深化践行徐工"技术领先、用不毁"管理模式，推行产品"六性"领先、"四用"可靠，提升一致性保证能力、数字化计量能力及外观质量，推进文化质量转型，夯实预防级质量管理体系。

（三）打造行业领先生产制造能力，引领行业

以"平台再锻造、能力再强补、管理再赋能、效率再提升、同盟共进退"为行动主线，多线并进打造柔性、敏捷、均衡、高效的生产制造体系。继续深耕工艺技术，提升工艺技术的先进性、稳健性、敏捷性和安全性以及工序的标准化、精益化、数字化和智能化水平。

（四）筑牢高质量发展新局面基础，追求卓越

以管理创新为主线，对标世界一流，推进管理变革和能力提升，向管理要质量、要效益、要增长。优化"引育用留"全链条，以"一控、二提、三强、四满足"为主线，建设高质量人才队伍。强化危机、执行、攀登与经营四类意识塑造，深入落地徐工大器文化理念。

五、专家点评

徐州重型机械有限公司作为轮式起重机行业领军企业，持续推动轮式起重机产品和技术高质量发展，数次引领行业变革。近年来通过研发创新驱动，攻克了多项起重机核心关键技术，形成了一大批拥有较高水平的技术成果，部分技术达到国际领先水平，在技术创新力、产品吨位、市场竞争力、产业规模上取得巨大突破。同时，积极发挥行业引领作用，带动产业链上下游高质量发展。徐州重型机械有限公司轮式起重机成为风电、石化等大型施工建设不可或缺的关键装备，为国家大型工程建设提供了有力支撑。

吉林大学教授　周振平

 徐州徐工基础工程机械有限公司

以高端装备为核心
打造世界级基础工程机械第一品牌

一、总体情况简介

徐州徐工基础工程机械有限公司（以下简称"徐工基础"），作为徐工主要产业板块之一，以高端装备为核心，致力于成为基础工程施工以及地下资源钻采综合解决方案提供商，聚焦桩工机械、非开挖机械、能源钻采机械、煤矿机械、隧道机械、地下矿山机械的研发制造，以及工法技术支持、工程施工等全价值链的服务。

徐工基础目前拥有全球最大吨位的旋挖钻机和水平定向钻机，旋挖钻机、水平定向钻机连续8年稳居国内市场第一，重点海外市场占有率第一。徐工基础不断提升智能制造水平，拥有江苏省示范智能车间——旋挖钻机智能制造车间，以及生产运营智能调度中心。徐工基础被工信部、中国工业经济联合会复评为"制造业单项冠军示范企业"；面向"十四五"，徐工基础正在规划建设

旋挖钻机

"智能+生态"的千亩新型基础工程机械工业园区,致力于打造世界级基础工程机械第一品牌。

二、突出优势

我国首台旋挖钻机 1999 年诞生于徐工基础。产品先后形成了大吨位、超深孔、硬地层、智能化、特种化等技术领先优势,引领行业发展。

在巩固自身旋挖钻机市场地位的同时,徐工基础不断扩展型谱、适应不同的工况要求。目前,徐工桩工产品已形成 XR 系列旋挖钻机,动力头扭矩为 80~880kN·m。280kN·m 以上旋挖钻机占有国内 60% 以上市场份额,而 400kN·m 以上规格钻机几乎垄断了行业全部销量。

为了实现多功能施工需求,徐工基础围绕旋挖钻机,开展同心多元化发展,推出系列长螺旋钻机、锚杆钻机、双轮铣槽机、地下连续墙液压抓斗等新产品,具备批量生产、销售的条件,市场前景广阔。徐工基础旋挖钻机主要客户群有中铁各局、中煤江南、中水基础局、中石油、国家电网、葛洲坝等国字头工程施工公司。多型号产品成功通过欧洲 CE 认证、北美认证、俄罗斯认证,产品销往美国、澳大利亚、土耳其和俄罗斯等 70 多个国家和地区,其中包含绝大多数的"一带一路"沿线国家,为当地基础建设做出了重要贡献,并在港珠澳大桥、上海中心大厦、青藏铁路、京沪高铁等国家重大工程建设中发挥了重要作用。

三、典型经验

(一)建立了以工程机械制造企业为驱动的产品逆向研发管理体系

在不断实践中,徐工基础总结摸索出了一套以市场为驱动的工程机械产品逆向研发管理模式。此模式在近年来形成了基本的管理体系,并指导后期的新产品研发,取得了丰硕的成果。该模式突破了传统串行工程和并行工程的流程限制,突出特点是先开发市场,再开发产品;利用开发周期,提前预热市场,造成市场"饥饿感";在设计阶段,研发、工艺、供应商、经销商、客户协同设计,缩短试制周期,最终实现将适销对路的新产品迅速推向市场,并同时完成市场培育,新品快速上量,在短时间内占领市场。

以市场为驱动的工程机械产品逆向研发模式取得了丰硕的成果。主营产品旋挖钻机,被工信部认定为全国制造业单项冠军产品。徐工基础主持制定了国家标准 GB 20904《水平定向钻机 安全操作规程》、行业标准 JB/T 10548《水平定向钻机》及 CECS 382《水平定向钻法管道穿越工程技术规程》,构建了我国水平定向钻产品、安全及施工标准体系,引领了我国非开挖行业技术进步;研发新产品 30 多项,承担市级及以上项目 4 项,获得省、市级科技进步奖 34

项，其中江苏省科技进步奖二等奖 1 项、三等奖 2 项，中国机械工业科技进步奖一、二等奖各 1 项、三等奖 3 项，等等。XR550D 旋挖钻机、XG600D 地下连续墙液压抓斗、XDN500 顶管机被江苏省经信委认定为江苏省装备制造业重点领域首台（套）重大装备及关键部件。

（二）建立了基于一体化理论的"四位一体"管理系统

以一体化理论为指导，从"促进合作共赢、满足超值需求、构建优秀队伍"角度建立起了涵盖经营管理、超值服务、人才培养三个"四位一体"管理体系，迅速发展成为徐工基础新的经济增长点，在行业中起到了一定的借鉴和示范作用，具有较高的推广和指导价值。

构建"四位一体"经营管理体系，促进合作共赢；构建"四位一体"超值服务体系，满足用户需求；构建"四位一体" 1＋X 人才培养体系，提升人才素质；构建"四位一体"管理系统实施，带动行业整体发展。

（三）构建了大型装备制造企业"双创"体系

为适应新时代对企业发展的要求，激发企业活力，打造新的发展引擎，在不断实践中，徐工基础总结并提出了以全员创新、团队创业为主体的"双创"体系。体系以自我驱动、快速行动、创新为核心理念，以"岗位创业、赋能赋权、增益分享"为运行总思路，以"两线生成、三期孵化、三高奖励"为机制保障，构建了"即行即改、提质提效、创业创造"三大创新层级，激活全员创新能量。实现了管理方式的转变，由管控式转为敏捷式、集中式权力转为分布式权力，由层级稳定架构转为动态圈子机构，由一人固定岗位转向一人多个角色，由自上而下变革转向自我驱动变革。

在"双创"机制的推动下，连续墙液压抓斗、双轮铣槽机、顶管机、深水井钻机形成系列化产品。取得发明专利、实用专利共计 100 多项。经中国机械工业联合会鉴定，多项成果达到国际领先水平。自 2017 年"双创"机制试行以来，新产品销售收入迅速增长。

徐工基础注重产业链发展，培育了 10 多家配套企业。微型顶管机的研发，填补了国内微型顶管机的空白，是国内唯一能进行硬岩地质施工的微型顶管机。

（四）构建了基于全价值链的市场风险管控体系

基础工程机械的黄金 10 年飞速发展，行业主要企业工作侧重在市场拓展方面，风控建设相对不足。经济新常态下增速放缓，行业进入理性发展阶段，先前掩盖或积淀的应收账款问题集中爆发，已成行业难题，变革经营模式，寻求规模拓展和风险防控的协调发展已刻不容缓。

徐工基础基于全价值链的市场风险管控理念，建立了以用户为中心的

"用户、制造商、供应商、经销商"全价值链应收账款管控体系。通过基于全价值链的市场风险管控体系建立，终端客户还款率持续提升，应收账款增长态势得到遏制。

四、未来发展展望

徐工基础将持续以徐工"一二三三四四"战略经营指导思想为总指引，积极响应国际化主战略，围绕地下钻、掘领域多元化发展，深耕桩工机械、非开挖机械、矿隧机械、资源钻采机械四大主营板块，拓展工程施工业务。创新驱动，打造"技术领先、用不毁"成套化产品群。加快海外"四化"营销模式推进，常抓不懈"风险出清、健康运营"一号工程，积极推进智能制造转型升级，探索激励创新机制，培育国际化高端人才，在更高质量、更深层次、更高水准上实现"三高一可"发展，为2025年实现200亿规模奠定坚实基础。

五、专家点评

徐工基础是国内桩工机械行业的领军企业，历经23年的技术积淀，全面掌握了地下基础施工装备领域的核心技术，研制了多款首台（套）装备，产品在港珠澳大桥、上海中心大厦等国家重大工程建设中发挥了重要作用。

徐工基础始终秉承创新的发展理念，构建了以市场为驱动的逆向研发体系，建立了基于一体化理论的"四位一体"管理系统等创新管理模式，闯出了一条高质量、高效率、高效益、可持续的高速发展之路，引领行业的发展，为我国桩工机械行业进步做出了突出贡献！

中国工程机械学会桩工机械分会秘书长　郭传新

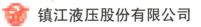 镇江液压股份有限公司

专注液压件 45 年
"小产品"做出"大文章"

一、总体情况简介

镇江液压股份有限公司（以下简称"镇江液压"）位于江苏省镇江市高新区，成立于 1976 年，致力于生产摆线全液压转向器及相关的配套阀类产品，是国内全液压转向器行业生产历史最早、产品系列最多、产销量最大的企业。主导产品摆线全液压转向器属于液压基础件，是多种自行走式主机的转向控制核心元件。产品可为农业机械、工程机械、建筑机械及环卫、塑料、渔业机械等配套，是整机技术中的关键配套件。

近年来，镇江液压围绕"把镇江液压打造成中国有地位、世界有名气的优秀企业"的目标，在专业化、规模化生产基础上，全面实施"高端化、国际化、品牌化"的经营发展战略，加快高技术含量、高附加值产品的开发，研发的集成式转向器、超低输入扭矩转向器、四五齿微型转向器等高端产品，已成功进入国内外市场。配合农业机械无人化、智能化的趋势，开发新型电控

企业一角

转向器。镇江液压加大技改投入，全面提升产品的品种档次，产品性能指标达到国际先进水平。在国际化方面，镇江液压全力扩大转向器产品的出口，积极开发印度、巴西和俄罗斯等新兴市场，打破只跟代理商、贸易商合作的状态，成功开发了一批国外知名的OEM主机客户，产品出口量逐年增加。根据行业数据统计，镇江液压产品国内市场占有率在行业同类产品中名列首位，全球市场占有率位居前三。

二、突出优势

（一）主营产品品种多、产销量大

镇江液压产品主要服务于三大行业：

1）工程机械主机行业（以装载机为代表）：广西柳工、厦门工程、上海龙工、山东临沂工程、江苏徐工等。

2）农业机械主机行业（以拖拉机为代表）：中国一拖、福田雷沃、常州东风农机、山东时风、中联重机、山东常林、山东五征等国内主机厂；迪尔、爱科、纽荷兰等跨国公司，印度、巴西、北美、韩国的多家拖拉机制造企业。

3）工业车辆主机行业（以叉车为代表）：浙江杭州叉车、安徽合力股份、上海龙工叉车、靖江宝骊叉车、青岛台励福叉车、浙江诺力叉车、浙江吉鑫祥叉车等。

摆线液压马达

（二）国内外市场竞争优势明显

镇江液压一直坚持专业化、规模化经营的发展方向，稳步向国际化、高端化发展转型，近几年产品出口量逐年加大，在国际上具有很高的知名度和很强的竞争力。

1）国内品牌优势：镇江液压主导产品是江苏省名牌产品，镇江液压商标是江苏省著名商标，镇江液压连续多年产销摆线全液压转向器数量位居全国同行业第一，产品国内市场的保有量大于52%，在传统的国内市场客户中，品牌优势明显。

2）生产设备优势：核心零件的摆线啮合副实现了轨迹磨削，热处理工艺实现了无氧化并超低温冷冻，平面零件实现了高精度双端面磨削、内孔珩磨、加工中心、成形磨削等在同行业摆线液压产品中处于领先地位。

3）国际竞争优势：近年来镇江液压大力开拓国际市场，重点是新兴市场和"一带一路"沿线国家，积极参加国际大型专业展览会，召开产品推介会，在国际同行中优势明显。

（三）自主研发、掌握核心技术

镇江液压始终坚持自主研发，建立了以博士为首的覆盖液压、机械等领域的研发团队，加大研发资金的投入力度，持续提升创新能力。镇江液压拥有国家专利46项，其中发明专利5项，独家或参与制定和修订行业标准9项，是国家工程机械高端液压件及液压系统产业化协同工作平台成员单位、江苏省企业技术中心、江苏省摆线液压件工程技术研究中心、江苏省博士后创新实践基地。

近3年镇江液压获奖情况：107系列低噪声转向器获中国机械工业科技进步奖三等奖、行业技术进步奖二等奖，被评为江苏省高新技术产品；106电控系列转向器获中国机械工业科技进步奖三等奖；BNF1扭矩放大器获行业技术进步奖二等奖；129集成转向器、四五齿负荷传感转向器、侧油口转向器被评为江苏省高新技术产品；BNF扭矩放大器获中国农业机械零部件金奖；电液智能控制转向器获中国工业车辆创新成果奖。

三、典型经验

（一）踏准时代节拍，敢为人先勇闯新天地

镇江液压成立45年来，心无旁骛植根液压件，从地方小型国企逐步发展成为行业里的"参天大树"，镇江液压发展留下了三个"第一"的佳话。

1988年，国家倡导企业厂长竞争上岗，当时只是普通技术工人身份的潘正东通过数轮比拼，成功当选镇江市机械系统第一个竞争上岗的厂长。1996年，镇江18家国企试点股份合作制改革，镇江液压也在其中，潘正东顶住压力，仅用3个月时间即完成改制，500名员工推选潘正东为镇江市国企改制后的第一个民选厂长。2000年，镇江液压启动第二次改制，加快了向现代企业制度的过渡。通过两次改制，镇江液压开始做大做强，慢慢从一个困难企业发展成为制造业单项冠军明星企业，镇江液压主打产品畅销国内外。

近年来，镇江液压除深耕欧美等发达国家和地区的传统市场外，印度、巴基斯坦、巴西、波兰等国的新兴市场正全线突破，拳头产品全液压转向器出口

占比达到15%，国内市场占有率近60%。

（二）持续加大投入，自主研发核心技术

创新是企业核心竞争力的源泉，企业要成功，掌握核心科技是关键。多年来，镇江液压坚持自主研发核心技术，不断增强创新能力，"围绕一个目标，力争两大突破，突出三大重点"，大力开展全液压转向系统高压流场压力损失、噪声产生的基础研究，对液压转向系统溢流阀流场特性的数值仿真研究，提出降低液压压力损失和噪声的技术方案，开发电控液压转向系统 EHPS（Electro Hydraulic Power Steering），成果均达到了国内领先水平。

目前，镇江液压现有研发人员87人，包括产品开发、制造工艺、产品试验和管理人员。镇江液压长期与同济大学、江苏大学、中国农机院、江苏省机械研究院等科研院所进行产学研合作。镇江液压加快研发成果转化，配有先进加工设备和检测设备的新品车间；研发活动始终坚持专行和标准引领技术创新的理念，不断提高企业的核心竞争力。镇江液压注重完善各项激励措施，建立了系统、完整的评价激励体系。

（三）狠抓制度建设，匠心作为、行稳致远

镇江液压以匠心标准，狠抓品牌建设、质量保障、知识产权保障、安全生产等方面的制度建设。在品牌管理方面，成立以总经理为组长的品牌培育试点领导小组，并成立工作办公室，全面负责品牌培育管理体系文件的编制、培训和组织实施，逐步制定品牌培育相关制度。在产品质量管理方面，质量管理领导小组由总经理亲自挂帅，负责规划和决策工作。质量管理部负责对各部门的专业质量管理职能活动进行组织、计划、协调、监督和考核。

在知识产权保障方面，镇江液压管理网络完整，建有《专利管理制度》《商标管理制度》《技术档案管理制度》《商业秘密技术保密工作制度》等各项规章制度。

在生产安全保障方面，镇江液压制定了安全生产规章制度近百项，成立了安全生产管理委员会，配备有专职安全生产管理员；制定年度安全生产目标，各部门签订安全生产责任状，明确安全责任。

四、未来发展展望

立足未来，镇江液压将以 ERP 系统为核心，不断完善全产品生命周期技术管理系统，集成 PLM、MES、MDG 系统，推进市场、销售、设计、采购、制造、质量、客服、财务、安全、环保全过程、全要素的深度融合，实现数字化、网络化的管理、设计、制造和服务，充分利用智能化、大数据引领创新驱动，牢牢占住行业领先地位，实现传统制造向智能制造的数字化转型升级，把

镇江液压打造成"中国有地位、世界有名气"的优秀企业。

五、专家点评

任何产品只要做到"人无我有、人有我优、人优我特",就能真正做大、做强。镇江液压专注液压件 45 年初心不悔,从专业化、规模化向国际化、高端化、品牌化的转型蝶变,深刻诠释了"隐形冠军"企业的发展内涵。

当前,我国制造业企业正面临"缺芯""卡脖子"难题,期待镇江液压扛起制造业单项冠军企业标杆重任,抢抓创新机遇,着力技术攻关,实现更多从"0 到 1"的技术突破,引领行业数字化转型升级,为我国制造在国际竞争中赢得更多尊重。

江苏大学汽车工程研究院副院长/教授　袁朝春

五洋纺机有限公司

聚焦双针床经编机研发与产业化每年持续推出新品

一、总体情况简介

五洋纺机有限公司（以下简称"五洋纺机"）成立于1996年，致力于双针床经编机的研发与产业化，是以生产系列经编机为主的综合性国家高新技术企业，通过近20年的努力，双针床经编机的研发与生产在全球双针床经编机领域位列前茅。

纺织行业近年市场形势严峻，五洋纺机目前通过转型升级，实现了业绩稳步提升，聚焦双针床经编机细分市场，近三年实现年销量1990台，销售额3.5亿元，占主营业务的80%以上，保持全球双针床经编机销量领先地位。

二、突出优势

（一）智能化生产车间规划和先进的设施建设

在同行业中率先采用数字化工厂的可视化动态仿真模型进行两条高速双针床经编机装备生产线的总体规划、设计和决策，可以保证车间布局设计、生产设备选型、工艺流程、网络规划等具体方案的可行性评估和持续设计改进，并进行产能预测。五洋纺机在保证技术和设备先进性的同时，缩短了建设周期和节约了成本，为后续智能单元的嵌入和升级提前预留接驳入口。

（二）数字化、智能化管理信息平台建设和集成

五洋纺机率先实施统一的产品研发数据管理平台PLM，建立数据和网络安全机制，实现企业CAD/CAM/CAPP/ERP/MES的系统集成，支持实时数据采集和交互。开发丰富的知识库（KBE），支持订单的智能决策、产品设计的创新优化、工艺流程的仿真与持续改进、制造和服务的及时响应以及面向产品研发制造的纵向集成。

（三）基于工业互联网的生产智能管理监控

五洋纺机率先采用CPS和IoT技术建设工业互联网，实现在线跟踪物流和

订单，利用ERP/MES实现物料资源计划、生产实时调度和在线监控，并借助人工智能技术，进一步实现生产智能排程和调度、工艺流程优化，建立高效、安全的个性化、数字化产品与服务的生产模式，最终实现柔性生产。通过数字化工厂的建设，实现数字化管理，提升产品质量和服务。

（四）持续加大新产品研发力度

五洋纺机把科技创新视为企业发展的动力，成立了江苏省经编机运动控制系统工程技术研究中心、江苏省认定重点企业技术中心、中国纺织机械行业双针床经编机产品研发中心、江苏省企业研究生工作站，斥资2000多万元建成综合性研发中心，涵盖高端装备、自动化、智能制造、管理等研发部门。五洋纺机每年的研发投入保持在4%以上，持续发挥中心作用，加强与中国科学院沈阳自动化研究所、南京理工大学、上海交通大学、东华大学、天津工业大学等国内院所合作，在机械、纺织、智能技术等方面实行强强联合，保持每年有2～3个新产品通过科技成果鉴定，推向市场。

三、典型经验

（一）技术创新

1. 在实现精细化无缝成形编织方面

1）新型电子横移装置的研制和应用。

2）研制采用压电陶瓷片流延成型新工艺的高机号电子贾卡针及贾卡提花装置，采用压电陶瓷片新型封装技术、精细化涂装技术和贾卡针微组装技术，保障在机器上的安装精度及要求。

3）新型多速、多段智能EBC电子伺服控制送经装置的研制及安装。

4）EAC电子牵拉伺服控制装置的研制及安装。

5）花型织物计算机辅助设计系统的开发。

6）研究实现高机号（E28及以上）三维全成形编织技术。

2. 在实现单机智能控制方面

1）基于自主研发的嵌入式控制系统，具有高性能ARM微处理器与现场编程能力的FPGA，有利于关联嵌入式软件的开发和衔接，实现整机机电一体化高速、高精度协调控制。具有嵌入式故障诊断系统和纱线激光自停装置。

2）进行工控计算机、高速现场总线和高精度动态响应伺服系统的集成和机电一体化。

3）花型织物计算机辅助设计系统的开发。

4）实现主轴信号的反馈和接收装置的设计及调整；送经系统和电子牵拉系统的数据处理和信号反馈；PLC与触摸屏及伺服控制器的通信。

3. 在物联技术应用方面

将物联技术应用到现代经编织造设备中,将经编织造生产线分为传感层、传输层、应用层三层结构,能利用传感器自动采集生产过程的全部数据,并对数据进行分析、管理,与企业 ERP 实时对接,实现经编织造生产线智能化、网络化管理与控制。

(二)管理能力

进一步完善企业管理制度,在生产经营、财务核算、人力资源、市场营销、售后服务等方面着手于每个细节,落实管理制度、管理责任;打造团队精神,提高管理效能;推进和完善 ERP 管理进程,提升信息化管理水平。

(三)企业文化

从单机装备到整体解决方案,从一座城市到 30 多个国家和地区,五洋纺机的事业版图一直在快速扩展。五洋纺机承诺提供高品质的产品与服务,赢得全世界伙伴的支持和信任。"心系客户、合作共赢、百年五洋"将成为五洋人永恒的追求。

(四)质量品牌

五洋纺机现已具备设计、开发高精度、智能化、高性能、高附加值产品的实力;五洋纺机已累计申请、获得有效国家发明等专利150多项,软件著作权19项。五洋纺机"五洋""柳绿"商标被认定为"中国驰名商标","艾诗丽"商标被认定为江苏省著名商标。经工信部、中国纺织工业联合会联合评估,五洋纺机"五洋"品牌价值为38亿元。

(五)经营绩效

五洋纺机双针床经编机于2018年实现销售560台,共计10080万元;2019年销售680台,共计12240万元;2020年销售750台,共计13250万元,实现了国内福建、常熟、海宁、潮汕等经编产业集群地全覆盖,产品销往印度、东南亚、土耳其、西班牙、墨西哥、俄罗斯等30多个国家和地区,奠定了五洋纺机国际国内双针床产品研发及生产销售的领跑者地位。

(六)产业协同

1)创建一个基于半物理仿真技术的针织机验证与设计平台。
2)建设一条由25台数控机床构成的针织机自动加工生产线。
3)建设一条基于自动物流、机器人的智能针织机装配生产线。
4)研制一个在线针织机性能测试平台。
5)研制基于工业物联网的针织机制造智能监控系统。
6)研制一套纺机数据驱动的定制化纺机制造信息系统。

（七）国际化发展

经过多次论证及实地考察，五洋纺机把公司首个海外工厂落户越南西宁省展鹏县成成功工业区，将充分利用越南西宁省经济开发区的区位优势，实现对东南亚和南美、中东地区及全球最大销售市场的覆盖，同时获得在全球范围内运营较大规模跨国公司的宝贵经验，从而实现国内国际两个市场、中越两种管理理念、内外两种销售模式双向互动，并进一步实现国内企业销售模式、净利润水平以及市值的大规模提升，并为五洋纺机最终成为位居国际前列的服务类企业打下良好的基础。

四、未来发展展望

随着纺织机械装备国际竞争的不断加剧，从近几届的 ITMA（国际纺织机械展览会）的展出明显可以看到，国内外高端生产商如德国特吕茨勒集团、中国经纬纺织机械股份有限公司的纺织机械产品的设计及制造正向着高精度、高质量、低能耗、低成本、智能化发展。而我国制造业劳动成本不断上升，市场对制造成本、产品质量等环节的要求不断提高，纺织机械行业作为传统产业也必须"创新驱动、转型升级"，双针床经编机的制造也向着数字化、网络化、集成化、智能化和绿色化方向发展。

根据我国纺机自主品牌化的战略目标以及国内外市场对高端经编机的旺盛需求，五洋纺机将致力于高速双针床经编机技术装备的多品种个性化定制、柔性化生产和生产全过程监控等关键技术的研究和应用，打造成国内外知名的经编机品牌。

与此同时，五洋纺机将加强与多所高校研究所的合作，共同成立五洋纺机智能制造工厂，建设产学研战略合作联盟，共同打造满足国家"十四五"《节能减排综合性工作方案》要求的节能环保高速双针床经编机数字化生产工厂，满足国内外对高端经编织物的需求，打破国外同类设备的垄断局面，建立"互联网＋先进制造业＋现代服务业"智能制造模式，实现产学研结合，打造业内首个网络化、智能化、绿色化、服务化的新型数字化智能化经编企业，推动移动互联网、云计算、大数据、物联网等与现代经编制造业结合。五洋纺机还将建设具有行业示范效应和推广意义的经编机智能制造车间，引领和提升江苏省智能制造水平。

五、专家点评

保持行业"双针床产品冠军"是五洋纺机的努力方向。"合作共赢，百年五洋"是该企业的战略目标。由此看出，持续稳健发展，以核心产品深耕行业细分市场已成为单项冠军企业的共识。

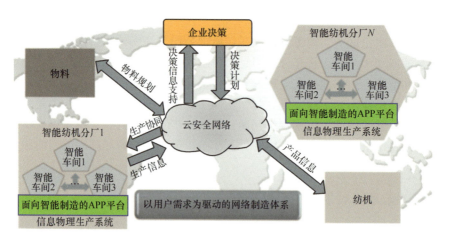

"互联网+先进制造业+现代服务业"智能制造模式

全球工业已进入专业化竞争阶段,专注于自身的定位尤为重要。五洋纺机倾力打造智能化制造生产、智能化产品,并已成为行业数字化、智能化生产的先行者。每年以 3 或 4 个双针床经编机新产品来引领市场的发展,这是五洋纺机能保持"冠军"的有力举措,也是不少"冠军"企业的普遍做法。

五洋纺机 30 多年来在双针床经编机细分行业有极高的市场占有率,获利能力强,核心技术创新能力突出,正是支撑我们中小企业及整个中国制造的真正强悍基石。

常州机电职业技术学院教授　王云良

杭州前进齿轮箱集团股份有限公司

船舶推进系统解决方案缔造者

一、总体情况简介

杭州前进齿轮箱集团股份有限公司(以下简称"杭齿集团")是我国专业设计、制造齿轮传动装置和粉末冶金制品的重点骨干企业。杭齿集团前身为杭州齿轮箱厂,创建于1960年,2008年完成股份制改制,正式变更为杭州前进齿轮箱集团股份有限公司。杭齿集团现有职工1800余人,拥有控股和实际控制子公司19家,参股子公司2家。产品领域涵盖船舶推进系统、工程机械变速箱、风电增速箱、汽车变速器、农业机械变速箱、轨道交通传动装置、工业齿轮箱、特种机械产品、粉末冶金制品、大型精密齿轮10大类千余个品种,综合实力被评为"中国机械工业100强""中国大企业集团竞争力500强"企业。2016年入选工信部全国第一批制造业单项冠军示范企业(船舶推进系统)。

二、突出优势

杭齿集团立足传动装置主业,依靠科技进步,增强企业核心竞争力,确立了在行业中的领先地位。在自主开发的基础上,引进国外先进技术,实现二次创新,产品领域从单一的船用齿轮箱扩展到10大类千余个品种。"前进牌"产品行销国内,远销世界47个国家和地区。船用齿轮箱产品在国内和东南亚市场一直保持着较大的市场优势,市场份额多年来始终处于领先地位。2007年,"前进"牌齿轮箱荣膺"中国名牌"称号;2010年,"前进"牌商标被国家工商行政管理总局认定为"中国驰名商标"。

(一)技术先进

杭齿集团重视核心技术与关键技术的研发、管理与保护,主持和参与制定了国家、行业标准34项,拥有有效授权专利312项。"高端重载齿轮传动装置关键技术及产业化"项目获2014年度"国家科学技术进步奖"二等奖,"大功率船用齿轮箱传动与推进系统关键技术研究及应用"项目获2016年度"国家科学技术进步奖"二等奖。杭齿集团船用齿轮箱与推进系统的研发能力处于国内领先水平,部分达到国际先进水平,具备船用齿轮箱产品的自主研发与创新能力,可根据用户需求进行定制开发,按国际船级社的规范进行设计和制造,并通过认证,产品配套功率范围为 10～50000kW,共有 70 多个品种近千个规格。作为国内首家为船厂提供成套推进系统解决方案的企业,在引进国外先进设计制造技术的基础上,杭齿集团通过消化吸收再开发,形成型谱完整的产品系列,打破了我国不具有生产自主知识产权的可调桨动力推进系统的现状,以及国外技术及产品对我国船舶市场的垄断,填补了国内空白。

(二) 品质精良

杭齿集团坚持"精益求精、顾客满意"的质量方针,建立了以 GB/T 19001—2016、GJB 9001C—2017《质量管理体系要求》等标准为基础的质量管理体系,贯穿研发、采购、生产、检验、销售与售后服务整个业务流程,并持续有效执行,不断提升产品品质和服务质量。通过开展质量体系内审、制造过程审核、产品审核等工作,对杭齿集团体系运行情况进行监督,实施监督过程中发现的问题督促责任单位分析原因,落实纠正措施和预防措施,保证问题得到闭环解决。

杭齿集团建有高精齿轮检测中心,于 2011 年通过中国合格评定国家认可委员会实验室认可,取得 CNAS 证书(注册号:CNAS L5337),专业从事几何测量、齿轮检测、金属材料理化分析、无损检测。同时具备对齿轮箱的转矩、转速、压力、温度、流量、振动、噪声等物理量的瞬态及稳态测试能力,检验试验手段齐全。杭齿集团建立了"浙江省渔业船舶船用齿轮箱检测中心",可为全国渔业船用齿轮箱行业提供科学、准确、公正、满意的检测服务和技术支持。

船用产品执行中国船级社及国外著名船级社的行业标准,先后通过了英国 LR、日本 NK、法国 BV"工厂认可"以及 CCS、ABS、GL、KR 等多国船级社的产品认证。

三、典型经验

(一) 自主创新、提升核心竞争力

遵循"生产一代、储备一代、研发一代"的理念,杭齿集团每年投入销售收入 5% 以上的资金用于产品研发,重点构建"产学研用"一体化的研发体系,推进基础共性技术研究和创新平台建设。杭齿集团建设有国家级企业技术中心、国家级博士后科研工作站、浙江省前进传动技术研究院、浙江省齿轮传动与摩擦材料研究重点实验室,为杭齿集团基础技术和前瞻性技术研究、高层次专业技术人员培养搭建了平台。杭齿集团新产品研发采用网络并行设计模式,全面应用 SIEMENS 产品生命周期管理系统和 SolidWorks 三维设计软件,

同时引进了国际先进的 MASTER、NASTRAN、KISSSOFT 等大型计算分析应用软件进行辅助设计。

杭齿集团高度重视自主创新能力的建设，通过引进、消化、吸收、再创新和"产学研用"相结合的模式，不断提升自主创新能力。通过持续几十年来创新能力建设积累的科技实力，杭齿集团在船用齿轮箱、可调螺旋桨等优势领域不断拓宽产业链，拥有了大批具有自主知识产权的产品，形成了系列化和批量化生产能力。同时，锻炼了一支科技队伍，进一步提升了杭齿集团自主开发能力和产品制造水平，使杭齿集团的传动制造技术始终处于国内领先，部分达到国际先进水平。

杭齿集团充分利用科研机构、高等院校强大的科研与开发能力，以项目和课题为纽带，以企业为主体，与浙江大学、重庆大学、吉林大学等著名高校建立产学研合作机制。先后承担和参与了国家支撑计划"齿轮箱轻量化关键技术研究与应用"项目、国家重点研发计划"制造基础技术与关键部件"、重点专项"齿轮传动数字化设计分析与数据平台"等项目。同时，杭齿集团与国际知名的荷兰 Marine 研究院建立了合作关系，开发的 C、D 系列可调桨图谱形成数据库，成熟运用到敞开螺旋桨、导管螺旋桨的研发设计中，提高了螺旋桨的设计精度，有效减少空泡，提升了推进效率，提高了产品的先进性。

（二）人才强企、助发展动力

通过实施"人才强企"战略，在多年的发展过程中，杭齿集团造就了一支专业结构全面、人才梯队合理、具有创新能力和市场意识的复合型科技人才队伍，在产品设计、工艺技术、检测试验、技术管理等方面发挥着不可替代的作用。

1）引进国际、国内知名技术、管理专家，借鉴和吸收当今世界最新科技成果和管理经验，实现杭齿集团技术和管理的跨越式进步。

2）依托国家级博士后科研工作站，吸纳国内著名大学的尖端人才参与杭齿集团的科研项目与课题研究。

3）利用国家级、省级、市级技能大师工作室，对优秀青年技工进行深度培养，积极参与各项重大项目的技术攻关。

4）强化与国内外知名企业和院校的技术交流合作，通过选派专业技术骨干人员出国培训、与浙江大学及重庆大学合作举办工程硕士班等方式，帮助科技人员加速知识更新、树立创新意识。

5）建立中青年专业技术（管理）带头人、职业技能带头人制度，创建师徒带教体系，帮助新入岗员工尽快适应新岗位。

（三）强化管理、提升软实力

杭齿集团持续有效地运行 ISO 9001、ISO 14001、OHSAS 8001 质量、安

全、环境职业健康"三标一体"管理体系，采取严格的质量控制措施，对设计研发、采购、生产、销售与服务等各个环节实施较完善的过程控制，不断提升产品品质。

坚持实施品牌发展战略，注重知识产权保护。杭齿集团拥有4个商品种类的19项商标权，"前进"商标在中国、马德里、菲律宾、俄罗斯、印度尼西亚、印度、秘鲁等国注册，帮助企业更好地拓展国内外市场，提升企业品牌形象，有效保护杭齿集团自身权益。杭齿集团始终坚持"高科技、高投入、高起点、优质量、优服务、严管理、增效益"的企业发展举措。

杭齿集团重视企业文化建设，以文化加强凝聚力、创造力，提升企业竞争力。奉行"以人为本、自主创新、和谐传动、引领未来"的共同价值观，赋予"忠诚、奉献、团结、第一"的杭齿精神，通过经营管理层的率先垂范、先进人物的榜样引导、激励约束的机制保证，并辅以有效的活动载体，积极推进企业文化建设。杭齿集团坚持"集传动装置大成，铸'前进'国际品牌"的经营理念，履行服务用户、服务社会的责任，积极争取社会各界对杭齿集团改革与发展的支持，以建设亚洲一流、国际著名的传动装置企业。

（四）产业协同、促高质量发展

杭齿集团坚持做强、做精制造业。通过已经形成的具有自主知识产权齿轮传动装置领域核心技术，带着"杭州制造"站在行业的前沿，带动船舶传动装置众多产业链上下游生产企业，协同解决成套装备项目中的关键难题，形成船用推进系统的一体化配套能力。同时，培养出一支专业人才队伍，加快船用推进系统及零部件的新产品开发，推动船舶配套产业的快速、稳固发展，巩固了行业地位。通过杭齿集团强大的销售服务网络，船用齿轮箱及推进系统在国内外市场始终保持高占有率。杭齿集团主营业务年收入约20亿元，其中船舶推进系统（含齿轮箱）收入约10亿元、出口创汇约2000万美元。

四、未来发展展望

面向未来，杭齿集团将积极迎合国家战略发展方向，以绿色智能、高质量、高功率密度、低噪、低振为目标，从产业发展角度出发，攻克基础零部件的关键共性技术，提升核心竞争力。面向高技术船舶、绿色环保船舶、智能船舶、海洋工程装备，重点开发轻量化、绿色环保、信息和控制高度集成的智能化船用齿轮箱，可靠性、安全性、振动噪声等关键技术指标达到国际先进水平，形成高端智能船舶齿轮箱的产业化应用。加快执行智能推进系统战略，加强水动力技术、结构轻量化设计技术研究，开展推进系统可靠性、节能环保、自动化控制、集成配套和产业化应用等方面的关键技术攻关，技术水平、成本控制和质量稳定性达到国际水平，完成高端智能船舶推进系统的示范应用。在售后服务方面，杭齿集团将建立完善全球化的营销服务网络，整合资源优势，适当增加国外服务站点，为客户提供无后顾之忧的全生命周期服务。

五、专家点评

杭齿集团经过几十年的发展，具有开拓创新精神，勇于闯新路，敢于争第一。杭齿集团率先将微动阀全新的液压控制系统运用在小型游艇和休闲艇齿轮箱上；率先采用国际最先进的"V"型传动的理论全面提升产品的技术水平；率先完成小角度斜齿轮高速船用齿轮箱的研制和实船航行；率先生产制造具有高技术含量的可调桨螺旋桨产品，并与船用齿轮箱成套供货。面对激烈的市场竞争环境，杭齿集团更需要继承发扬敢为人先的开拓精神，深耕传动装置研发，引领行业前行，创造出更多更好的"第一"。我国高端制造业需要更多像杭齿集团一样的企业敢为人先、争创一流，发挥大中型企业骨干作用，为发展我国工业做出贡献！

浙江大学工业技术研究院副院长　童水光

万向钱潮股份有限公司

奔竞不息　勇立潮头

一、总体情况简介

1994年，万向钱潮股份有限公司（以下简称"万向钱潮"）在深圳证券交易所上市交易，万向节、传动轴、制动器、燃油箱、排气系统等产品被认定为"中国名牌产品"。2005年，"钱潮"商标被认定为"中国驰名商标"。2007年，万向节产品荣获"中国世界名牌""中国工业大奖"表彰奖。2010年，万向钱潮荣获首届浙江省政府质量奖。2013年，万向钱潮荣获首届"中国质量奖提名奖"。2016年，万向钱潮以汽车万向节总成产品，荣获制造业单项冠军示范企业。

万向钱潮一直致力于汽车零部件的研发和制造，产品从零件到部件到系统集成，生产专业化、产品系列化、供货模块化；产品涵盖万向节、轮毂单元、轴承、汽车底盘及悬架系统、制动系统、传动系统、排气系统、燃油箱、工程机械零部件等汽车系统零部件及总成，是国内最大的独立汽车系统零部件供应商之一。

二、突出优势

（一）企业文化

万向钱潮注重道德行为规范的倡导、弘扬，组织编写了《万向员工手册》和《万向诚信手册》等企业文化小册子，对员工职业操守和行为规范加以引导。要求全体员工"讲真话、干实事"，树立"以勤砺志，以俭养德"的作风，强调恪守职业道德、诚信经营，弘扬传统美德，开展优秀员工评比活动，为员工遵守道德行为规范，创造了一个良好的环境。

（二）品牌培育

万向钱潮先后注册了"钱潮""QC""万向"等系列商标，形成品牌体系。品牌培育工作由总经理领衔的万向品牌建设工作小组和品牌形象管理部门领导，具体由行政部统筹推进，制定了《品牌发展规划》《商标使用管理制度》等。通过市场推广、形象宣传、技术创新、装备投入、体系建设、人才培养、慈善公益和商标管理等举措，开展系统化的品牌建设工作。

（三）创新能力

1994 年万向钱潮成立技术中心，1996 年成为国家认定企业技术中心，科技人员占比达 37.30%，博士和高工近 120 人。拥有博士后科研工作站、院士工作站和北美研发中心；建立有研究开发中心、质量管理中心、检测试验中心、项目管理中心、科技信息中心；建设有 CNAS/CQC/CCAP 认证实验室，所出具的报告获得 54 个国家和地区的认可；国内授权专利 1967 项（发明专利 279 项），美国专利 1 项，PCT（专利合作协定）专利 9 项；主导、参与制定等速驱动轴、万向节、轴承等产品的国家、行业、浙江制造标准 38 项。

（四）制造能力

经过多年的不懈努力，万向钱潮在立足国内的基础上，引进德国、日本等国际一流的锻、车、磨、热处理生产装备，形成了核心制造能力，并大力进行自动化、一个流改造，建立了智能制造示范车间，逐步推进智能制造，并配备有国际、国内领先的试验、检测设备，形成了卓越的生产制造能力。主导产品万向节已成长为全球第一。

三、典型经验

（一）市场方面

万向钱潮以顾客和市场为导向，技术引领市场，围绕国内外主机配套目标顾客群，推行项目经理责任制，通过"联合建立系统集成模块化工厂"及"JIT 供货"等方式，与顾客建立稳固、协同发展的关系，快速、准确、灵活地响应并满足顾客需求，增强顾客的满意度和忠诚度，提高市场占有率。

1）万向节产品：市场占有率为 65%。其中重型免维护产品得到推广，一汽已大批量使用。

2）轮毂轴承产品：市场占有率为 30% 左右。从 2014 年起成为大众汽车最大的车轮轴承供应商，实现了大众轮毂轴承 60% 以上的供货份额。

3）传动轴产品：市场占有率为 30% 左右。积极开拓深耕商用车和工程机械市场，关注优质客户，产品实现了北汽福田戴姆勒重型载货汽车、山西大运重型载货汽车、陕汽 L3000 中型载货汽车量、广汽日野高端经济型 HINO 重型载货汽车高份额配套。

（二）质量技术能力

1980 年，万向钱潮把价值 43 万元不符合标准的 3 万套万向节送往废品收购站，用全厂员工半年的奖金换来了更强烈的全员质量意识。在万向钱潮不断进行产业调整、结构升级的同时，质量仍然是立业之本。在发展历程中，万向钱潮通过持续改进和实施过程方法、系统方法，不断赋予"质量第一、用户至上"的质量方针新的内容和涵义。万向钱潮质量价值观："质量是生存之本，质量是长青基石"。

（三）企业管理

20世纪90年代，经济全球化进程逐渐加快，国际竞争不断加剧，市场等资源的争夺从国内延伸到全球。为此，万向钱潮提出了"务实、创新、卓越"的价值观，确定了"向全球万向节市场主导地位发展"的长期发展方向，通过推行"大集团战略、小核算体系、资本式经营、国际化运作"，实施"走出去、引进来""高起点投入、高精尖设备、高层次人才、高档次产品"，运用先进的管理标准，进行贯标培训、对标改进、持续提高，不断引领万向钱潮追求卓越。

经过多年的发展，"万向制造""万向品质""万向技术""万向品牌"已被社会广泛认同。

（四）智能制造

为了满足国内外一流主机厂对产品质量、档次的要求，应加快产品的更新换代和公司的转型升级，万向钱潮一直致力于实施"智能制造"，运用互联网思维，通过与信息化系统软件的融合，对产品归类集中、工艺变革和设备布局进行全面的智能化、自动化和精益化改造，不断提升产品的技术标准和品质，降低产品的生产成本，提高产品在国内外市场上的竞争力，推动出口业务的稳步增长。为此，万向钱潮近几年在智能制造方面的投资都在5亿元以上。

通过实施"智能制造"，智能制造生产线相比普通生产线，除生产制造过程实现可视化、全部产品在线检测外，相同产能可减少操作人员150名，生产效率提高2倍以上。

（五）提高国际能力

从1984年起万向钱潮就实施了"产品走出去""人员走出去""企业走出去"三步走的国际化战略。1999年，万向钱潮收购了美国QAI公司成功实现"以股权换市场"；2000年，收购了美国汽车维修市场的主要零部件生产供应商舍勒公司的品牌，拥有该公司的市场、专利、技术、设备，实现"以设备换市场"；2003年，收购了美国百年老店、翼型万向节传动轴的发明者和全国最大一级供应商洛克福特公司33.5%股权，并成为第一大股东；2006年，收购了作为通用、福特、大众等国际一流主机厂的传动系统原配供应商的美国NEAPCO公司，利用NEAPCO的技术、品牌和原配供应商资源，开拓高档主机市场。

凭借不断壮大的国际化资源融通平台功能形成了国内外企业所无法比拟的特色优势，全力实施由"万向国际化"向"国际化万向"转变的发展战略。

（六）布局新能源产业

万向钱潮一直围绕国家战略新兴产业，以新能源、清洁能源为切入点进行全球布局，为下一轮的快速发展和形成新的利润增长点集聚后劲。2013年，万向钱潮成功收购了专业生产锂电池的美国A123系统公司，在低压启停电池这个新兴市场上独占鳌头。2014年全资收购了美国菲斯科公司，包括菲斯科公司拥有的待售汽车、位于特拉华州的一处厂房及上百项专利等。

凭借整合国内外优势资源这一得天独厚的有利条件，使万向钱潮未来发展新能源汽车零部件和智能电子产品的前景非常广阔，为万向钱潮产品结构、档次的持续提升和稳步增长打下了坚实的基础。

四、未来发展展望

（一）持续投入研发，对标国际标杆，确保技术的领先地位

1）万向节：继续开发和推广长寿命、免维护万向节，并持续进行产品轻量化研究和万向节的零件小规格化。

2）轮毂轴承：围绕低滚阻和轻量化，设计开发1.0N·m低转矩的轮毂轴承单元；完成轻量化轮毂轴承单元的结构设计方法，实现减重15%的目标。

3）传动轴：大力投入传动轴轻量化、长寿命、NVH等方面的研究，研究零件结构设计轻量化，并在确保零件强度和性能的前提下实现零件小规格化、小零件化，从而实现总成轻量化。大力开发传动系统振动噪声NVH技术。

（二）大力投资建设智能车间、智慧工厂

1）规划建立一个世界一流的智能制造示范园区，实现产业链的整合以及全工序一流制造。同时通过推进产学研合作、产业链上下游合作以及高新科技的孵化，鼓励创新、激励创新，吸引全球人才来一起建设发展万向钱潮。

2）目前所有新的投资，都必须围绕数字化和智能化进行建设，并且按照智能生产线→智能车间→智能物流→智慧工厂的路径进行万向钱潮范围内的实施和推广。

3）对于现有的项目，逐步通过智能化改造提高生产效率、降低成本。

（三）把握时机，通过技术、质量优势，占领市场，并迅速投资扩能，提高市场占有率

1）万向节：目前产能为5200万套/年，规模全球排名第一。

2）轮毂轴承：目前产能为2000万套/年，规模全国排名第一，全球排名第七。

3）传动轴：目前产能为 565 万根/年，规模全国排名第一。

（四）通过产业协同，整合上下游产业链

1）通过和国际范围内的领先企业进行合资或并购，快速提升技术水平、扩展客户和企业规模。

2）通过和产业链上下游企业的联合和协同，提高企业的竞争力。

3）继续延伸产业链，如继续投资扩大滚针、滚子等下游产业，提高产品的稳定性和获利能力。

五、专家点评

万向钱潮清楚地认识到，企业发展是承担历史重任的基础，是承担社会责任的源泉。万向钱潮要想为我们这个社会做更多的事情，首先要在企业经营管理上下功夫。万向钱潮在"奋斗十年添个零"的经营目标引导下，不仅优化了自身的企业经营体系，不断向社会推出更为适用的产品和优质的服务，持续改进生产工艺与质量管理体系，也帮助我们的合作伙伴实现降低成本、节能、高效的目标。

万向集团董事长　鲁伟鼎

海天塑机集团有限公司

匠心精神塑产品　改革创新注灵魂

海天塑机集团有限公司（以下简称"海天塑机集团"）成立于1966年，是一家专业从事研发、制造和销售塑料注射成型机的高新技术企业，经过50多年的发展，海天塑机集团已经成为我国乃至全球塑料注射成型装备行业的龙头企业，是世界最大的塑料机械生产基地，拥有行业内首个国家认定企业技术中心、首个国家级博士后工作站、首个省级重点企业研究院等多个创新平台，是科技部、国资委、总工会授予的全国首批"创新型企业"，更是工信部命名的"国家技术创新示范企业"。2016年，海天塑机集团入选工信部第一批制造业单项冠军示范企业，并于2019年顺利通过工信部第一批制造业单项冠军示范企业复核。

一、深耕专业领域，领跑行业发展

1972年，海天塑机集团成功研发了第一台注塑机，此后，海天塑机集团始终深耕于塑料注射成型机这一细分领域。目前，海天塑机集团是全球产量最大的注塑机研发和制造企业，注塑机合模力大小范围为400~88000kN，产品包括伺服节能注塑机、二板式节能注塑机、全电动注塑机、多组分注塑机及各种专用注塑机等，产品产量和客户覆盖率远大于同行业其他公司，此外，针对不同的客户，海天塑机集团机器有更为专业和细分的配置，定制化能力更强。自1994年以来，海天塑机集团的综合经济指标在我国塑料注射成型装备行业连续位居全国第一，2008年，海天塑机集团的综合经济实力位居世界第一。

海天塑机集团每年销售3万多台注塑机，其中约31%的产品为出口，产品出口美国、欧洲、南美洲、中东、东南亚等120多个国家和地区，产量和销售额居我国同行业首位。拥有3万多个客户，分布世界各地，在全球设有60个分销点。为完善外销体系和提高国际注塑机市场占有率，海天塑机集团在美国、墨西哥、巴西、德国、土耳其、越南、印度、印度尼西亚等地开设了境外公司和组装厂，以海外公司为中心，辐射周边国家和地区。

二、建立技术创新体系，提升企业核心竞争力

（一）突破产品创新

创新是海天塑机集团的灵魂，尤其是产品创新，2018 年年底海天塑机集团已累计拥有有效授权专利 280 多项，拥有注塑机所有部件的核心自主知识产权，到目前为止，所有的产品都使用了专利技术，专利产品占年销售额的 100%。

可以说，海天塑机集团的发展史就是一部产品创新的历史。从 60g 直角式注塑机开始，海天塑机集团专注于注塑机领域的技术创新，实现关键核心技术突破，2013 年全球最大的 JU6600Ⅱ超大型纯二板式注塑机试制成功，海天塑机集团做到了全球之最。2018 年，JUⅢ系列注塑机在参数、技术、性能方面实现全面提升，基于海天塑机集团自主研发的 MOTIONPLUS 技术，具备智能化开合模算法，搭建全数字化总线平台。

2020 年，大型精密电液混动注塑机进入试生产阶段，创造性地解决了全电动注塑机所受的功率限制，同时满足了超大型液压注塑机的精密度要求，为大型精密塑料制品的制造翻开了新篇章。除日本三菱外，目前海天塑机集团是全球唯一有能力生产此类大型机器的制造商。

（二）推行数字化改革

近年来，海天塑机集团积极响应"工业 4.0"号召，大力推行"以机代人"和"8+16"生产智造模式，实现零部件加工自动化、制造过程信息化。2019 年，海天塑机集团"关键功能部件数字化车间"项目上榜浙江省数字化车间/智能工厂名单，该项目是我国塑机行业内首个大量运用智能制造手段与生产管理控制系统相联，实现智能化生产的项目，可引领我国未来 20 年塑料注射成型装备及其核心部件智能化制造的新模式。

当前，海天塑机集团的第三代数字化智能注塑机装备已经推向市场，实现又一"技术创新"。该机型配备"管工厂云"软件，客户可通过云服务和移动 APP 对注塑机及其生产状况进行实时监控，形成准确、便捷、灵敏的感知体系，为注塑机智能化工厂提供解决方案。

（三）完善人才培养体系

海天塑机集团坚持"稳定"是基础，"引进"与"稳定"并重的指导思想，从高校引进优秀毕业生；聘请多名博士生导师、高级研究员为科技创新顾问，广泛地吸收了国内外一流的人才、知名专家学者汇集为技术中心，为取得国际前沿技术的研究成果建立了人才保障；由浙江大学、北京化工大学分别为海天塑机集团在职研发人员培养各类专业工程硕士，为企业的创新进步提供了强劲的驱动力。

2020年，海天塑机集团与宁波职业技术学院成立共建"海天大学"，推进产教融合，探索工学结合的人才培养新模式，充分利用校企双方资源，陆续开展各类专项提升班，结合线上、线下教学模式，实地训练专业技能，以此推动智能制造领域专业人才培养和行业转型升级。

三、践行质量管理体系，培育企业质量文化

海天塑机集团作为全球注塑机产销量最大的企业，质量文化始终占据企业文化的核心位置，形成了以"质量第一、质量无小事"为核心的质量文化。

（一）产品层面

海天塑机集团注塑机的各项技术性能指标均通过国家塑料机械产品质量监督检验中心检测，并通过欧洲 CE、美国 UL 及加拿大 CSA 认证。国家塑料机械产品质量监督检验中心对制品重复精度测试结果为：制品重量重复精度由 0.37% 提高到 0.29%，注射重复精度达到 ±2‰，锁模力重复精度达到 ±1%，开模位置重复精度达到 ±1mm，干循环周期全系列达到欧规 6 标准，以上性能均达到或超过国际国内同行水平。

海天塑机集团实行质量"追溯制"，从产品加工、装配到交付，形成产品责任制，一旦产品某道环节出问题，就可以追溯到问题责任人，任何员工都要有严谨、认真的态度，不存在马虎、侥幸心态，营造良好的质量管理氛围。

（二）文化层面

海天塑机集团通过绩效引导、规则制度、质量责任制的落实，确保质量文化得到有效的固化；海天塑机集团通过公司内部刊物、OA 计算机平台、劳动技能竞赛、质量知识竞赛、质量标兵、质量提案、优秀先进评选活动等一系列活动，保证质量文化的传承与发展。

（三）制度层面

海天塑机集团目前实施质量管理体系，依据 ISO 9001《质量管理体系 要求》标准，结合本公司注塑机产品特点，以质量管理 8 项原则为理论基础，运用"以过程为基础的 QMS 模式"系统。通过十几年来质量管理体系持续改进和不断完善，体系制定的质量手册、程序文件已是海天塑机集团实施质量管理的制度和工作准则。海天塑机集团现有各类产品质量保障相关制度（或文件）65 个，为保障产品质量稳定和提高提供了文件制度上的保证。

四、规划"走出去"战略，布局海外市场

在承前启后的"十三五"规划中，海天塑机集团紧跟"一带一路"倡议，提出了"走出去"的发展战略。"十四五"规划以来，海天塑机集团通过布局

"东西两线"并行发展策略，结合"扩大海外组装能力、打造应用中心、加强全球销售及服务网络建设"等形式，打造全方位、多角度的"走出去"战略，从而全面深入拓展海外市场，在激烈的国际竞争环境中争取更多的市场份额，实现业务发展的再次腾飞。

（一）加强布点，扩大海外组装能力

德国是海天塑机集团"西线"发展的重点。2009年和2017年，海天塑机集团分别在德国完成了2个工厂的建设，用于海天塑机集团旗下高端全电动注塑机、液压注塑机的组装和生产。未来，海天塑机集团将通过其欧洲总部——海天国际德国有限公司进一步完善和提升对2个工厂的直接管理，并优化布局欧洲区域的销售服务网络，立足德国，辐射欧洲，全面争取欧洲市场份额。

在"东线"发展上，除了现有的越南工厂外，2018年4月28日，海天华远印度有限公司的新厂房落成典礼在印度古吉拉特邦格迪隆重举行。2019年5月30日，海天国际在美国地区的独家销售及服务合作伙伴Absolute Haitian公司于美国南卡罗来纳州举行了盛大的新工厂开业典礼。

（二）打造应用中心，全面提升服务

除拓展海外组装工厂之外，海天塑机集团还将重点布局墨西哥、印度尼西亚、泰国、土耳其等地，从原有单一的"服务中心"全面提升至"应用中心"。海天塑机集团将在上述区域租赁工厂或场地，打造具有一定数量库存机、充分的配件支持、涵盖多种机型试模服务的应用导向型综合服务中心，提升与当地经销商和代理的配合，加紧对当地市场的渗透。目前，海天塑机集团的销售及服务网点已遍及80多个国家和地区。

2021年1月5日，海天越南胡志明展厅正式落成开业，展厅集产品展示区、会客区、售后培训区、会议室、办公区、零配件仓储区等多功能区域模块于一体，通过丰富的产品设备和开放的展示方式，使客户充分感受来自海天塑机集团的前沿技术、优质服务。

五、推动管理创新，打破僵化机制

（一）坚持三本管理，实现可持续发展

海天塑机集团在50多年的创业和发展历程中，始终坚持"三本"管理战略，坚持不懈，有效利用人、财、物资源，努力实现人的价值最大化、利润最大化、财富最大化，促使企业真正走上可持续发展的良性轨道。"三本"中首先是"人本管理"，以人为本，为根本的根本，留住了人心，也就留住了一切；其次是"成本管理"，抓住成本管理，寻找成本与效益的最佳结合点，实现利润的最大化，最大限度地提高企业的经济效益；最后是"资本管理"，形

成企业的自我积累、自我发展的良性机制。

(二) 导入 IPD 管理，实现信息小循环

2018 年，海天导入 IPD 管理模式，组建跨部门的 IPD 团队，推动以 IPD 管理为核心的"管理创新"。IPD 管理模式可以基于客户需求，将设计、制造、应用、售后、外协等各环节全面整合，打破原有部门间壁垒，强化产品成品输出理念，形成信息小循环，实现产品高品质、高质量、高效率，全面提升市场竞争力。

(三) 树立商品化理念，驱动市场化经济

为应对日益变化的制造业市场形势，海天塑机集团自 2020 年全面进入"商品时代"。海天塑机集团以事业部为主体，发挥财务体系结算能力，对组织架构、人员配置、费用成本、产品零部件等企业生产经营体系各环节商品化，通过市场价格倒推的方式实现交易定价，明确每个环节商品在不同工序的价值，建立以市场需求为标准的生产计划、以获利价值为考量的企业目标。

同时将市场经济引入企业内部，推行"内部顾客制度"，在各事业部之间或事业部与集团本部之间形成内部买卖关系。通过市场经济企业内部化运作，把每个事业部乃至每个部门变成利润核心，实现独立运营核算。根据商品流向确定买卖双方，供方需以需方的要求作为生产标准和依据，进一步加强各事业部危机意识，全面提升产品质量、生产效率。

六、未来发展展望

2021 年是"十四五"开局之年，海天塑机集团主动对标世界一流企业，向产业链、价值链的两端延伸，立志成长为全球行业标杆企业。在未来三年里，海天塑机集团将通过一线生产智能化、应用机械臂等手段实现"8＋16"生产理念，提高产品质量和能效；进一步深化和拓展二板化及全电化的领域；坚持"创新驱动、质量为先、绿色发展、结构优化、人才为本"的基本方针，积极推进以智能制造为手段的"产品创新、技术创新、管理创新"。在产品上注重绿色、节能、环保、新能源等新技术应用，使产品质量、品牌价值等方面持续提升。

在当前的经济形势下，2021 年海天塑机集团计划，产品市场占有率继续保持住全球第一的领先地位，在国内市场趋于稳定饱和的状态下，力争在海天塑机集团国际化战略的方针政策下，提高国际市场份额，并缩小与国际最顶尖先进技术的差距，在技术方面做到全球前三。未来三年，海天塑机集团主营业务收入、利润总额指标，均保持年平均增长 8% 左右。此外海天塑机集团将继续提高国际市场份额，力争缩小与国际最顶尖先进技术的差距。未来三年海天塑机集团将斥资 2 亿元进行技术改造，平均每年为 7 千万~8 千万元，不断推进数字化工厂的建设，用大数据、云计算技术实现企业智能管理与决策。

宁波德鹰精密机械有限公司

坚持自主研发
打造全球规模最大旋梭制造企业

一、总体情况简介

宁波德鹰精密机械有限公司（以下简称"德鹰"）创建于1990年，其前身是宁波德盛缝纫机零件厂，专业生产工业缝纫机关键核心部件——旋梭。经过30多年的发展，德鹰目前已发展成为全球规模最大的旋梭制造企业，市场份额占全球的38%以上，是我国缝制行业核心部件的标杆企业。德鹰先后获得中国制造业单项冠军示范企业、浙江制造品牌认证企业、国家高新技术企业、中国缝制机械协会创新引领奖、中国缝制机械行业"十二五"创新引领奖等多项荣誉。

德鹰占地3万多平方米，拥有四大生产基地，包括总部、遂昌鑫五机械有限公司、宁波德恩机械科技有限公司、宁波迪翔精工机械有限公司，现有职工890人，其中工程技术人员120人。目前，德鹰生产的旋梭产品与90%以上的著名整机厂配套，并与全球200多家经销商建立了战略合作伙伴关系。德鹰的产值、销售额多年来稳居全球行业第一。

二、突出优势

（一）技术先进性

德鹰自主研发的 YW-F6T-QM 三向双工位钻孔组合机、YW-SF2M-QM 双工位旋梭研磨机、ZJK-4SE 七孔钻铣机、五轴加工中心等先进尖端加工设备，保证了产品的同心度、垂直度、圆度及各装配尺寸等，同时也保证了零件的互换性，大大保证了产品质量，提高了产品耐用性，同时提高了生产效率60%左右。

旋梭过线部位光洁度的好与坏，直接影响产品各方面的性能。德鹰研发了先进设备——带ABB机器人的多功能砂带抛光机组，使旋梭的外观及其重要的过线部位都制作得更好，在达到国外同类产品水平的同时，减少人工70%。

另外，加工中难免在产品工作面上残留各种积压物，如果存在这种情况，将严重影响产品质量，增大噪声，缩短使用寿命。德鹰通过研发，对RY-4200TCF全自动超声波清洗设备进行了改进，降低了噪声，提高了润滑性能。

（二）产品质量

德鹰生产的新一代高速平缝机旋梭，与其他厂家的旋梭相比具有稳定、静音、耐用等明显优势。

在质量保障方面，2017年，德鹰主持起草了T/ZZB 0304《浙江制造标准——工业缝纫机用平缝机旋梭》，并于2018年通过了浙江制造认证。浙江制造认证采取A+B认证模式，需要好企业+好产品，才能获得浙江制造认证。在通过浙江制造认证过程中，制定了相应的质量保障制度，德鹰从企业管理到产品工艺、质量都得到了显著提升。德鹰将持续以浙江制造认证的标准要求自身，不断改进，持续进步。

（三）发展效益

德鹰2018年产旋梭650万套，实现销售收入1.8亿元，纳税3200万元，比2017年同期增长22%左右，创历史纪录。旋梭产品占德鹰全部收入的99.2%。德盛牌工业用缝纫机旋梭产销量稳居全球第一，市场占有率达38%以上。

三、典型经验

（一）掌握核心技术

德鹰注重研发，根据市场客户需求，每年研发出5或6种新产品。另外，德鹰与设备厂家联合研发或自主研发了多种非标特制的设备。德鹰现拥有1项发明专利、23项实用新型专利，起草了3份行业标准、1份浙江制造标准。

（二）建分厂筑"防火墙"

2003年，德鹰对标日本同行，即世界上最好的旋梭生产厂家：日本的广濑和佐文，品质更加好，但是价格是德鹰旋梭的3倍。

2004年，德鹰的战略布局是在浙江省遂昌县建设分厂，独立经营，使用独立品牌，与德鹰一起进入市场参与竞争，为德鹰筑起了一道价格战的"防火墙"，使得德鹰能够顺利走高价、高质量的品牌路线。正因为有了鑫五的保驾护航，德鹰才能走到今天。如今德鹰生产的高速平缝机旋梭已经跟日本生产的品质差不多，价格却只有日本旋梭的1/3，从而不断地抢占了原本属于日本旋梭的市场。

（三）创新驱动发展

在德鹰看来，国外引进的生产线都是标准设备，产品极易被同行模仿、超越，难以摆脱同质化恶性竞争的局面。而旋梭生产的核心技术与生产设备息息相关，非标设备决定了旋梭技术的独立性和唯一性。因此，德鹰组建了专门的研发小组，自主研发了多种先进尖端加工设备。如今，在德鹰的研发实验室里，每个季度就能生产出一台非标智能设备，技术更新速度赶超日本旋梭行业。这些都体现了德鹰勇于挑战、敢于探索的创新精神和努力钻研、勤学苦练的进取精神。

（四）有志者事竟成

德鹰的愿景是"一个旋梭旋转一个地球，一个德鹰服务一个世界"，德鹰还提出了一个口号"不求 500 强，但求 500 年"。在远大理想和长期发展目标的基础上，德鹰提出了全面建成智慧工厂的战略目标，期待在未来实现机器换人，70% 工序实现机器人操作，全球市场份额占比超过 50%。

德鹰一直坚持以人为本、诚信经营、质量为先、与时俱进、突破创新、和谐共赢的经营理念。在扩大产能规模的基础上，德鹰更加注重产品的品质，提高产品的紧密性、耐用性和稳定性，坚持时时刻刻进行产品创新，适应市场需求，增加产品规格种类，突出个性化特征。

德鹰的服务理念一直是客户至上、至诚守信、用心服务、卓越品质，用心服务好每一位客户，坚持永不满足的产品品质。

（五）品牌战略

品牌建设一直是德鹰经营工作的重中之重，德鹰曾经提出过一个口号是"德鹰旋梭，重在品质"，德鹰拒绝贴牌。

目前，由于德鹰旋梭品牌的美誉度高，市场上经常有假冒产品出现。德鹰在依法打假的同时，坚持对正品质量的管控措施，严格执行 ISO 9001 质量管理体系。

（六）国际化发展

1）德鹰 YND 商标已在 100 多个国家注册。
2）德鹰在欧美、东南亚等国家重要的服装、箱包生产国设立代理商 50 多家。
3）积极参加国内外的展销会。

四、未来发展展望

展望未来，德鹰以"永不满足的产品品质"为宗旨，以"跻身世界强手之林"为动力，提出了企业经营战略：致力于成为工业缝纫机旋梭生产龙头企业；以"技术领先、持续创新、成就客户、合作双赢"为核心价值观，在客户心中树立良好的品牌形象；在产品工艺、质量上不断提升，以打造世界旋梭品牌为公司夙愿，引领我国旋梭走向世界，奔向未来！

（一）3 年内（2021—2023 年）战略目标

1）初步建成智慧工厂：实现车铣、砂抛、磨床、装配 4 个板块初步智能化。

2）机器换人：40% 工序实现机器人操作。

3）人才梯队建设：打造一支专业素质高的管理团队和生产技术团队。

（二）5～8 年内战略目标

1）全面建成智慧工厂：实现车铣、砂抛、磨床、装配 4 个板块全面智能化。

2）机器换人：70% 工序实现机器人操作。

3）市场份额：全球市场份额占比超 60%。

（三）具体计划和措施

1）设备创新：通过与专业设备制造公司的合作，开发出适合旋梭制造工艺的自动化机床。

2）技术创新：开发打造自动抛光、冲钻一体、全自动清洗研磨一体等技术。

3）人员配置：继续开展学历提升工程，2018 年组织 54 名老员工通过了成人高考，2021 年都将毕业。招聘设备管理人才、工艺开发人才。

五、专家点评

旋梭——缝纫机的心脏部件，加工精度高，运转速度最高达每分钟上万转，结构复杂，形状奇特，加工它如雕刻艺术品，是行业公认最难啃的硬骨头。30 年前德鹰横下一条心，决心啃这个硬骨头。30 年后，这个不到千人的企业，拿下全世界 38% 以上的产量，全国 50% 以上的产量，德鹰成为名副其实旋梭行业的单项冠军。

德鹰的成功之道，是坚持品质第一，坚持持续创新，坚持埋头苦干。

数十年创新研发了非标专业设备 180 多种；创新改进了新工艺 80 多道；创新采用了新材料 10 多种，创新研发了新品种 70 多种，创新进行了企业布局管理。坚持埋头苦干，在持续创新中不断提升了产品品质，扩大了市场，赢得了用户，成为世界工业缝纫机旋梭产品市场占有率最高的冠军。

原中国缝制机械协会科技委员会副主任
全国缝制机械标准化技术委员会副主任　　雷杰

巨石集团有限公司

创新驱动国际化布局
实现玻璃纤维工业高质量发展

巨石集团有限公司（以下简称"巨石"），是国资委直属中国建材集团成员企业，专注玻璃纤维28年，是全球最大的玻璃纤维制造商。巨石从1993年成立伊始，就以振兴我国玻璃纤维工业为己任，通过坚持走自主创新的道路，在玻璃纤维领域精耕细作，不断追赶世界先进水平，经过不懈的探索与实践，最终实现了从追跑到并跑再到领跑世界玻璃纤维工业的蜕变。2017年1月，巨石荣获国家第一批制造业单项冠军示范企业，成为无碱玻璃纤维、无捻粗纱领域的冠军，是全国玻璃纤维行业唯一上榜企业。

一、立足玻璃纤维、夯实产业基础

人们常把材料比作是工业的粮食，是制造业的基石。玻璃纤维是一种新型无机非金属材料，可替代钢材、木材等传统材料，是国家战略性新兴产业之一。作为工业强基工程的基础材料，玻璃纤维复合材料以其灵活的可设计性、高强度、轻量化、耐腐蚀等特点，广泛应用于国防军工、航空航天、交通运输、节能环保、电子电器等领域；作为基础工业材料，不仅问鼎"天宫"剑指苍穹、护航"蛟龙"探潜深海，同时接地气、贴近民生。

巨石目前玻璃纤维总产能超200万t，国内市场占有率约为40%，全球市场占有率约为25%，世界第一。巨石从成立至今，资产增长515倍，销售增长298倍，利润增长492倍；我国的玻璃纤维总产能增长30倍，产品性能提升50%，生产成本下降50%，终端产品从约5000种拓宽到目前的约50000种，自有品牌产品出口量占出口总量比例100%。

二、创新驱动、助推企业高质量发展

玻璃纤维1938年诞生于美国。20世纪50年代，我国从国外引进玻璃纤维生产技术，但与当时国际最先进的技术相比明显落后。如今，经过数十年的发展，我国已经成为玻璃纤维大国，并正在努力升华为玻璃纤维强国，实现高质量增长。窑炉技术、玻璃配方技术和浸润剂配方技术是玻璃纤维行业的核心技术。巨石人坚持自主创新，在一次又一次敢为人先的实践中，实现了一次又一次突破。

在技术装备研发方面，巨石实现了"三个第一"。1993年成功建成第一座中国人自己设计的池窑，实现了我国玻璃纤维史上零的突破，与发达国家之间的差距缩短到30年左右；2005年，建成全球第1条10万t池窑生产线，技术水平赶超世界；2018年，建成全球唯一、规模最大的第1条15万t智能生产线，全面引领世界玻璃纤维工业发展。

在产品配方研发方面，巨石已全面超越国际同行。2005年，巨石着手玻璃配方研发，直到2008年成功研发出E6配方，各项性能与国际巨头比肩，并且成为我国第一个获得美国发明专利授权配方的企业，打破美国在该技术上70年的垄断。此后，巨石又研发出E7、E8、E9等一系列玻璃配方，在玻璃配方上已申请了200多项发明专利。目前巨石拥有有效授权专利703件，其中发明专利232件，包括国外发明专利90件，保有量业内第一。并构建了核心技术专利池，以发明专利和国际专利为重点，近几年共申请国际发明近300件。有了玻璃研究和浸润剂研究的基础研究做支撑，巨石产品在多个"硬性"指标上，已全面赶超国际同行。

由巨石自主研发的高性能玻璃纤维获得国家科技进步二等奖，高端产品比例达70%以上。在巨石的引领下，我国玻璃纤维工业呈现迅猛发展态势，如今我国已成为全球玻璃纤维第一生产大国、使用大国和出口大国。

这些成绩的取得，离不开巨石创新平台、创新体系的建设。巨石集团自1999年就开始建设各类省级以上技术研发机构，目前已建有国家企业技术中心、国家博士后科研工作站，以及省级重点企业研究院、省级重点实验室、省级企业研究院、省级高新技术研究开发中心、省级国际科技合作基地、省级企业技术中心等研发机构。同时巨石集团实验室还通过了国家实验演示认可委员会（CNAS）的认可，巨石埃及实验室通过埃及国家认证委员会（EGAC）认可，也得到了德国GL认证。在创新体系建设方面，巨石致力于建设一个具有国际一流水平的玻璃纤维创新型企业，为此构筑出以自主创新为核心，以战略规划、动力保障、科研开放、知识共享、高效组织5大系统为支撑，成果转化等15个机制为手段的"1·5·15"创新体系。

三、智能制造、引领产业转型升级

2014年巨石就成为工信部两化融合贯标试点企业，并逐步从自动化、信息化向智能化转变，向工业4.0迈进。巨石高度重视两化融合工作，全力推进玻璃纤维生产智能化变革，推进行业转型升级，让智能制造成为公司发展的新引擎。

2016年，巨石启动了玻璃纤维产业智能制造基地的项目，这一基地严格按照工业4.0的要求进行设计，从玻璃纤维制造的纵向信息物理系统的集成和产品全生命周期端到端（C2M）的整合，以及企业内外横向协同三个维度，将"互联网+"、云计算、大数据等信息技术与工业化充分融合，两者相辅相成，实现玻璃纤维智能化、精益化生产，从而进一步引领全球玻璃纤维工业的持续健康发展。智能制造基地规划投资100亿元，共建设7条超大型玻璃纤维生产线，目前已经有3条生产线建成投产，2条在建，2条开工。走进智能制造基地的生产现场，智能元素处处可见：全自动物流输送技术、机械手代替人工工作、仓储实现全自动智能化等。目前，巨石已建立起"制造智能化、产销全球化、管控精准化、发展和谐化"的四化战略，以新一代信息技术为支撑，全面推进两化融合建设工作。巨石确立了以管控一体化为核心，以生产制造智能化、IT服务智能化为基础的"一核两基"两化融合建设体系，不断实施自主创新，推进生产装备提升和技术改造，推动全面管控和清洁生产、绿色生产，在智能工厂的探索之路上越走越远。

2016年，巨石获批工信部智能制造项目，2017年，获批工信部"智能制造试点示范项目"，并在2019年通过验收。巨石智能制造基地预计2022年建成，该桐乡基地将在实现产品高端化的同时，单位产品能耗、生产效率、人均劳动生产率等指标会实现再突破，全面引领行业技术进步。

四、绿色制造、促进生态文明发展

巨石持续推动绿色发展，坚持"绿水青山就是金山银山"的理念，坚持尊重自然、顺应自然、保护自然，坚持节约优先、保护优先、自然恢复为主，守住自然生态安全边界，努力促进经济社会发展全面绿色转型，建设人与自然和谐共生的现代化。巨石认为"企业不消灭污染，污染必将消灭企业"。巨石始终坚持"不以污染环境为代价，不以牺牲员工安全、健康为代价，不以超越法规为代价，不以浪费资源、破坏生态为代价"的"四不原则"。巨石在新建和改造每条生产线的过程中，都秉承绿色制造理念，优化总图设计、缩短工艺流程，从基础层面上达到节能、提效目的。

在资源循环利用方面，巨石是全球首家实现玻璃纤维废丝100%回用和废气处理污泥回用，并将高炉矿渣引入原料的企业。同时通过使用无硼无氟配方原料，巨石从源头上控制含硼含氟污染物的产生；开发三级余热梯级利用技术，利用率为60%，进一步降低消耗。巨石不断研发出环保型玻璃纤维配方、纯氧燃烧、废弃物综合利用等低能耗与清洁生产技术，在废气、废水、固废处理方面都有自己的发明专利技术，推动行业可持续发展。

巨石荣获我国节能减排领军企业，承担了工信部"绿色制造系统集成项目"，获得多项国家绿色工厂荣誉。

五、产销全球战略布局国际市场

面对激烈的国际市场竞争，巨石积极实施全球营销战略，在具体营销手段上大胆创新，不断改革。巨石从单一靠自己直接推销转到建点代销；从大、小客户全部自己销售转到抓大放小；从单一做国内市场转到国内外两个市场一起抓并逐步发展成以国外市场为主；从国外代销转到授权独家经销。巨石充分借用国外经销商的人力资源、文化资源和市场背景，走出了一条具有巨石特色的国际市场营销道路。从 1995 年在美国设立第一个地区独家经销商开始到现在，巨石已经在美国、埃及、西班牙、法国、意大利、南非等 10 多个国家和地区建立了海外子公司，形成了完善的全球营销网络。

2009 年欧盟对我国玻璃纤维发起"双反"调查，最终加征税率 31.8%。随后，印度、土耳其都对我国产玻璃纤维征收反倾销税。巨石深陷窘境，要么亏本做，要么丢市场。这时巨石人才意识到，巨石虽然产能是世界第一，但不是世界级公司，不是跨国公司，且产能太单一。巨石必须要走出去，要搞国际化！

按"先建市场，后建工厂"的战略构想，巨石第一个海外投资项目选择在埃及投资建厂，辐射欧洲市场，这个总投资超 6 亿美元、产能 20 万 t 的国际产能项目，在 2018 年全面建成投产，成为我国在埃及实体投资金额最大、技术装备最先进、建设速度最快的工业制造类项目，也是中非产能合作的典范，成为"一带一路"上的一颗耀眼明珠。2016 年 5 月，巨石与美国南卡罗来纳州签订了投资协议，正式拉开了在全球最大的玻璃纤维消费国建立生产基地的序幕。2019 年巨石美国公司第一条生产线建成投产，成为北美市场本土化的供应商，拉近了与客户的距离，提升了巨石品牌在当地的竞争力。

除了非洲和美国，巨石还努力探索在东南亚、东欧等国家和地区投资建厂的可能性，通过玻璃纤维营销全球化布局，直销统一物流商业模式，从"以内供外"转向"以外供外"的盈利模式，实现"两头在外"和玻璃纤维生产战略性布局，探索一条充分整合并利用全球资源的跨国企业发展之路。未来 5 年，巨石将实现产销全球化，在"三地五洲"建厂，即国内东中西部和全球五大洲都有巨石的生产基地。巨石人将更加勇敢地走出去、坚定地走下去、成功地走回来！

六、未来发展展望

巨石将以"创新引领智能制造，为复合材料发展做贡献"为使命，以"保持全球玻璃纤维工业的领导者"为愿景，以"制造智能化、产销全球化、管控精准化、发展和谐化"为战略举措，在继续实施以国际化为重点的第三次创业的同时，重点推进以"智能化"为核心的第四次创业，实现由大到强大的转变、由强大到伟大的跨越！继续谱写我国玻璃纤维工业新篇章！

铜陵精达特种电磁线股份有限公司

专注特种电磁线制造
尝试各种创新实践

铜陵精达特种电磁线股份有限公司（以下简称"精达股份"）成立于1990年，始终坚守实业、坚持创新发展，企业由小到大、由弱变强，已成长为我国第一、世界前三的特种电磁线制造商，并将产品加工拓展到铜、铝等有色金属深加工领域。

特种电磁线产品

精达股份主持并参与起草国家、行业标准10多项；拥有发明和实用新型专利102项；承担了多项国家、省市技改与技术创新项目；一批科技成果获省、市科技进步奖；部分新产品填补了国内、省内空白，获中国名牌产品和省市质量奖；"精达"商标是"中国驰名商标"。

精达股份是国家第一批制造业单项冠军示范企业、安徽省第一家全国电子百强企业、全国民营企业500强，连续三年被评为我国线缆行业最具竞争力企业十强，在品牌、技术、质量、规模、市场、成本控制、管理和战略布局等方面，行业优势明显。多年来主要经济指标与出口创汇均保持稳定增长，2017年精达股份产品产量为27.1万t，其中特种电磁线产量为21.2万t，主营业务收入123.6亿元、利润5.51亿元；2020年1~8月份，产品产量为21.8万t，其中特种电磁线产量为16.9万t，主营业务收入103.2亿元、利润4.32亿元。

精达股份重视并尝试各种创新实践。一是紧跟政策导向，顺应时代发展，适时建立现代企业制度，率先进行公司化改制，抓住市场机遇，促成股票上市；响应政府号召，实施两个置换、两个退出等。二是有创新管理模式，深挖内部潜力，持续推进企业技术进步、ISO 9000质量管理等体系贯标、成本核算数字化、客户关系系统管理、生产流程设计再造、员工岗位职能卡片化等一系列创新活动。三是与美国、日本、韩国等国开展中外合资合作，在渤海湾、长三角、珠三角等国内经济发达地区建厂，积极探索"引进来"与"走出去"的投资策略。

1. 坚持技术创新，将比较优势发挥到极致

电磁线虽属传统产业，但仍具有不可替代性，关键是要依靠技术进步，开发差异化产品，不断提高电产品的附加值，真正做到"人无我有，人有我优，人有我廉，人廉我转"，在国内独家开发了新能源汽车用异型电磁线、逆变器用铝合金导线、高级轿车电瓶用铝绞线军民融合产品等，始终领先于竞争对手，将比较优势发挥到极致。

2. 坚持融合创新，在技术交叉领域取得突破

面对技术的交叉与融合发展趋势，精达股份的全资子公司精迅和顶科，自主开发了铝基电磁线和多股绞合导线。新一轮技术和产业革命的方向不会仅仅依赖于一两类学科或某种单一技术，而是多学科、多技术领域的高度交叉和深度融合。精达股份围绕现有技术优势与积累，因地制宜，在技术交叉领域开展创新活动，聚焦节能减排与新能源汽车等相关领域。

3. 坚持思路创新，积极跻身发展风口

智能化、绿色化已成为工业发展的趋势和方向，"一带一路"倡议，为制造业加入国际经济大循环畅通了渠道，为企业发展提供了历史性机遇。精达股份充分利用产学研政商与国外渠道，走出国门参加德国、泰国展会收集信息，组织精干力量超前研究，保持灵敏的嗅觉，捕捉下一个发展风口。

4. 坚持机制创新，广交战略合作伙伴

合作是快速破解问题的有效途径，也是行业形势发展的迫切需要。无论是资本合作、技术合作还是产业链上的合作，精达股份始终秉承开发理念，顺应经济全球化趋势，与美国里亚公司、意大利甘伯瑞公司、德国阿尔塔纳集团等在原有合作基础上，打破合作地域界限、行业界限，提升应变能力、抗风险能力至国际先进水平。

精达股份的创新实践活动，第一条是有创新意识。创新是一项永远在路上的长期工程，尤其是重大创新活动，短时间内不一定能出成果，有时还可能出现反复，甚至遭遇重大挫折。碰到这种情况，我们一方面要具备容许失败的气度,另一方面是要克服各种困难,保持工作韧劲,一以贯之进行下去。我们相信,只要方向正确,就会有成功的一天。第二条是因地制宜,量体裁衣。不同创新主体,内在因素与外部条件随时间变化而不同,采取的手段与方法也会不一样,比如在技术创新方面,原创性技术与产品可能获得较高收益,但风险也可能更高。就电磁线而言,作为一种流程性材料,它是需要嫁接到一定平台上的,若单方面强调原创技术与自主核心知识产权,人为提高创新门槛,反而不利于技术进步与升级。企业自身不能仅仅局限在产品与技术创新,而是要做好每个阶段的各类创新工作,应该提倡不空位、不错位、不越位,理想的状态是在合适的时间做合适的事,日积月累,一定会有明显变化,也有可能是惊喜。第三条是创新的监督考核机制,我们所说的容忍失利,是客观原因或不可抗拒因素导致的,不包括人为因素,创新终究是希望有回报、有大回报的。精达股份的创新奖惩机制重点在奖励上,尽量避免处罚,以保持员工的创新热情。早年,为解决漆包线表面漆瘤这个行业难题,在精达股份资金非常紧张的情况下,出资5万元(当时人均月收入1000元左右)奖励进行技术攻关取得重大突破的创新团队,该成果后续申请并获得国家发明专利。

精达股份是本土企业,经历了初创、成长、壮大等制造业企业发展的整个过程,基本上未出现大起大落,对处于不同发展阶段的工业企业,有一定的启示作用,当然,行业特点不同,路径是会有所区别的。为此建议应该着力营造与完善创新环境。一是加强创新驱动合力,大力宣传、引导和服务科技创新,增强鼓励创新、宽容失败氛围,形成吸引创新创业人才潜心且高效地致力于创新创业的良好环境;二是完善科技创新体系和鼓励创新创业政策措施,支持科技中介服务、金融服务机构健康发展,打击知识产权侵权等;三是统筹协调区县市之间、部门之间政策制定与会商机制,在产业布局和产业链之间统筹协调、统筹设计、通盘考虑,形成一个统一的管理平台。

安徽中鼎密封件股份有限公司

深耕"专精特新" 争当"行业冠军"

一、总体情况简介

安徽中鼎密封件股份有限公司（以下简称"中鼎股份"）是深圳证券交易所上市企业，前身是成立于1980年资产不足2万元的宁国密封件厂，经过40年的艰苦创业和滚动发展，中鼎股份逐步迈出国门，走向全球，快速发展成为一家以机械基础件和汽车零部件为主导的现代化、国际化大型企业。中鼎股份长期专注于特定细分产品市场橡胶密封件领域，产品广泛配套应用于汽车、家用电器、工程机械、石油化工、矿山机械等领域。中鼎股份的生产规模、技术创新能力和市场占有率长期以来一直位居国内同行业首位。自2008年以来，中鼎股份不断加快国际化进程，先后在国际密封件行业开展了一系列并购合作，设立海外研发中心，引进领军人才，重点发展高端装备用密封产品，逐步占据了全球橡胶密封件技术制高点，进入到橡胶密封技术国际先进行列。凭借良好的经营业绩和持续创新能力，中鼎股份近年来先后被评为国家创新型企业、国家两化融合管理体系贯标试点企业、国家知识产权示范企业、中国出口质量安全示范企业，现任中国液压气动密封件工业协会常务理事及橡塑密封专业分会会长单位、中国橡胶工业协会橡胶制品分会副会长单位、中国汽车工业协会理事单位，中鼎股份位列全球非轮胎橡胶制品行业50强企业第13位、全球汽车零部件供应商100强第98位。2017年，中鼎股份被工信部、中国工业经济联合会联合授予国家第一批"制造业单项冠军示范企业"。

二、突出优势

（一）技术优势

凭借40年持续不断的技术创新，中鼎股份的技术水平近年来一直处于国内行业领先地位：一是中鼎股份经过多次技术改造与引进，装备水平已居全国同行业首位并达到国际先进水平，拥有一批先进的生产及试验检测设备，能够满足橡胶密封件的各种试验检测需求，为中鼎股份的技术工作提供有力保障；二是中鼎股份拥有国家认定企业技术中心、博士后科研工作站、院士工作站、国家认可检测试验中心等多个研发平台,并积极开展产学研合作,效果显著;三是中鼎股份通过并购海外优质企业和设立研发中心的方式,不断引进、消化、吸收国外先进技术,通过并购引入了 200 多项国际发明专利、300 多项关键材料配方及航空航天、石油、天然气、工程机械等高端密封件先进技术,并在美国、德国建立了两个海外研发中心,与国际客户开展同步研发设计工作,服务于中鼎股份的技术开发战略。

通过立足自主研发、产学研紧密结合以及对引进技术的消化、吸收和再创新,中鼎股份掌握了具有国际先进水平的核心技术,先后多次承担国家科技攻关计划、国家科技支撑计划、国家火炬计划、安徽省科技攻关计划,目前拥有专利 850 多项,其中国内发明专利 110 项、海外专利 289 项,主持或参与制定国家标准 26 项、行业标准 10 项。

(二)产品质量

中鼎股份致力于提升技术实力的同时,始终坚持推行品牌管理战略,积极打造品牌影响力。中鼎股份生产的鼎湖牌 O 型橡胶密封圈早在 1990 年就获得国家银质奖章,2009 年"鼎湖"牌被认定为"中国驰名商标"。中鼎股份始终以"持续改进,不断满足和超越客户需要"为质量方针,建立、健全了完善的质量控制和管理体系,先后通过了 ISO 9000、ISO/TS 16949、ISO 14001 环境管理体系认证、ISO/IEC 17025 实验室认可体系认证。

(三)发展效益

近年来,中鼎股份的橡胶密封件产品销售实现稳定增长。2020 年实现橡胶密封件产品销售 83.5 亿元,较 2019 年增长了 7.5%,占中鼎股份全部销售收入的 73.89%。随着中鼎股份国际化品牌战略的实施,中鼎股份海外销售业务增长明显,2020 年国外销售额占总销售的比例已经达到 51.72%。

除了产值规模不断壮大,中鼎股份服务能力也有跨越式的进步。2012 年,中鼎股份前 10 大客户主要为国内一线品牌(如通用、广汽、长安等),通过近 10 年的国际化发展,中鼎股份技术水平和国际影响力不断提升,前 10 大客户逐渐发展成国际一线品牌(如大众、戴姆勒、宝马、沃尔沃等)。目前,"鼎湖"牌橡胶密封件已经在美国、德国、法国、英国、捷克、丹麦、瑞典、日本、澳大利亚、加拿大等 18 个国家和地区成功注册,中鼎股份产品正越来越多地成为国内外战略客户的第一选择,在客户当中形成较高的品牌知名度和美誉度,真正实现了品牌国际化。

三、典型经验

(一)专注细分市场、甘当基础部件配套专家

橡胶密封件是国家现代工业化最基础的元件,无论航空、航海、石油、化

工，还是机械、发电、冶金、矿山等，都离不开橡胶密封件。橡胶密封件相比其他产品来说是小产品，但它直接关系到主机设备安全运行，其技术水平的高低，决定着主机和重大技术装备性能、水平、质量和可靠性。

从建厂起，40年来，中鼎股份只专注做一件事，深耕细作橡胶密封产业，为主机行业提供最优质的密封产品及服务，不断创新，努力成为全球顶级的密封产品供应商。经历了亚洲金融风暴，经历了房地产行业的崛起，中鼎股份始终如一，坚持做密封产业，开拓发展。到2002年，已经成为我国密封行业的龙头企业；2006年上市，我们成为中国密封行业第一股。

 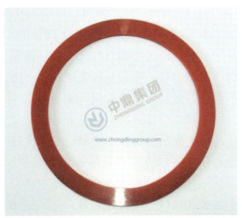

特种密封类

目前，中鼎股份主导产品"鼎湖"牌橡胶密封件和特种橡胶制品已广泛应用于汽车、家电、农机等支柱行业，及航天航空、高速铁路、轨道交通、工程机械、石油化工、矿山冶金、军工等特种行业，成为国内主流车辆制造商的配套专家和国际密封件市场技术方案主力提供商。通过执着追求，持续调整产品结构，提升产品质量，中鼎股份已成为名副其实的基础部件配套专家，主导产品逐步迈向了多品种、高端化、品牌化和国际化。

（二）致力技术创新、勇闯行业前沿阵地

中鼎股份坚持市场需求导向，实施创新驱动战略，一是技术改造常态化。近年来，中鼎股份瞄准国际行业技术前沿，先后进行了多轮大规模的技术改造，累计投入10多亿元，斥巨资从美国、德国等国引进了一大批国际最先进的生产、检测及试验设备。持续高强度的技术改造不仅改善了作业环境，也促进了企业在品种改善、质量提升、成本管理等方面的改进。二是技术创新体系化。坚持顺应市场和技术发展规律，中鼎股份不断整合、充实技术开发队伍，积极引进、消化、吸收国外先进技术和制造工艺，着力构建了中央研究院、海

外研发中心和产学研合作的三层研发体系,形成行业领先的自主设计、材料研发、模具制造、试制和试验的体系化创新能力。三是研发平台多元化。中鼎股份陆续建成了多个研发平台,成为国内橡胶密封行业第一家获批成立博士后工作站、第一家拥有国家认定企业技术中心企业。四是产学研用不断深化。为加强新技术、新材料、新工艺等前瞻性研发,中鼎股份先后与国内多家重点高校院所建立了良好合作关系,通过成立共性技术研究院、联合实验室、签订技术开发合同、组建技术开发公司、搭建产业技术创新联盟等方式,产学研合作范围持续拓展、合作形式不断丰富、合作成果持续涌现。

（三）实施全球化战略、打造国际竞争优势

本着"以我为主、博采众长"的原则,中鼎股份坚持以打造国际竞争优势为目标,通过并购合作等方式陆续与日本、韩国、德国、美国等国先进企业进行战略合作,整合全球先进技术、工艺、人才等要素,在国际化进程中不断推动价值链与创新链的提升和延伸。

为顺应全球经济一体化和行业发展趋势,中鼎股份2003年启动实施全球化战略,先后全资设立中鼎（美国）公司、中鼎（欧洲）公司,主要负责北美和欧洲客户的营销开拓和市场维护,满足客户适时供货要求,做好售后服务,提升客户满意度。截至目前,中鼎股份服务网络现已覆盖美、欧、亚等多个国家和地区。通过贴近客户、贴近市场,熟悉掌握国际市场和竞争规则,为实施国际化投资搭建了桥梁、提供了窗口。

2008年以来,中鼎股份加快国际化进程,开启海外并购之旅,先后成功收购美国AB公司、MRP公司、PRECIX公司,德国KACO公司、WEGU公司、AMK公司,法国TFH公司等各细分领域优质企业。这些海外并购围绕中鼎股份的全球发展战略和核心橡胶密封件主业,快速进入行业高端市场及新兴领域,提升企业的国际市场竞争力。同时,中鼎股份以"走出去"带动"引进来",通过海外并购的企业在国内投资建厂,实现了海外高技术企业在国内的技术与市场双落地。

（四）重视第一资源、坚持事业待遇感情聚人才

"因人才而鼎盛,助人才以成功",这是中鼎股份的人才观。中鼎股份坚持打造"人人有危机,个个有机会"的公平竞争文化,注重创新人才和创新团队的培养、引进和使用,强化激励和约束机制建设,营造良好的选人、用人环境,为持续推进创新升级提供了不竭动力。一是创新思路引进智力支持,在"科技兴企"和"人才强企"的方针指导下,中鼎股份积极聘请国内外科研院所、大专院校专家、教授担任公司的技术顾问,为企业发展提供了强劲的智力支持。二是政策激励创新创业,实行"经费不限额,失败不指责,成功给奖

励"的技术创新鼓励政策和科技激励政策，对科技骨干在股权、住房、薪酬激励、职务晋升、职称评定、出国深造六大方面进行倾斜，着力增强员工归属感，稳定技术骨干队伍。三是加强人才培养，每年不定期组织大批技术骨干、经营管理人员赴境外培训，吸收和消化国外先进技术和管理理念，为各类人才成长提供良好平台；专门设立职工教育和培训中心，大力普及质量工艺知识，提升职工工作技能，努力打造一支业务精良的专业团队。

（五）适时推进管理变革、持续夯实管理支撑

中鼎股份在做强、做大过程中，不断优化、完善组织结构，建立科学的绩效考核评价体系，着力提高员工整体素质；通过实践探索，建立了一套科学的成本管理方法；不断学习引入六西格玛、阿米巴等先进管理模式；大力推进完善企业文化体系建设，树立了"中国智造、鼎誉全球"的企业愿景，形成了"敬业诚信、文明友善"的核心价值观，凝练了"万众鼎力、引领创新"的中鼎精神。

此外，中鼎股份将信息化建设作为一把手工程，致力于打造橡胶密封件生产制造与互联网全面融合的"双创"平台，以5G、工业互联网、工业软件、工业云和工业大数据等技术为支撑，以人、设备、技术、资本等要素的在线化和业务系统的集成化为基础，推动产品全生命周期创新模式建设，重点解决了中鼎股份内部、上下游间的业务流和信息流集成问题，实现产品研发、采购、生产、销售、服务等环节的协同服务。

四、未来发展展望

一路走来，中鼎股份凭借独有的创新之路和成功之道，取得了良好的成绩。"十四五"期间，中鼎股份将继续立足橡胶密封件主业，加快全球资源整合，提前布局新能源、智能网联汽车，加大研发投入，逐步形成自己的优势产品。同时，加强整合全球制造资源，将新一代信息技术与现有生产过程的工艺和装备运行技术进行深度融合，推行全流程智能化，实现信息、软件、高端装备、机器人、自动检测、物流仓储、立体仓储等一系列智能化设备与数字化信息平台的集成应用，以更加精细的方式提升工厂运营管理水平，加快向智能制造的转型。中鼎股份将全面提升制造能力，并不断加快内循环市场布局，进一步拓展智能家电、电子科技等新兴市场，实现跨越式增长，总体营业收入有望突破220亿元，进入全球非轮胎橡胶制品企业前10强，全球汽车零部件供应商前80强，成为橡胶密封行业世界领军的国际化企业集团。

中建材（合肥）粉体科技装备有限公司

专注粉磨 40 载　创新引领铸辉煌

一、总体情况简介

中建材（合肥）粉体科技装备有限公司（以下简称"中建材粉体公司"）前身为具有 60 多年历史的国家建材行业重点科研院所——合肥水泥研究设计院粉磨研究所，该研究所是国内最早专业从事水泥粉体工程技术与装备研究的科研机构。

中建材粉体公司研发团队成功研制出第一台国产辊压机并进行了工业化应用，开发出具有自主知识产权的辊压机及稳定可靠的粉磨系统，开发出大型节能粉磨技术及装备，结束了我国水泥关键技术装备长期依赖进口的历史。目前已实现在水泥生料粉磨中由球磨机的 22kW·h/t 降低至 11kW·h/t；在水泥成品粉磨中由球磨机的 40kW·h/t 降低至 25kW·h/t，经济和社会效益非常显著。辊压机技术装备创下多项世界第一：以超过 1600 台（套）在线运行业绩位居全球第一；以 350t/h 单套产量刷新世界最大单套水泥粉磨系统的记录；

HFCG 辊压机粉磨系统

建成世界上首条大规模钢渣超细微粉生产线，有效解决了大规模高效处理钢渣的世界性难题。生产的辊压机是唯一把同类产品挡在国门之外的水泥生产大型关键主机装备，先后出口欧盟在内的 20 多个国家和地区，并已在铁矿石、钢渣、有色金属选矿等行业广泛应用。截至 2020 年年底，中建材粉体公司辊压机技术装备累计实现营业收入超过 100 亿元，利税近 30 亿元。

二、典型经验

（一）坚守粉磨领域，专注技术创新与升级

辊压机 20 世纪 80 年代问世，1986 年因国家七五科技攻关项目开始研究，1988 年引进德国制造技术，1990 年研发的第一台国产辊压机投产，1992 年获得国家科技进步二等奖。因国内加工和配套件材质的限制，辊压机在应用中出现了不少问题。通过潜心钻研，中建材粉体公司在消化吸收国外技术的基础上，专注这一技术装备的研究，进行一点一滴原理性探索，逐一研究解决应用中出现的设备问题，从系统工艺角度改善设备使用环境，完善电气及自动化控制系统自调节能力，经过 10 年时间基本完成国产辊压机工业化应用，并且又经过 10 多年完成产品大型化、系列化、多种粉磨工艺系统的开发，形成今天相对完整、成熟的粉磨系统解决方案。

（二）以创新为核心，持续引领行业技术发展

为追赶国际最前沿技术，从 20 世纪 80 年代中期开始，在国家有关部门大力支持下，先后承担了国家"七五"攻关项目、"九五"攻关项目、863 引导项目和"第二代新型干法水泥生产技术"研发等重大项目，技术创新活动从未间断，这使中建材粉体公司始终能够引领国内水泥行业粉磨技术的发展。

通过持续不断的技术创新和应用实践，辊压机技术装备已成为水泥生产线首选技术装备；研究出的高效分级系统、高耐磨辊面、新型进料装置等具有自主知识产权的新技术成果，极大地提高了辊压机设备可靠性和粉磨系统稳定性，实现了与大型新型干法水泥生产线的完美结合。

（三）坚持市场导向，坚定不移实施产业化

最初，科研人员研制出的科技成果是以技术转让方式转给设备制造厂用于生产和销售的，但具体实践中暴露出很多问题。制造厂对设备性能不了解，产品在使用过程中的缺陷和不足不能及时反馈给研发人员，研发人员无法提供及时、准确的服务。于是，中建材粉体公司决定自己兴办产业，将自己的科技成果直接面对用户。经过 20 多年的产业化发展，已具备年产 180 台（套）辊压机、销售收入超过 10 亿元的生产能力。通过科研人员直接参与产业化，及时发现应用中的问题，确保技术改进升级的及时性，建立起了研发-应用-改进提

高的完整闭环升级系统。同时，可以及时了解市场需求的变化情况，为新课题的设立奠定基础。

HFCG 系列辊压机制造基地

（四）注重质量品牌，精益求精生产制造

在水泥的生产过程中，不同特性的物料对设备性能及工艺系统要求有很大差异，现场工况也是重要影响因素之一。因此，生产前需对物料进行挤压试验和检测分析，对现场工况进行勘测。根据试验分析报告和实地工况，个性化定制装备配置。严格控制原材料质量，建立完善的配套件采购验收规程，强化设备制造全程的管理，确保中建材粉体公司每一台出厂的辊压机的产品质量。

经过持续研发、技术积累和推广应用中的经验总结，采用了更加合理的技术路线，辊压机无论是在制造工艺、精细化程度、使用寿命，还是在产品可靠性和稳定性上均已达到或超过国际同类产品水平。与国外知名产品相比，可靠性更高、运营成本低、操作维修方便，更具市场竞争优势。如今，辊压机在中国水泥产能前 12 强集团中均大量采用。

（五）坚定地"走出去"，实施国际化战略

所生产的辊压机也是我国最早出口的拥有自主知识产权的水泥主机装备，技术创新能力逐步受到国际大型企业集团和同行专家的广泛关注。2013 年 9 月，中建材粉体公司应邀参加了在德国杜塞尔多夫召开的"第七届水泥制造工艺技术国际大会"，并以"HFCG 辊压机粉磨系统及其应用"为题，在大会上公布了创新成果。这是我国水泥粉磨装备技术首次在国外顶级会议上展示，充分展现了"中国制造"在国际舞台上的地位。

(六) 深化互信合作,构建协同创新体系

努力构建一支集知名高校院所、原材料供应商、外协件制造商、水泥生产企业于一体的创新链。先后与中国科技大学等高校就基础理论、新型装备的开发和智能化信息化课题展开合作研究;与重庆齿轮箱有限公司、上海电气集团等顶尖企业就新型传动与拖动及智能控制的课题展开合作研究,以适应不同工艺系统和工况要求;与海螺集团、红狮水泥、亚洲水泥等集团就辊压机应用及生产过程中的各类技术问题开展合作研究,以提高生产效率,降低成本。

上下游创新链的建立使得中建材粉体公司辊压机保持了持续创新能力和市场的竞争力。同时,辊压机大规模的推广应用也带动了我国机械加工、关键配套件研发和耐磨材料等相关行业的发展。

(七) 完善内部治理,大胆尝试管理制度创新

在中国建材集团领导的支持下,为了充分调动科技人员的积极性、稳定科研队伍,从中建材粉体公司创立伊始,就建立了核心业务骨干持股计划,其持股比例为公司总股份的30%。根据中建材粉体公司的发展需要,逐步扩大青年业务骨干持股比例。通过大胆的管理创新,不仅充分调动了科技人员的积极性,而且还实现了国有资产保值增值。

(八) 实施人才战略,打造高水平创新团队

中建材粉体公司始终把人才引进和培养作为公司可持续发展的长期战略。用创新平台吸引人、用合理的报酬保障人、用和谐的气氛留住人,激发员工的创新、创造潜能。

三、未来发展展望

未来,中建材粉体公司将继续专注粉磨粉碎领域技术创新,以节能、低碳、低排放和资源综合利用为目标,以智能化成套装备和生产控制系统、互联网+和运营服务为今后的主要发展方向,继续坚持以研发为核心、装备为载体的理念,发挥研发、制造、应用和系统集成及提供综合解决方案的优势,研究开发出更多具有原创性的科技成果,引领水泥粉磨科技进步,在理论研究、装备开发、制造服务等方面全面达到国际领先水平,做全球一流粉体技术综合服务商。

福建泉工股份有限公司

专注制砖行业上下游
与砖机"较劲"40年

福建泉工股份有限公司（以下简称"泉工股份"）是一家专业从事环保制砖机械设备研发、制造和销售的跨国高新技术企业，拥有德国策尼特、奥地利策尼特模具、印度阿波罗策尼特、玛斯孚机械制造、江苏中晶泉工建材、泉工模具等成员公司，涉及制砖行业的上下游，具备完善的一体化服务，总资产为10亿元，年产值超6亿元，拥有各类工程师、技术人员500多人。

2016年，泉工股份荣列制造业单项冠军示范企业，泉工股份是混凝土成型装备行业唯一一家入选企业。

泉工股份业务涵盖混凝土砌块系列、仿石静压机系列、加气混凝土系列全线设备及筹建运营服务等，拥有ZENITH、QGM两大品牌数十种核心产品，可满足各类客户的不同需求，是全球最具规模的制砖一体化解决方案运营商。

在很多人看来，混凝土成型和机械制造都是传统产业。但泉工股份认为，制砖是一门艺术，与其他行业国际一流品牌相比，国内砖机还有很大的上升空间。1979年建厂，由最初的几台进口设备到开发出全国第一台混凝土路沿砖双缸同步液压机，到成为国内首个建材机械行业单项冠军企业，泉工股份这40多个年头里，一直在跟砖机"较劲"。

一、跨国并购、以资金换时间

为了获得全球最领先的技术，泉工股份用资金换取创新时间，在2014年收购了德国近60年砖机企业策尼特公司，并在德国设立泉工德国技术研发中心，因此掌握了全球最成熟的免托板设备技术及德国变频砖机6大核心技术。

通过对德国技术的引进、消化与吸收，泉工股份把德国人严谨的制砖技术和自身数十年的制造经验相融合，再结合我国市场需求，研发出多款新型砖机设备。

继2014年轰轰烈烈地收购德国策尼特后，泉工股份又收购了奥地利一家模具企业，从"工业之母"模具入手，开始新一轮的技术革新。同时还在印度设立工厂，与印度企业进行深入合作，将泉工股份制砖技术输入印度，践行国家"一带一路"倡议。

二、初心不改、专注专研

在 2014 年收购德国策尼特，是泉工股份发展的一个重要节点：一方面引进了先进的技术，另一方面带来了专注精神。

德国赫尔曼·西蒙（Hermann Simon）教授曾说"隐形冠军"企业的战略特征一般有 6 点（目标远大、专注、全球化的销售与营销、以客户为导向的创新、清晰的竞争优势、强势的领导者），而专注是其中重要的一点，用来形容德国策尼特最合适不过。

何为专注？就一般企业而言，都希望自己的市场范围能够更广，受众更多一些。但泉工股份从策尼特身上学到的是，从客户需求和技术创新两方面出发，把市场定得"窄"一点。

德国企业追求的是精益求精，追求的是技术和管理上的领先，并非规模上的大。策尼特的制造技术在行业内首屈一指，尤其是免托板技术和变频砖机技术全球领先，制砖周期保持在 11.2~11.8s，技术上如此大的领先优势，并非是一朝一夕的突然崛起，而是来自于 60 多年专注于制砖设备领域所获得的积累。

三、品质决定价值、专业铸就事业

泉工股份在创立之初，创始人傅炳煌就定下了"品质决定价值、专业铸就事业"的经营理念，在原材料、机械、工具、配件等每一个环节与细节上，泉工股份都严把质量关，从材料选择、加工成型、装备调试、检测检验每个细节都精益求精、力求完美。

更加难能可贵的是对一个行业的坚持。在创业路上，有太多的诱惑，各种新兴产业的崛起，无一不令人为之向往，但泉工股份却坚持做混凝土成型装备，并且不断在产业深度上发力。

四、创新为核、服务为本

"科学技术是第一生产力，创新是引领发展的第一动力"。泉工股份始终坚持自主创新，做一流的砖机产品。尤其是近年来，在国家供给侧结构性改革、创新驱动发展战略的实施及制造强国建设的决策部署政策影响下，泉工股份更是实现了突破性的发展。

（一）创新驱动——发展的必然之路

1）行业发展，创新是必然之路：2008 年金融危机之后，制造业赖以生存的"低成本优势"逐步消失，原材料价格、劳动力价格、资源类产品价格的上涨趋势不可逆转，必须依靠创新，不断创造出个性化、差异化产品，才能提升企业的整体竞争力。信息化、数字化是现在的大趋势，一旦原地踏步，就会被竞争对手超越，信息化、数字化就是最新的核心竞争力。

2）泉工股份持续研发资金保障：为确保技术的持续领先，泉工股份将每年销售额的5%+持续投入保障研发经费，先后获得高新技术企业、智能制造试点示范企业、服务型试点示范企业、科学技术奖专利奖金等荣誉。截至目前泉工股份国内获取的相关专利技术就达140多项，并以每年30多项的速度持续增加。

（二）融合创新、持续驱动

在向德国学习的同时，泉工股份更注重融合与创新，并不断培养、提升研发队伍，形成持续创新驱动力，实现真正的中德合璧。

1. 在生产及装备技术方面

1）中德融合匠心传承：41年中国匠心制造，67年德国工匠精神在泉工股份实现完美融合，大国工匠精神在泉工股份得以传承。

2）全球顶级专家持续研发：汇聚德国、中国、奥地利等多国全球顶级技术专家，形成高端人才的学习提升体系，确保泉工股份技术研发持续发力。

3）产学研结合技术支持良性循环：先后与华侨大学、福州大学、北京建筑大学达成校企合作，并设立实训基地，同时还与德国瑞恩、行业总会等机构达成合作，成立砌筑景观技术学院，实现了从设备设计研发、制砖生产研究、砌筑景观设计及铺装工法推广的全产业链闭环技术及人才培养体系。

重大技术装备是国之重器，事关综合国力和国家安全。2019年泉工股份策尼特940免托板制砖生产线荣获福建省2019年首台（套）重大技术装备与智能制造装备认定，对机械企业突破关键制约环节，形成自己的核心竞争力，并带动整个上下游产业链乃至整个制造业的转型升级有着重大的意义。

2. 在服务方面

泉工股份融合了现代化机械技术和互联网技术，创建了泉工智能装备云服务平台，通过我国的控制中心，能为全球的客户进行远程维护和诊断，为德国技术插上"互联网+"的翅膀，全方位提升客户服务体验。

现在泉工智能装备云服务平台所能提供的功能更加丰富，通过远程通信控制技术，泉工股份的客户不仅可以通过计算机查看设备工作情况，还可以通过4G无线网络直接在手机上对设备进行监控、修改程序。平台响应速度快、工作效率高，带来的最直观的效益就是客户损失减少，泉工股份的维护费用进一步降低。云服务平台可以对全球1000多个泉工股份客户的设备实时监控，并利用互联网进行远程维护诊断。此外，根据这项技术所掌握的大数据来分析市

厂区内景

场客户需求，也为泉工股份制定市场战略提供了更多有价值的参考。

自平台上线后，约一半报修通过平台得到不同程度的解决，平均故障解决时间由15天缩短为8天，整体售后服务效率提高了40%以上，售后维护成本节约50%以上。2017年，泉工股份凭借智能装备云服务平台成为福建服务型制造的范本，并入选了工信部"服务型制造示范项目"，这是泉工股份第一次在非制造项目上获得国家级荣誉。

五、坚持引导绿色循环发展路线

当前社会对生态环境尤为重视，绿色环保产品需求日渐强烈。要在经济发展与环境污染之间找到平衡，核心是实现循环经济发展。就循环经济发展而言，泉工股份以建筑垃圾为材料，大规模生产几乎市面上所有使用的空心砖、铺路砖、路缘石及透水砖等产品，在得到经济效益的同时也收获了良好的社会效益。

泉工策尼特940型设备、1500型设备在建筑垃圾再利用方面也具有出色的能力。在厦门宏鹭升公司、山西临汾华基公司等上百家客户企业，运用建筑垃圾生产的海绵城市透水砖产品各项指标均高于国家标准，产品得到了广泛的应用，助力国家绿色发展。

六、制砖人才培育计划，勇担行业社会责任

企业的发展离不开人才的培养。长期以来制砖一直是个小众行业，行业专门人才极其匮乏，且行业人才培训机构完全缺失，人才问题已经成为制约行业

发展的一大瓶颈。为彻底改变这种情况，泉工股份联合中国混凝土与水泥制品协会、德国瑞恩公司、北京建筑大学、福州大学、华侨大学等多家机构，联合创立了砌筑景观技术学院，其目的在于为企业、客户、砌筑行业培养和输送具备完整知识体系的砌筑行业从业人才。

七、未来发展展望

泉工股份将秉承"以服务和品质成就制砖一体化解决方案运营商"的理念，持续在产业深度上进行发力，坚守工匠精神和创新精神，力求保持在全球产业中的领先地位。泉工股份在未来将重心放在以下两点。

1）生产中持续推进智能制造的布局：未来 2 年内，泉工股份的生产系统将实现完整的数字孪生，即从项目的布局开始，进行机械设备的研发设计、仿真再到整体 3D 模型中导入完整的电控程序进行虚拟调试。数字孪生的实现，能够极大地改变生产方式和提高生产效率，可以使整条生产线不需要进行实物的调试，省去大量的人力物力。

2）"泉工大脑"（AI 智能的导入）：制砖是一门艺术，如果要生产好的混凝土制品，对生产过程的控制和工艺配方的掌握至关重要；要培养出一名优秀的工艺人员或操机手，时间较长、难度较大。"泉工大脑"的推出将极大地帮助客户解决人才短缺和管理难度的问题。只要客户的生产线接入"泉工大脑"，现场工人按照要求，把合格的原材料放置到相应的料仓，启动生产后，生产线将由云端 AI 介入，进行全自动生产并且实时跟踪和调整设备参数，从而保证产品质量和产量。

福建龙溪轴承（集团）股份有限公司

创新引领
持续提升核心基础零部件竞争力

一、总体情况简介

福建龙溪轴承（集团）股份有限公司（以下简称"龙轴集团"）成立于1958年，60多年来一直专注于关节轴承这一利基市场，是关节轴承民族第一品牌、国际三大关节轴承公司之一。在实施中国制造2025"工业强基"进程中，立足新发展阶段，贯彻新发展理念，主动融入以国内大循环为主体、国内国际双循环相互促进的新发展格局；积极探索绿色智能制造，倾力攻关前沿引领技术与颠覆性技术，突破国外技术封锁，维护国防安全，着力打造引领国际关节轴承行业发展的制造强企。关节轴承品种数、产销量均居全球首位，为天宫、天眼、大飞机等国家重大项目和航空三大高新工程项目配套，为大兴机场、中微子等国内战略性新兴领域独家配套，所生产的关节轴承成功应用于神舟系列、嫦娥系列及"天问一号"的发射系统，是我国关节轴承业界的引领者及全球关节轴承领域的佼佼者。

二、突出优势

（一）技术先进性

龙轴集团采用国际先进的产品设计管理系统和产品设计分析软件，具有通过CNAS认可的检测实验室，具备业内最先进关节轴承性能试验技术，在此基础上构筑了庞大的产品和工艺设计数据库，设计生产能力覆盖了ISO全部6大类近8000种关节轴承，并具备AS和EN等国际最先进航空关节轴承标准规定的所有性能寿命的试验设备与技术，在技术上远远领先国内竞争对手。

龙轴集团坚持科技创新，着力构建以新材料、新技术、新工艺、新装备为核心的关节轴承技术创新平台，先后承担国家科技支撑计划、福建省重大科技专项等20多项；掌握32项自主创新的关键技术；拥有国家授权专利94项，其中发明专利42项；成为关节轴承国家标准与行业标准的主制定单位，国内唯一一家参与关节轴承国际标准制定的单位，牢牢把握国内与国际关节轴承标准制高点。

（二）产品质量

龙轴集团按照关节轴承国际标准、国家标准、行业标准设计、生产，产品应用遍及航空航天、高铁动车、载重汽车、工程机械、风电光伏、水电工程、冶金装备、轮船舰艇等诸多战略性新兴产业与高端传统产业领域。产品技术与质量已达到国际先进、国内领先水平，挤压型自润滑关节轴承产品已通过关节轴承领域最权威实验机构——美国海军航空司令部（NAVAIR）实验室最严格的 A 标轴承认证；开缝型自润滑关节轴承产品 GE30ET-2RS 在国际第三方关节轴承试验机构——德国马格德堡大学所进行的试验寿命已稳定达到 1000h 以上，最高达到 3729h，跻身国际领先水平。

产品展示

（三）发展效益

龙轴集团始终践行国际国内市场双向发力，苦练内功，抢抓机遇，占领国际市场制高点；"双师"并行、拓展配套培育国内市场增长点，先后荣获全国文明单位、全国首批制造业单项冠军示范企业、全国首批工业品牌培育示范企业、全国模范劳动关系和谐企业、福建省质量奖、中国创新力企业百强、全国第五批绿色工厂等称号。2020年，龙轴集团克服市场需求大幅下降的不利影响，危中寻机、化危为机，实现逆势增长，营业收入同比增长22.45%，创历史新高。

三、典型经验

（一）聚力科技创新，激活企业发展动能

龙轴集团坚持每年将主营收入的15%作为研发费用，为科研创新提供强力保障。依托集院士工作站、博士后科研工作站、全国唯一的关节轴承研究所、经CNAS认可的拥有业内最先进关节轴承性能试验技术的关节轴承检测实验中心等一体的国家级企业技术中心，以及福建省企业重点实验室和福建省精密轴承工程研究中心等雄厚的技术平台，实现了高端关节轴承产品与技术研制一代、生产一代、储备一代的良性循环。

坚持构建绿色设计和智能制造的产品研制模式。成立先进仿真技术研究所，实施关节轴承仿真技术研究，推行数字化设计，从源头上实现资源节约、缩短研制周期，推动创新进入快车道；重构集自动化锻造技术、智能机加技术、智能表面处理技术及智能检测技术等为一体的制造流程，取得了社会效益与经济效益双丰收。

技术研发上采取由外而内的策略，以开放合作的格局，举全球之智，研前沿之技，持续在产学研用上发力，与国内顶尖高校、科研院所及欧洲、美国、日本等西方发达国家和地区开展技术合作，实施迭代技术研究，快速掌握高端产品领域关键技术，培养了一支学科门类齐全、梯次结构合理的技术研发队伍，在关节轴承国际先进技术竞技场上成功实现了从跟跑到并跑，并在局部技术上实现了领跑的历史性跨越。

（二）夯实管理基础，提高整体运营质量

龙轴集团以卓越绩效为导向，借鉴国内外先进管理理念，从企业全局角度和系统目标出发，将质量、环境、安全、内控、品牌、卓越绩效、廉洁风险防控、两化融合等13个体系要素融合再造，形成以过程为基础，具有龙轴集团特色的科学决策机制、敏捷市场反应、合理资源配置、高效过程管理的集约型一体化管理体系；健全常态化的"督察-整改-提升"螺旋式自我完善、自我提升机制，不断提升龙轴集团治理体系和治理能力的现代化水平。

组织策划实施龙轴集团信息化（智能化）路径，推动新型能力提升；同步集成生产、财务、销售、技术数据流，优化业务流程并加以固化，以绩效管理信息系统为载体，完善绩效管理体系，强化履职评价和岗位考核，充分发挥

绩效考核结果的"尺子作用"与"镜子作用",持续改进工作绩效,提升增值空间。

(三)赓续企业文化,切实提升治理能力

龙轴集团形成以"求实奋进"的企业精神、"明德笃行,至诚至善"的价值观、"善学有为、善律品正、善谋夺势、善新领先、善为高效、善聚长青、善和共赢"的经营理念、崇尚"一丝不苟求认真、雷厉风行讲效率、精通业务图上进、严明纪律守规矩、顾全大局勇开拓"的文化理念为核心的企业文化体系,成为龙轴集团穿越风雨、砥砺前行的文化基因。

(四)追求卓越绩效,全面升级质量品牌

龙轴集团按照卓越绩效模式衡量工作方法与成效,以目标为导向,聚焦过程管理及价值创造,强化价值链与创新链融合;以破解运营管理中存在的难点为重心识别短板,以优化内部运营机制的高效协同为目标持续改进,深化对标管理,比照SKF、INA等行业标杆,强化过程改进与创新;积极探索关节轴承领域特有的规模化与多品种并存的柔性制造、敏捷响应、离散型智能制造新模式,秉持绿色、低碳设计的理念,研究出国际领先的仿真设计技术,有效提升产品质量水平与档次。

深化品牌培育体系建设,强化产品技术创新,围绕差异化战略,构建有利于企业长期发展创造及技术储备的整体型自主创新体制机制。通过全球化技术营销及品牌传播,以品种、规模、质量及性价比优势提升顾客价值,引领市场需求,形成"市场拓展、品牌价值、技术研发、新领域运用"的良性互动,引入品牌价值评价,量化品牌价值,塑造品牌形象,提升品牌溢价力,支撑品牌培育与建设。

(五)着力畅通循环,实现产业协同发展

抓住国内、国际两个市场产业链、供应链不稳定的重构契机,利用品牌、技术、成本相对优势,主动对接客户,及时捕捉新市场、新领域、新产品的潜在市场机会,积极补链、强链,多措并举开拓国内国际市场。

着力开发新技术、新工艺、新产品,在满足航空军工国产化配套需求的同时,运用军品研发技术成果,嫁接民品创新,提升产品质量档次,以军技民用引领行业发展,创造市场新需求。充分发挥行业龙头优势,推动高端关节轴承技术体系、质量体系和生产运营体系建设,加大对新兴重点领域开展核心基础零部件的关键技术攻关。

跟踪借鉴国外市场产品应用领域及产品技术创新成效,消化、吸收、引用外来成果,改进、创新产品,开辟国内新市场、新客户,推动国内国际市场良性互动,产业协同发展。

（六）着眼全球市场，全力挺进高端产业链

龙轴集团通过市场拓展、技术研发、品牌价值良性互动，实现产品从中低端到高端配套，市场占有率持续提升。坚持以需求牵引供给，精准把握各领域新形势、新任务带来的战略机遇，着力畅通国内国际市场双循环及互补互促，持续挺进全球高端产业链。

组建技术与市场高度融合的"双师型"团队，采取由内而外的策略，瞄准世界500强，先行进入跨国公司在我国的采购体系再寻机切入其全球采购体系，利用为行业龙头跨国公司的配套业绩影响力以点带面进入其他跨国公司的配套体系，凭借自主掌握的关键核心技术，以高标准、高可靠性、高性价比的产品质量水平及诚信经营、优质服务的品牌形象等优势，成功打入卡特彼勒、沃尔沃、凯傲集团、奔驰等近20家跨国公司全球采购体系。

（七）砥砺奋进求实，持续提升经营绩效

近年来，受经济下行压力、国内外市场需求萎缩、主机客户需求下降叠加影响，龙轴集团在逆境中始终稳定增长，增幅远超全国轴承行业水平。2018年关节轴承收入比增16.38%；2019年市场占有率仍增长1.2%；2020年龙轴集团在出口需求下降40%、全国同行业下降10%以上的不利环境下，营业收入及利润均逆势增长，再创历史新高。工业增加率常年处于55%~60%之间，远超全国轴承行业平均水平；经济效益指数始终位居全国同行业前三位，国内市场占有率达71%，国际市场占有率达12%。

四、未来发展展望

面对变幻莫测的行业经营环境，龙轴集团以供给侧结构性改革为主线，以高质快速发展为目标，以需求牵引供给、供给创造需求，围绕"一基多元、两大转变、三个路径、四大目标"的总体发展战略，强化资源能力建设，构建核心竞争力，推进企业持续健康发展。

1）一基多元：一基即关节轴承核心业务立足高端。聚焦全球关节轴承颠覆性技术、前沿技术、关键共性技术，突破国外封锁，以技术升级推动产品升级，以产品升级推动市场升级，以市场升级全方位融入全球高端产业链。多元即相关多元助力发展。基于产业化思维，拓宽全球视野，在巩固提升关节轴承核心产业的基础上，瞄准产业链、供应链、创新链、价值链协同关联的机械零部件、新材料、生产性服务业等相关领域，打造国际一流机械零部件智造企业。

2）两大转变：围绕内涵发展与外延扩张，实现从产品经营为主到产业经营与资本运作并重的转变；突出党建引领，实现从业务引导型向党建引领型的

企业文化转变。

3）三个路径：人才驱动、模式创新、兼并重组。

4）四大目标：集团行业地位目标（关节轴承技术全球领先、市场占有率全球第一）及集团营业收入目标、集团利润总额目标、集团市值管理目标。

五、专家点评

福建龙溪轴承（集团）股份有限公司60多年来专注于深耕关节轴承细分市场，不断对标国际先进的技术、产品、管理理念与标准，推动技术创新、营销创新、管理创新齐头并进，破解制约企业高质快速发展的各类难题。以入选首批全国制造业单项冠军示范企业为契机，秉承示范企业的宗旨，更专注于产品创新与质量提升，始终严格按照国家级单项冠军示范企业的条件要求不断创新，积极采取各项举措，参与国际标准的制定、占领国家标准与行业标准的制高点，持续提升国际知名度与竞争力，进一步巩固全球地位。充分发挥企业市场主体作用，以全球视野主动融入国内大循环为主体、国内国际双循环相互促进的新发展格局。

中国轴承工业协会

LOVOL 潍柴雷沃重工股份有限公司

创新驱动 龙头引领
推动高端农机装备高质量发展

一、总体情况简介

潍柴雷沃重工股份有限公司(以下简称"潍柴雷沃重工")成立于1998年,业务涵盖农业装备、工程机械等非道路机械装备产业,其中农业装备是其核心战略业务,产品主要包括拖拉机、谷物联合收获机(小麦机、玉米机、水稻机、花生机)、高端农机具(包括精量播种机、打捆机等产品),是全球知名、国内领先的农机企业,也是能够为现代农业提供全程机械化整体解决方案的中国自主品牌。

科技办公楼

2016年12月,潍柴雷沃重工获批国家级制造业单项冠军示范企业。此次荣誉的获得，不仅是对潍柴雷沃重工在农业装备领域行业地位和技术水平的高度肯定和认可，同时也是对企业进一步创新发展的激励和鞭策。潍柴雷沃重工以此为契机，以实施乡村振兴战略和保障国家粮食安全为目标，坚持自主创新和技术研发，积极探索新模式、新业态，开发了一批新技术、新产品，充分发挥行业示范及标杆作用，推动产业向智慧化、集群化发展，助力高端农机装备新旧动能转换和实现高质量发展。

二、突出优势和典型经验

（一）农业装备业务行业龙头地位持续稳固，产业优势明显

潍柴雷沃重工作为国内领先的农业装备制造企业，已累计向市场投放各类农业装备产品 200 多万台。从销量上看，潍柴雷沃重工收获机械连续近 20 年销量保持全国第一，潍柴雷沃重工农机行业龙头地位持续稳固。

除了旗下收获机械、拖拉机等业务持续领跑，潍柴雷沃重工技术创新和产品开发同样也走在了行业前面。从产品结构看，潍柴雷沃重工逐步引领国内农业装备向大型化、高端化、智能化方向发展。

在新产品开发方面，依托潍柴 CVT 动力总成技术和配套，当前已成功开发出大马力 CVT 无级变速拖拉机。另外，青贮机、花生机、籽瓜机、甘蔗机等高端农机装备也在近年来陆续投放市场，并获得了广大客户的一致认可。

产品质量是企业的生命线，潍柴雷沃重工一直坚持以质取胜，不断提高产品和服务的质量，提升客户满意度，增强了企业的竞争力。2000 年起，先后通过 ISO 9001 体系认证，引入了通用汽车精益制造质量控制系统，引入了 IATF 16949 五大质量工具。

潍柴雷沃重工农机装备作为农业现代化过程中的一个重要创富工具，有效带动广大农民增收、脱贫、致富，助力脱贫攻坚。

（二）坚持科技创新，驱动企业实现高质量发展

1. 搭建全球科技创新体系

潍柴雷沃重工从 2010 年开始，每年用销售收入的 3%～5% 作为研发经费，累计投入超过 40 亿元。搭建了"中国+欧洲+日本"的全球研发体系，通过整合国际高端人才、技术资源，战略布局全球，形成了同步世界的全球研发体系和行业领先的科技创新能力。

先后突破了大型动力换档拖拉机技术、智能化稻麦收获技术、精量播种技术、农业机械导航及自动作业技术等智能化重大关键核心技术，显著缩小了与国外的技术差距，推动了行业的发展。近年来，潍柴雷沃重工累计申请专利 2835 件，主持及参与国家、行业、团体标准制修订 124 项。主导产品先后获

得德国"红点奖"、欧洲年度拖拉机银奖等国际奖项6项，获得国家科技进步奖二等奖、中国机械工业协会科学技术一等奖、中国农机协会科学技术一等奖、省长杯工业设计大赛金奖等省级及以上奖项共27项。

2. 加强创新平台建设与运维

潍柴雷沃重工是国家高新技术企业、国家技术创新示范企业，建有国家认定企业技术中心、国家工业设计中心、山东省智能农机装备技术创新中心、山东省制造业创新中心、山东省重点实验室等15个国家级和省级重要科研创新平台。通过借助创新平台优势，汇集行业优质创新资源，积极开展研发创新等活动，重点实施智能装备产业园、省级智能农机创新中心、动力换挡拖拉机、智能化大喂入量收割机、基于北斗的农机定位与导航技术等重大项目，并在农业装备业务方面取得了多项关键技术突破，潍柴雷沃重工科技创新能力和创新水平不断提升。

3. 加强创新人才的引进和培养

潍柴雷沃重工现有研发人员2100多人，其中国家外专千人计划1人、泰山产业领军人才2人、外专双百2人。近年来，潍柴雷沃重工重点引进国内外高端人才，并有针对性地引进了满足公司液压、电控、动力、传动等核心功能部件研发需求的管理和专业技术人才，多层次的研发队伍有效保障了企业核心技术的研发。

4. 重视产学研合作

潍柴雷沃重工通过联合技术攻关和人才培养，共建研究中心和实验室，联合承担国家、省部级重点科技项目等提升企业创新能力。与中国科学院、清华大学、中国农业大学、意大利博洛尼亚大学等国内外50多所高校和科研院所及10位院士建立了深入的产学研合作关系，累计主持及参与国家、省级重大科研创新项目109项。

（三）以技术和产品升级带动产业链升级，打造国内一流的智能农机产业集群

近年来，潍柴雷沃重工坚持产品驱动，加大上下游整合，以技术和产品升级带动产业链升级。继续推进装备数字化、自动化的改造升级，逐步实现装备联网、数据上传、智能分析、自动判断等数字化功能，继续推进"机器换人"，在工艺成熟、产品稳定等工序进行无人化改造，提升自动化水平，以技术控制强化品质控制，不断提升产品质量，满足客户需求。

目前，潍柴雷沃重工上下游企业已达3000多家，其中上游供应商988家，山东省内供应链占比达到50%以上。在潍柴雷沃重工的辐射带动下，山东农机产业集群已成为目前国内规模、影响力最大的产业集群。潍柴雷沃重工以高品质产品制造、信息共享拉动产业链的智能化、信息化建设，增强产业集群的综合竞争力。

(四) 创新业务模式，积极探索现代农业智慧化实现模式

近年来，潍柴雷沃重工在现代农业智慧化方面积极探索，持续创新业务模式。先后与 IBM、拓普康、百度、中化农业等多家行业巨头达成合作，构建智慧农业创新共同体。此外，潍柴雷沃重工还围绕产业链创新服务，推出"车联网"、智联云服务，构建起了"收割机指数"大数据分析，引领国内智慧农业发展。

(五) 坚持全球化发展战略，加强国际合作

近年来，潍柴雷沃重工积极走出去参与国际产能合作，不断提高产品的技术创新水平，使产品与国际品牌站在同一水平线上，已经成为国内农机企业践行"一带一路"倡议的行业典范企业。目前潍柴雷沃重工已在全球 120 个国家建立了 500 多家营销服务网络，雷沃大马力拖拉机出口占全国的 30% 以上。

除此以外，潍柴雷沃重工积极开展国际合作，先后同意大利博洛尼亚大学、美国 IBM、拓普康（TOPCOM）、韩国 KOMOTEK 有限公司研究院等单位签订合作协议，充分发挥各方在农业领域的专业能力和资源优势，在自动作业导航系统、示范农场建设、智慧农业等多个业务领域展开深度合作，确保实施好智能农业装备重大工程。

(六) 科学规范的管理体系提升企业运营效益

潍柴雷沃重工农业装备业务涉及全系列农业装备产品，各产品间差异性较大，为更好地实现各产品线的业务目标，潍柴雷沃重工自 2015 年 8 月开始探索职能 + 业务的矩阵式管理模式，导入业务总经理的管理模式，打造虚拟 SBU，形成了完善的管理体系。

潍柴雷沃重工建有完整的经营绩效管控体系，包括完备的经营指标库、经营指标预警和评价机制、经营指标汇报和质询机制、经营异常评审和整改机制、经营资源短板识别和协调配置机制等。通过科学高效实施企业经营绩效管控，形成更高质量的管理模式，推动了企业的高质量发展。

(七) 优秀的企业文化为企业的健康发展注入不竭动力

潍柴雷沃重工在发展过程中不断推动企业文化融合发展，持续不断地吸收、整合先进的文化理念和内容，始终坚持融合共生，携手发展，真正将员工个人的成长发展融合到公司的战略目标达成中，实现员工价值与企业价值实现的有机结合，提升企业的竞争活力。

三、未来发展展望

未来，潍柴雷沃重工将发挥作为制造业单项冠军示范企业的优势，持续加大创新研发投入力度，聚焦核心主业，依托潍柴集团高端非道路全系列发动机、CVT动力总成和液压动力总成等核心产业资源，同时也将发挥潍柴集团在电控、新能源、智能驾驶等新科技领域的优势，建立企业核心竞争力。聚焦高端农业装备，打造世界一流的农业装备集团。目标是在2025年前实现营业收入500亿元，进入全球前五位；2030年前实现营业收入1000亿元，进入全球前三位。

（一）加大研发投入，聚焦发力高端产品

潍柴雷沃重工研发投入不设上限，将依托潍柴集团优势，全力聚焦拖拉机P平台及M平台100hp以上拖拉机、大喂入量收获机械、高端播种机、牧草机械等高端平台产品的开发、升级，坚定不移推进产品高端化发展。同时，以智能农机为基础，充分发挥农机产业链优势，拓展智慧农业解决方案，构建智慧农业生态圈，带动行业升级换代，推动新旧动能转换落地。

（二）立足国家双循环战略，加快市场结构调整

在巩固国内市场领先优势的同时，坚定不移走出去发展。在国内市场，要加快产品结构调整，引领行业发展。在海外市场，要强化资源配置，以我国为中心辐射东南亚、南亚市场，重点开发欧美高端市场，快速提升海外收入占比。

四、专家点评

农机装备产业属于《中国制造2025》十大重点领域之一，符合工业强基工程等重点方向。潍柴雷沃重工聚焦谷物收获机械目标市场，主要从事小麦机、玉米机、水稻机等特定细分产品的研发、生产、制造和销售，产品销售收入多年保持行业领先。

潍柴雷沃重工生产技术、工艺国内领先，产品质量高，相关关键性能指标处于国内同类产品的领先水平。建有10多个国家、省部级创新平台，承担了100多项省部级创新项目，创新能力较强，拥有自主知识产权。

潍柴雷沃重工经营业绩良好，重视并实施国际化经营战略，市场前景好，有发展成为相关领域国际领先企业的潜力。潍柴雷沃重工重视品牌文化建设，实施系统化品牌培育战略并取得良好绩效。

潍柴雷沃重工无环境违法记录，产品能耗达到能耗限额标准先进值，并具有健全的财务、知识产权、技术标准和质量保证等管理制度。

综上，潍柴雷沃重工可作为国家级单项冠军的典型案例来推广。

中国农机工业协会执行副会长　洪暹国

 山东泰丰智能控制股份有限公司

不忘初心　深耕细作
铸就关键液压件国产化旗帜

一、总体情况简介

山东泰丰智能控制股份有限公司（以下简称"泰丰"）成立于2000年。泰丰经过20多年的发展，已成为全球生产二通插装阀技术、产量和规模位列前茅的专业化企业。

近年来，泰丰凭借自身实力连续4年获得承担工信部2015年工业转型升级强基工程项目、国家发改委2016年"增强制造业核心竞争力"项目、工信部2017年重点工艺产品一条龙应用示范企业项目及工信部2018年人工智能和实体经济深度融合创新项目。与此同时，还承担且完成了国家及省关键重大科技创新项目60多项，其中国家项目10多项；获得授权专利93项，其中发明专利13项；获得行业和省级主要科技类奖项特等奖1项、一等奖1项、二等奖3项及三等奖3项。成为国家液标委二通插装阀相关国家标准主要起草单位。目前的泰丰已成为国家装备制造业关键核心基础零部件液压元件研发与生产不可或缺的重点骨干专业化企业。

泰丰能有今天的实力和成就，并不是一蹴而就的，靠的是不忘初心、深耕细作、持之以恒的专业坚守；靠的是以人为本，创新求变；靠的是技术、品牌、管理、文化及产业链优势的打造。

二、突出优势和典型经验

（一）产学研用协同创新，打造技术优势

泰丰自成立以来，为借助国内顶尖研究机构的创新能力及获得相关企业的支持，联合浙江大学、北京航空航天大学、北京理工大学、浙江工业大学、北京机械工业自动化所有限公司、三一集团有限公司、中国第二重型机械集团有限公司、西安重型机械研究所等大学、科研院所及企业，建立起了以泰丰为主体的产学研用协同创新联盟。其中，泰丰主要负责产品的设计、集成、优化与

试验；大学、科研院所则主要负责液压元件的流场分析、流道设计、整体频响提升及高精度闭环控制以及元件的智能或智慧化升级的技术研究；其他企业则负责产品装在主机上的调试及工况验证，并协助完成相关的试验与验收工作。

除上述协同创新之外，泰丰还自建有集研发和公共服务为一体的山东省企业技术中心、山东省液压控制工程技术研究中心、山东省液压关键技术研究工程实验室及浙江大学国家电液控制工程研究中心济宁分中心，以及为此而组建的由国内外顶级液压、机械及电控等专家组成的7人顾问团队和由75名专职研发人员组成的高端液压技术研发创新团队，自身创新能力持续提升。经过数年研发费用占销售收入比例每年递增不低于约3%的投入，泰丰形成了以比例、功率逐级放大位移跟随、定向与可变阻尼有机组合及自平衡适应等控制技术；模块化、可组配化、可开放式集成化、油路块孔系可优异网络布局，插装件可多样化适配自选用、超高压与柔性密封按需应用等结构设计技术；以精密制造技术等为核心的二通插装阀自主知识产权。目前泰丰的二通插装阀产品的最高工作压力可达世界上仅有极少数发达国家才能生产的超高压70MPa，最大工作流量可达超大流量30000L/min（$\Delta P \leqslant 5\text{MPa}$ 时）；同时还具有高的功率重量比、高的频响、精准的控制精度、高的可靠性、高的抗污染能力及高的智能，并绿色环保，技术达到了国际领先水平，产品多次获得全国液压行业科技奖项。与此同时，泰丰主持研发的具有国际先进水平的二通插装阀产品，2014年被科技部列入国家重点新产品计划；高压超高压大流量电液比例伺服二通插装阀，2015年被列入国家重大科技成果转化及工业转型升级强基工程项目。其技术填补了国内空白，使我国装备制造业的"国之重器"用上了"中国芯"。此外，泰丰的高性能液压元件及电液集成系统，被列入国家重点产业振兴和技术改造中央预算内投资项目，其成功应用于航天设备大型整流罩的精密拉伸成型液压机的液压系统中，打破了国外技术的封锁，并被列入国家"首台（套）"目录，为加快我国制造业由大变强做出了重要贡献。

（二）20载耕耘与专注，建立起品牌优势

品牌是企业综合实力的体现，需要经过长期持续的创新、积累以及过硬的产品质量的保障和良好的市场口碑才能够逐渐形成。液压元件作为保证液压主机性能、品质的重要基础元件，主机厂商对液压元件配套合作企业的选择非常慎重，只有具有良好品牌声誉的液压元件企业才能在激烈的市场竞争中被客户所认可，才能获得主机厂商的订单，且建立起长期稳定的战略合作伙伴关系。因此，品牌信誉度就成为其下游厂商选择插装阀产品的重要依据。多年来，泰丰始终将"创新发展中国和世界的二通插装阀技术"作为企业的发展目标，瞄准国际一流企业的前沿技术，坚持高端定位，重点发展高技术含量、高附加值以及替代进口的关键核心液压插装阀类产品。同时借助品质和周到的后期服务优势，泰丰已与我国大型主机厂商建立起了稳定的客户关系，其产品获得了中国第一重型机械集团有限公司、太原重型机械集团有限公司、上海宝钢集团公司、中国铁建股份有限公司、天锻压力机有限公司等700多家批量供货厂商的好评和首肯。泰丰在行业内的品牌的知名度也得到了不断的提升，"泰丰牌"二通插装阀在机床工具、工程机械、农业机械、塑料机械、冶金机械、矿山机械、石油机械、船舶工程、航空航天、轨道交通、能源、军工等行业被广泛应用。

泰丰智能厂区

（三）两化融合，促进制造优势

近年来，泰丰按照"一年有新突破、三年有新成就、五年上新台阶"的两化融合及制造智能化目标，投入了数亿元资金进行了计算机辅助设计和辅助工艺以及"机器换人"技术改造。在设计及工艺方面，引入了多套设计及工艺辅助软件，使得新产品的研发周期缩短了10%以上，工程更改减少了25%以上，产品投放市场的速度加快了20%以上。在加工制造、物流、装配、仓储及管理等方面，引进了离散型智能柔性加工生产线、智能净化装配线及物流仓储线等硬件，以及MES、APS、PLM、PCS、WMS等软件，进而形成了从毛坯投入到加工制造、检查、试验及质量控制、成品入库等的智能制造、智能管理的体系，由此生产效率提高了15%以上，采购费用下降了5%以上，库存资金占用减少了10%以上，极大地提高了订单的履约率和对客户需求的快速响应能力。在经营管理方面，引入ERP管理理念，实现了物流、人流、财流、信息流"四流合一"的集成应用，提高了经营的决策效率、货款的管控力度，使得运营成本和风险有所降低。

（四）模式创新，强化了管理优势

一般来说，高端液压元件相比中低端产品，由于需要较高的集成技术而表现出更高的个性化与定制化特征。因此,液压元件企业尤其是高端液压元件生产企业,主要是根据下游主机厂商的特殊需求进行量身设计与制作,组织生产与销售,并为其提供售后的专业化服务。泰丰二通插装阀作为高端液压控制元件,其下游厂商的配套需求也呈现出个性化、多样化的特征。因此,泰丰的产品采用"定制化"生产的业务模式,并以此来组织生产。为实现生产过程的定制化、精细化及高效化管理,泰丰建立了全产业链"并行"作业的现代化生产订单管理系统,实现了从客户订单、产品设计、原材料采购、生产、装配、检验检测、库存、配送等全链条的管理与控制,保证了生产的科学管理和全链条的服务质量。与此同时,泰丰还强化了 OEC 全方位优化管理法、TPM 全员生产性保障活动及 TQM 全面增量管理等管理工具的应用,以逐步改变过去干部职工们"庸、懒、慢、散、滑"的管理习性,形成了以客户为中心、全员参与主动作为的"严起来、快起来、实起来"的积极浓厚向上的管理氛围。

(五)制度创新,奠定了文化优势

泰丰历来重视企业文化建设工作,坚持以创新作为企业文化的核心,并以此来提升企业的软实力。如在新产品研发方面,采用了新产品项目矩阵式并行实施法,一个项目从市场调研、立项、研制、产业化到后期评估,泰丰的研发部门、设计部门、工艺部门以及制造车间等相关部门都要全程参与,各负其责、各尽所能,以尽可能缩短新产品的研发周期。此外,为了鼓励泰丰全员创新,相关部门还制定了《创新管理办法》。《创新管理办法》规定:对技术创新、产品创新、管理创新等有突出贡献的员工,经评审小组审议、评定通过后,将予以相应的专项奖励,有的甚至是股权奖励。通过多项鼓励创新的规定以及营造的创新氛围,泰丰形成了尊重人才、鼓励创新的特色企业文化。

三、未来发展展望

液压产品自诞生以来就具有装备制造不可或缺的"小产品、大市场"的产业特征,其在装备制造业各领域均被广泛应用。未来可以预见,随着国内外工业自动化和装备智能化水平的不断提高,以及液压产品服务领域的进一步扩大,液压产品市场的需求依然会延续螺旋式上升、波浪式前进的稳定发展的局面。

对于泰丰而言,将紧跟时代发展步伐:一是产品通过应用嵌入式软件、微电子、互联网、物联网等信息技术,提升产品智能化程度和研发设计、生产制造、经营管理的智能化水平,打造高端产品和装备,占据产业制高点;二是促进企业由生产型企业向服务型企业的产业模式变革,以重塑企业的价值链;三是重视绿色技术在产品研发设计、生产制造、销售服务和回收利用等产品全生命周期中的应用,使企业的发展与自然社会可持续协调发展;四是积极融入工业大数据平台的建设,以有效支撑企业过程的优化和经营管理的正确决策,促进企业对市场、用户的精准供给和企业间的资源分享利用,从而打造智慧企业,并为消费者、用户以及企业自身创造增量价值。毋庸置疑,泰丰未来一定能够成为创新活跃、结构优化、技术领先、规模骄人、服务优异的国际知名的"为客户提供液压整体解决方案的全球领先者"。

四、专家点评

泰丰比例插装阀、伺服插装阀搞得不错。几年时间,能做得这么快,上这么大的规模,开发出那么多的用户,这不容易。

原全国人大常委会副委员长
中国科学院/中国工程院院士　路甬祥
液压技术专家

山东临工工程机械有限公司

专注发展工程机械主业
核心关键技术不断实现新突破

一、总体情况简介

山东临工工程机械有限公司（以下简称"山东临工"）始建于1972年，是世界工程机械50强、中国机械工业百强企业、中国三大工程机械出口商之一、国家级高新技术企业、国家技术创新示范企业、工信部首批制造业单项冠军示范企业、两化融合管理体系贯标企业。

近年来，山东临工连续荣获"省长质量奖""全国机械工业质量奖"和"全国质量奖"。2017年入选全国质量标杆企业，荣获亚洲质量卓越奖，2018年获工信部"绿色工厂"称号、工信部工业强基工程"工艺一条龙"示范企业，2020年品牌价值达415.89亿元，2019年获批国家级工业设计中心，同时荣获欧洲质量奖，成为中国工程机械行业和山东省首家获奖企业，为中国制造赢得了世界荣誉。

二、突出优势

山东临工自建厂以来，始终专注于以工程机械发展为主业，逐渐发展成为工程机械行业龙头企业。山东临工主导产品有轮式装载机、挖掘机、道路机械三大系列产品及核心零部件。其中50系列轮式装载机是一款中长轴距产品，技术先进，整机稳重大气，可靠高效。该机联合工况牵引力与掘起力大，铲装效率高，特别适合中、重工况物料的铲运及装卸作业，广泛应用于矿山、港口、砂石厂等作业场所。该机配置潍柴电控高压共轨发动机，满足国三排放标准，配备节油开关，P、S、E（重载、中载、轻载）三级功率输出模式，客户可根据作业工况合理选择，节油高效；动臂等工作装置优化设计，板材厚、强度高，应力分布合理；铲斗插入阻力小、装满系数高，底部耐磨板加厚设计，使用寿命长；负荷传感全液压转向，轻便灵敏，转向效率高。其液压管路采用知名品牌，耐压性高，密封可靠；配置临工行星式双变总成，前二后一档位设置，传动效率高，操作简便；采用临工加强型驱动桥，承载力大，可靠性高。

目前山东临工在装载机市场占有率位居行业第一、挖掘机市场占有率国内排名第三、综合运营效率行业领先。

三、典型经验

（一）技术创新

山东临工确立了依靠加大科技资金投入，加速产品的市场化，促进公司快速发展的理念。为了保障科研开发工作的顺利开展，山东临工每年的科技资金投入占销售收入的3%以上。研发经费从预算到支出建立严格的管理制度，确保做到专款专用，保证研发经费充足。

技术中心具有健全、高效的组织机构，并建立了一套行之有效的技术中心运行机制、奖励机制、人才引进和培养机制等；拥有一支知识结构合理、业务素质高、科技后劲足的从事工程机械研究开发的技术创新团队。技术中心聘请行业知名专家和本公司技术骨干组成了专家委员会，由技术带头人组成了技术委员会。中心下设部、所、基地等19个部门或机构，各部门之间相对独立又相互协作，共同完成新产品的研制开发任务。

1. 在工程机械核心关键技术方面实现新突破

山东临工注重发挥自身优势，坚持自主研发，持续打造核心技术竞争力，重点推进以主控阀、装载机自动变速箱、远程遥控挖掘机、无人驾驶矿车等为代表的关键核心技术研发，在高端液压件、电控系统、人工智能等领域实现重点突破，持续打造可靠、节能、舒适、智能四大技术领先优势。

山东临工大数据处理中心

2. 产品的舒适性取得重大突破

山东临工产品的舒适性在行业内率先实现重大突破，噪声、排放达到欧盟CE标准，在降噪、减振的研究与应用方面达到行业领先水平，带动了整个行业产品技术的升级，多款装载机、挖掘机、平地机产品通过 CE 产品认证，获得北美、欧盟等区域的销售许可，极大地提高了山东临工产品的市场覆盖率。

3. 产品的工程分析技术取得突破

建立了产品 CAE 仿真分析及结构评价体系，构建了刚柔耦合的多体动力学模型，结合有限元与现代优化技术，建立了产品结构件评价准则。目前的 CAE 分析结果能够与产品实际故障反馈、台架疲劳试验、应变测试保持一致，可有效应用到产品的结构轻量化设计和可靠性设计。

4. CAST 技术在研发中应用取得重大突破

通过 CAST 技术（通用结构、共享技术）应用，驾驶室由 14 类统一为 3 个平台，装载机车架已由 12 大类统一为 3 个平台，大大提高了零部件的通用性，产品成本达到行业领先，领跑于国内同行业平均水平。

5. 制造技术取得突破

面向订单的精益制造模式初步成型，以挖掘机连续流的柔性式生产为例，可以实现从结构件焊接、涂装、整机装配、整机调试、整机精整各制造流程全部采用连续流形式，具有准时交付、快速的库存周转、较高的人均劳动生产率和适宜的工序保证能力等突出优点，最大化地实现跨机型的柔性生产。

6. 在智能制造方面实现新突破

山东临工牢牢把握智能制造主攻方向，聚焦中国制造 2025，对标德国工业 4.0，全面实施"两化融合"，加快打造智能工厂。山东临工投资 2.5 亿元，与清华大学、阿里巴巴合作，升级大数据处理中心，构建工程机械智能运维平台，为客户提供全场景智能施工综合解决方案。总投资 15 亿元的大型挖掘机智能制造项目，将全面推进自动化、数字化、网络化、智能化进程，为 2025 年建成智能化工厂打下坚实的基础。

（二）管理创新

2014 年山东临工创造性提出"一全二创三结合"管理创新，激发了公司全体员工，特别是一线员工的创新热情，各类创新成果大量涌现，每年收集合理化建议 20000 多条，创新项目 1000 多项，实现创造效益数千万元。

1. 打造国际同行业先进水平的创新精益体系

山东临工 LPS（临工精益生产方式）开始于 2007 年，2011 年开始推进精益生产体系（LPS）的 22 个模块建设并量化考核。在 LPS 的推进过程中，山东临工严格按照样板建立→试点推广→全面铺开三个步骤有序推进。

通过 LPS 的有效实施，山东临工在安全、质量、效率、成本、环境、弹性人力资源等方面得到了全面提升,为行业最好水平,使企业运营效益不断提升。

2. 山东临工生产制造执行系统

L-MES系统即山东临工生产制造执行系统,是一套面向车间执行层的生产信息化管理系统。L-MES可以为山东临工提供包括制造数据管理、计划排程管理、生产调度管理、库存管理、质量管理、工作中心/设备管理、工具工装管理、工艺工序管理、生产物料BOM管理、采购管理、生产过程控制、底层数据集成分析、上层数据集成分解等管理模块,能定位解决生产现场、加工设备与企业资源计划管理层的衔接,解决生产制造指令的下达与现场实时生产数据的采集分析与反馈,为山东临工打造一个扎实、可靠、全面、可行的制造协同管理平台。

系统采用MVC技术自主开发,内嵌丰富的功能模块,同时通过Web Service对外提供丰富的动态API接口,方便开发人员快速便捷地与其他系统对接。

系统提供跨平台应用,除了经典的PC端应用外,还同步开发了Android移动客户端。通过移动客户端,同时借助手机的条码/二维码扫描,用户可以在手机/PAD上完成录入、查询、盘点、报表等操作,避免人为录入失误,大幅度提高系统内数据质量。

(三)企业文化

1986年年底,山东临工创办了《新潮报》。2006年9月,山东临工进入国际化发展新阶段,企业文化建设也迈上快车道。2008年,山东临工确立"可靠承载重托"为品牌核心理念。2012年,山东临工总结建厂40年的历史经验,形成了以"效率至上、科技领先"为核心价值观的企业文化理念体系——"临工之道"。山东临工以深入贯彻"临工之道"为主线,全面推进企业文化建设,取得了良好效果,近年来多次获评"企业文化建设先进单位"和"山东省企业文化建设示范基地"。

1. 文化体制机制不断完善

山东临工成立企业文化建设领导小组,设立了专职工作机构企业文化建设中心,在各部门建立了兼职企业文化管理员、内训师队伍,投资2000万元建设职工活动中心,从人员、资金、场地等方面为文化建设工作提供强有力的保障和支持。

山东临工建立了企业文化建设与思想政治工作、经营管理、品牌建设"三同步"模式,将新闻宣传工作、文化实践活动等指标纳入党支部考核,实现了与思想政治工作同步;积极参与到员工培训、技改创新、评先树优、经销商供应商交流等各个领域,实现了与经营管理的同步;在树立企业形象、加强媒体传播、举办展览展会、举行主题活动等各种品牌活动中,强化临工品牌的文化内涵，实现了与品牌建设的同步。

2. 创新打造文化活动品牌、推动媒体高效融合发展

近年来，山东临工创新开展了许多具有特色的文化活动，2年一届、间隔举行的职工家庭日、文化艺术节就是其中影响最大的两项文化品牌活动。

在活动设施硬件方面，山东临工建有标准化篮球场、足球场、健身房、职工书屋、电子阅览室及职工活动中心等，丰富企业员工的业余文化生活。

随着移动互联网、新媒体的迅猛发展，山东临工原有的《山东临工》报、《临工文化》杂志、《临工快讯》、公司网站、宣传栏等传统文化宣传阵地，面临新的课题和挑战。为此，我们加强学习，提升能力，转变观念，与时俱进。一方面，在传统媒体的主题策划、稿件编辑、版面设计等方面，勇于开拓，锐意创新，不断提高策划的时效性、新颖性，稿件的趣味性、可读性，版面的合理性、美观性，取得了良好的宣传效果。同时，加快媒体融合，开通"临工视点"视频新闻、"山东临工"微信公众号、企业微信、头条号、抖音号、快手号及公司OA信息平台等，充分利用新媒体图文并茂、语言鲜活、表现方式多样的特点，将山东临工重要新闻、活动稿件及时在新媒体发布，即时高效传播，让临工故事更动人、临工声音更响亮。

（四）质量品牌

山东临工于1998年通过了ISO 9001质量管理体系认证，2005年学习、导入了卓越绩效管理模式，2009年获得首届临沂市市长质量奖，2012年获得山东省省长质量奖提名奖。2012年11月，山东临工技术中心获评国家认定企业技术中心，2013年12月通过了ISO 14001环境管理体系认证和OHSAS 18001职业健康和安全管理体系认证工作，2014年获得第五届山东省省长质量奖，2015年获得全国机械工业质量奖，2016年获得全国质量奖，2017年获得亚洲质量卓越奖，2019年获得欧洲质量奖。

"以可靠为核心，确立品牌定位"：山东临工以企业文化为品牌建设源泉，确立企业文化的核心要素"可靠"为品牌核心价值；根据山东临工发展战略确定了"建国际化临工，创可信赖品牌"品牌战略和"成为全球知名的工程机械领先品牌"的品牌愿景。通过品牌定位、品牌识别、品牌推广和品牌监测等全流程实现品牌价值增值！

（五）经营绩效

2019年实现工业总产值169.9亿元，同比增长20.51%，实现销售收入174.27亿元，同比增长13.82%，实现销售各类整机47077台，同比增长17.3%。2020年实现工业总产值204.2亿元，同比增长20.2%，实现销售收入223亿元，同比增长28%，实现销售各类整机58219台，同比增长23.7%。

(六)产业协同

山东临工于 2012 年提出重点帮扶黄金供应商的思路：以合作共赢的理念，选择部分核心供应商为黄金供应商，通过帮扶，推进其管理水平持续提升，以此为重点，打造黄金供应链，提升山东临工核心竞争力。山东临工 LPS、财务管理、人力资源管理等最佳实践向黄金供应商的输出，不仅有效提升黄金供应商的管理水平，而且有助于智力成果的固化和推广，同时供应商积极响应，形成生态效应，有效提升帮扶效果。黄金供应商 LPS 水平逐年提升。

目前山东临工的黄金供应商帮扶已成为行业标杆，山东临工也因此成为中国质量协会的第一批供应商管理示范企业。

(七)国际化发展

山东临工是世界知名的装载机、挖掘机、压路机、挖掘装载机及相关配件的制造商和服务提供商，业务遍及全球 130 多个国家和地区，已成为世界工程机械 50 强，中国三大工程机械出口商之一，在莫斯科、老挝、越南、巴基斯坦、蒙古等主要市场建有办事处，莫斯科、迪拜和巴西等地建有海外培训中心。依靠近 90 家国际一级经销商和服务商构建的高效优质网络，及时传递山东临工高质量的产品和服务，帮助全球客户实现价值。山东临工秉承"可靠承载重托"的核心价值观，依靠"服务制胜"的海外发展战略理念，一步一步成为海外客户喜爱的中国工程机械品牌。

四、未来发展展望

"走品牌之路，建百年临工"，山东临工坚持集约发展、创新发展，努力打造工程机械行业中令客户满意和值得推荐的品牌。

 山东威达机械股份有限公司

数字赋能建立新模式
科技创新夯实真冠军

一、总体情况简介

山东威达机械股份有限公司（以下简称"山东威达"）始建于1976年，于2004年7月在深圳中小板上市。山东威达专注于精密夹头行业26年，现已发展成为世界最大的精密夹具产品生产企业，产销量连续21年世界第一，被工信部认定为第一批制造业单项冠军示范企业。

山东威达是高新技术企业，科研实力雄厚，建有山东省工业设计中心、山东省企业技术中心、山东省夹具工程实验室、山东省工程技术研究中心等省级科研平台。山东威达拥有有效专利94项，其中，国外专利21项，被评为国家知识产权示范企业。

近年来，山东威达积极实施转型升级战略，不断深化"两化"融合，发展智能制造新型生产模式，先后承担了工信部智能制造试点示范项目和工信部智能制造新模式应用项目。同时，山东威达围绕夹头产业，借力资本市场转型升级、布局高端产业链，进军数控机床、智能制造、机器人等相关领域，下设上海（苏州）德迈科电器公司、上海拜城电器公司、济南第一机床有限公司、威达粉末冶金公司、威达精密铸造公司和威达雷姆机械有限公司等十几个子公司。

二、突出优势

山东威达致力于中高端夹头的研发设计和工艺创新，掌握行业核心技术；同时实行精益生产，产品规模、技术创新和成本控制能力达到行业领先水平，国际竞争力不断提高。

目前，山东威达的夹头产品国际市场占有率约为38%，产品以中高端为主，性能和质量均达到国际领先水平：J1510T手紧夹头、J1813Z高档自锁夹头、J17130高档自锁夹头、动力夹紧夹头（J1910系列）、长寿命高可靠性锁紧夹头五项成果入选国家重点新产品。山东威达主打的SM、QM、SPM、ST和

SF 五大系列的高档新款夹头,关键技术指标均优于国际同类产品。其中 ST 夹头采用山东威达最新专利技术,夹紧力输出力矩可达输入力矩的 1.8 倍,是目前世界上夹紧力最大的夹头产品;SF 系列产品大幅简化产品结构,大大提升了产品生产效率、降低了生产成本,为行业发展提供了新的思路。

山东威达秉持以品质创品牌,实施了以 PEACOCK 品牌为核心的多品牌战略,拥有 PEACOCK、威达、天跃等多个注册商标。其中 PEACOCK 商标被认定为中国驰名商标、山东省著名商标,PEACOCK 牌夹头产品被认定为山东名牌产品。

三、典型经验

(一) 产业协同、推进智能制造

山东威达充分发挥下属机床公司济南一机和自动化公司苏州德迈科的技术协同优势,创新开发、应用双头车床等专用加工设备和桁架机器人、柔性机械抓手等低成本机器人设备,研发出山东威达特色的低成本的智能制造解决方案,研制成功国内首条精密夹具自动化机加和组装生产线,建成了数字化车间;实现了精密夹具的高效率自动化生产,加速新旧动能转换,加速产业转型升级。同时,持续加大信息化投入,先后建立了 BPM/MES/PLM/WMS/OA 等智能管理系统,实现了数字化设计和无纸化办公。目前,山东威达已建成各种自动化机加工智能生产线、装配线 50 多条,打通了设备层、控制层、车间层和企业层间的信息通道;建立起运营成本低、研发效率高、生产效率高的智能制造新型发展模式,实现持续提高企业竞争力,出口占比超 60%,利税逐年增长。2019 年,在营业收入较 2018 年略降的情况下,净利润 1.74 亿元,增长 22%;2020 年,前三季度营业收入同比增长 3%,净利润增长 11%。

自动机加工线

自主研发的自动装配线

(二) 科技创新、夯实冠军地位

山东威达高度重视科技创新,依托山东省工业设计中心、山东省企业技术中心、山东省夹具工程实验室、山东省工程技术研究中心等省级科研平台,不

断增加科研投入，年开展科技创新项目均达到6项以上，投入研发费占主营业务收入比重4%以上。创新开发出整体式锁紧结构的SF系列产品，零部件数量由同类产品的20个大幅简化至12个，大大提升了产品生产效率，降低生产成本，为突破行业发展瓶颈提供了新的思路；研究出纳米硬化工艺、激光淬火工艺等新型加工工艺，极具推广价值。

通过不断科技创新，山东威达产品结构进一步优化，目前高端产品占比达70%以上，出口国外市场占比达60%以上，国际上主要给德国、美国、日本等的世界著名企业配套。2020年，山东威达销售各型夹头产品超过5000万件，国际市场占有率超40%，行业单项冠军地位进一步巩固。

四、未来发展展望

（一）深入推进智能制造和科技创新，擦亮冠军底色

1）继续加快数字化车间建设，不断优化信息化管理系统，构建自主控制、可视化管理，实现数字化工厂；依靠智能设计、智能生产、智能管理、智能服务，持续提高生产效率、提高产品质量、降低运营成本、提高经济效益。

2）继续加大科技创新投入，尤其是加大在新材料应用、产品受力分析、全新设计理论等基础研究领域的创新投入，优化生产工艺和产品结构，提升在国际高端市场的占有率，提高产品附加值。

（二）发挥冠军领头羊作用，引领产业共同进步

1）围绕夹头主业，发挥集团公司产业链优势，与济南一机、苏州德迈科等下属子公司开展跨领域技术研究，不断开发自动化、智能化的新型加工设备、装配系统，构建日益成熟的数字化车间、逐步实现智慧工厂的整体方案，研究符合行业发展需求的新型生产经营模式，引领产业进步。

2）推动行业内技术合作，尤其是夹头上下游企业间的技术合作，促进新型结构设计、新材料及加工工艺等新成果的输出，发挥行业领军企业的模范带头作用，构建高度协同合作的良性竞争环境，共同做大行业蛋糕，实现合作共赢。

淄博水环真空泵厂有限公司

专注水环真空泵生产 18 年
振兴民族工业

一、总体情况简介

淄博水环真空泵厂有限公司（以下简称"淄博水环"）隶属于山东华成集团，注册资本 2 亿元，现有职工 511 人，主导产品为水环真空泵、真空机组及液环压缩机，从事的专业细分领域为通用设备-泵及液体提升机－泵－真空泵－水环真空泵，自 1997 年起专注于水环真空泵的研制。自 2003 年起淄博水环生产的水环真空泵产销量已连续 18 年位居国内同行业第一位，国内市场占有率 28% 以上，水环真空泵具有抽气量大、等温压缩、极宜抽吸压缩易燃易爆气体等特点，在各行业得到了广泛应用。产品应用于大型煤矿瓦斯气体抽放，保障煤矿生产的安全，在全国煤炭行业瓦斯抽放市场中占 65% 以上的份额。产品还应用于钢铁、石化等行业，作为真空变压吸附技术制氢与制氧、膜法制氧装置的真空获得设备主机。淄博水环作为我国唯一有能力设计、生产、制造超大型真空成套设备的生产厂家，为"高超声速多功能风洞试验"国防重点项目，为导弹、航空航天飞机、高性能战斗机等的高超声速飞行、高真空空气动力学试验，提供大型真空模拟系统。

淄博水环按现代企业制度设计法人治理结构，设有董事会、监事会，实行总经理负责制，组织机构健全，设有总经理、销售、财务、生产、技术、人力资源等职能部门。淄博水环管理团队中有入选国家"万人计划" 1 人、享受国务院津贴专家 1 人，高级职称 27 人，中级以上职称 61 人，本科以上学历 112 人，研究生以上学历 15 人。

二、突出优势

（一）技术先进性

水环真空泵作为通用机械产品，广泛应用于航空航天、煤炭、钢铁、石油、化工、造纸、轻工、医药及食品等许多工业领域，用于真空抽吸、真空过

淄博水环真空泵厂有限公司

淄博水环全景

滤、真空引水、真空送料、真空蒸馏、真空浓缩、真空干燥和真空脱气等。淄博水环的水环真空泵是在消化吸收德国先进技术的基础上通过自主创新逐步发展起来的,已授权各类专利63项,其中发明专利11项。产品技术优势主要体现在以下几个方面:

1. 产品性能指标达到国际领先水平,填补国际空白

淄博水环近年来共成功研制抽气量为 $700\sim3000m^3/min$ 的超大型真空设备有8种规格,均通过省级新产品技术鉴定,各种规格产品的技术指标均达到国际领先水平,填补国际空白,属国际首创。截至目前,淄博水环已承担国家火炬计划、国家重点新产品、国家重点领域首台(套)、国家能源装备技改、山东省重大专项等国家及省部级项目23项,获得国家能源科技进步奖、中国机械工业科技进步奖、山东省科技进步奖17项。

2. 高效节能,节电20%以上

依据行业标准 JB/T 11238—2011《真空技术液环真空泵效率》,气量在 $500m^3/min$ 以上的大型真空设备中效率指标为52%,目前淄博水环生产的超大型真空设备的效率达到62.5%,为同类产品最高,产品的比功率为 $0.95kW/(m^3/min)$,与西门子、纳仕等欧美公司生产的同类产品的比功率为 $1.2kW/(m^3/min)$ 相比,节电20%以上,节能效果显著。

淄博水环研制的真空机组

淄博水环研制的超大型真空泵

3. 加工工艺及技术先进、质量可靠

采用先进的叶轮焊接技术，有效消除了焊接应力，使叶片具有良好的韧性和抗冲击能力，适应变载荷下的各种工况。按照最新标准设计轴、轴承及其他关键零部件，并通过应力分析设计叶轮的厚度及轮毂比，这样确保设备的平均无故障运行期（MTBF）达到30000h以上，大大高于国内标准8000h，有效提高了真空设备的可靠性和使用寿命。柔性排气阀板的使用，不仅能自动调节排气压力和维持进气压力，而且使产品始终保持在最佳工作状态，大大提高了设备工作效率。

（二）产品质量

淄博水环坚持以质量求生存，以科技进步求发展，不断提升产品质量和品牌信誉，积极应对行业发展环境的变化，使淄博水环能够保持健康持续发展。质量建设永无止境，淄博水环以市场为导向，适应社会和市场客户需求，不断提高产品质量，目前淄博水环是国家AAAA标准化良好行为企业，华成商标为中国驰名商标，水环真空泵产品为山东名牌产品。

淄博水环通过完善的管理体系建设保证产品质量，依靠先进的高端加工和检测设备保障产品质量。加快信息化建设、推动产品质量提升。

淄博水环自成立以来就切实推行6S管理和ERP管理，针对企业多品种、小批量、多批次、客户个性化需求较多、同种产品的不同订单在设计上常有变动等特点，研究开发基于多种系统于一体的企业信息集成平台，深度集成ERP、MES、PDM、CAD、NX、Solidworks等系统，打通企业管理各环节，以及管理与研发、制造等环节的业务壁垒，实现了研发、工艺、管理、制造信息的高度集成、资源共享和实时处理。并优化调整企业组织结构，形成了扁平化和高效化的组织结构，建立了跨组织流程框架体系和一体化计划系统，逐步实现生产设备网络化、生产数据可视化、生产文档无纸化、生产过程透明化等先进技术应用，推动产品质量的提升。

（三）发展效益

淄博水环真空泵在山西、陕西等煤炭大省中占到了90%以上的份额，近年来销售收入保持逐年递增，主要客户群遍布全国各省、市、自治区的各个领域，包括煤炭、化工、石化、钢铁、国防风洞试验、造纸、冶金、矿山、轻工、制药等行业，并出口到印度、俄罗斯、巴西、秘鲁、中东、赞比亚、南非等几十个国家和地区。淄博水环连续多年产销量在全行业内领先，国内水环真空泵市场占有率超过30%，在全球市场占有率达到16%。

三、典型经验

淄博水环持续发展、成功发展的秘诀是"人才+政策"。多年来，淄博水

环牢固地树立科学的人才观，坚持"以人才领先推动技术领先，变人才优势为发展优势"的理念，大力实施人才强企战略，切实加强人才队伍建设，为淄博水环创新创业发展提供了强有力的人才支撑。

淄博水环通过"请进来、走出去"的人才战略，不断壮大人才队伍，增强科研实力。受地域限制难以引进高级技术人员，淄博水环在天津、济南设立了研发中心，做到对人才"不求所在、但求所用"。

四、未来发展展望

淄博水环将坚定信心发展高端装备制造业，研发生产国际领先的真空设备。

（一）加快国际市场的开拓

淄博水环将紧跟国家实施"一带一路"倡议，在印度、俄罗斯、印度尼西亚、巴西、秘鲁、南非等新兴国际市场，产品发展潜力巨大，市场前景十分广阔，淄博水环已完全具备了在全球市场参与国际竞争的实力。淄博水环在印度设立了办事处，选派优秀业务骨干，并聘请多名印度人，印度市场开拓进展顺利，条件成熟后在印度、巴西、印度尼西亚等地建立生产、组装基地。淄博水环将加快"走出去"的步伐，把真空设备推出国门，实现全面参与国际竞争。

（二）加强企业管理的国际化

淄博水环已经拥有目前世界上最先进的生产加工设备和现代化的大型生产车间，生产的是技术含量和附加值都很高的高端机械产品。因此，必须有先进的管理方式相适应、相配套，淄博水环将积极学习国内外先进企业，树立标杆，创新管理模式，积极探索引进适合我们的智能制造，努力实现技术、物资、产品、市场、人力、成本等各方面管理内容全覆盖的信息化管理，促进"两化融合"，全面提升企业的现代化管理水平。

（三）加大国际产学研的合作

淄博水环不仅要加强与太原理工大学、山东大学、山东理工大学等多家高校和科研院所的技术合作，还要扩大开放，全方位加强国际技术合作，比如，淄博水环已与慕尼黑工业大学保持了密切联系，深入开展了全方位的技术合作，利用他们的技术、信息和人才优势，开发淄博水环需要的技术和产品，定期聘请德国教授来淄博水环授课，定期派工程技术人员赴德国学习，下一步淄博水环将积极融入全球创新网络，紧跟国际前沿技术。

深耕复合材料输油管道行业
引领纤维增强复合材料创新

一、总体情况简介

胜利新大新材料股份有限公司（以下简称"胜利新大"）成立于2004年，是新材料领域的高新技术企业、工信部认定为复合材料输油管道行业单项冠军、国家复合材料工业协会会长单位、国家知识产权示范企业，"新大"商标已成为中国驰名商标。

胜利新大现有员工600多人，在东营、新疆建有三大工业园区，长期致力于新材料产业的发展和技术研发，开发了碳纤维、芳纶纤维、超高分子量聚乙烯等高端复合材料产品和技术。2019年以来，胜利新大向军工、海洋、电力、新能源等领域进行产业转型，复合材料道面板、复合材料油箱、电力塔架等军工产品市场需求旺盛。胜利新大拥有纤维增强复合材料输油管道、碳纤维增强复合材料防偏磨连续抽油杆、超大型中空结构复合材料舟桥板等复合材料产品的制备、应用的系统关键技术，均达到了国际先进水平，是国内复合材料生产、研发的龙头企业之一。

胜利新大是目前国内最大的纤维增强塑料输油管制造商，拥有国内先进的纤维增强制品制造基地，具有年产各类规格纤维增强管道制品总量达4500km的能力，占国内的纤维增强塑料输油管市场份额为51%，居全国首位。

未来3~5年，胜利新大的市场方向将围绕石油石化以及国际市场，以科技引领产业的发展，不断做强做大，培育企业在新材料领域的知名度和影响力。

二、突出优势

纤维增强塑料输油管以玻璃纤维为增强材料，树脂为基体材料，采用湿法缠绕成型复合材料管道，主要应用于石油、石化等领域的油、气、水及混合物输送，相比其他诸多防腐蚀技术，如水泥砂浆衬里、H87涂料、玻璃鳞片、镍磷镀、渗氮油管及各种衬里，具备耐蚀性强、质量轻、强度高、可设计适用性强、化学性能稳定、无污染、施工安装便捷等特点，从根本上解决了油田开发过程中高矿化度及含二氧化硫等介质对管道造成的腐蚀问题，延长了管线的使用寿命、维护周期，降低了综合使用成本。

（一）产品具有创新性、先进性

纤维增强塑料输油管产品渗透压力最高可达50MPa，工作使用温度最高为135℃，水压失效环向应力达到370MPa，耐冲击性能优越，体现在管壁不分层、不开裂；该项技术和与项目相关的设施配套来源于胜利新大自主研发，并拥有全部的知识产权。胜利新大创新了连接螺纹的形式，取得国内外的认可，研究出了性能优越的新型密封胶，产品技术优势明显。

纤维增强塑料输油管的开发应用较好地解决了油田管线和油管日益严重的腐蚀问题，使用寿命长，同时还具备钢质油管承压能力高的优点，由于纤维增强塑料输油管所用材料本身是耐蚀材料，不需外加任何防腐措施，从根本上解决了油田开发过程中地下水的高矿化度及含硫化氢对钢质管道造成的腐蚀问题。纤维增强塑料输油管各项技术指标达到美国石油协会 API 15HR-2001 规范要求，在产品性能、配套售后服务方面处于国内行业领先水平。

该项技术成果进行了成果鉴定，最终经以院士为组长的评价小组鉴定，纤维增强塑料输油管耐蚀性达到国际先进水平。

（二）产品质量优势

胜利新大一直秉承"质量是天，质量是命"的产品质量理念进行精细化生产管控，培养工匠精神，生产质量过硬的极品产品。品质管理中心是胜利新大产品质量检测机构，构建严格的质量管控体系，制定严格的质量管理制度。胜利新大先后通过 API 认证、ISO 9000 体系、CCS 体系等认证，并开展 GB/T 19580—2012《卓越绩效评价准则》学习活动，将准则中的理念导入到实际生产中来，指导生产、服务生产、检验生产，实施质量卓越绩效管理。同时，充分发挥体系优势，并采用高于国家标准的安全系数规范产品生产，提升质量管理效率和产品合格率，消除产品安全隐忧，并开展安全绿色生产，确保将优质产品交付到客户手中。

（三）产品为客户带来直接经济效益

纤维增强塑料输油管市场前景广阔，经济效益存在巨大的利润空间，油田腐蚀问题是最棘手的问题，油田每天为解决和预防腐蚀所采取措施的费用在几十万元左右，每年因腐蚀造成的管道维修和更换以及污染赔偿费达上亿元。因此，油田急需耐腐蚀、寿命长的管材取代传统金属管道。

产品目前已经成功用在胜利油田各大采油厂，各项性能指标均符合要求，工作状态稳定，相比传统钢制油管，作业成本和生产成本显著减少，减少作业次数，避免造成二次污染，提高了工作效率，具有良好的经济效益。

三、典型经验

多年来，胜利新大凭借良好的信誉和先进的技术实力赢得了业内非常好的口碑。胜利新大定期与业内专家、学者、企业家共商产业发展良策、共谋产业发展宏图。胜利新大在复合材料领域深耕多年，取得了较好的发展，胜利新大的发展之路离不开各级政府的支持，离不开广大客户的信任，更离不开一代代胜利新大人拼搏进取、爱岗敬业的奋斗精神。

（一）坚持主业不动摇

胜利新大与纤维增强输油管道的缘分始于1986年，胜利新大为胜利油田东辛采油厂的改制企业，创业之初，以油田市场为主，胜利新大总经理吴永太先生看到油田因腐蚀问题困扰生产经营，决定带领团队潜心研制纤维增强塑料输油管道，历尽艰辛，克服重重困难，于2004年胜利新大开发成功地面输油管道，并应用到胜利油田、中原油田、新疆油田、延长油田等19个国内油田和中东、中亚、俄罗斯等国家和地区；2006年开发了纤维增强塑料井下输油管及配套应用技术，并一次性下井成功，综合技术水平达到国际先进水平，应用到1000多口井，最长运行时间达到8年，平均使用寿命超过钢制管道的3倍；2009年成功开发纤维增强塑料油套管及配套应用技术，综合技术水平达到国际先进水平，首次将纤维增强塑料应用于套损井修复领域；2011年开发了纤维增强塑料筛管；2012年开发了大口径玻璃纤维增强环氧树脂输油管，最大口径达到DN900；2015年开发碳纤维增强塑料石油管道，并成功在胜利油田进行试验；2016年，开发的玻璃钢长效分层注水油管，实现国内首次纤维增强复合材料应用于分层注水领域。胜利新大通过不断地科技创新，开发了10多个系列的纤维增强塑料输油管；2020年实现纤维增强塑料输油管应用3600多km。

多年来，胜利新大始终坚持复合材料主业发展不动摇，以石油石化领域为主要战场，辛勤耕耘，准确寻找市场机会，精准发力。

（二）坚持创新驱动不动摇

科技是第一生产力，创新是推动企业发展的强大动力。胜利新大始终坚持"人有我优，人无我有"的科技理念，坚持"生产一代，研发一代，储备一代"的原则，积极进行科技创新。胜利新大作为新材料领域的高新技术企业，建有山东省企业技术中心、山东省纤维增强塑料石油管道工程技术中心、山东省博士后创新实践基地等多个省级研发平台，并顺利通过了"国家实验室

CNAS 认可"，现有各项专利 300 多件，其中发明专利超过 35 件，主导编写国家及行业技术标准 11 项。

（三）坚持品牌建设不动摇

胜利新大属于纤维增强复合材料行业，产品认证和行业准入标准非常严格、程序十分复杂、认证周期较长、市场门槛较高。胜利新大凭借多年积累的研发创新能力和技术实力，产品质量和性能均达到行业领先地位，陆续通过了国内外大量客户的产品认证程序，并同中石化、中石油、中海油建立了长期稳定的合作关系，积累了大量优质的客户资源，优质的客户群为胜利新大的产品销售提供了良好的市场保障，为胜利新大未来持续健康发展奠定了坚实的基础。胜利新大凭借稳定的产品质量赢得了非常好的市场声誉，在市场上塑造了良好的品牌形象，形成了广泛的品牌影响力。

（四）坚持企业文化建设不动摇

"大雁文化"是胜利新大独特的企业文化，核心思想为"共同目标、团队协作、角色定位、相互激励"。多年来，胜利新大好比迁徙途中的雁群，每一名胜利新大人好比迁徙途中的大雁，而胜利新大董事长吴永太先生则是这群大雁的"领头雁"。大雁的迁徙代表企业发展的道路，艰难险阻，在"领头雁"的带领下，每一名胜利新大人不畏艰辛，朝着共同的目标前进，艰苦创业，充分发挥团队协作精神，各司其职，认准各自的角色定位，真诚地相互关心，相互激励，最终实现企业发展这一目标。

四、未来发展展望

未来胜利新大战略目标：坚持持续的科技创新，对标行业一流，引导市场需求；着力打造特别能战斗的市场团队，努力实现胜利新大高质量的大发展、大跨越；进一步提升生产团队的技能和支持能力，接轨市场，提高竞争力；创新精干、高效的管理模式，依法合规，精兵简政，培育行业知名品牌。

（一）以更大的信心和决心谋划市场、拓展市场

着力打造石油石化市场、海外市场及国内非油领域市场等关乎企业发展的三个支撑点。石油石化市场应看作重要市场，同时应积极布局海外市场的发展，"十四五"期间要实现海外市场的大发展。非油领域市场主要定位于军工、市政、海洋、电力及新能源等方向，是企业转型升级的主要方向。建立市场的大数据系统，准确寻找市场机会，按照产品、产业细分目标，精准发力，取得更大发展。

（二）以更加创新的思维提升科技创新能力

科技创新水平是支撑市场发展的强大源泉。一方面加大科技研发投入，始

终保持市场的引领地位，促使企业的持续发展；另一方面，要注重实用研究，为生产团队、销售团队提供高效、有竞争力的科技支持，优化配方、优化工艺、产品升级、更新换代等。根据市场需求随时成立专题小组，限时攻关，协助市场推广应用。"十四五"期间，新能源的发展将会进入一个新的机遇期，氢能、光伏、风能、地热等将会大面积地布局和建设，应抓住机会，确定专业小组、确定研发的方向，促进企业产业的转型升级。

（三）创新企业管理模式，规范企业经营行为

随着胜利新大的发展，区域越来越分散，胜利新大队伍也越来越庞大，特别是销售团队，点多面广，管理难度大。管理人员应把岗位当成一种责任和担当、当成干事创业的平台，接受监督和约束，规范作为，突破业绩；深刻思考管理的科学性、规范性，集中全体人员的智慧，积极创新实践。

五、专家点评

2017 年 12 月 16 日，评审小组对胜利新大承担的"玻璃钢长效分层注水管柱工艺研究及应用"项目进行了科技成果鉴定，创新点如下：

1）研发高强度、高模量的玻璃钢分层注水管，轴向抗拉强度和模量比传统玻璃钢管分别提高了 105% 和 63%。

2）研发高强度、耐磨玻璃钢螺纹，比传统玻璃钢管螺纹强度提升 30% 以上，磨损速率大大下降，耐磨性比传统玻璃钢管螺纹提高 30 倍以上。

3）玻璃钢分层注水管可代替传统钢管，延长了使用寿命。

经专家组鉴定，达到国际先进水平。

山东省科学院新材料所研究员　律微波等

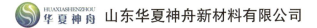

坚持自主创新　走科技发展之路

一、总体情况简介

2019年11月山东华夏神舟新材料有限公司（以下简称"华夏神舟"）成为工信部、中国工业经济联合会评定的制造业单项冠军企业，涉及的主营产品为聚全氟乙丙烯树脂、聚偏氟乙烯树脂。这两种树脂在氟化工产业链中具有重要地位。

华夏神舟拥有含氟聚合物、含氟精细化学品、含氟功能膜三大系列几十种产品。其中聚全氟乙丙烯树脂被国家科技部列入"重点新产品计划"、获得山东省科技进步三等奖、山东省名牌产品、中国轻工业联合会科技进步二等奖、一项氟硅行业专利特等奖、淄博市市长质量奖单项奖。聚偏氟乙烯树脂被认定为山东优质品牌产品，列入山东省自主创新专项及山东省重点研发计划，获得两项国家专利优秀奖、一项省专利优秀奖、膜行业优秀专利奖和专利金奖。

二、突出优势

（一）聚全氟乙丙烯树脂（FEP）

FEP具有优异的热稳定性和化学稳定性，有很好的电绝缘性、介电性能、耐候性、阻燃性和低的摩擦系数。其用途涉及航空航天、军工、石油化工、机械、电子通信等领域。在国内FEP领域，"十三五"期间华夏神舟产量、销量、市场占有率等居国内首位，其市场占有率维持在50%左右；在全世界FEP树脂领域，华夏神舟仅次于美国杜邦、日本大金，居全球第三位。

近几年，FEP产品本着稳中求变的思路，向高端化、低成本化、自动化等方向开展工作，所有牌号基本实现PFOA的替代，开发及改进了电子线级、高频线级、网络线级、高速挤出级、膜级五种不同功能特性的FEP新产品。其中610H和618H牌号等高端领域用FEP树脂，已有600t/年的产能，形成稳定的销售量，开发了具有高粘结力的FEP,乳液样品，初步通过客户试样。通过自动化程度的提高，节约人员的同时，参数控制更加精确，生产过程质量控制更加优异。通过引入全氟辛酸回收技术和全氟辛酸替代品生产技术，在环保节能方面进行了大胆创新,大幅度降低产品成本,实现了对现有生产技术的优化,适应国际、国家法规对于环保的要求,所有牌号基本实现 PFOA 的替代。

立足于生产高端领域用 FEP,在现有 FEP 生产工艺基础上,大胆创新,积极摸索,引入 8 项新型生产技术:三元共聚聚合技术、大批次生产技术、热纯水聚合技术、新型单体回收技术、自动清洗过滤技术、连续凝聚破乳技术、粉料螺杆干燥技术、造粒侧向抽空技术,用于提高和稳定 FEP 质量,提升 FEP 性能。另外通过第三单体的引入,开发出高速挤出级 FEP 和高耐弯折性 FEP,实现了产品和技术创新,关键技术填补国内空白,产品替代进口。FEP 技术的成功应用,打破国际垄断,填补国内空白,对支撑我国高端线缆发展,加快全球高性能氟聚合物应用发展步伐都具有重要意义。技术产业化,提供了约 450 个就业岗位,改善了当地人们的生活水平,带动了上下游相关企业发展,为当地经济的健康发展做出了贡献。

(二) 聚偏氟乙烯树脂(PVDF)

PVDF 因其优异的耐化学腐蚀性、耐温性,优异的机械强度及易熔融加工性,具有极高的性价比,广泛应用于半导体、新能源、绿色化工、石油等行业。PVDF 2018 年全球市场规模约 10.16 亿美元,预计到 2025 年增长至 16.52 亿美元,复合年增长率达到 7.2%,其中我国市场占全球产能的 68%。华夏神舟的 PVDF 产量、销量、市场占有率等居国内首位,"十三五"期间国内市场占有率持续在 50% 以上,居全球前三位。

近几年,PVDF 产品稳步前进,在保证产品质量的前提下,补不足、完善硬实力,充分发挥市场导向作用,加强与下游重点客户的强强联合,提升竞争力。通过开发设计配方,实现了 PVDF 产品各个牌号(DS201/202/204/206)的 PFOA 全面替代,并最终评估出 2 种新的 PFOA 替代品,经中试确认,输出稳定配方,规避了单一替代品供应不足的风险;采用自动化与六西格玛相结合进行项目提升,优化工艺流程,DS206 产品色泽、堆积密度等性能实现了质的转变,产品优质品率已达 95% 以上,销售同比上涨 1153.54t,上涨幅度 38.33%。新产品瞄准国家重点新能源领域如光伏和新能源汽车,进行专项突破,研制的太阳能背板膜用 PVDF 树脂 DS206,具有更低的透湿性、更优异的耐候性、更宽的加工范围,超越进口产品。动力锂电池用 PVDF 树脂 DS202D,优异的粘结性、较低的膨胀度、出色的抗凝胶性,成功替代进口,获得行业巨头客户一致好评。华夏神舟 PVDF 在促进上下游产业链协同发展中发挥重要作用,在国际竞争力、全球化分工合作方面不断展现自己的价值。

未来,华夏神舟 FEP、PVDF 产品要整合技术、不断创新,向 5G 高频低介电领域、高速挤出线缆、超高压线缆、高纯半导体等领域用高端 FEP 产品发展,向绿色涂料、功能特种膜(如透明膜、压点膜、生物膜等)、3D 打印、动力电池粘结剂、线缆等领域用高端 PVDF 产品发展，继续保持华夏神舟制造业单项冠军地位。

三、典型经验

（一）提高企业在行业中的地位和作用

华夏神舟已经发展了十几年，具备了一定的规模和竞争优势。品牌是企业一切无形资产总和的全息浓缩，华夏神舟把品牌培育作为战略性行为，品牌建设是转变经济增长方式、提升经济综合实力和竞争力的重要举措。华夏神舟在推进品牌建设方面结合公司实际情况，制定长远规划。以科学发展观为指导，以市场为导向，以"质量促品牌、品牌促发展"为经营理念，坚持国家利益至上、用户利益至上，大力实施品牌培育工程，着力构建科学优化的重点骨干品牌，强化品牌培育能力，努力争创省著名商标、省名牌产品乃至驰名商标、中国名牌，不断提升市场综合竞争力和公司形象。

1. 坚持自主研发使华夏神舟发展成为行业新星

华夏神舟致力于含氟新材料的研发、生产，产业链配套齐全。产品主要拥有含氟聚合物、含氟精细化品两大系列几十个品种，均属新型材料中的贵族产品。华夏神舟产品聚全氟乙丙烯、聚偏氟乙烯、氟橡胶三大聚合物产能达 5000t/年、10000t/年、6000t/年，其中 FEP、PVDF 是制造业单项冠军产品，连续多年产销量居全国首位，国内市场占有率 40% 以上，近 5 年实现销售收入 41.61 亿元，广泛应用于国防军工、航空航天、电子电器、半导体、汽车、机械、化工、纺织、建筑、医药等各个领域，华夏神舟客户遍布美国、日本、加拿大等 30 多个国家和地区。

2. 持续科技创新、带动行业产品升级

持续科技创新、提高自主研发能力是华夏神舟可持续发展的重要手段。华夏神舟每年用不低于销售收入 3% 以上的资金用于研发。华夏神舟通过成果转化和技术服务取得了良好的经济效益，新产品销售比例占华夏神舟销售收入比例不断增加，2020 年销售收入达 118784 万元，净利润 17017 万元，其中新产品销售收入 110675 万元，占到销售收入的 93.17%。

华夏神舟重视研发、检测条件建设。目前华夏神舟已购置了核磁共振波谱仪、场发射扫描式电子显微镜、粒度分析仪、X 射线衍射仪、等离子发射光谱仪等仪器设备 212 台（套），具备了开展新材料分析、检测及性能检验的条件。华夏神舟技术创新工作将以先进分析检测设备为基础，通过长期试验数据积累建立含氟功能材料数据库，同时中心坚持开放运营模式，接受企业、高校等委托开展材料分析检测任务，为同行业企业及科研机构提供数据参考和支撑，最终成为行业重要材料分析检测中心。

(二) 提高企业在本产业领域技术创新中的作用和竞争力

华夏神舟始终站在我国含氟材料技术创新的最前沿，不断跟进世界含氟功能材料及关联产业的技术发展趋势，努力成为行业科技先导者，对引领行业技术进步和产业结构调整发挥了重要的作用。

多年来，华夏神舟不断加强科技创新，立足于含氟高端产品的研发、评价、生产，拓展应用领域，提高产品附加值，在世界尖端氟产品技术创新方面取得重大突破，荣获国家级创新型试点企业、国家级高新技术企业、国家级制造业单项冠军示范企业、国家级知识产权示范企业、中国专利山东明星企业、山东省制造业高端品牌培育企业等荣誉称号。华夏神舟现拥有"863"试验基地、含氟功能膜材料国家重点实验室、博士后科研工作站、山东省氟硅功能材料示范工程技术研究中心、山东省企业技术中心、山东省含氟功能新材料工程研究中心、淄博市含氟功能材料研发中心、淄博市企业技术中心等研发平台，是中国塑料加工行业"十三五"科技创新型优秀会员单位。华夏神舟先后承担了国家"863"计划1项，国家科技支撑计划2项，国家重点研发计划3项、国际科技合作项目2项、环保部ODS资助项目1项、省科技发展及研发计划3项、省重点研发计划2项、省自主创新项目2项、省自然科学基金项目3项，并与加拿大国家科学院、中国科学院、上海交通大学、大连理工大学、山东大学、浙江工业大学、山东省科学院材料所等国内外科研院校建立了合作关系，并取得了一系列瞩目的自主创新成果，打破了多项国外技术垄断。华夏神舟通过了ISO 9001质量体系认证、ISO 14001环境体系认证、职业健康安全管理体系认证、ISO 50001能源管理体系认证、GB/T 29490—2013知识产权管理体系认证、国家三级保密资格认证、美国UL认证。

华夏神舟通过自主研发取得授权发明专利60项，获省级科技成果鉴定11项，获科技奖励11项，中国轻工业联合会科技进步二等奖1项，中国石油和化学工业联合会科技进步三等奖1项，山东省科技进步三等奖2项，氟硅行业进步奖1项等一系列瞩目的成绩。

(三) 积极制定标准化制度，提升企业竞争力和产品质量

华夏神舟一直致力于制定和加强全面的知识产权管理工作制度，包括发明专利申报流程制度、专利评审管理制度等，完善产品创新、专利和品牌保护活动，从而增强市场竞争力和适应能力。

华夏神舟有健全的质量保证体系，拥有必要的检测设施，加强进货检验，确保产品质量达到要求。在生产过程中对人、机、料、法、环、测作为重点加以质量控制，并建立了质量信息传递系统，保证质量信息快速传递到相应部门，对质量问题及时处理。同时定期或不定期召开质量工作会议，研究产品质

量状况，寻找提高产品质量的措施，制定质量改进计划。

（四）积极建立创新团队及进行创新人才培养

华夏神舟通过 10 多年的生产实践，已培养和形成了一支以 FEP、PVDF 生产为主体的职工队伍，无论在建设、管理，还是生产、基础设施方面都为该项目的建设、生产打下了坚实的基础。华夏神舟研发人员充足，具有良好的新技术开发经验。目前，华夏神舟科研人员平均年龄 30 岁，队伍年轻化、专业化优势明显，整体素质高，具有很强的专业研发能力。

四、未来发展展望

加大含氟相关产品的研发与投入，向国际型科技创新公司迈进。加大研发队伍建设与研发人才、专业人才的培养，打造企业核心竞争力。要通过建立的联合实验室和创新平台，在各个产品、各个领域均培养属于自己的专家人才，让华夏神舟在各个产品领域，能够做到紧跟行业发展的步伐。加大与国外合作与引进，在合作中提升、创新。借助海外研发平台的力量，充分发挥自身优势和资源，争取合作机会，与国外公司展开合作。通过优势互补，达到自身软、硬件的双提升。以客户为中心，加大加工评价体系的优化与完善，向专业化指导靠近。加工评价在产品开发与推广中的作用是不言而喻的，应推动更进一步发挥其自身作用，更好地指导研发及检测产品品质。借助自动化、信息化进一步助推企业高质量发展，使华夏神舟具备国际一流生产管理、科技创新能力。

山东尚舜化工有限公司

注重创新铸就冠军　合作共赢推动发展

一、总体情况简介

山东尚舜化工有限公司（以下简称"尚舜化工"）始建于1977年，1998年成功改制，2007年在新加坡上市，现拥有山东尚舜、潍坊尚舜、广舜热力、永舜环保科技、恒舜新材料、盛陶化工6大生产基地，总资产为32亿元，员工为2200人，是全球领先的橡胶助剂专业公司。橡胶助剂年生产能力为22万t，主要产品有橡胶促进剂、硫化剂、防老剂、预分散体等。促进剂产销量连续10多年位居全球第一位，并于2017年被工信部授予首批"制造业单项冠军示范企业"。硫化剂不溶性硫磺产销量国内领先。产品出口全球40多个国家和地区，与世界前75强轮胎制造商的大部分企业建立长期供货关系，拥有全球1000多家客户组成的强大客户群。

办公大楼与研发中心

二、突出优势

尚舜化工在40多年的发展过程中，形成了质量、技术、规模、品种、成本、环保、市场等综合优势。这是尚舜化工长期专注于橡胶助剂这一特定细分产品市场的结果，这也得到了海内外客户的一致认可，使得尚舜化工在橡胶助剂这一细分产品市场中拥有强大的市场地位和很高的市场份额，尤其是促进剂系列产品，连续十几年产销量位居世界第一。

（一）技术先进性

1. 企业生产技术、工艺国际领先，产品持续创新能力强

尚舜化工拥有行业领先的生产技术，采用自主创新与产学研结合的方式，拥有持续创新能力。多项技术均为首创，其中 3 万 t 促进剂 TBBS 连续化生产装置是国内首条连续化生产线。

2. 拥有核心自主知识产权

尚舜化工获得国家专利 47 项，其中发明专利 29 项、实用新型专利 18 项。这些创新成果都应用到生产中，转化率为 100%。

3. 主导或参与制定相关业务领域技术标准

尚舜化工牵头和参与制定了橡胶助剂的 12 项产品标准及检测标准，涵盖国家标准和行业标准；牵头制定行业自律标准 1 项、团体标准 1 项。

（二）产品质量

1. 产品质量精良，关键性能指标处于国际同类产品领先水平

尚舜化工在橡胶促进剂系列产品关键性能指标上，整体与国际大公司相比基本持平，个别产品优于国际同类水平；在国内同行业企业中处于领先水平。

2. 质量优势让尚舜化工促进剂畅销全球

尚舜化工坚持强化质量管理，把尚舜品牌打造成助剂行业的名牌，致力于品种、规格齐全，质量和服务更好，来满足国内外顾客的各项需求；致力于顾客满意率 100%，深受客户青睐。目前促进剂系列产品全球市场占有率接近 20%，国内市场占有率接近 30%。

（三）发展效益

1）尚舜化工自 2017 年销售收入突破 30 亿元，成为行业内首家销售收入过 30 亿元大关的企业，之后连续 4 年销售收入一直位居行业第一，并且利润率超过同期同行业企业的总体水平，综合效益指数连续多年一直位居行业第一。

2）"十三五"期间，共发送商品量 77 万 t，远超其他同行，累计实现销售收入 143 亿元，其中出口创汇 49 亿多元；实现利税超 28 亿元，其中累计实现税金超 13 亿元，尚舜化工已经成为全球橡胶助剂行业的冠军企业。

三、典型经验

（一）技术创新

1. 大力推行技术革新

尚舜化工围绕质量、环保、节能、降耗、绿色等方面持续创新，开发了绿色助剂 TBBS 生产新工艺，提高了自动化、连续化水平；并在行业内首家将超级克劳斯技术应用到促进剂尾气回收，实现了硫资源的循环利用，实现了节能减排。

2. 建立行业领先的创新平台

尚舜化工自主创新，不断加大技术投入，2005 年，企业研发中心就被认定为山东省企业技术中心。

3. 注重产学研结合

尚舜化工在大力开展自主研发的基础上，注重产学研相结合，与青岛科技大学建立了长期合作共建的关系，还先后与天津大学、上海复旦大学、南京理工大学、齐鲁石化研究院、清华大学、大连理工大学等高校、科研院所建立长期合作关系。

4. 创新硕果累累

尚舜化工先后承担了国家科技支撑计划、国家火炬计划、山东省重大科技专项、山东省重点研发计划（重大科技创新工程）等项目 19 项，进行科技成果鉴定 8 项，累计获得各级奖励 10 多项，其中省部级科技进步奖 5 项。

（二）管理能力

1. 机构健全

尚舜化工依据境外上市公司的要求建立了公司法人治理结构，设置了董事会、监事会、工会、经理班子等相应完备的公司制度。

2. 建立完整的管理体系

尚舜化工行业内最早通过了 ISO 9001 国际质量管理体系认证、ISO 14001 环境管理体系认证及 GB/T 28001 职业健康安全管理体系认证的企业之一，严格按照现代企业管理规范要求，建立起现代科学的管理手段和完整可靠的管理保证体系。

3. 坚持向管理要效益

尚舜化工注重发展的质量和效益，注重各级充分发挥管理职能，努力推行目标管理，提高管理团队的判断力、规划力、督导力、纠错力和财务力，促进了管理水平的提升。全员、全方位、全过程贯彻节流方针，努力降低各种消耗，压缩各种费用，杜绝各种浪费，堵塞各种漏洞，确保了各项经济指标的增长，每年都取得较好的经济效益，为国家做出了应有的贡献，为企业发展增强了后劲。

（三）企业文化

尚舜化工坚持以人为本，全面提高企业素质，建立了尚舜特色的企业文化。在抓生产经营的同时，尚舜化工把坚持以人为本、全面提高企业素质贯穿到工作的方方面面。

（四）质量品牌

1. 树立品牌形象

尚舜化工致力于打造橡胶工业的世界品牌。自 2003 年起，尚舜牌助剂就被评为山东名牌，尚舜商标被评为山东省著名商标。2015 年获得中国橡胶工业优势品牌奖，橡胶促进剂 CBS、TBBS 等产品多次被评为中国橡胶工业协会推荐品牌产品。

2. 关键性能指标领先

橡胶促进剂系列产品关键性能指标主要是产品初熔点，检测方法国际国内都是一样的。尚舜化工在这方面建立了质量优势，整体与国际大公司相比（如德国拜耳、美国富莱克斯等公司）基本持平，个别产品如 M（二巯基苯并噻唑）比它们高 1~2℃；比国内同行业企业整体高 2~3℃。

3. 能耗领先

根据全国橡胶助剂行业协会统计，全国橡胶促进剂系列产品能耗平均在 0.892t 标煤，尚舜化工橡胶促进剂系列产品能耗平均在 0.835t 标煤，2008 年被中国石油和化学工业协会评为节能减排先进单位，2012 年通过了山东省环保厅组织的重点企业清洁生产审核评估验收。

4. 技术领先

尚舜化工主要加工工艺、技术与国际国内同行相比处于领先水平。橡胶促进剂 MBT（二巯基苯并噻唑）国际国内均采用苯胺、硫磺、二硫化碳为原料高压法生产工艺，尚舜化工的产品收率达到国际先进水平，比国内同行业平均收率高 2 个百分点；其他产品如次磺酰胺类均以 MBT 为主要原料氧化生成，工艺路线国际国内基本一致，尚舜化工的产品收率比国内同行业平均水平高 1~2 个百分点。在自动化、智能化改造方面，尚舜化工也走在了前列。

5. 质量领先

尚舜化工严格按标准化指导生产，对原料采购、生产操作到质量检测、产品出厂等实施全程监控，确保产品出厂合格率100%；产品 CBS、TBBS、IS、TMQ、6PPD 获得了中国橡胶工业协会的质量授信，并作为推荐品牌在橡胶行业推广。

（五）经营绩效

尚舜化工在行业内有较大的知名度，为中国橡胶工业协会主席团成员单位、中国橡胶助剂专业委员会理事长单位、山东省橡胶行业协会副理事长单位，也是山东省高端化工产业促进会理事单位、中国绿色发展联盟理事单位等。

尚舜化工凭借销售收入、盈利能力和规模指标的快速持续增长，多次入选福布斯中国《200 家最具潜力企业排行榜》，多次被有关部门评为中国石油和化工优秀民营企业、中国农业银行 AAA 信用企业等。

（六）产业协同

1. 注重上下游产业协同

尚舜化工与主要原材料供应商形成了长期稳定的供货关系，与关键原材料供应商如巴斯夫等建立了战略合作伙伴关系。客户方面，尚舜化工与轮胎企业赛轮集团等建立了战略合作伙伴关系，先后被多家客户评为最优秀供应商。2020年11月，尚舜化工被评为山东省十强产业集群领军企业。

2. 注重园区内供能协同

为保障企业和单县化工产业园的用能，尚舜化工投资成立了单县广舜热力有限公司，作为整个单县化工产业园的集中供热中心，为本企业及园区内其他企业提供蒸汽，保障了用能。

3. 注重生产与环保协同

在环保治理方面，尚舜化工投资成立了永舜环保科技有限公司，具有年处置能力3万t的危险废物焚烧处理装置；在国家新的危废填埋建设标准实施之际，又投资6亿多元新建危险废物刚性填埋场项目，既解决了自身危险废物的处置问题，也可解决菏泽市及周边需要处理的危险废物。

（七）国际化发展

尚舜化工产品从进入21世纪就开始了国际化战略的实施，出口额占到收入的1/3以上，销售收入、产销量屡创新高，综合效益一直位于同行业第一位。

四、未来发展展望

"十四五"期间，汽车、轮胎制造业的高速发展，为尚舜化工提供了更加广阔的市场发展前景。尚舜化工将抓住橡胶助剂主业，巩固提升橡胶促进剂全球领先地位；扩大不溶性硫黄市场占有率和生产规模，打造国内领先优势；扩大防老剂、预分散橡胶助剂市场份额，在橡胶助剂领域树立质量、技术、规模、品种、成本、环保、市场等综合优势，进一步把尚舜化工做强、做优、做大，把尚舜品牌打造成助剂行业的世界名牌，到2025年形成产值规模超60亿元的行业领军企业，更好地为世界橡胶工业服务。

五、专家点评

尚舜化工多年来一直专注于橡胶助剂领域，包括促进剂、防老剂、硫化剂和预分散橡胶助剂等，其总规模和总产值在我国助剂行业都处于领先地位，在新产品研发、绿色安全环保可持续发展方面也都走在行业前端。

中国橡胶工业协会会长　徐文英

尚舜化工橡胶促进剂系列产品多年来产销量连续保持全球领先地位，不溶性硫磺产销量保持国内领先地位，已经成为我国橡胶助剂行业的龙头企业。

中国橡胶工业协会橡胶助剂专业委员会名誉理事长　许春华

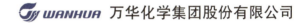 万华化学集团股份有限公司

深耕 MDI 制造技术　引领全球产业发展

一、总体情况简介

万华化学集团股份有限公司（以下简称"万华化学"）是以国家"六五"期间重点工程项目之一的原烟台合成革总厂 MDI 车间为基础，通过改制发展起来的国有控股上市化工新材料公司。万华化学是唯一拥有全系列异氰酸酯（MDI、TDI、ADI）自主知识产权的中国企业，其中 MDI 产能规模全球最大、技术水平世界领先、市场占有率世界第一，也是世界聚氨酯龙头企业和中国化工新材料领军企业，拥有烟台、宁波、福州、珠海、眉山、匈牙利、捷克等制造基地，以及烟台、北京、宁波、上海、美国休斯敦、匈牙利古德勒 6 个研发中心，在全球化工 50 强中位列第 32（2020 年）。

聚氨酯是世界第五大塑料，被广泛应用于航天航空、国防军工、建筑、交通、机械、石化、轻纺、医疗卫生等涉及国计民生的各个领域，是制造业关键基础材料。目前全球聚氨酯市场产能已超过 3000 万 t，我国约 1000 万 t。过去 5 年，全球聚氨酯产量年复合增长率为 4.5%。未来几年，随着聚氨酯材料替代木材、金属、橡胶等多种材料及发展中国家市场消费不断增长，全球聚氨酯消费量增长将保持在 5% 以上。MDI（二苯基甲烷二异氰酸酯）是制备聚氨酯最核心的原料，约占异氰酸酯全球消费总量的 70%。预计未来 5 年全球 MDI 需求增速在 5% 左右，我国市场增速将维持在 5%~7%，2020 年全球 MDI 消费量已突破 800 万 t，我国需求量达到 240 万 t 左右。

MDI 制造技术十分复杂，自 20 世纪 60 年代工业化以来，目前全球仅有 4 个国家的 7 家企业掌握其核心生产技术。万华化学通过 20 多年持续不断技术创新，先后成功开发出了具有自主知识产权的年产 4 万 t、8 万 t、20 万 t、30 万 t、40 万 t、60 万 t、80 万 t、110 万 t 的数代 MDI 制造技术。万华化学 MDI 技术取得重大突破，达到国际领先水平，使我国一举成为继德国、美国、日本之后的第 4 个掌握 MDI 核心技术的国家，为我国 MDI 和聚氨酯工业的发展，立下了一块重要的里程碑。

目前万华化学在 MDI 技术水平、单套装置规模、装置总规模、一体化程度、

运行能耗、产品质量等方面全球领先，高质量的产品得到国内外一致认可，其中聚合 MDI 产品被誉为行业"标准溶液"。万华化学 MDI 总产能全球第一（260 万 t/年），我国市场占有率连续 20 年保持第一，全球市场占有率自 2014 年跃居并稳居世界首位，万华化学完成的 MDI 成果转化，已累计实现销售收入约 2300 亿元、利税约 650 亿元，为我国众多相关行业的建设发展做出了突出贡献。万华化学也成为我国坚持走自主创新实现高质量发展道路的典范企业。

二、突出优势

（一）技术先进性

万华化学始终瞄准国际最先进的全连续 MDI 工艺，通过持续创新，实现 MDI 技术迭代升级，万华化学已从引进消化吸收，到自主创新实现稳产达产，从跟踪学习，到实现全面超越，开始引领全球 MDI 产业技术进步方向。万华化学 MDI 系列技术成果获国家科技进步一等奖 1 项、二等奖 2 项，国家技术发明二等奖 1 项，省部级特等奖和一等奖共计 8 项，其中万华化学获得 2007 年国家科技进步一等奖的"年产 20 万 t 大规模 MDI 制造技术开发及产业化"项目，弥补了化工领域国家科技进步一等奖多年的空缺。

	年份	MDI 产能/（万 t/年）	技术进步
引进技术	1984—1993	<1	间歇工艺，10 年未达产
第一代	1993—1998	1～1.5	连续釜式光气化技术初步突破
第一代	1999	1.5～2	连续精馏技术突破
第二代	2000	2～4	半连续缩合技术开发成功
第二代	2002	4～8	精馏结晶一体化技术、釜式高效光气化技术开发成功
第三代	2005	28	连续缩合技术、年产 16 万 t MDI 成套技术开发成功，并实现产业化
第四代	2007	40	高效液膜射流光气化技术开发成功，单套规模可达 20 万 t 以上，实现废盐水回收利用
第五代	2009—2016	164	超重力缩合反应技术、新型光气化反应技术，单套反应系统达 40 万 t 以上
第六代	2017 至今	260	本质安全的光气化分解系统；系统有害物质总量减半；系统高度自动化，一键开停车和产品调整；全系统可靠性提升，维护间隔提升 1 倍以上

万华化学 MDI 技术更新换代及主要技术特点

目前，万华化学已成功开发新一代超大规模 MDI 智能制造技术，该技术进一步强化过程，提升单线产能 80% 以上，能耗比同类技术低 20%；全系统光气存留减半，提升本质安全程度；实现系统智能化控制，包括一键开停车和产品比例调整；提升系统可靠性，延长检修周期间隔 1 倍以上；将原来万华化学自己保持的单套 60 万 t/年的产能世界纪录，提升至 110 万 t/年。

（二）产品质量

近 10 几年来，万华化学主导产品 MDI 质量始终保持世界先进或领先水平，国内市场占有率连续 20 年排名第一，全球市场占有率自 2014 年起连续 7 年排名第一。万华化学 MDI 系列产品数次被评为中国名牌产品、国家级重点新产品、山东省重点培育的出口名牌和山东省名牌产品；MDI 系列、改性 MDI、MDA 三个系列的产品被法国科技质量监督委员会推荐为高质量科技产品和向欧盟市场推荐产品。万华化学 MDI 系列产品出口到全球 50 多个国家和地区，并打入欧美主流市场，赢得了客户以及国外竞争对手的认可和尊重。

为了更好地适应企业国际化发展战略，万华化学每年收集市场上流通的同类 PMDI 产品进行产品评价。以 PM2010 为例，万华产品的 NCO 含量、酸分、水解氯、发泡高度等各项指标均领先于国际竞争对手产品，质量稳居全球第一，被客户誉为"标准溶液"。

（三）发展效益

万华化学 MDI 技术成果，已在万华化学位于烟台、宁波和欧洲匈牙利的工业园实现转化，建成数套世界级规模的 MDI 装置，其中万华烟台工业园已建成全球最大的 MDI 一体化生产装置，且单套装置产能已由 60 万 t/年提升至 110 万 t/年；万华化学宁波工业园已建成全球最大的 MDI 生产基地（120 万 t/年）；万华化学集团全球 MDI 总产能已高达 260 万 t/年，未来几年规划进一步提升至 330 万 t/年，持续引领全球 MDI 及聚氨酯产业发展。

三、典型经验

万华化学始终坚持将技术创新作为企业发展的第一核心竞争力来培育，全面实施"观念创新是先导、体制创新是前提、技术创新是主线、管理创新是基础、文化创新是保证"的科技创新系统工程和"引才、育才、借才、用才、留才"的人才工程，紧紧围绕聚氨酯及异氰酸酯产业链，开展基础研究、工艺开发、工程化、产业化开发和产品应用技术研发创新，取得了丰硕的成果，实现了企业经济、技术和人才的良性循环。

（一）牢牢把住技术创新、知识产权保护和重大项目建设这条主线

万华化学紧密围绕国家战略规划和产业布局，主动承担 MDI 领域相关国

家重大科技专项近 10 项，累计投入研发支出 48 亿元（含基础研究、工艺开发、中试试验研究、产业化技术攻关、产品质量提升、产品应用技术研究开发等），致力于持续提升 MDI 技术水平，实现智能化、一体化、安全化，并数次进行技术成果转化，完成万华化学工业园各 MDI 装置的技改扩能。同时，为解决好 MDI 产业链氯资源平衡问题，万华化学自主开发了 HCl 催化氧化技术，并实现了装置的高负荷稳定运行，有力提升了万华化学 MDI 综合技术水平和竞争力。此外，万华化学十分重视知识产权保护，截至 2020 年底，已完成 MDI 核心关键技术在全球主要国家的专利布局，累计申请国内外发明专利 190 件（其中国外专利 63 件），获授权 107 件（含国外授权 56 件），入选了首批山东省关键核心技术专利群，此外，万华化学还注重品牌形象建设，MDI 产品在全球主要国家和地区完成商标注册布局，牵头和参与制定 MDI 制造及应用方面的国家标准 18 项。

（二）深化体制改革，建立长效创新激励机制

万华化学通过强化企业员工的创新意识，建立适合企业发展的创新体系，着力把技术创新作为公司的第一核心竞争力培育，全面激发了创新活力。首先，万华化学管理层确立了自主创新求发展的工作思路，使万华化学走上了自主研发的新道路；其次，在全员中实施全员下岗竞聘和业绩考核末位淘汰，员工危机意识和创新意识有了很大提高；同时还不断引导科技人员打破"闭门造车"思维定势，以开放的思维和科研院校联合开发技术；实施股份制改造，打破束缚创新能力发展的僵化体制，使得投资者的创新意识到位、研发投入到位、成果权益到位，探索出"技术要素、管理要素参与分配"的新型激励机制，出台了"技术进步产生收益按新增利润比例提成"的管理办法，规定从产生效益起 5 年内按利润的 30%、20%、10%、10%、10% 提成奖金，极大地调动了广大科技人员的积极性和创造性，全面激发了创新的活力。同时万华化学还结合自身的实际情况，采用了科技人员双序列晋升激励机制、竞争机制、个人绩效考核机制和淘汰机制，以始终保持科技人员创新意识和危机意识。

（三）实施人才工程战略，打造卓越创新团队

万华化学始终坚持"人才是能够为企业带来超额价值"的人才理念，注重人才经营，并建立起了社会化的引才机制、市场化的用才机制、多样化的培育机制和法制化的激励约束机制，为技术创新提供了不竭动力。万华化学在 MDI 系列产品开发过程中，通过引进和培养，集聚了大量高层次人才和优秀青年人才，涵盖有机合成、化学反应工程和系统控制工程、分析化学、化工装备设计制造等专业，他们协作配合，共同成就了万华化学 MDI 事业。截至日前，

万华化学已拥有一支 2800 多人，包含 180 多名海内外博士、1100 多名硕士、高级职称技术人才 140 多人的能与国外跨国公司相媲美的技术创新队伍，其中含入选国家科技创新领军人才、享受国务院津贴专家、山东省泰山学者和产业领军人才，及获得何梁何利基金奖、中国青年科技奖、山东省科学技术最高奖等高层次人才 40 多名，学科带头人和核心骨干近百人，形成了一支业务能力出众、专业搭配合理、研发覆盖面广，在国际聚氨酯行业具有影响力的技术创新队伍。

（四）加快高水平技术创新平台的建设步伐

万华化学致力于打造国际一流的核心技术研发平台，面向社会整合资源，面向行业技术发展需求选题，集中优势力量组建起国家聚氨酯工程技术研究中心、聚合物表面材料制备技术国家工程实验室、国家级企业技术中心、博士后工作站、国家认证分析实验室以及烟台、宁波、北京三地的 6 个省级行业技术中心和企业重点实验室，打造出光气化、有机合成、分析检测、工程化与工程设计等多个技术特色鲜明的核心研发平台，为我国聚氨酯上下游产业创新培育了一大批技术成果，增强了万华化学企业影响力和中国聚氨酯行业自主创新能力。

（五）全面推进协同创新

万华化学坚持面向全球实施外延式合作，积极构建产学研用一体的技术创新体系，充分运用外部优质科研资源支撑公司中长期科技发展，与国内外科研机构和高等院校在前沿技术、高端应用和相关多元化产业发展方面开展多种形式的产学研合作。万华化学积极联合全国各主要从事 MDI 和聚氨酯产业的科研单位，申报承担国家重大科研任务，瞄准国家科技发展战略，突出制约我国聚氨酯产业的共性关键技术难题。目前，万华化学与国内高校院所共建立起 3 个联合人才培养基地、2 个产学研联合创新协同研发中心、1 个产业技术创新战略联盟，并推动了匈牙利孔子学院的建设，在 15 所知名高校设立万华奖学金，实施爱因斯特海外留学生交换计划，形成了长效的产学研人才联合培养机制。

四、未来发展展望

进入 21 世纪第三个 10 年，万华化学站在新的历史起点上，提出了打造"具有全球领先竞争力的世界五百强企业"的目标，指引着万华化学在跨越发展的征程上再立新功，继续坚定地走自主创新之路，保证持续制胜。

未来，万华化学将抢抓国家鼓励企业走出去的战略机遇，依托公司现有产业技术领先优势、企业系统创新能力、产业链一体化整合和国际化运营的成功经验，加快推进亚洲、欧洲和美洲世界级规模制造基地和研发中心的布局建设，建立支撑万华化学全球化战略实施的研发协同中心，实现我国化工新材料多项产品和技术的升级换代，通过上下游集成，形成聚氨酯、石化、精细化学品及新材料业务三大业务板块均衡发展，助推中国制造向中国创造转型升级。通过持续创新，到2025年，万华化学有望成为全球化工10强和全球聚氨酯行业的市场领先企业；到2030年，有望成为全球一流的世界500强企业和全球领先的高端化工新材料制造商。

五、专家点评

与近年来跨国公司新建的几套大型MDI装置相比较，万华化学MDI技术成果在反应技术、生产规模、能耗、产品质量等多方面达到国际领先水平。

中国工程院院士　李俊贤、胡永康等

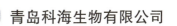

深耕细作提质量　创新提升创品牌

一、总体情况简介

青岛科海生物有限公司（以下简称"科海生物"）于2003年2月28日成立，为青岛琅琊台集团股份有限公司的全资子公司，专业从事生物发酵产业领域的经营，主要产品为科海牌衣康酸及其衍生物等，是世界上最大的衣康酸系列产品生产研发基地。

科海生物先后被评为国家高新技术企业、山东省资源综合利用先进单位、生物发酵行业突出贡献企业、节能环保领军企业、国家循环化改造示范试点企业和青岛市生物技术骨干企业等荣誉称号，2016年首批制造业单项冠军示范企业，2018年获中国工业大奖表彰奖。

青岛科海生物有限公司厂区

科海生物始终坚持实施"科技兴企"战略，加强技术创新体系建设，形成了以企业为主体，市场为导向，以院校和科研院所为支撑的技术创新体系，自主创新能力不断提高。科海生物拥有中国轻工业有机酸生物发酵工程重点实验室、生物发酵技术国家地方联合工程研究中心、院士专家工作站、博士后科研工作站、全国衣康酸工程（技术）研究中心与全国葡萄糖酸工程（技术）研究中心等高科技创新平台。

二、突出优势

衣康酸具有活泼的化学性质，是化学合成工业的重要原料，属于制造业关键基础材料，同时也是新材料生产中的重要中间体，是"十三五"战略性新兴产业重点产品。它是生产腈纶、合成树脂、合成纤维、除草剂、橡胶、无毒食品包装材料、塑料、乳胶、药物、表面活性剂、黏着剂等的重要工业原料，也是军用飞机、民用航空新材料的重点添加剂，是国家级新产品。

科海生物生产衣康酸的工艺和技术具有核心自主知识产权，产品质量和技术水平均达到国际领先水准，销往国内 20 多个省市，在国际市场上已与美国陶氏化学（DOW）、德国巴斯夫（BASF）等世界 500 强企业建立了长期稳定的供销关系，业务遍布亚洲、欧洲、美洲、澳洲，市场网络健全，产品用户对科海生物及产品给予一致好评，产品用户满意率为 100%。2020 年，科海生物衣康酸产品全球市场占有率达到了 78%。

科海生物注重生产技术和工艺水平的不断提高，选用一株经自主改造的土曲霉，采用经改良的深层通风发酵技术，实现了产品高收率、高纯度的目标，产酸率在原国际先进水平基础上提高了 10%，糖酸转化率提高了 3%，成本较行业平均降低 62%。经相关部门鉴定，产品质量和技术水平均居国际领先地位。科海生物持续创新能力强，"一种衣康酸连续热结晶的提取方法""一种衣康酸发酵液中菌丝体的去除方法"等核心技术获得国家发明专利授权 22 项，知识产权转化率达到 100%。近年来，科海生物持续加大对衣康酸的创新研究，以青岛琅琊台集团股份有限公司名义承担国家 863 计划课题"有机酸生物合成途径构建与优化技术（2015AA021003）"，并负责子课题任务"衣康酸发酵菌株改造及生产线改进"，将科海生物衣康酸研究水平提升到新高度。

科海生物衣康酸产品采用绿色节能工艺与设备，能耗显著低于同类产品。同时，科海生物加快衣康酸产业智能制造与绿色制造改进，不断提升产品技术含量和附加值，降低成本。2018 年，科海生物"衣康酸生物关键技术研究及产业化项目"荣获中国工业大奖表彰奖，衣康酸产品被评为中国生物发酵产业绿色标识产品。

三、典型经验

（一）经营战略方面

科海生物重视并实施国际化经营战略。在激烈的对外贸易战中，衣康酸敢于代表国家品牌，彰显着巨大的生命活力，勇立国际市场潮头。科海生物衣康酸产品的规模居全国同行业第一位，创新能力、研发水平、吨产品价值、全员劳动生产率居世界同行业首位。

（二）运营方式方面

1999年，科海生物前身——青岛琅琊台集团股份有限公司科海生物车间开始从事衣康酸的研究，上马衣康酸生产项目。20多年来，科海生物积极创新，在扩大生产规模的基础上，通过菌种改造和工艺技术创新增加衣康酸产能，目前已实现企业设计、工艺、制造、管理、物流等环节的集成优化，缩短产品研发周期，提高生产效率和能耗利用率，最终实现运营成本的大幅度降低，为生物发酵产业带来巨大的经济效益，成为世界上规模最大、质量最好、市场占有率最高的衣康酸系列产品研发生产基地。在研发、生产和销售衣康酸方面占有绝对优势，科海生物成为我国白酒行业新旧动能转换，实现传统产业转型升级到国家高新技术产业和国家战略性新兴产业的典型代表，示范效果显著。

（三）品牌培育方面

科海生物品牌建设成效显著。科海生物拥有专业的质量工程师队伍，构建了优良的品质保证体系和工作流程。科海生物拥有注册商标12项，其中马德里国际商标注册8项，拥有19名卓越绩效评价诊断师。科海生物被评为工信部工业品牌建设和培育试点企业和山东省制造业高端品牌培育企业。"科海牌"衣康酸被先后评为青岛名牌、山东名牌，"科海牌"被先后评为山东省著名商标和中国驰名商标。"科海牌"衣康酸已成为有机酸行业由传统制造向"智能制造"与"绿色制造"的国际引领品牌，品牌价值不断提高。

（四）研发创新方面

多年来，科海生物建立起国家级企业技术中心、国家地方联合工程研究中心、中国轻工业新型有机酸生物发酵工程重点实验室、全国衣康酸工程（技术）研究中心、全国葡萄糖酸工程（技术）研究中心、全国模范院士专家工作站、博士后科研工作站7个"国字号"科技创新平台，培养了一大批博士后顺利出站，成为行业领军企业。承担了国家863计划、国家重点研发计划、国家工业转型升级计划等30多项，获得国家科技进步二等奖、山东省科技进步一等奖、山东省科技进步二等奖、青岛市科技进步一等奖等8项，发明授权专利43项。科海生物科技创新体系建设不断完善。2015年科海生物被评为国家技术创新示范企业和国家知识产权示范企业。

（五）资源配置方面

科海生物积极探索将"互联网+""海洋+"和"工业4.0"思维引入企业管理及技术改造，实现智能制造与"互联网+"的有机融合，成效显著。

实验室

科海生物衣康酸产品目前已实现企业设计、工艺、制造、管理、物流等环节的集成优化，整个生产过程实现智能控制及智能化管理，推进了科海生物在数字化设计、装备智能化升级、工艺流程优化、精益生产、可视化管理、质量控制与追溯、智能物流等方面的快速提升，减少人为操作误差，降低劳动强度，提高良品率，缩短产品研发周期，提升生产效率和能耗利用率，最终实现运营成本的大幅降低，为生物发酵产业带来巨大的经济效益。

（六）人才培养方面

科海生物先后与中科院青岛生物能源与过程研究所、山东大学、江南大学、青岛科技大学、哈尔滨工业大学、山东科技大学、山东省食品发酵工业研究设计院和中科院海洋所等科研院所建立了以人才培训为重点，以项目合作为载体，以技术交流为内容的多种形式合作，形成了以提高企业科技自主创新能力为核心、以高层次科技人才的培养和引进为重点、以中青年技术骨干为基础的人才战略，切实抓好技能型、知识型、创新型、专家型的科技人才队伍的建设。

四、未来发展展望

（一）高端切入、做大做强

科海生物将以衣康酸研究为基础，充分发挥科技创新的引领支撑作用，打造我国最大的以"创新、高端、蓝色、生态、健康"为显著特征的有机酸谷"中国-青岛西海岸新区"研究开发基地。

（二）深入实施智能建设，创世界一流产销基地

加强信息化、智能化、设备通用化建设，在硬件、软件方面做到与国际接轨，拓宽业务渠道，加强国际合作，扩大国际业务，全面满足国际客户的需

要。研发基地的智能建设，对于打造国际一流的生物产业基地园区，引领有机酸行业快速发展，具有深刻的社会意义。

（三）提质降耗，扩大规模，增强产品市场竞争力

目前，精制衣康酸项目已经投产运行，工艺技术不断完善成熟，效率产量逐步提升，为科海生物创造了巨大的经济效益和社会效益。据国外权威报告中指出，衣康酸作为化学砌块的潜在目标市场约为 1080 万 t。未来 5 年规划期间，随着衣康酸作为可再生化学砌块、肥料保水剂等领域的不断扩大，巨大的市场潜力给科海生物带来了难得的发展机会。

五、专家点评

青岛科海生物有限公司作为国家首批、青岛市唯一入选制造业单项冠军示范企业，是我国生物产业升起的一颗新星。科海生物长期专注于生物发酵产品衣康酸及其衍生物产品的创新和质量提升，拥有国际领先的生产工艺和生产技术，主导了相关产品国家、行业标准的制定，实现了智能制造和"互联网+"的有机融合，以市场为导向，布局全球，全球市场占有率连年攀升，2020 年达到了 78%，科海生物的技术竞争力、质量竞争力、品牌竞争力和国际竞争力稳居行业首位，在细分领域形成了单项冠军领先地位，是我国工业的民族品牌。

中国生物发酵产业协会副理事长/高级工程师　冯志合

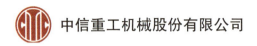

领跑重型装备制造
探索"核心制造+综合服务商"新商业模式

一、总体情况简介

中信重工机械股份有限公司（以下简称"中信重工"），前身是洛阳矿山机器厂，国家"一五"期间兴建的156项重点工程之一。1993年并入中国中信集团公司，更名为中信重型机械公司。2008年，改制成立中信重工机械股份有限公司，2012年7月，公司A股股票在上海证券交易所成功挂牌并上市交易。

中信重工可为全球客户提供矿山、建材、煤炭、冶金、有色金属、电力、节能环保及其他领域的大型化、重型化装备，包括物料试验、设计研发、生产制造、工程成套、备品备件、运维服务等业务，拥有矿物磨机、大型减速机、大型高端铸锻件、特种机器人等标志性产品，产品和服务覆盖"一带一路"沿线50多个国家和地区。

历经60多年的建设和发展，中信重工现已拥有首批认定的国家级企业技术中心、国内唯一的矿山重型装备国家重点实验室、国家级工业设计中心，是国务院首批认定的全国"双创"示范基地、国家级服务型制造示范企业，成为国家级创新型企业和高新技术企业，是中国重型装备骨干企业、具有全球竞争力的重型矿山装备和水泥装备制造商和服务商，是国内特种机器人行业第一梯队企业，被誉为"中国工业的脊梁，重大装备摇篮"。

二、突出优势

（一）技术先进性

中信重工作为国内矿用磨机行业领导者，已研发并成功生产出拥有自主知识产权的双驱半自磨机最大规格为 $\varPhi 11m \times 6.4m$、主电动机功率为 $2 \times 9000kW$，双驱溢流型球磨机最大规格为 $\varPhi 7.9m \times 13.6m$、主电动机功率为 $2 \times 9000kW$。同时，中信重工紧紧跟随工业物联网、自动化控制等技术发展趋势，成立专门的研发团队加大产品智能化提升攻关，开展技术创新和商业模式创新；先后承担了《千万吨级矿山粉磨装备智能控制技术开发及工程应用》和《矿物加工节能工艺及智能装备系统研发与产业化》2项"河南省郑洛新自创区产业集群专项"；同时承担了工信部国家级"大数据产业发展试点示范项目""工业互联网平台试点示范项目""制造业与互联网融合发展试点示范项目"，建成了矿山装备工业互联网平台，成功突破了粉磨工艺参数软测量技术、互联网+矿山粉磨系统大数据云平台技术、基于物联网的粉磨装备远程智能运维技术等新型关键技术，始终保持矿物磨机技术处于世界先进的地位，基本实现了矿山重型装备从"中国制造"到"中国创造""中国智造"的跨越。

（二）产品质量

中信重工历来非常重视产品质量，从生产原料质量到系统过程控制以及产品包装处理，严格把控技术指标保证产品质量。建设有甲级资质的国家矿山机械质量监督检验中心和机械工业矿山机械产品质量监督检验中心，磨机等产品均通过检验中心安全标志检测检验及产品安全性能检验。

中信重工积极贯彻"顾客满意是我们永恒的追求"的质量方针，通过狠抓质量管理体系运行建设，加强质量过程控制，推行质量红线管理等措施，产品质量水平持续提升。特别是，为中国黄金集团研制的国内直径最大的半自磨机和总功率世界最大的球磨机成功交付，得到用户高度评价。

（三）发展效益

中信重工始终坚持以市场为导向，以客户为中心，先后与13大全国煤炭基地、10大钢铁集团、8大有色企业、12大水泥生产商等建立了长期战略合作关系，并与世界三大矿业巨头、世界五大水泥集团和铜、金、铝三大有色巨头建立了长期供货关系。2020年全年新增生效订货突破100亿元，实现历史新高。

三、典型经验

（一）创新驱动，科技进步引领高质量发展

1. 完善技术创新体系，打造"四维创新"格局

围绕"两个一切"定位和"顶天立地"要求，推进"45153"技术创新体系建设，打造"五层次"核心技术人才团队；将工匠创新纳入技术创新体系，形成"四维创新"格局。推进推深科技创新、人才工程、机制创新"三大工程"，出台了涉及重大研发专项、团队建设、经费管理等60多项管理及激励措施文件，有效激发创新活力。

2. 践行国家战略，"国之重器"担当展现新作为

积极承担神舟飞船、嫦娥五号、新一代核电、防护工程等关重件研制的国家责任，持续建功国家重点工程、重大项目。不断推进大型矿用磨机、大型破碎装备、悬臂式硬岩掘进机等重大装备国产化和替代进口进程。加快布局高精度大构件工业 CT 技术、新能源储变电技术、脉冲电源系统等高技术产业。

3. 集聚创新资源，夯实高质量发展基础

以建设首批国家"双创"示范基地为契机，在已有的国家级企业技术研究中心、矿山重型装备国家重点实验室等 10 多个创新平台基础上，搭建起重装众创"三大平台"，发挥各类平台作用，依托"互联网＋""智能化＋"赋能先进装备制造，加速新一代信息技术与制造业深度融合，形成了"平台＋共享＋分享"创新发展新模式，促进了行业和企业高质量发展。

4. 对标国际国内领先企业，提升研发技术国际化水平

中信重工对标美卓、西门子等国际国内标杆企业，建立起了国际化的设计、制造、服务、试验、技术标准及规范。以澳洲研发中心和 SMCC 公司为核心建立国际创客团队，形成了海外和国内联动推进技术国际化格局，高端研发、技术国际化能力得到了全方位提高。目前拥有 47 项核心技术，12 大核心产品处于国际先进水平，其中大型磨机、提升机、智能闸控、大型钻机等产品批量化出口，服务国家战略、支撑公司发展的能力明显增强。

（二）深化企业改革，提升管理效能

近年来，中信重工积极践行国家战略，围绕产业升级创新体制机制，激发了组织活力，提升了管理效能。

1）坚持党委领导、董事会决策、管理层执行有机统一，"战略管控＋板块化经营"管控模式深入实践；"小总部、强总部"和"放管服"改革扎实推进，总部核心职能突出和聚焦，各事业部（板块）致力于打造市场主体、经营主体、利润中心，成效显著，治理效能持续提升。

2）陆续推出战略管控、绩效管理、人事制度、巡察制度等一系列改革举措，以系统性、整体性、持续性改革提升管理能力，破解发展难题，赢取发展主动，初步解决了发展动力、产业格局、管理体制、市场化竞争、机制等问题，激发两级积极性，释放出改革的蓬勃活力。

3）强化风险管控，建立了公司系统风险监控预警指标体系。加强内部环境、风险评估、质量安全控制、合同控制、对子公司的管控，从源头防范风险。

（三）打造创新文化，激励创新发展

作为大型装备制造企业探索打造"双创"示范的代表，中信重工创新提出并深刻践行工匠精神,将工匠创新纳入科技创新体系,坚持"企业主建,创客主战",四大创客群带动创客 6000 多人次创新创效,形成了以"四群共舞"为特色的创新文化。涌现出一大批首席专家、大工匠和首席员工,获得多项国家级殊荣。

(四)突出质量管理,塑造品牌优势

1)建立健全产品质量追溯制度。严格执行重大质量事故报告制度及应急处理制度,健全产品质量追溯的具体内容、追溯的途径,建立全面的产品制造记录档案,确保对产品质量的形成过程及产品交付后能够对质量和责任进行追溯。

2)加强质量管理,强化过程控制。将质量风险信息收集及防控指标纳入系统风险监控预警指标体系,实施系统质量损失情况反馈表月报制度并严格考核,强化过程控制、确保产品质量风险得到及时化解。

3)中信重工严格执行《产品质量法》,贯彻 ISO 9000 系列质量标准,实施 Q/HM 19101《合同管理规定》等企业标准,按标准规定进行合同评审,充分、准确理解顾客要求,识别评估产品的质量要求。

4)加强质量管理体系建设,推行零缺陷质量管理、卓越绩效管理等质量保障措施,夯实质量管理基础,提升质量管理水平,提高了企业质量品牌与核心竞争力,带动了行业技术进步和产品质量整体水平的提升。荣获中国质量奖提名奖、中国工业大奖、中国优秀工业设计奖金奖等荣誉。

(五)加速创新融合,助推协同融通发展

紧跟新一轮科技革命和产业变革的步伐,中信重工始终注重开门办企业,探索协同创新、产业融合。

1)构建合作创新架构,营造共创共赢生态。建设"双创"三大平台、实施"互联网+"信息技术与先进制造深度融合,成立创新发展研究院,组建跨专业、跨部门、跨系统研发团队推进每年重大专项,为创客提供立体化的支撑平台和全方位技术服务,营造共创共赢生态,促进了协同创新成果产出,新产业不断壮大。

2)扩大合资合作,开门办企开放创新。控股唐山开诚,推动特种机器人产业爆发性增长;合资成立中信成像智能公司,推进工业 CT 新型成像技术研发及产业化;合资成立中信铁建重工,做大做强盾构机产业;合资成立储变电公司以及收购科佳信,进军超级电容、新能源储变电等新产业。发起设立兴邦基金,引入资本打造先进装备制造业,协同科技型中小企业实现产业倍增。

3)协同打造机器人及智能装备科创园。按照"大企业引领、大项目带动"产业发展战略,吸引外部有实力的机器人及智能装备企业和相关产业落

户,协同打造机器人及智能装备科创园,正逐步带动实现"以大带小、以小促大、重微共振"融通创新发展。

(六)充分参与国际市场分工,塑造国际竞争新优势

贯彻制造强国战略,中信重工积极谋划,精准布局,主要业务板块全面参与国际竞争,集聚和整合国际资源,培养新形势下参与国际合作与竞争新优势,助力"畅通国内国际双循环、构建新发展格局"。

一是建立了国际化的设计、制造、服务、试验、技术标准及规范,提升中国标准的国际话语权;二是加快完成了研发、制造、营销、服务等全流程的国际化布局,建设了多个叫得响、数得着的典范工程和服务标杆,树立起中信重工的金字招牌。

四、未来发展展望

站在"两个 100 年"奋斗目标的历史交汇点上,中信重工将不忘实业报国初心,担当制造强国使命,坚守先进装备制造业的发展定位,围绕"核心制造+综合服务商"新型商业模式,致力发展重大装备、机器人及智能装备、高技术(JM 融合)三大领域,不断强化国之重器的地位,不断强化硬科技实力,着力打造具有全球竞争力的一流先进装备制造企业,努力在构建新发展格局的主战场和全面推进社会主义现代化国家建设的新征程上发挥央企担当,实现更大作为,做出更大贡献!

五、专家点评

中信重工作为"一五"期间兴建的 156 项重点工程之一,孕育出了焦裕禄精神,有着优秀的文化遗产和红色基因。作为国家重型装备制造的骨干企业,中信重工积极践行国家战略,担当国之重器重任,研制的大型矿用磨机等大型矿山核心成套装备,技术水平国际先进、国内领先,打破了国外技术垄断,国内市场占有率达 85%,并出口欧洲、南美等众多高端市场和客户,解决了国家在矿山资源开采和利用方面重大装备研制的技术难题,为国家战略资源的储备和开发提供了装备和技术保障,有效促进了我国资源行业高效、节能、绿色发展。建议在"十四五"期间加大工业互联网、大数据等智能化技术在矿山装备领域的应用研究,为我国智能矿山的建设提供技术和装备的支撑。

河南科技大学副校长/博士生导师　魏世忠

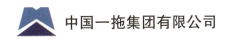

中国一拖集团有限公司

推进全面深化改革　提升经营管理水平

一、总体情况简介

2016年工信部公示了第一批制造业单项冠军示范企业名单，中国一拖集团有限公司（以下简称"中国一拖"）以东方红大型拖拉机成功登榜，成为全国首批60家制造业单项冠军示范企业之一。2019年通过复核，中国一拖以大中型拖拉机产品再次获得制造业单项冠军示范企业称号。

二、突出优势

中国一拖前身为第一拖拉机制造厂，是国家"一五"时期156个重点建设项目之一，1959年建成投产，经过60多年的发展，已经成为以农业装备为核心，兼创新发展特专车辆、制造服务业务的大型装备制造企业，拥有完整的农机装备产业链体系，是我国农机工业的重点骨干企业。2008年2月，国务院国资委批准了国机集团与中国一拖的重组方案，中国一拖正式进入中央企业序列。建厂以来，中国一拖已累计向社会提供了350多万台拖拉机和270多万台柴油机，为我国"三农"建设做出积极贡献，所属第一拖拉机股份有限公司在香港联合交易所和上海证券交易所上市，是中国唯一拥有"A+H"上市平台的农机企业。

中国一拖具有国内最完整的拖拉机产品系列和产品平台，包括17~400马力全系列轮式、履带式拖拉机；已形成啮合套、同步器、动力换向、动力换档4种产品技术平台，正推进CVT产品的商品化开发。中国一拖在拖拉机动力换档和无级变速技术、整机及零部件电控技术方面处于国内领先地位；近年成功研发出自动驾驶拖拉机、无人驾驶拖拉机、超级拖拉机Ⅰ号等高端智能化产品，其中，自动驾驶拖拉机已实现大规模推广应用。作为目前我国央企所属的唯一的农机企业，中国一拖肩负着我国农机装备转型升级重任，始终引领我国拖拉机产品技术进步，大中型拖拉机保持我国市场份额第一。

三、典型经验

2019年，中国一拖新任董事长、党委书记黎晓煜同志站在对国资增值负

紧张有序的拖拉机装配线

责的角度，以从外来者到管理者的独特视野，带领经营层深层次剖析中国一拖近年经营亏损、发展乏力的原因，推进运营模式及其相应的组织方式、资源配置方式等实现整体性、根本性转变，通过改革进一步传导压力、激发动力、释放活力，助推公司走出困境，增强公司在农机行业创新发展进程中的引领作用和带头功能。

（一）认真复盘，深层次查找经营管理方面的原因

中国一拖对近年来经营工作进行复盘，分析外部环境变化的影响，更主要的是分析公司在战略管理、经营管理、资产管理、人力资源管理、创新能力、体制机制等方面存在的亟需提升与改进的环节，如多元化经营战略效果不佳、研产供销的协同性有待提升、内部市场化机制不完善、管理信息化手段滞后、激励机制建设仍显不足等。通过对中国一拖各个管理环节的深入剖析，认真查摆问题，分析问题的成因，从中国一拖自身的管理特点出发，确定了全面深化改革的总体思路和措施。

（二）有的放矢，全面推进深化改革

《中国一拖集团有限公司全面深化改革指导意见》（以下简称《意见》）于2019年8月印发，以董事长为组长的全面深化改革领导小组同时成立。《意见》发布后，中国一拖组织各职能系统认真分析管理中存在的问题，细化了重点工作项目，分为6大项，2019年9月完成工作措施制定，并推进落实。

1. 推进全面深化改革的基本原则

①坚持战略引领；②坚持问题导向；③坚持市场导向；④坚持依法合规；⑤坚持党的领导。

2. 重点工作项目

1）加强战略闭环管理。①把握产业发展趋势，建立全球新视野，全面深入洞察市场，紧跟国家乡村振兴战略和政策，进一步明确中国一拖业务结构调整和转型升级方向；②加强国际化经营战略研究，制定国际化经营专项规划；③谋划"十四五"规划，确定中国一拖中长期发展目标与路径；④以"三个第一"核心价值观为指引，打破企业边界，开放产业资源，积极推进对外战略合作。

2）全面推进管理改革。①实施管理流程再造，完善权责体系，建立规范化长效机制；②加强信息化建设的科学规划，打造支撑企业卓越运营的信息综合管理平台；③完善内部业务单位之间的市场化机制，提升业务单位市场化经营意识和竞争力；④完善资金管理、预算管理、税收筹划及风险管控四大体系，逐步推进财务业务协同，切实提高财务管控能力；⑤探索推进作业成本法，构建全产品链的成本管理体系，切实提高成本管控能力；⑥建立由订单提报到交付用户全过程管理模式，完善研产供销协同机制，提高市场响应速度；⑦推进精益生产方式，划小核算单元，强化精细化管理能力；⑧严格质量管理体系的运行和持续改善，强化质量管理核心功能，推进实施精品工程；⑨落实风控岗位责任，完善全面风险管理体系；⑩把经济效益作为投资决策和管理的首要评价指标，完善投资过程管理和后评价制度，科学论证、审慎投资、把握节奏，强化投资管理能力。

3）加快资产资源的优化调整。①积极推进历史遗留问题解决和低效、无效资产盘活或处置，提高资产使用效率；②紧紧围绕中国一拖核心业务、新增业务，统筹优化和集约利用资源；③用较小的投入补齐核心能力短板，以增量盘活存量，确保制造技术升级和产品质量；④大力推进经营减亏扭亏，对于长期亏损、扭亏无望的企业实施重组或退出，消灭亏损企业对中国一拖利润的侵蚀。

4）优化人力资源结构，加强干部队伍建设。①健全人力资源管理工作评价机制，引导各经营单位开展人力资源结构优化工作；②搭建人才引进和培养平台，加快引进企业发展需要的高层次、成熟型科研人才及经营管理人才和技能人才；③积极推进"东方红学院"内部培训平台的搭建，提升干部队伍经营管理能力和职工技能，形成合理的人才梯队；④完善人员使用与退出机制；⑤完善多通道成长机制，建立健全骨干员工留存机制；⑥建设一支忠诚干净担当、数量充足、充满活力、结构合理的高素质专业化干部队伍，大力选拔使用优秀年轻、后备干部,完善中国一拖中高层领导干部退出机制,充分发挥退出领导的作用。

5)强化创新能力建设。①依据产品技术发展趋势、市场变化、用户需求等输入条件,编制产品技术发展规划;②搭建创新平台,开展对外研发创新合作,加强对外技术交流和创新合作;③加大科技投入,积极争取国家、河南省及国机集团专项科研资金支持,招募具有前沿性科技成果的领军人才,组建高水平团队。

6)加大体制机制改革力度。①进一步完善国有企业法人治理结构,持续推进董事会建设;②推进混合所有制改革,多种形式引入外部资金,积极探索骨干员工持股等长效激励机制的改革和示范;③进一步强化母子公司管理体制,推进母子公司管控模式调整,清晰责权利边界;④建立灵活高效的市场化经营机制;⑤以核心价值观为统领,构建高绩效组织文化。

3. 建立组织保障及长效机制

①成立全面深化改革领导小组,由董事长、党委书记担任组长,成员由中国一拖党委常委及相关职能部门组成;②组织相关职能部门制定措施计划与实施方案,明确具体项目和任务,落实时间节点和责任主体;③建立第一责任人制度,明确中国一拖主管领导是方案的第一责任人;④建立跟踪机制,按季度跟踪改革工作的推进情况,及时提出调整与考核意见。

(三)初见成效,全面深化改革带动企业经营提升

通过一年半的推进实施,成效显著:在战略管理方面,组织制定了中国一拖国际化经营专项规划,明确了"一个基地三个平台"战略定位,初步完成了"十四五"规划制定。通过实施精细化管理,2020年中国一拖内部降本降费就达到2.15亿元;通过完善内部市场化机制,逐步完善研产供销协同机制,全年中国一拖大中拖产品综合订单履约率98.8%。通过质量提升,降低产品故障率,三包总费用同比大幅减少。通过推行阿米巴模式,试点区域项目销售收入和利润有了突破。通过积极开展对外合作,在产品研发、成套装备集成、农业与农村工程综合服务等方面取得成效。通过开展"1+2+N"预算管控模式变革,切实提升预算执行管控能力和水平。通过管控模式调整,职责权限和管理边界更加清晰,经营单位的经营主体责任进一步明确和强化。通过人力资源优化,促进人工成本与劳动经济指标优化,确保工资总额、人工成本总额与企业效益相匹配;通过各项绩效政策、激励政策逐步落实,激发了干部职工干事创效的工作热情,经营业绩明显提升。

从主要经营指标完成情况看:2019年各项经营指标同比改善,2020年中国一拖努力拼搏、艰苦奋斗,尽最大努力解决供应链断裂、生产人员紧缺、市场无法服务等问题,大中拖销售同比增长32%,市场占有率保持行业第一,

收获机销量同比增长38.4%，柴油机销量同比增长28.9%，营业收入同比增长38.57%，公司实现盈利，各项改革举措正在逐步发挥作用，业务转型初见成效，为公司迎难而上、逆势发展奠定了基础。

四、未来发展展望

作为龙头企业，中国一拖始终承担带领中国农业机械行业发展、追赶发达国家水平的责任，但中国一拖的外部环境依然复杂严峻。

从国内市场看，我国经济发展仍处于并将长期处于重要战略机遇期；就农机行业总体形势看，主要产品的行业发展驱动力已经转变为更新需求，受社会保有量大、投资回本期延长、种植收益下降、深松拉动效果减弱的影响，深度调整回升乏力，形势仍然不容乐观，但是国家支持"三农"发展的政策环境仍然稳定向好、支持农机工业发展的政策更为精准有力、行业发展方向更为清晰。

从国际市场看，我国正致力于推动构建新型国际关系、推动构建人类命运共同体，极大地提升了我国在世界事务参与度和国际市场的话语权，国际政治形势整体向好；粮食安全成为世界各国的重点战略，对农机行业具有较大带动；贸易争端、技术壁垒制约着国内企业的国际化发展，掌握高端技术优势，转型升级提升核心竞争力将是今后包括农机行业在内所有企业的必然选择。中国一拖愿与中国农机行业一起，立足技术进步与管理创新，脚踏实地，实干兴邦，推动农机业实现突破！

五、专家点评

中国一拖已经形成以农业装备、动力机械和核心零部件业务为主，涵盖收获机业务、特专车业务、农业农事服务和支持性业务等多元产品大型装备制造企业集团，具有国内最完整的拖拉机产品系列，拥有国内领先的具有自主知识产权的产品技术。年生产大中轮拖4万~5万台，柴油机9万多台，建厂以来累计向社会提供350多万台拖拉机和280多万台动力机械，大中型轮式拖拉机市场占有率和社会保有量居行业首位，为我国农业机械化发展作出了历史性贡献。

中国一拖将进一步服务国家所需，解决农业机械关键技术，加快农业机械智能化、自动化转型升级。

中国一拖集团有限公司高级工程师　郭庆新

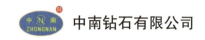 中南钻石有限公司

贯彻新发展理念　推动公司高质量发展

一、总体情况简介

中南钻石有限公司（以下简称"中南钻石"）是中国兵器工业集团公司下属企业，现为上市公司中兵红箭股份有限公司全资子公司，总资产54亿元，设有深圳分公司和南阳分公司两家分公司及郑州中南杰特超硬材料有限公司、江西申田碳素有限公司两家全资子公司。

中南钻石主营超硬材料产品，主要产品有工业金刚石、立方氮化硼、复合片、培育钻石、大尺度多晶金刚石、高纯石墨等。中南钻石主导产品工业金刚石产品出口到欧美、印度、日本、韩国等40多个国家和地区，市场占有率和综合竞争实力持续保持世界第一。子公司郑州中南杰特公司的立方氮化硼产品产销量连续多年保持同行业全国第一。

中南钻石拥有国家认定企业技术中心、国家认可超硬材料检测中心，是国家级高新技术企业和国家技术创新示范企业，是中国行业十大影响力品牌企业、全国"守合同重信用"企业和河南省创新龙头企业，是中国超硬材料行业的领军企业和行业标准主要制定者之一，成功入选工信部第一批制造业单项冠军示范企业。

二、突出优势

（一）技术先进性

中南钻石是超硬材料行业龙头企业，科技创新能力及整合创新能力强，拥有超硬材料产品全流程技术优势，从原材料、零部件生产与组装、产品合成、提纯、分选到产品检测以及装备制造关键核心技术自主可控，整体竞争优势明显。中南钻石通过科技、管理、制度、发展模式创新，已从金刚石单晶产品"一枝独秀"，成功实现钻饰单晶、CBN单晶、超硬复合材料、纳米聚晶金刚石、CVD钻石等相关多元及高附加值产品的集群发展模式，特别是在装饰用培育钻石领域，攻克多个技术难题，改进培育钻石压机控制系统，成功研制出培育钻石所需的关键技术装置，共获得3项发明专利、5项实用新型专利，成功地实现了宝石级培育钻石的规模化生产，打破了国外巨头对钻石饰品领域主

流原材料的垄断。

（二）产品质量

中南钻石拥有与国际接轨的全套检测设备，质量体系已通过 ISO 9001 国际认证，环境体系已经通过 ISO 14001 认证，产品质量达到国际先进水平。中南钻石产品广泛应用于石材、玻璃、陶瓷、宝玉石加工，地质钻探、建筑与道路维修，电子、汽车、珠宝首饰等行业和领域。工业金刚石产品已成为行业公认的客户首选品牌，在国内外享有很高的知名度和美誉度；大尺寸培育钻石产品占据着市场主导地位，掌握了粉色、绿色、紫红色等彩钻的呈色机理并能规模化生产，是国内唯一能够批量供应 3 克拉及以上培育钻石毛坯的供应商。

（三）发展效益

中南钻石立足新发展阶段、坚持新发展理念、把握行业发展大势、寻求内涵发展与战略突破、增强创新驱动、抢占前瞻高端价值链、推进产品结构调整和产业升级、进军钻饰市场及高新技术产品领域、坚持相关多元发展理念、实施制造过程自动化与智能化，中南钻石产品产业结构逐步优化，产业链体系和产品系列趋于完善，自主创新能力与市场竞争力大幅提升，可持续发展能力进一步增强，经济运行质量稳中有进、进中创优，持续保持主导产品工业钻石市场占有率和行业综合竞争实力第一的地位，推动中南钻石迈上高质量发展新阶段，中南钻石在全球超硬材料行业的竞争力、影响力持续提升，为实现"技术一流、品牌一流"目标奠定了坚实的基础。

三、典型经验

中南钻石作为国有企业和超硬材料行业领军企业，紧跟国家战略需求及行业发展趋势，自觉找准定位、强担当、做贡献，围绕科技创新、管理创新、智能制造、绿色发展、产品结构调整、产业升级等方面持续用力，突出重点，集中发力，稳健迈入高质量发展新阶段。

（一）管理创新、高效运营

中南钻石坚持深化内部改革、创新管理模式、强化制度建设及内部控制，现代化企业治理能力和管理能力不断增强。坚持技术与管理双轮驱动战略，依法治企、从严治企，不断推进管理创新。持续推进薪酬体系与激励机制改革，建立了体现业绩贡献及价值创造的薪酬体系及激励机制，强化科学定标，科学考核，共享机制、分享机制改革迈出了新的一步。中南钻石坚持实施人才强企战略，以加强人才队伍建设为抓手，持续推进各类专业人才的储备，建立起较为完善的科技、技能、管理三支人才队伍，畅通不同岗位职业发展晋升通道，持续深入推进全价值链体系化精益管理，各项基础管理工作得到持续提升。

（二）产业协同、结构调整

中南钻石面对错综复杂的市场变化，坚持稳中求进工作总基调，立足新发展阶段，贯彻新发展理念，构建新发展格局，以高质量发展为主题，以产品结构调整、产业升级为主线，以改革创新为动力，以重点建设项目及科研开发项目为依托，积极进行产品产业结构布局。目前，中南钻石在传统工业领域、消费领域、高端及功能性领域的三大类产品层次清晰，定位明确，形成了相关多元、有机联系的产品及产业结构，持续推动公司高质量发展再上新台阶。在传统"切、磨、抛"领域应用的工业钻石、立方氮化硼等产品方面，中南钻石持续保持国内技术领先地位与产销量世界第一的市场地位，为超硬材料产业链、供应链稳定做出了重要贡献，彰显了国企担当，贡献了中南力量；在珠宝饰品消费领域应用的培育钻石方面，宝石级培育钻石产品已成功进入消费市场，在高温高压培育钻石领域具有技术和综合竞争优势，成为中南钻石新的经济增长点，更为推动中国培育钻石走向世界、提升竞争力及影响力、构建钻石饰品行业新发展格局发挥了重要作用；金刚石作为功能材料在声、热、光、电等高新技术应用领域，中南钻石开展了相关科研攻关工作，并取得了实质性进展，为开展功能金刚石应用奠定了基础。

（三）科技创新、硕果累累

中南钻石始终坚持科技创新不动摇，进一步将科技创新具体体现在产品、技术、项目、工艺等各个方面，科研经费年均投入不低于销售收入的4%，切实支撑产品结构调整、产业升级，助推优化发展布局，不断向超硬材料行业技术一流的目标迈进。

近年来，中南钻石面向行业科技前沿、面向国家需求、面向市场主战场，围绕做强竞争力、做优发展质量、做大核心主业，不断开拓创新，科技创新能力不断增强，先后成功研发出先进的超硬材料零部件制造工艺技术、复合传压介质制造技术、粉末触媒合成芯柱制造技术、大吨位压机制造技术和克拉级培育钻石等具有自主知识产权的新技术，新技术的研发及推广应用提高了中南钻石的竞争力和知名度。持续开展产学研合作，充分利用高等院校基础研究能力强的特点，先后与清华大学、中国地质大学（武汉）、中南大学、吉林大学等开展产学研合作，有效地促进技术创新更快地实现成果转化。积极主持参与国家、行业标准的制定工作，先后主持起草了《超硬磨料　冲击韧性测定方法》《超硬磨料　粒度检验》《超硬磨料　人造金刚石技术条件》等国家、行业标准，奠定了中南钻石在行业的龙头地位；同时主持起草的《超硬磨料　冲击韧性测定方法》国际标准也已正式通过立项，提升了我国超硬磨料在国际上的技术地位、市场地位和话语权。

中南钻石有限公司

(四) 智能制造、产业升级

中南钻石致力于提升智能制造水平,建设了一批先进的自动化、智能化生产线,工业机器人、AGV、各种智能仪表及高端检测仪器得到普遍应用。中南钻石着眼于中长期规划生产布局,采取高标准、分步实施方式进行智能化升级改造,先后投资建成了合成芯柱智能生产线、人造金刚石智能分选生产线、零部件自动化生产线等智能化、自动化生产线。特别是累计投资 2 亿元着力打造的合成芯柱智能生产线,是中南钻石智能制造的关键环节之一。该智能生产线由中央系统集中控制,实现了车间生产系统与 MES 信息交互与集成,使仓储物流、压制、检测、输送、码盘、倒盘、装炉、烧结、包装等工序实现无人化生产,同时保证了生产过程严格执行工艺,实现了产品质量的高度一致性,可有效满足多品种、多配方的生产工艺需求,实现不同产品配方的快速调整,使超硬材料核心零件生产实现了质的飞跃,有效推动了中南钻石智能制造再上新台阶。

(五) 绿色发展、责任担当

中南钻石认真贯彻落实新发展理念,把建设"平安中南、绿色中南"视为高于经济目标的重大社会责任,切实体现国企风范。坚决贯彻落实安全发展观,弘扬"生命至上、安全第一"的思想,严守安全环保红线,不惜代价,全力保障职工安全环保健康权益;以建设行业一流"本质安全型、环境友好型"企业为目标,注重以科技手段提升本质安全环保水平,建设了一批自动化、智能化安全环保生产线以改善工人工作环境,坚决杜绝以牺牲安全、环保、健康为代价发展经济的行为。持续推进绿色循环经济发展,绿色发展迈上新台阶,不断提高清洁生产、绿色制造水平,先后投资建设了行业内最先进的尾废石墨循环再利用生产线、工业废水处理系统、金刚石自动化提纯生产线、集处理设施与景观于一体的人工湿地生活污水处理系统等一批绿色环保项目,实现了节能降耗、绿色、循环、可持续发展。中南钻石在推进安全生产"标准化"、打好污染防治"攻坚战"过程中,培育"零容忍、零疑虑、零隐患"安全文化、"绿色、低碳、循环"环保文化,为建设"平安中南、绿色中南、美丽中南"形成有力支撑。

四、未来发展展望

未来,中南钻石将积极拓展金刚石应用领域,调整优化产品结构,完善超硬材料生产布局。在传统工业领域巩固工业钻石、立方氮化硼、纳米聚晶金刚石、复合片产品优势地位;在消费领域强化宝石级培育钻石的领先地位,打造新的经济支柱产品;加快推进功能材料产品的研发和产业化进程,积极推进功能材料在高新技术领域的应用。加快向科技创新型企业转型升级,实现世界超硬材料行业"技术一流"和"品牌一流",成为技术引领、世界驰名的超硬材料研发生产基地。

长飞光纤光缆股份有限公司

专注光纤核心技术　铸就行业单项冠军

一、总体情况简介

长飞光纤光缆股份有限公司（以下简称"长飞公司"）成立于1988年5月，是专注于光纤光缆产业链及综合解决方案服务的科技创新企业，主要生产和销售通信行业广泛采用的各种标准规格的光纤预制棒、光纤及光缆，同时为国家电网特高压传输、石油化工、海洋水听等专网领域提供超低衰减光纤光缆、工控组件和模块、传感检测系统解决方案。

作为世界上唯一一家掌握三种主流预制棒制备技术的公司，长飞公司不仅拥有国内唯一一家光纤光缆制备技术国家重点实验室，还荣获了国家发改委"企业技术中心"，工信部"国家技术创新示范企业"等荣誉称号。2015年7月，因开展"光纤智能流程制造"项目，长飞公司入选工信部全国首批智能制造试点示范企业；2016年，长飞公司棒、纤、缆三项核心业务的产销量首次全面超越美国康宁公司成为全球第一，因此，2017年1月，长飞公司荣获工信部首批"制造业单项冠军示范企业"称号；2017年11月，长飞公司以总分第一名荣获全国质量奖，成为中国光纤光缆行业首家荣获此奖项的企业；2017年12月，长飞公司"新型光纤制备技术及产业化"项目荣获国家科技进步二等奖；2018年，长飞公司"全光工业互联网平台应用"项目入选工信部首批工业互联网试点示范项目；2019年1月，"长飞光纤光缆技术创新工程"项目荣获国家科学技术进步奖二等奖，长飞公司成为光纤光缆行业唯一一家3次荣获该奖项的企业；2019年11月，长飞公司成功通过工信部"制造业单项冠军示范企业"复评；2021年1月，长飞公司荣获工信部"智能制造标杆企业"荣誉称号。

二、突出优势和典型经验

（一）30年耕耘、专注光纤

光纤预制棒是光纤光缆制造的源头，凝聚着光纤光缆行业绝大部分的核心技术。当前，世界上主流的预制棒制备技术有PCVD（等离子体气相沉积）、

VAD（轴向气相沉积）以及 OVD（管外气相沉积）三种工艺。在成立之初，长飞公司就已从荷兰飞利浦公司引进了 PCVD 工艺。经过近 30 年的消化、吸收、再创新，长飞公司已在工艺、设备和产品等方面完成了 PCVD 工艺的全面创新，实现了对国外原创技术的超越。

VAD、OVD 工艺在制备预制棒芯棒、外包层方面具有无可比拟的高效率、低成本优势。此前，世界上最先进的 VAD、OVD 工艺一直被日本住友、德国贺利氏和美国康宁等国际光纤巨头所垄断。作为国内光纤光缆行业的龙头企业，长飞公司立志实现 VAD、OVD 工艺的技术突围。2012 年，长飞公司成立了 VAD、OVD 工艺开发及产业化攻关团队，通过近 7 年时间的技术自主攻关，长飞公司完成了对世界光纤巨头在 VAD、OVD 工艺方面的全面赶超，成为全球唯一一家掌握 PCVD、VAD 以及 OVD 三种主流预制棒制备工艺的企业，有效地保障了我国光纤光缆产业链的自主可控和国家信息安全。

通过实施光相关领域多元化战略，长飞公司在光纤光缆之外的光模块、系统集成、特种产品与器件、材料与应用、系统集成与服务等领域深耕，探索新的增长点，培育发展新动能。目前，长飞公司光模块业务已完成内外部资源整合，正蓄势待发；系统集成业务经过三年耕耘，已初具规模；特种光纤及应用产品国内领先，上游关键原材料四氯化硅、四氯化锗已规模化量产；以"检务云"为代表的智慧政务方案和以 FTTH 系统集成为代表的通信解决方案开始在海内外多点开花，业务呈现跨越式发展，规模增长潜力巨大。此外，长飞公司还积极响应国家海洋战略和海洋经济发展需求，积极布局海底电缆、海底光缆及相关的工程服务。

（二）引进、消化、吸收、再创新

创新是长飞公司保持高速发展的主要推动力。自成立以来，长飞公司持续投入销售收入的 5% 用于研发，建设了光纤光缆行业唯一的国家重点实验室、国家级企业技术中心等研发平台，建立了开放融合的技术创新体系和四位一体的协同创新机制，打造了充满活力的人才队伍和多层次高水平的研发平台体系，制定了灵活高效的创新管理机制和技术标准，始终以技术创新驱动公司核心竞争力的提升，在设备、工艺和产品等方面结出了丰硕的创新成果，带动了行业技术整体进步。凭借长期的创新实践积累，长飞公司自主创新能力不断增强，在国际标准化组织和行业内的影响力不断提升。截至目前，长飞公司积极主持或参与起草各类标准 200 多项，获得 600 多项国内外专利，海外专利申请量、授权量在棒纤领域位居全球第一。

1）工艺创新：预制棒技术是光纤光缆行业的核心技术，长飞公司在完全掌握欧洲的 PCVD 工艺的基础上，瞄准美国、日本最先进的工艺技术，组建研发团队，自主攻关 OVD 和 VAD 工艺，成为全球唯一掌握三大主流预制棒制备技术、成功实现产业化的企业。目前，长飞公司开发出的预制棒尺寸全球最大，单根拉丝 8500km。这一突破缓解了国内厂家对国外预制棒的依赖。

2）设备创新：通过自主研发，在关键生产设备和原材料方面实现了自主知识产权和全部国产化。长飞公司累计向国内输出 170 条光纤生产线，占国内产能的 30%，极大地提升了国内光纤光缆行业的供给自主性和全球产业链话语权。同时，向海外输出自主研发的拉丝设备，为印度尼西亚建立了东南亚第一家光纤企业，完成了由"市场换技术"到"技术换市场"的转变。

3）产品创新：在综合利用多种工艺平台、发挥技术领先优势、深度理解客户需求的基础上，长飞公司实现了关键产品的全球引领。2000 年，长飞公司研发的 G.655 光纤（非零色散位移单模光纤）一举打破外国公司对我国干线光纤的供给垄断；2007 年，开发的 G.657 光纤（弯曲不敏感单模光纤），国内市场占有率超过 50%，又一次打破国外厂家在光纤入户市场的绝对领先地位；近年，长飞公司开发的 G.654 光纤（超低衰减大有效面积光纤）全球领先，已应用于世界最长的中国移动京津济宁陆地干线。此外，长飞公司的特种光纤已应用于国防军工精确制导，如天宫一号、嫦娥一号等，填补了国内空白，保障了国家的军事信息安全。

对核心技术孜孜不倦的攻关，是长飞公司在激烈的市场竞争中脱颖而出、成为行业领军企业的关键因素。创新成果也极大地驱动了长飞公司的业务发展，长飞公司实现了 2020 年上半年销售收入比 2019 年同期的正增长。长飞公司海外通信工程业务成绩尤其喜人，2020 年收入比 2019 年同期增长超过 500%。2020 年前三季度，长飞公司实现了销售收入比 2019 年同期的增长，其中海外业务收入同比增长超过 30%。

（三）精益求精、品质卓越

长飞公司建立了原材料引入、供应商评价、生产基地质量管控等相应的管理制度，从生产、质量、体系管理等各方面对供应商和生产基地进行重点管控，保证了长飞品牌产品的质量。长飞公司以"精益求精，品质卓越"的质量文化为引领，关注经营质量，构建了系统化、信息化、精细化的生产和质量管理过程。长飞公司建立和实施了质量、环境、智能制造等 8 大管理体系，通过全员参与体系运行、全过程质量管理，为产品质量、公司运营提供体系保障。8 大体系高度整合、高效运行、系统性强，成为同行业中运行先进管理体系最多的企业。长飞公司向来视产品质量为公司的生命线，拥有业内唯一获得 CNAS 和 Telcordia 认证的光纤光缆检测实验室，还拥有泰尔认证产品47种,其中光纤产品8种,是光纤光缆行业获得认证最多的企业。2017年11月,长飞公司以总分第一名荣获"全国质量奖",成为中国光纤光缆行业首家荣获此奖项的企业,也是本届唯一一家获此殊荣的光通信企业;2018年10月,长飞公司又获得"欧洲质量奖",成为首个获得该奖项的中国企业。

信息化和智能化是工业发展的大势所趋。近年来,在国家持续深入开展智能制造转型升级的大背景下,长飞公司将智能制造提升到公司长期愿景和重大战略的高度,积极开展智能制造转型升级的探索实践,推动行业智能制造标准的制定,并建成世界上首个预制棒智能制造工厂。通过自主化的生产工艺、智能化装备、制造执行系统,长飞公司实现了高端智能装备、产品制造、质量跟踪及生产绩效的数字化管理。通过物联网、大数据信息化和制造智能化的融合,建设国际先进的智能工厂、数字化车间系统,形成预制棒和光纤生产智能制造新模式。

(四)行业领军、走向世界

在国家"一带一路"倡议的指引下,长飞公司积极实施国际化战略,将海外布局重点瞄准光纤光缆需求潜力巨大的发展中国家——东南亚、非洲、南美,配合落实当地政府推出的"国家宽带计划",完成国际产能布局和销售覆盖。在缅甸,长飞公司与亚达纳邦光缆有限公司联合成立光缆公司;在印度尼西亚,长飞公司与PT Monas公司签署协议,成立光纤合资公司,这是东南亚第一家光纤企业,也是长飞公司在海外第一个光纤合资项目;在南非,长飞公司投资成立了非洲第一家光缆企业——长飞光纤非洲光缆有限公司,将长飞本部及南非厂生产的光缆产品销往非洲。至今,长飞公司加速在海外建厂扩产,产品已销往全球60多个国家。

(五)文化铸魂、制度立身

长飞公司一直致力于公司管理体系的更新与完善,寻求为技术创新和产品质量提升提供制度和组织保障。在30年发展历程中,长飞公司根据内部组织和外部市场环境的变化,不断对公司文化进行梳理和创新,确定并开展公司核心文化建设。长飞公司领导层在落实组织价值观方面起到表率作用,做宣传公司文化的第一推动者;建立公司文化培训体系和评估体系;收集员工对公司文化建设的意见,提升公司凝聚力。

长飞公司成立了以总裁为第一负责人的创新组织架构,确保资源的投入;采取薪酬制度和发展空间相结合、物质激励和精神激励相结合的绩效激励机制;通过优化组织结构,完善管理体制,消除部门壁垒,建立了以市场为导向、以顾客为核心的快速反应机制;长飞公司重视未来领导者的培养,根据角色胜任能力选拔潜在高层管理者，保证高层管理团队的年轻化、动态性及高效性。完善的文化和制度建设，使得长飞公司充满了团结协作的默契，每个成员都充满了创新活力和激情，新的技术成果得以源源不断地涌现。

三、未来发展展望

作为新一代信息通信技术，5G 是开启万物互联数字化新时代的重要新型基础设施。工业互联网是传统工业企业数字化转型、从数字化向网络化过渡的新型基础设施。通过两者的融合，5G 将解决工业互联网对网络、流量和连接数等的高需求，大幅提升工业互联网的性能，为各行各业带来巨大提升。未来，长飞公司将充分利用自身的 5G 系列光纤产品在通信领域的优势，联合运营商建设基于 5G 网络的工业协同制造平台，推动 5G 技术与工业网络、工业软件、控制系统融合，加快工业协同制造平台及解决方案的推广及应用，促进我国制造业产业链、供应链的资源优化与敏捷协同，为我国的制造业高质量发展做出应有的贡献。

中石化石油机械股份有限公司

打造尖端钻探利器　助力油气勘探开发

中石化石油机械股份有限公司（以下简称"石化机械"）"发扬钻头精神，继续攀登高峰"，是石化机械创业者的石油精神，激励着一代代石化机械人不断前行、攻坚啃硬、勇往直前、攀登高峰。

正是因为这种精神，石化机械人1973年开始建厂，满腔激情燃岁月，风餐露宿写春秋，人拉肩扛地担起了为中国石油工业制造钻头的历史重任，当起了为石化机械开疆拓土奠基立业的先锋；正是因为这种精神，石化机械人胆识卓远，1982年勇开行业先河，毅然签下国外牙轮钻头技术引进项目，消化吸收自主创新，一举跨越30年国际差距，将中国依赖进口钻头打深井扫进历史；正是因为这种精神，石化机械人革新求变，步入新时代，大展创新宏图，在改革浪潮中，顶住刺骨严寒，克服一切障碍，逆流砥砺前行，焕发出了新的生机与活力。

经过40多年的发展与壮大，如今的石化机械逐步成长为国内领先、亚洲最大、世界先进的石油钻头制造商，拥有国内最齐全的钻头钻具产业。石化机械主营牙轮钻头、金刚石钻头、混合钻头、螺杆钻具、提速工具等产品。其中，主导的牙轮钻头产品经历7次更新换代，产品尺寸范围覆盖$3\frac{1}{4}\sim36in$，先后开发形成4个功能化系列和5个常规钻头系列产品，满足从软地层到极硬地层各类钻井工程的需要，年产能4.5万只，国内市场占有率达85%以上，产品远销美国、加拿大、俄罗斯、中亚、中东、南美等40多个国家和地区。石化机械先后被国家权威机构授予"世界市场中国（石油机械）十大年度品牌""国家重点高新技术企业""全国质量效益型先进企业""全国用户满意企业""第五届中国最具创新力企业""全国环境保护先进企业"等多项荣誉，并被认定为第一批国家级知识产权示范企业。

石化机械技术实力雄厚，拥有国家认定企业技术中心、中石化石油机械装备重点实验室、湖北省掘进钻头工程技术中心，已培育形成了重载高速钻头轴承、高性能切削元件、底部钻柱动力学分析等多项特色技术系列。先后承担国家863课题深水水下井口头系统与生产平台采油井口系统研制技术、"十三五"国家科技重大专项"深层页岩气开发关键装备及工具研制"等国家级科研课题，为满足我国油气勘探开发提速提效提供了有力支持和保障。

从名不见经传的钻头实验工厂，成长为享誉海内外的牙轮钻头单项冠军制造企业。回顾石化机械的发展历程，石化机械人付出了艰辛的努力，创造出了一个又一个辉煌。

一、建就要建一流的工厂，一定要让中国人用上自己造的牙轮钻头

时间回溯到 1969 年，当时国库里只剩下 24 只钻头，拥有自己的钻头厂，拥有自己生产的钻头，变得非常急迫。"建就要建一流的工厂，一定要让中国人用上自己造的牙轮钻头"，凭借着对石油事业的热爱与执着，139 名石油人从祖国各地汇聚在江汉这片热土，担起了改变我国石油钻头落后技术的重任。建厂初期，条件艰苦，困难重重。"有条件要上，没有条件创造条件也要上"。钻头连的队员们白天在芦苇丛中挖沟填塘，晚上在红旗码头搬石卸沙，不计时间，不讲报酬，一起出主意、想办法、渡难关。1973 年 4 月 23 日，终于迎来了江汉牙轮钻头实验工厂成立的庆典，凭着 4 间简陋的工房、14 台普通机床，石化机械开启了艰苦的创业之路。

建厂伊始，石化机械着手试制代表当时先进水平的喷射式钻头。当时能够借鉴的资料极其有限，没有技术、没有图纸、没有专门的测量工具，石化机械老一辈创业者经过整理推敲，设计出了第一套喷射式钻头图纸。虽然工厂一时没有加工的专业设备，但他们不等不靠，凭着一股顽强执着的劲头，硬是用方钢"抠"出钻头，支持国家的勘探开发事业。1975 年年底，试制出 308 只喷射式三牙轮钻头，各项指标均达到了当时国内先进水平，在钻头行业占据一席之地。

然而，作坊式的生产方式，远远不能满足石油工业高速发展的需要。"必须要增加种类、扩大产能，才能更好地服务石油工业的发展"，为了申请更多的资金和机床设备，老厂长汪启麟多次前往北京汇报工作；为了取得钻头使用的第一手资料，她曾在拥挤的火车上站立几千公里；为引进几百万美元的大型锻造设备，她带领团队夜以继日投入到资金申请、调研和方案设计对比工作中。

随着 1980 年 6000t 压机的投产，带着耀眼光芒的牙掌落地，从此石化机械有了制造钻头的全套设备，一条加工品种扩大到 12 类，年产 15000 只的牙轮钻头生产线扩建完成，一举使得石化机械钻头最长使用寿命提升至 200h，进尺达 1200m 以上，获得多个国内第一。

二、在技术的消化吸收中，通过自主创新做精做优牙轮钻头产品

20 世纪 80 年代初，国内油气勘探开发力度加大，国产石油钻头无法解决

打深井、钻硬地层的问题日益凸显。为此，石油工业部决定引进美国休斯公司技术。敏锐的石化机械人嗅到了其中的机遇，立即组织精干的工作团队，研究引进方案，进行技术论证，赴京参与汇报答辩，经过多轮讨论，石化机械争取到了技术引进资格。"只要把钻头制造工艺给我们，我们就能在产品的每一次更新换代中，将钻头制造的核心设计技术，通过吸收消化掌握"，石化机械人做出铿锵承诺，仅用 3 年半时间完成了 5 年工作量，消化吸收了数吨重的技术资料。

引进合同到期后，是继续合作代工产品，还是自主研发创立品牌。石化机械凭借多年的技术积累，毅然选择了自立自强，走上了一条自主研发的创业之路。成立石油钻头技术研发中心，组建 200 多人的技术研发团队，引进世界先进水平的沙尔曼、DMG 加工中心等生产制造设备，产品质量始终保持世界一流行列。一直以来，B4 焊接这道瓶颈工序，长期影响着牙掌质量和生产顺利。如何改进，按照休斯制造技术标准，没有给出可行的实施办法。面对这一难题，石化机械组织技术专家重点攻关，经过大量严谨、复杂的前期论证和慎重思考，对比国内外先进制造技术，提出引进等离子自动焊机代替手工焊接的建议，设计完成 40 多种工装夹具，这一创新不仅使加工效率翻倍，焊接一次合格率提高到 99% 以上，更使石化机械一举成为国内首个等离子 B4 焊接技术成熟运用的厂家，跃升到国际同行业先进水平。

"我们不仅要改进钻头技术，还要把新产品卖回美国市场"。凭借着对技术创新的执着，石化机械在油用钻头行业率先导入精益管理，引导全员参与改善，持续释放创新创造的激情活力。当时，国外流行一种大尺寸中心水孔钻头，由于石化机械从未涉及此类钻头的开发，在产品研制过程中，中心水孔的焊接成了技术难题。是迎着困难上，还是绕着问题走，石化机械人用实际行动做出了最好的回答。为找准技术症结，石化机械组织技术、操作人员连续奋战，创造性提出"对修磨与焊接关键技术的处理意见"，解决了中心孔焊接的难题。这项技术的成功应用，不仅打开了中心水孔钻头出口的阀门，更使石化机械中心水孔钻头从无到有，逐年增长，大量出口到 30 多个国家，创造了巨大的经济效益。

从 1996 年到 2008 年，石化机械通过建立自己的创新体系，针对不同用户、不同钻井工艺，开发出个性化和功能化产品 200 多个，每年自主知识产权以 30% 的幅度增加，先后获得国家专利 150 多项，国际专利 8 项，大大促进了石化机械产品的更新迭代。2010 年，石化机械"KINGDREAM"商标被国家商标局认定为中国驰名商标。

三、外国人能做到的，我们中国人要做得更好

步入新时代，石油行业波诡云谲，低油价带来的市场极寒，将石化机械逼到了生死存亡的悬崖边上。面对新形势、新挑战，为更好地服务石油钻井需要，石化机械以市场为牵引，迎难而上、主动出击，开启了"三次创业"的新征程。

2013年年初的早春，冰雪还未消融，屋外还是寒气袭人，而在技术中心却是人头攒动、热气腾腾，填报市场志愿工作正在进行，一群年轻的技术人员响应市场召唤，离开了曾经熟悉的工作岗位，扎根到了祖国的各个角落。

面对背井离乡的孤单，面对不能照顾的家人，面对每年超过330天的在外奔波，石化机械一批年轻的技术人员带着对为祖国献石油的火热向往，义无反顾地应聘到市场一线，在没有任何成功模式和经验的借鉴下，投入到了产品组合销售加技术服务的"一体化"服务新模式的探索中。犹如发现了一片新大陆，站在时代潮头的石化机械人立即行动起来，组建起一支200多人的服务团队，把销售、技术服务和维修制造的力量向市场和工程一线延伸，以合理成本为用户解决问题，"一体化"服务全面深入到中石化、中石油、中海油重点项目及国外哈萨克斯坦市场，品牌影响力持续扩大。

好的服务模式，需要技术创新作为驱动。2016年6月，在当时中石化重点探井、亚洲最深井川深1井钻井中，迫于甲方对提速目标的高要求，钻井公司将提速工具首选方案全部定为进口工具，而石化机械仅仅作为备选。面对被动局面，石化机械一体化服务团队没有轻言放弃，"外国人能做到的，我们中国人要做得更好"，带着对石化机械技术和产品的自信，队员们坚持以服务客户为中心的思路，驻守现场，及时调整产品设计方案，耐心等候着雷霆一击的关键时刻。功夫不负有心人，在一次产品试用中，石化机械设计研发的混合钻头一鸣惊人，以替补的身份成功取代进口工具，石化机械产品全井进尺占有率达90%，缩短工期126天，节约成本近1000万元，赢得了客户的高度认可。

近年来，石化机械在"创新驱动、持续领跑"的技术战略指引下，持续加大研发投入，实现了牙轮钻头引进技术全面升级，金刚石钻头、等壁厚螺杆钻具达到国内领先水平，自主设计研发的混合钻头、异形齿钻头等差异化产品，成为钻井提速利器，先后在世界海拔最高的羌参1井、原亚洲最深井川深1井和顺北蓬1井、新的最深井鹰1井展示了产品和服务实力，刷新各类最优指标797项，打破了国外公司在深井、超深井钻头钻具领域的垄断，提升了国家在高端油气开采上的话语权，成为国内钻头钻具综合服务龙头企业。2017

年,石化机械的牙轮钻头产品,被工信部、中国工业经济联合会授予"制造业单项冠军产品"荣誉称号。

四、未来的石化机械,朝着具有国际竞争力的技术先导型钻头钻具一体化服务商目标不断迈进

着眼未来发展,石化机械将坚持以用户为中心,以价值创造为主线,以深化改革和技术创新为动力,深入推进"两个转型",全面建设具有国际竞争力的技术先导型钻头钻具一体化服务商。

站在新的历史起点,石化机械将始终秉承新发展理念,紧盯全面建设具有国际竞争力的技术先导型钻头钻具一体化服务商的奋斗目标,正确处理规模与效益、当前与谋远的关系,持续开展市场开拓、科技创新、深化改革、资金管理、精益管理、作风建设"六大攻坚战",优化建立市场化经营机制、用人机制和激励机制,优化资产与业务结构,用机制的新突破、持续攻坚的新成效,为油气勘探助力,为中国制造添彩。

湖南省长宁炭素股份有限公司

推动电池炭石墨制品行业进步 实现标准与国际接轨

一、总体情况简介

湖南省长宁炭素股份有限公司（以下简称"长宁炭素"）始建于1987年，是一家专业生产炭素制品的股份制民营企业。长宁炭素实现了电池炭石墨制品标准的国际接轨，推动了电池炭石墨制品行业的技术进步。

长宁炭素总占地面积400多亩（$2.67 \times 10^5 m^2$），员工总人数800多人，拥有国内一流的实验中心、研发中心及检测中心，拥有价值1000多万元的国内最先进的检测和实验设备。长宁炭素于2004年成立长宇（郴州）炭素有限公司（子公司），2009年成立桃江华盛炭素有限公司，2011年成立株洲长宇炭素有限公司，已发展成为炭素材料研发与生产为一体的集团公司。

长宁炭素以技术为先导，以质量求生存，以规模促发展，致力于新产品的开发和技术人才的开发，通过自主研发获得5项发明专利、19项实用新型专利，并且与湖南大学、中南大学等多所高校结成技术联盟。长宁炭素是国家高新技术企业，拥有省级技术中心等多个科研平台，2018年与湖南大学联合申报并获批成立长沙市先进石墨炭材料工程技术研究中心。

长宁炭素是国内较早研究和生产电池炭棒的企业，是国内规模最大的炭棒专业生产企业，年产销电池用炭棒约3万t（150亿支），产量位居全球同行业第一，在行业占有较高的地位。长宁炭素生产的炭棒综合理化指标居于国际领先水平。2020年长宁炭素主导产品炭棒销售28000t，实现销售收入2.8亿元。长宁炭素炭棒产销占国内45%以上市场，每年有30%以上的产品出口日本、欧美、越南、印度、巴基斯坦等15个国家和地区，连续8年实现产量、销量、出口量行业排名第一。

二、突出优势

（一）技术先进性

长宁炭素以技术为先导，以质量求生存，以规模促发展，致力于新产品的开发与应用,完成了新型环保气刨炭棒、医疗炭棒、异形炭棒的技术攻关与产业化,相继开发了超细微晶石墨、医疗炭棒、气刨炭棒、硅炭负极材料等新产品。2020 年新型环保气刨炭棒、光谱炭棒年产量均达到 2000t 以上。新产品的开发支撑了企业的高效高速发展,为长宁炭素产品转型升级提供了强有力的技术支撑。

湖南省天然微晶石墨优势资源丰富,开发高纯耐蚀时医疗炭棒,实现其在医疗领域中的应用,推动湖南省天然微晶石墨优势资源深加工理论和技术的进步,促进微晶石墨高端产品的发展,拓展微晶石墨的应用领域,将湖南省天然微晶石墨从资源优势转变为经济优势。高纯耐蚀时医疗炭棒是我国医疗产业物理治疗——"炭素光线疗法"中亟待解决的重大关键共性技术难题,它的研制成功加速高炭石墨及高纯石墨的整体发展和技术水平的提高,填补我国在高纯耐蚀时医疗炭棒领域的空白。使炭基材料产业链以及高纯耐蚀时医疗炭棒从源头掌握核心自主知识产权,突破微晶石墨在高端医疗炭棒应用的技术瓶颈,实现天然微晶石墨的高端应用,推动产业上、中、下游全面协同发展,形成从天然微晶石墨到高纯耐蚀时医疗炭棒的完整产业链,提升我国高端医疗炭棒和医疗物理治疗产业的整体技术水平,促进微晶石墨和医疗产业结构调整和升级,推动我国新型炭棒的快速发展。实现了长宁炭素产品结构调整和技术升级,在新的细分产品领域形成全球市场、技术等方面的领先地位,巩固了长宁炭素制造业单项示范冠军的地位,提升我国制造业国际竞争力,促进我国产业整体迈向全球价值链中高端。

(二)产品质量

专心专注炭石墨、创新创造高质量。长宁炭素已获得 ISO 9001 质量管理体系、ISO 14001 环境管理体系、ISO 45001 职业健康安全管理体系认证,2020 年通过知识产权管理体系认证和两化融合管理体系认证。

从战略方向识别长宁炭素经营风险,2020 年 7 月组织公司中高层管理人员、质量管理人员、优秀班组长到东山电池进行六西格玛培训。通过质量管理体系确保标准化的可持续性,使整个过程不断循环改进,质量管理水平和生产效率明显提升。

长宁炭素 34 年来专攻炭石墨材料科技领域,拥有国内先进的实验中心、研发中心及检测中心,拥有国内最先进的检测和实验设备,长宁炭素生产的炭石墨制品综合理化指标居于国际领先水平,其中防渗性指标在国际国内允许点渗的基础上,达到了 100% 无渗;抗折强度比国际先进的企业(日本第一炭素)高 20%;导电性能比日本第一炭素高 10%。

(三)发展效益

长宁炭素与湖南大学合作 20 多年,共建了长沙市先进石墨材料工程技术研究中心，成为产学研合作典范；与中南大学、顶立科技共同进行化学气相沉积（CVD）方法制备 SiC 涂层研究；配合广东万兴集团研发高速智能电池生产线，高速线与高精度炭棒的有机结合促进了行业生产效率成倍提升。产学研的结合、技术资源的整合促进了企业的技术进步！坚持人才为本、人才先行；长宁炭素通过走出去、请进来，定点招聘、对口培训，同时为他们建好发展的平台、发挥的舞台，努力做到人尽其才。长宁炭素现有博士 2 人、硕士 8 人、研发人员 24 人，近三年陆续承担了 16 项科技项目，申请了相关专利 21 项，其中发明专利 3 项。人才强、技术强，长宁炭素发展的后劲才越来越强。

三、典型经验

（一）技术创新

当好示范冠军、引领行业技术创新发展。大投入大发展，小改造大效益，为加快长宁炭素技术改造项目建设，提升长宁炭素整体竞争能力，2019 年 4 月在前期调研的基础上，到日本炭素行业调研、学习、探讨，组织各专业技术人员和相关院所进行深入分析和论证。在上述工作的基础上，2020 年长宁炭素先后投入 5000 多万元，自主设计、研制、新建 15 台具有自主知识产权的智能化分段式燃气单体焙烧炉，对炉体结构、装炉方式、燃烧系统、自动控温系统进行优化设计，大幅度降低设备的能耗，提高炉内温度的均匀性、设备的智能化、自动化水平和可靠性，实现年产 3 万 t 炭石墨制品的产能。

智能化分段式燃气单体焙烧炉的成功研发填补了国内空白，既实现了清洁能源、清洁生产，又彻底解决了产品焙烧工序瓶颈问题，新工艺、新设备的投入提高了产品的合格率，大规格产品合格率由原来的 85% 提高到 98%，进一步提升了产品的市场竞争力，长宁炭素产能再上新台阶，更加巩固了长宁炭素电池炭棒"单项冠军示范企业"的地位。

（二）管理能力

1）长宁炭素建立了一套现代化企业管理制度，坚持以健全的战略管理机制、科学的战略管理制度以及严格的战略执行体系为保障，以战略分析-战略制定-战略分解-战略执行-战略监控-战略调整为闭环，为长宁炭素实现总目标做总体资源部署与资源安排。

2）健全的制度管理体系：管理制度作为内部控制的程序化、规范化载体，一直以来被视为长宁炭素战略发展和风险防范的基石，并始终贯穿于生产经营活动的全过程。长宁炭素的制度建设以内部环境为基础，以全面风险为对象，以控制要素为内容，以业务层次控制为落点，形成了程序文件-管理办法-操作细则分层分级的制度体系，覆盖长宁炭素经营管理全方位，为长宁炭素的内部控制及业务拓展持续保驾护航。

3）坚持"以人为本"的管理方针，充分相信员工、依靠员工、服务员工，加强管理人员在政治思想素质、个人素质、知识技术素质、公关素质、创新素质、心理素质等方面的培训和教育，促使管理人员在新形势下，在大环境中不断完善自我，不断提升自我，不断提高管理水平和服务意识，为长宁炭素创造更大的经济效益。

（三）企业文化

忠诚团结、敬业奉献、求实创新。

忠诚：忠于事业、信守承诺、维护形象、严守秘密。

团结：严以律己、宽以待人、大局为重、团队至上。

敬业：专心专注、克勤克俭、严谨细致、精益求精。

奉献：克己奉公、廉洁高效、感恩生命、回馈社会。

求实：倡导真言、尊重事实、勇于实践、干在实处、实事求是、求真务实。

创新：善于借鉴、勇于实践、创造特色、追求卓越。

（四）质量品牌

"长宁炭棒"是湖南省著名商标，是万兴企业集团全国领先 R6、R03 自动化高速电池生产线指定专用炭棒，多次被广州虎头电池集团、东山电池工业（中国）有限公司、梧州新华电池股份有限公司评为优质供应商。2005 年通过质量管理体系认证，始终坚持"质量第一、信誉至上"，通过开展多种形式的质量管理活动，每年组织召开年度质量工作大会，组织质量评比，提升员工的质量意识，提升长宁炭素质量管理水平，组织外出质量管理培训，按照六西格玛管理 P-D-C-A 模式严格产品的每一道工序，精细管理、精益求精，确保每一根炭棒出厂质量合格。"工艺成熟、优势明显、管理完善、用户满意"是长宁炭素的质量方针，长宁炭素有完善的质量手册、操作规程及质量管理制度，每个岗位分别悬挂了机台操作要点，新员工入职有为期 1 个月的质量、安全培训，每月组织工艺质量考试，半年组织一次工艺质量的抢答赛，质量氛围浓厚，质量管理规范。

长宁炭素注重产品标准编制工作，积极参加国际、国内炭素行业大会，2020 年 10 月主持召开了湖南省微晶石墨新材料产业链技术创新会议，讨论修订了微晶石墨产业链创新技术路线图及重点项目实施方案。长宁炭素参编了炭素行业标准、地方标准、企业标准共计 20 多项，发挥了行业龙头企业的标准引领作用。

（五）经营绩效

为进一步提高长宁炭素经营绩效管理，不断适应国际、国内市场变化及企业自身的发展需求，建立完成长宁炭素绩效管理机制，上至公司总经理，下到每个部门、每个班组都有职责和考核办法。

1）研发人员激励机制：制定新产品研发目标，签订产品研发目标责任状，统筹公司引进生产技术、新产品开发研发、设备改造、新技术推广应用，着重长宁炭素新产品的设计开发、专利研发、工艺优化、技术创新和技术标准的制定与修订工作，负责对长宁炭素产品实行技术指导、规范工艺流程、制定技术标准、抓好技术管理、实施技术监督和协调等工作，按照新产品利润的2%发放目标奖金，激发研发人员工作积极性。

2）营销人员激励机制：践行"业绩导向，能者上，庸者下"的企业文化，制定年度、月度销售与回款目标，制定新市场、新用户的开发目标，组织绩效考核，考评结果纳入绩效工资、奖金的结算。

3）管理人员激励机制：践行"员工是我们事业合伙人"的企业文化，推行中层以上干部入股的"事业合伙人"机制和管理骨干期权激励机制，将核心管理人员纳入公司的利益共同体。

通过激励和考核提高全体人员的工作积极性，确保长宁炭素年度、月度工作任务的全面完成。

四、未来发展展望

2021年是"十四五规划"开局之年，要实现2030年碳达峰、2060年碳中和的发展目标，对于我们为新能源服务的企业来说意味着更多发展机遇。2021年长宁炭素将努力适应国家发展新理念，坚持走绿色发展、创新发展道路；努力适应行业发展的趋势；努力适应长宁炭素发展的新战略，实现融合发展，进入国际市场。

长宁炭素作为全球最大的电池炭棒生产企业，始终坚持以技术为先导，以质量求生存，以规模促发展，致力于新产品的开发和人才的培养，与湖南大学、中南大学、顶立科技、日本松下等高校和名企建立产学研合作关系，旨在开发和研究最前沿、最先进、最环保的产品和工艺，工程中心的成立为企业产品转型升级提供了强有力的技术支撑。长宁炭素计划在5年内打造千亩炭素工业园，建立全国最大的炭素制品生产基地，实现百年长宁的宏伟目标。

坚持自主研发
主要产品光纤陶瓷插芯成知名品牌

一、总体情况简介

潮州三环（集团）股份有限公司（以下简称"三环集团"）成立于1970年，2014年在深圳证券交易所上市，是一家致力于研发、生产及销售电子基础材料、电子元件、通信器件等产品的综合性企业。三环集团产品覆盖光通信、电子、电工、机械、节能环保、新能源和时尚等众多应用领域，其中光纤连接器陶瓷插芯、氧化铝陶瓷基板、电阻器用陶瓷基体等产销量均居全球前列。三环集团先后被评为国家技术创新示范企业、国家863成果产业基地、国家高新技术企业、中国制造业单项冠军示范企业，连续多年名列中国电子元件百强前10名。

三环集团始终坚持以技术创新为引领，拥有国家认定企业技术中心、国家地方联合工程中心、广东省企业重点实验室、博士后科研工作站等平台，设有研究院和装备设计院，拥有以院士、学科专家为顾问，博士为技术带头人的创新攻关团队，不断开展新材料、新产品、新装备、新技术的研究与创新，多次承担并完成国家、省级重点科研项目，多项产品先后荣获国家优质产品金奖，产品专利覆盖多个国家和地区。

三环集团秉持"科技创新、诚信服务、持续改进、满足用户"的质量方针，建立了完整的产品质量控制体系，主要产品获得了 ISO 9001 和 IATF 16949 质量管理体系认证、ISO 14001 环境管理体系认证、IECQ 国际电子元器件质量认证，产品进入全球采购链，深受广大用户认可。

二、突出优势

（一）技术先进性

三环集团在电子材料领域具有 50 年的技术积累，专注于各种先进陶瓷及配套技术的研发和相关产品的生产，掌握了新型材料、电子浆料、功能玻璃、纳米粉体等关键基础材料的制备技术，小型化及高精密产品的干压、注射、流延、叠印成型、气氛保护高温共烧、陶瓷金属化技术，多种形式精密研磨技术和专用设备、精密模具设计制作等核心技术，具备从原材料到成品的全制程生产能力，形成了独具特色的工艺技术流程，主要产品技术达到国际先进水平。三环集团具备足够的技术积累来开发新品，并能实现规模化、低成本量产，快速进入市场，具备为国内外用户提供快速高效的个性化服务的能力。

三环集团主导产品光纤陶瓷插芯具有良好的同轴度和尺寸精度，插入损耗低、强度高、耐磨损、插拔次数高、抗老化性能好。产品规格型号除了标准系列的常规插芯外，还可根据用户要求，开发和生产非标准异型插芯。三环集团产品已批量供货给瑞士、德国、法国、美国和日本等大批客户。大部分国内客户参加中国移动、中国电信和中国联通招标时会注明陶瓷插芯来自三环集团，国内生产 PLC 分光路器的厂家也首选三环集团的光纤陶瓷插芯以实现良好的光传输性能。目前，三环集团的光纤陶瓷插芯已经成为业内的知名品牌，产品已获欧美等知名企业的认可，美国泰科、美国安费诺、瑞士 HUBER、法国 RADIALL 等世界知名光纤连接器生产企业，均是三环集团光纤陶瓷插芯的用户。

（二）产品质量

三环集团从产品研发到规模化生产，一直采用国际标准，直接导入国际同类产品的先进制程，融合了国际上先进的质量管理模式，建立了全面质量管理体系。三环集团株高产品光纤陶瓷插芯及套筒、陶瓷基片、陶瓷封装基座、MLCC、燃料电池隔膜及单电池等研发成果曾分别获广东省科技进步奖；光纤陶瓷插芯、陶瓷封装基座、陶瓷基片、MLCC 产品被认定为国家重点新产品；光纤陶瓷插芯和燃料电池隔膜等曾被列入国家火炬计划项目；陶瓷基体获得 IEC（国际电工委员会）质量认证；高压电阻取得了美国、加拿大 UL、欧盟 TUV 等产品安全认证。

（三）发展效益

三环集团坚持走自主研发路线，坚持"生产一代、储备一代、研发一代、调研一代"的产品策略，不断推进新产品研发，确保公司有足够的发展动力。2020 年，三环集团再次入选中国电子元件百强企业，至此，三环集团已连续 32 年入选中国电子元件百强企业。三环集团申报的"固体氧化物燃料电池电堆工程化开发"项目入选国家重点研发计划"可再生能源与氢能技术"重点专项 2018 年度项目，三环集团为广东省同批次唯一入选该计划的上市公司，这是对三环集团自主研发能力的一大肯定与支持。国内的燃料电池还处于起步阶段，市场前景光明，三环集团将会抓住契机，为成为国内燃料电池领域的领军者而不懈努力。

尽管电子产品行业整体需求放缓,但受益于三环集团多年来不断创新、开发新产品、提升原有产品质量、提高服务水平、维护与原有客户更加密切的合作关系,并不断开发、引进新客户,三环集团市场份额正进一步提升。

截至 2020 年第三季度,三环集团实现营业收入 27.48 亿元,比 2019 年同期增长 37.59%;利润总额 11.94 亿元,比 2019 年同期增长 34.56%。

三、典型经验

(一)技术创新

三环集团持续开展各项研发工作,重视技术研发团队的建设,建立了以研究院和设计院为核心,各事业部技术科相结合的研究开发体系。目前,研究院各类仪器设备已能满足新产品检测分析、小试、中试等各项研发需求,形成了新技术研究-成果转化-再创新的循环机制。三环集团研究院和设计院现已建设成为电子材料及元器件、电子模组件、电子浆料、特种玻璃、燃料电池等新产品及高端专用设备的研发创新基地。

(二)管理能力

三环集团不断完善治理结构和内控制度,围绕"能自我修正的管理机制"和"有凝聚力的企业文化"的发展理念,进一步塑造"诚信勤勉、科技创新、尊重人才、协作友爱"的企业文化。

为了提高中高层干部管理职能,提高员工福利,加强人才培养,鼓励更多的、不同岗位的人员更有积极性地参与创新,三环集团制订并完善了多项管理制度,进一步规范公司经营运作,确保三环集团在快速发展的同时,有完善的运营管理机制和优秀的企业文化保驾护航。

(三)企业文化

三环集团秉承以人为本的管理理念,形成了"诚信勤勉、科技创新、尊重人才、协作友爱"的企业文化。在人才培养、职业操守、成本效益、法规制度、资源共享、质量第一、服务用户、团队精神等多方面都形成了三环集团的人文内涵。

建设创新型企业,构建和谐家园是三环集团文化的核心。三环集团设立技术、管理创新奖励,鼓励全体员工发挥创造力,参与技术、管理创新项目,为受聘技术职务人员提供技术津贴、无息购房借款、出国旅游、外出学习等福利。

三环集团安排专车接送员工上下班,为员工提供自助式用餐,建设藏书 5 万多册的图书馆,为员工免费提供学习资料和场所,创办刊物《三环之光》等,为企业文化传播搭建平台。

三环集团经常组织各类职业技能竞赛、文体竞赛等,丰富员工的文体生活；建设景区和篮球场、健身房等，为员工提供良好的休闲和运动场所。

为人才创造优越的生活条件，提供平台鼓励激发人才创造业绩，增加员工收入；为股东、为社会不断增加回报，这是三环集团肩负的社会责任与历史使命。

（四）质量品质

三环集团坚持"科技创新，诚信服务，持续改进，满足用户"的质量方针。设立各级质量管理机构，配备门类齐全、功能先进的精密检测分析仪器，实施从原材料、生产过程到产品的全过程质量控制。三环集团于1986年通过了国家IECQ制造厂认可认证，1997年按ISO 9000标准建立质量管理体系，同时取得了ISO 9001质量体系认证证书。经过多年孜孜不倦地摸索改革，三环集团建立了一套从一线员工到公司高层，各个单位相互协作、运作规范的管理体系，确保经营有序、受控、规范与健康发展。事业部全面推行"6Sigma"质量管理和"6S"现场管理，全员接受质量管理培训，每月开展内部质量审核，建立质量控制信息与反馈网络，做到预防为主、持续改进。

（五）人才培养

三环集团主要采取了一系列的措施。一是注重优质人才，三环集团每年从全国各重点高校招收200名以上以硕士学历为主的应届毕业生；还到日本、德国、新加坡等全球名校招收优秀留学硕士和博士毕业生，并从国外高薪引进行业顶尖专家作为技术带头人。二是注重优化员工的生活环境，为人才提供优质的生活环境。三是注重搭建平台，三环集团为人才提供了大量的创新课题，给权利、压担子，让人才的创造力竞相迸发。四是注重正向激励，采取动态的职称评定，根据个人业绩评定技术等级，同时大力实施股权激励计划，充分调动公司人才的积极性。

（六）国际化发展

三环集团积极寻找开拓南美洲、欧洲、日本、韩国等众多海外市场，增加销售渠道，推广产品应用，拓展多元化国际市场，以保障公司稳定发展。

2017年三环集团收购了德国的微密斯点胶科技有限公司（以下简称"微密斯"），其主要业务集中在胶粘剂、硅胶、润滑油、有机溶剂和其他液体的创新型微量喷射理念和系统的设计和制造方面。微密斯的主要产品点胶阀，在汽车、医药、智能手机、电视、灯、晶片、LED、计算机电组件、射频识别标签、LC显示屏和许多其他电子设备的自动化生产等方面均具有广泛的应用。三环集团成功收购微密斯，一方面加快了公司的国际化进程，另一方面协同三环集团现有工艺，促进技术升级，推动长期的科技创新。

三环集团于2019年7月在泰国成立新的子公司Glory Winner（Thailand）Co., Ltd.，将燃料电池隔膜板业务搬迁至泰国并由该子公司负责生产和销售。

四、未来发展展望

（一）行业前景

1. 通信行业前景

2019年，工信部已陆续发放5G商用牌照，我国正式进入5G商用元年。5G技术的不断提升和基础设施的不断建设，将使得通信方式发生巨大改变，进而推动工业、通信业、物联网等领域的发展，提高人们的生活效率和质量，同时激发新一轮的消费热情。5G网络通信的三大应用特征体现在eMBB（增强移动宽带）、URLLC（超可靠低延迟）、mMTC（海量机器通信）。基于这些特征的应用领域不断延展，带动了各行业对通信技术应用的投资，为通信行业的持续发展带来新的增长动能。随着5G技术的不断应用，通信行业的市场空间将得到进一步扩展，三环集团的通信部件产品也将受益。

2. 电子及半导体行业前景

2020年随着5G商用的落地，低延迟、高流量、广连接的通信方式将不断重塑通信、娱乐、安全等行业的发展，5G通信、人工智能、物联网、汽车电子等需求迅速增长。同时，相关行业和企业意识到自主掌握核心技术的重要性，国产替代进程逐步加快。电子器件和半导体部件是电子设备及信息系统的重要基础之一，其发展速度、技术水平和生产规模，直接影响着电子信息产业的发展。在创新驱动、5G加速落地的背景下，电子及半导体行业景气度有望回升，三环集团相关产品将有所受益。

（二）发展战略

1. 近期发展战略

通过持续地实施较大规模的技术改造和规模扩张，做强、做大、做优现有主营业务产品，三环集团将进一步提高产业集中度，巩固和扩大在国内外同行竞争中的话语权。

开发陶瓷新材料应用，发展智能终端和智能穿戴产品陶瓷外观件及模组，三环集团将进一步整合产业链上的优质资源，发挥在先进陶瓷材料行业的技术、规模化生产方面的优势，打通产业链的瓶颈，做大、做强陶瓷外观件及模组业务。

2. 中远期发展战略

升级产业结构，开发并量产一批与低碳产业、节能产业和绿色环保产业等新兴战略产业相关联的先进陶瓷材料与产品，并使之成为三环集团的支柱性产品。

研发新型的功能陶瓷材料和电子浆料，并进军新能源领域，开发具有核心技术支撑的新型终端应用产品，打造具有国际影响力的"先进材料专家"技术品牌。

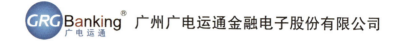

掌握核心现金循环技术
致力成为人工智能行业领军企业

一、总体情况简介

广州广电运通金融电子股份有限公司（以下简称"广电运通"）创立于1999年，是国有控股的高科技上市企业，主营业务覆盖智能金融、智能安全、智慧出行、智能政务、智慧文旅、新零售等领域，为全球客户提供具有竞争力的智能终端、运营服务及大数据解决方案，致力成为人工智能行业领军企业。

广电运通从国内银行自动柜员机市场起步，经过20多年的发展，技术体系已经从单一的钞票识别发展到多模态身份识别，自主知识产权的核心算法涵盖图像识别、人脸识别、指静脉识别、掌静脉识别、行为分析等技术领域，成为集智能终端研发、制造、营运、服务为一体的行业龙头企业。2017年1月，获评第一批制造业单项冠军示范企业。

随着人工智能时代的到来，广电运通全面布局场景、数据、算法及算力四大人工智能要素，通过人工智能技术赋能传统产业升级，为金融、交通、安全、便民等行业提供全方位的人工智能解决方案；同时，以aiCore System大数据平台为核心，以"智能终端+大数据"的路径实现价值闭环，构筑万物互联的AIoT生态。在智能金融领域，广电运通为全球2000多家金融机构提供超百万台的智能终端和金融大数据服务，并为我国政府60%的财政性资金提供国库支付电子化方案，财政支付电子化应用市场占有率达98%；在智能交通领域，为全球100多条地铁、高铁和机场航班线路提供智能终端和交通大数据服务；在智能安全领域，为全国120个城市提供城市智能解决方案和城市治理大数据服务；在智能便民领域，拥有智能终端物联网平台、建立近千个服务站，拥有超6万人的网络认证工程师队伍，服务网络覆盖县区一级；在智能计算领域，推出广电鲲鹏服务器，并为银行、政府等机构提供算力服务。在海外市场，已建立了9大全球分支机构，产品及服务已进入全球80多个国家和地区。

二、突出优势

（一）技术先进性

1. 技术研发

广电运通坚持走自主研发、自主品牌的技术驱动之路，每年研发投入占比超过营业收入的8%，坚持以持续的技术创新为用户创造价值，取得丰硕的研发成果，弥补了多项国内空白。广电运通拥有全套现金处理技术（包括取款、存款和现金循环）的自主知识产权，是全球掌握核心现金循环技术的几大企业之一。

2. 技术合作

广电运通与清华大学、哈尔滨工业大学、华南理工大学、Microsoft、IBM、ORACLE、SYBASE、DeLaRue、HITACHI、G & D、CUBIC、THALES、ERG 等众多国内外知名单位开展广泛的技术合作，结成紧密的合作伙伴关系。

3. 研发成果

广电运通自行设计的核心模块有出钞模块、存款模块、识别模块、钞票循环处理模块、高速多张存款模块、票卡发售模块、票卡回收模块、加密键盘模块等30多个。广电运通有效授权专利超过2287项，主导、参与制修订30多项人工智能领域国家标准，代表中国参与制定国际生物特征识别标准。

（二）产品质量

广电运通系列产品严格按照ISO 9001质量保证体系和CMMI L3级国际软件质量体系等国际质量管理要求，完全符合《自动柜员机（ATM）通用规范》和国际相关行业标准，并通过权威机构检测，包括中国强制性产品认证制度（CCC）及CE、FCC、UL、PCI、EMV在内的众多认证。广电运通是ATM国际行业协会和CEN/XFS组织的核心成员，全球首家通过EPP加密键盘国际标准认证，全国首家通过EMV、PBOC和国家3C认证，自动柜员机、自动售票机多次荣获省市、国家的重点新产品、高新技术产品、优秀新产品等奖项及荣誉称号，钞票识别模块、广电运通信用卡系统分别被列入2007年、2008年国家重点新产品。全系列产品通过公安部、中国质量认证中心、德国银行业委员会（ZKA）认证、欧洲中央银行（ECB）测试认证、欧洲标准化委员会（CEN）ATM机保险柜4级认证等10多个主流标准认证。

（三）发展效益

广电运通以不断完善的核心技术体系追求企业快速、稳健的可持续发展动力，坚持带给用户"超越期望"的产品和服务，充分发挥"中国高成长企业"的综合资源优势，不断提升广电运通在全球的品牌影响力，用尽可能短的时间打造出中国的国际知名企业，树立百年品牌价值体系。

三、典型经验

（一）技术创新

广电运通的技术创新以产品技术创新和产业化过程技术创新为主体，建立具有国际影响力的金融电子设备创新平台。其中产品技术创新以掌握具有自主知识产权的货币、票据识别与处理的技术创新作为核心，开发具有更高安全性、更人性化、更低成本、更低能耗的金融电子设备集成技术以及生产制造工艺技术。产业化过程技术创新通过延伸广电运通对产业链上下游内容及服务，并对这些内容和服务进行有效创新，如产品经济性评估创新、产品布放选址服务创新、售前售后技术服务创新、设备自动故障诊断创新等。

（二）管理能力

广电运通技术创新的管理，已实现从企业利润最大化的观念，向企业可持续发展的观念转变。

为保证创新性企业的优势，广电运通制定了具有国际影响力的金融电子设备制造及内容服务商的中长期规划。广电运通的发展战略则是以自主技术智能设备为核心，充分开展围绕设备的内容及服务，对广电运通的业务在产业链上下游进行拓展，提高广电运通在整个产业链中的竞争力，使广电运通成为具有国际竞争力、能够可持续发展的创新型产业集团。

（三）企业文化

1. 企业愿景——成为领先的行业人工智能解决方案提供商

以人工智能为核心技术驱动力，通过自主创新和资本运作，推动人工智能技术在各行业的场景落地，不断提升广电运通在全球的品牌影响力，打造国际一流企业。

2. 企业使命——以创新的科技便利人类生活

广电运通通过在人工智能、大数据等高新技术领域永无止境的创新，创造和守护人们的美好生活。

3. 核心价值观——"三有"文化

广电运通在发展过程中，形成了独特的企业文化精神，其核心是不断完善的"三有"文化——有容、有衡、有序。"三有"文化保证了公司的人才队伍建设、企业制度建设和执行力的提升。

（四）质量品牌

广电运通认为，创立品牌好比建立企业的"无形资产仓库"，对品牌建设的点滴投入，都将成为仓库中的永久性财富，"品牌仓库"需要科学管理和精心维护。为此，广电运通在2005年，就特别成立了品牌管理部门——公共关系部，不断从品牌建设、品牌沟通、品牌传播三个方向，优化内部品牌化环境，持续提升企业的品牌资产。

截至 2021 年 1 月，广电运通注册商标 45 个，其中国内注册商标 30 个，海外注册商标 15 个。广电运通质量品牌建设取得丰硕成果，曾获广东省注明商标，品牌中国——金谱奖和品牌中国——ATM 行业冠军品牌奖，广东省外经贸厅重点培育和发展的出口名牌、2009 年中国软件和服务外包品牌之星称号，2016 全球品牌峰会-中国最佳全球品牌自主研发奖、2013 年最佳品牌形象奖、广东省名牌产品等奖项。

（五）经营绩效

广电运通成立以来，财务状况发展良好，连续多年被中国银行、中信银行、中国工商银行评定为 AAA 级信用企业，被市国税局评为纳税信用 A 级纳税人，被省工商局评为"广东省守合同重信用企业"。

（六）产业协同

广电运通通过践行"开放、协同、合作、创新"的理念，与专业技术领域研究高校和专家合作，将优势资源整合，以技术委托开发或合作开发的形式，协同开展科研攻关；建立科技创新及成果转化平台和机制，促进高校及科研院所的成果落地；发挥企业主导作用，联合科研院所积极开展基础性、前沿性产业技术前期研究，并积极利用全球智力资源，与国际知名高校建立了良好的技术合作和沟通机制，共同推进广电运通技术合作及项目协同。多年来在产学研联合协作上，广电运通取得了良好的成绩。

（七）国际化发展

在海外市场，广电运通已建立了 9 大全球分支机构，产品及服务已进入全球 80 多个国家和地区，海外业务呈现多点并进的态势。同时，广电运通在国内市场的智慧银行网点等优秀解决方案不断推广至海外市场，已助力俄罗斯、阿根廷、墨西哥、土耳其、新加坡、泰国等国家及地区的智能金融服务快速升级。广电运通在围绕本地化精耕细作，持续完善本地化销售、技术支持和服务网络的基础上，面向全球客户提供具有竞争力的行业智能终端设备及综合解决方案。

四、未来发展展望

面对新一轮科技革命浪潮，广电运通将继续聚焦金融主业，同时快速扩展人工智能的产业增量，在各领域为客户构建智能化应用与场景，致力于成为领先的人工智能全栈式服务商，使城市生活更加智慧、安全、便捷；进一步解放思想、改革创新，推动国有企业不断做强、做优、做大，认真履行政治责任、经济责任、社会责任，不断为国家、用户、合作伙伴、投资者和企业员工创造价值。

 广州珠江钢琴集团股份有限公司

打破技术壁垒
核心零部件自主支撑民族钢琴"弯道超车"

一、总体情况简介

广州珠江钢琴集团股份有限公司(以下简称"珠江钢琴")成立于 1956 年,是国内首家实现 A 股整体上市的乐器文化集团,现有员工 4000 多人,具有国际化水平的产品创新能力和全球化规模的钢琴产销能力,是集钢琴、数码乐器、音乐教育、文化传媒协同发展的综合乐器文化企业。自 1987 年以来,珠江钢琴的钢琴产销量一直保持国内同行业前列,2001 年跃居全球第一并保持至今。

经过半个世纪的发展和积累,珠江钢琴现已拥有珠江、里特米勒、恺撒堡、京珠等多个自主钢琴品牌,并于 2016 年 5 月收购国际著名高端钢琴品牌舒密尔钢琴,2019 年 5 月正式成立舒密尔钢琴(中国)有限公司,涵盖高、中、普及三个档次,包含立式钢琴、三角钢琴两大系列 300 多个型号,形成了全球范围内最完整的钢琴产品系列。

二、突出优势

(一)国内钢琴制造技术的领航者

珠江钢琴作为钢琴产品及零部件的国家和行业标准、钢琴制造技能标准和培训教材的主要制定和编写单位之一,牢牢掌握国内钢琴制造核心技术,以高端、个性、智能为研发方向,近年来共完成了 1000 多项核心技术、产品研发、工艺试验改进项目,先后起草了 GB/T 10159《钢琴》等 30 多项国家、行业标准。

(二)发展效益

珠江钢琴建立了研发+生产+销售型的钢琴业务经营模式,建立了遍布全球的营销网络,其中国内市场形成以省会及地级城市为中心,向周边城市辐射的营销服务网络,全国拥有 300 多个直接经销商,1000 多家销售网点;国际

市场以亚洲、欧美为核心，形成销售服务网点 200 多个，营销和服务网络覆盖全球 100 多个国家和地区；已形成超过 16 万架钢琴的年产销规模，是全球年生产规模最大的钢琴制造商。至 2020 年底累计产销钢琴超过 270 万架，国内市场占有率约 40%，全球市场占有率约 30%。珠江钢琴主要经济指标 20 多年来保持在我国同行业中第一名。

三、典型经验

（一）健全创新机制，强化自主创新

1. 借助资本运作

2012 年 5 月 30 日，珠江钢琴正式在深圳证券交易所挂牌上市，成为中国乐器第一股，完成了国有资本、非公有资本的相互融合，构建了多元股东的治理机制，成为国内第一家登陆资本市场的大型乐器企业，推动珠江钢琴由资产经营向资本运营的跨越式发展。借助资本运作，进一步优化战略管理运行机制，把专业化经营工作和基础工作下沉到子公司业务板块，强化了集团在战略管控、资源协调等方面的核心定位，为战略落地和各业务板块的高效协同提升良性循环的机制基础，从机制上保障企业创新活力。2017 年，顺利完成非公开发行项目，定向募集 10.93 亿元，用于投资文化产业创业孵化园项目、增城产业基地二期项目，有效推动珠江钢琴由乐器制造产业向文化产业转型；2018 年，集团旗下广州珠江艾茉森数码乐器股份有限公司成功挂牌新三板，为珠江钢琴持续发展提供良好的资金保障。

2. 重视研发投入

珠江钢琴建立企业研发投入与销售收入挂钩的机制，确保每年研发投入不低于销售收入的 4%，从制度上保障了自主创新所需资金。建立国际化技术合作模式和校企合作模式，以国家级企业技术中心为自主创新主体，通过引进国际高端钢琴技术人才、强化科研机构及院校产学研联合攻关、建立欧洲技术中心海外分支机构、与国际顶级同行进行战略合作等举措，构建具有国际竞争力的创新团队，不断提升高端技术产品研发水平。

（二）掌握核心技术，提升核心竞争力

1. 打破技术壁垒，实现民族钢琴的"弯道超车"

钢琴制造技艺来源于西方，国内自主高端档次的钢琴核心部件依赖于进口，要全面提升钢琴制造技术，作为构成钢琴声音品质的弦槌，是必不可少的重要一环。珠江钢琴研发人员研究设计出 75 个不同的弦槌技术工艺方案，实施 1458 次试验，成功研发出恺撒堡钢琴 PR2.0 弦槌，并于 2020 年 4 月 27 日正式面世。恺撒堡钢琴 PR2.0 弦槌的研发成功，打破了国内自主高端钢琴核

心部件主要来自国外企业的"卡脖子"局面,实现了民族品牌钢琴"破"与"立",为"民族钢琴制造技艺"树立了新的里程碑。全球首台利用新技术、新材料的"太空漫步3D打印钢琴"于2020年正式面世,成为珠江钢琴突破传统技术束缚、开拓创新的代表作。

2. 重视环保创新

珠江钢琴高度重视环保节能,积极开展工业能源节约、循环经济、资源综合利用、清洁生产工作,采用先进的环保处理工艺,达到废水零排放、废气排放、除尘处理安全可靠,获得显著的环境效益、经济效益和社会效益。

(三)注重品牌宣传推广,形成民族品牌体系

1. 注重品牌创新,构建完整品牌体系

珠江钢琴研制了一系列具有行业带动性的高端化、个性化、智能化技术及产品,形成了结构完整、系列齐全、档次分明、款式多样的产品线,多个产品被科技部列入"国家重点新产品计划"。近三年先后推出恺撒堡KD、KAM、KA、KH系列高端钢琴产品,开发清明上河图、孔雀牡丹图、白蔷薇之恋、中式古典红木琴等个性化钢琴产品;与知名互联网公司合作研发智慧钢琴,推进国内智能声学钢琴IN智能钢琴产业化,受到市场的欢迎和好评,品牌形象和盈利能力不断提升。

2. 注重品牌传播,推动品牌形象高端化

珠江钢琴以推广高档音乐、弘扬高雅艺术、传播先进文化为宗旨,连续创办"花城音乐节"活动,主办"中国音乐艺术教育发展论坛";连续20年与教育部开展"珠江·恺撒堡钢琴"全国普通高等学校音乐教育专业本科学生基本功展示活动,成为广州乃至中国向全世界人民展现中国民族品牌的重要窗口。

(四)推动智能制造,促进传统乐器制造工业转型升级

1. 积极推进乐器制造与高新技术的有机结合

目前,珠江钢琴拥有钢琴计算机辅助设计平台,运用CAD/PDM等计算机软件辅助,对产品设计数据进行集中、安全、有效管理,保障设计精度和效率;拥有智能钢琴制造系统,大量运用数控、高频、自动化加工等高新技术来完成钢琴零部件等关键工序,并成功地自主研制了一批处于国内外领先水平的钢琴制造专用设备和生产流水线,解决在工业化生产模式下批量制造高品质钢琴存在的硬件问题。

2. 建设珠江钢琴增城国家文化产业示范基地,推进"乐器+教育+服务"新业态战略部署

珠江钢琴增城国家文化产业示范基地作为全球最大的钢琴生产基地,具有年产销钢琴16万架的能力。同时,在基地内开展传统钢琴智能化改造技术及应用研究，建设传统钢琴智能化改造生产线，进一步丰富公司产品体系的差异化。

3. 运用"互联网+"思维，加快传统乐器制造工业转型升级

珠江钢琴积极探索互联网时代的智能营销、智能制造，成立子公司音乐制品公司，专注电商业务拓展，设立天猫品牌直营店、京东线上品牌旗舰店、淘宝品牌店，采用O2O、B2C等模式，通过互联网实现终端消费者的私人定制，受到广大消费者关注，增长趋势良好。

珠江钢琴增城国家文化产业示范基地

四、未来发展展望

（一）工作总体思路及主要目标

珠江钢琴将长久战略目标确定为：坚持聚焦乐器产业和文化产业，以乐器产业与文化产业为主线，乐器和文化产业"双主业"协同发展；以产业融合创新为抓手，跨界联动，借助互联网，延展乐器文化产业，深入推进制造业、服务业的融合发展，实现企业转型升级，将珠江钢琴打造成为世界最强的乐器文化企业。

（二）重点任务

1）在"中国智造"的国家战略纲领引导下，珠江钢琴将进一步推进工业化与信息化的融合发展，坚持基于全球视野的永恒创新，以国际标准、世界眼光，匠造钢琴智能化、高端化产品，通过产品升级、结构优化，品牌美誉度进一步提升，巩固全球产销量第一的行业地位，引领全球钢琴行业的发展方向。

2）在深入创新合作的背景下，珠江钢琴将进一步分析"智能时代"市场需求、新时代顾客消费理念，加大对关键核心技术、前瞻性基础性技术的研发力度，筹划推动与数码乐器国际知名品牌的并购合作，主导产品的主要技术指标达到或超过国内先进水平，智造智能化+大众化的极致数码乐器产品，打造中国数码乐器第一品牌。

3）借助珠江钢琴增城国家文化产业示范基地和珠江钢琴创梦园，围绕乐器产业，延伸发展工业文化旅游、文化创意产业、文化推广、文化教育、文体娱乐等业务，构建具有国际影响力的文化产业基地及最具影响力的文化中心，打造国内优秀文化企业。

研祥智能科技股份有限公司

以"质量、创新、自主"铸就行业百年老店

一、总体情况简介

研祥智能科技股份有限公司（以下简称"研祥"）是我国最大的工业互联网核心平台解决方案提供商，拥有3个国家级技术创新平台。

研祥从创立伊始就将"科技创新"作为企业发展战略的核心内容，打造出全部自主知识产权和品牌的单项冠军产品，包括全系列工控板卡、整机和行业方案，已在高端装备制造、航空航天、智能交通、电力、能源等重点领域大规模替代进口，实现了在远望号测量船、辽宁号航母、蛟龙号潜水器、C919大飞机、和谐号高速列车、量子通信"京沪干线"等重大工程中的应用。近10年研祥销售额年均复合增长率为13.77%，国内市场占有率28%，多年来保持国内第一、全球前二的领先排名。

二、突出优势

（一）开创特种计算机行业先河，填补国内产业空白

20世纪90年代，国内特种计算机技术的研发、设计和生产完全空白，主要技术和市场被欧美企业垄断。研祥打破僵局，在国内研究基础薄弱、人才稀缺的情况下，围绕工控机核心总线架构、可靠性、本质安全、生产工艺等技术难题开展了大量研究。通过10多年努力，在我国率先取得包括异型多协议EPI特种计算机系统总线架构、软硬件一体的智能管理和安全防护技术、特种计算机全生命周期可靠性工程管理新方法、面向严酷环境应用的适应性增强技术等多项技术突破，填补了国内空白，这些技术显著超越西门子、GE、IBM等跨国企业，使国产特种计算机可靠性整体水平提升了10倍。同时，通过先进成果转化，研发出自主知识产权的特种计算机自定义总线标准，国内首款MTCA、CPCI、VPX架构的特种计算机、基于国产CPU的安全可控工业控制计算机等，实现了从无到有的突破。

研祥智能科技股份有限公司

研祥核心产品

(二) 建立可靠性工程管理平台,赶超世界先进水平

特种计算机在关键领域执行计算、通信或控制任务,在适应恶劣气候环境、动力冲击和高频振动的机械环境、电磁干扰等特殊电磁环境以及系统安全等方面,各应用领域的标准和需求不同,需要个性化定制来满足,对测试、生产制造工艺要求苛刻。以前国内没有厂家做到全流程和全生命周期的产品可靠性保障,导致国产特种计算机质量远低于国外同类水平。研祥经过20多年的持续努力,通过攻关研发设计技术(模块化设计、仿真设计),创新工艺(BGA底部填充工艺、精准涂覆工艺)与试验技术(高加速寿命试验、环境应力筛选试验),建立可靠性管理系统,实现了产品质量的超越,超过国外同类产品质量指标。研祥通过制定特种计算机可靠性工程管理规范、设计分析规范、试验评估规范等,建立特种计算机可靠性工程应用平台,实现特种计算机全流程和全生命周期的可靠性管理,特种计算机MTBF值提升了10倍。

(三) 全面贯彻执行质量管理,铸就高可靠品质保障

研祥始终坚持"质量优先"的质量管理理念,并在"客户满意、质量第一、快速响应、预防为本、持续改进、追求卓越"的质量方针中得到充分体现。研祥从成立之初就设立了质量管理组织,导入卓越绩效管理标准,在研发、采购、生产、质量、销售等各环节建立了完善的产品质量管理、安全生产管理、质量控制体系等,规范质量管理工作。建立了面向电子行业的智能工厂,覆盖从研发、设计、测试、生产、售后等主要环节,集成高可靠制造工艺及20多种智能设备和信息系统,支持多品种、小批量的快速个性化定制,保

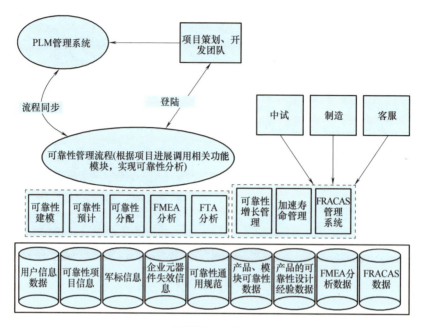

可靠性管理平台框架

障高品质要求。研祥大力弘扬工匠精神、专注精神,让员工从细节着手,从源头抓起,精益生产,确保质量优先,开展质量持续改进系列活动,通过设置针对内部员工的质量激励机制,鼓励员工针对QC提出建议,提升研祥的质量管理水平。研祥多次获得市、区级质量奖,2016年被认定为全国质量标杆。

三、典型经验

（一）以国家级科研创新平台,引领行业长足发展

作为特种计算机行业的领军企业、工业互联网行业解决方案的头部供应商,研祥始终对标国际领先水平,建设了国家特种计算机工程技术研究中心、工业控制网络和智能设备开发技术国家地方联合工程实验室、国家级企业技术中心等创新平台。通过构筑领先的科研创新平台,以标准创新示范建设为引领,开展行业关键共性技术研究、行业科研合作和服务。围绕特种计算机系统总线架构、工业控制计算机系统、工业物联网仪表互操作协议、嵌入式智能控制器、智能制造大规模个性化定制、机器视觉在线检测等领域主导制定国家标准34项,形成核心专利成果超过1000项。核心产品和技术已获得国家重点新产品、国家自主创新产品、中国专利奖、全国工商联科技进步一等奖、广东省科技进步一等奖等荣誉百余项。

（二）以非经典管理创新文化，激发企业创造活力

在 2004 年出版的《研祥－非经典管理》、2007 年出版的《研祥－再造非经典》和 2020 年出版的《为什么是他们》中，全面总结、提炼了研祥在企业管理创新和企业文化建设创新方面具有鲜明特色的各种理念和经验，受到企业管理界专家的好评及众多民营企业家的追捧。研祥的非经典管理在鼓励创新方面，树立了"雷同永远落后，创新才有发展；关注变化、与时俱进、追求卓越"的核心价值观；在追求效率方面，提出"频互动、写结论、E 专人、馈结果"的管理理念，提倡"淡化级别""实用主义追求"等，加强工作互动与反馈。在人才培养方面，创立研祥产业大学，本着"激情创新、学以致用"的宗旨，采用现代教育理念，融合研祥在工程技术和管理方面的优势，培养具有国际视野和竞争力的工程技术人员和管理人才，提供高科技应用和管理服务赋能个人和企业。"非经典管理"给员工们建立了一个高效透明的工作平台，激发着大家的创造力，也使研祥一直保持着无尽的活力。

（三）丰富新技术、新应用，推动行业持续高质量发展

多年来，研祥在全球销售的智能节点数量累计近 3 千万台，构建了良好的工业边缘智能产业生态，面向垂直应用的经验也随之丰富起来。在这些基础之上，契合国家工业互联网发展战略，研祥找到了向服务延伸的新业务，主要是面向国民经济重点行业领域提供从工业数据采集、机器设备互联、工业数据传输、工业大数据存储、工业大数据管理和分析、智能计算到应用开发的解决方案，与同行业技术相比具有安全、可靠、自主、可控的特点。基于已有端云一体化工业互联网成果基础，研发了"基于 CPS 的安全可控研祥云故障预测与健康服务系统"，实现跨行业、多领域关键工业设备的数字化打通和智能化运维。建立了"面向工控机全生命周期管理的工业互联网平台测试床"，面向行业提供 125 种技术验证能力。形成了"基于 5G + 工业互联网的智能在线检测系统应用试点"，以机器视觉、人工智能为核心，在智能检测实时协同和高品质管理方面，能力提升了 45%。

（四）政产学研用紧密结合，共建良好协同创新生态

研祥的飞速发展离不开各产业伙伴，通过牵头联合工业控制系统、工业智能装备、网络通信、工控系统安全等行业龙头单位，以及国内外知名高校和研发团队，集聚全球创新资源组建了中国工控机产业联盟、广东省工业边缘智能创新中心，发挥"小核心、大协作、广开放"的作用，推动产业协同创新。在合作中，围绕国家重大需求，产业核心关键技术短板，在安全可控工控技术、工业互联网创新、物联网应用等领域，通过产学研用共同承担了国家核高基重大专项、国家重点研发计划、国家"互联网+"重大工程、国家工业互

联网创新发展工程、国家智能制造专项、国家工业转型升级智能制造和"互联网+"行动支撑保障能力工程、国家物联网专项、国家电子发展基金项目等重点研发任务。这些研发任务的承担和实施，加速了科技成果的转化，取得了超过百亿级的经济效益，对产业具有1∶40的千亿级带动作用。

（五）持续培育复合人才，打造高层次领军人才梯队

研祥根据公司核心文化和战略发展的需要，以"聚集关键人才，充分发挥人才价值"为人力资源战略，构建了战略人力资源体系，包括职业发展通道体系、胜任力素质模型体系、员工绩效管理体系、员工支持管理系统、学习与发展系统等。结合研祥知识人才密集型的特点，在人才招聘、培养、激励等方面形成了有利于企业产生高绩效的员工队伍和组织环境。通过校企联合培养、社会人才引入、多通道职业学习、多维度人才激励、人才考核认证等方式，不断锤炼出一支专业扎实、实战经验强的人才队伍。在科研梯队建设方面，更形成了"领军人才+专家顾问团队"为引领，"高层次技术骨干+专业工程师"为核心，"技术标兵+关键储备"为支撑的多层级成长型梯队模式，巩固企业科技创新竞争力，有序保障企业发展。近年来，高层次人才培养和引进数量达到了30%，对推动行业技术进步，起到了积极的作用。

四、未来发展展望

未来，研祥将以持续推动全球智能化进程为目标，以科技自立自强为核心，通过产业联合引领行业技术跨越与自主发展，不断推动制造业高质量转型和升级！研祥将聚焦工业互联网、自主可控、智能制造等技术应用创新，以新模式、新应用为引擎，积极构建协同创新、自主可控的产业生态。将大力推动制造业技术改造，通过5G+AI+机器视觉技术，利用高可靠性网络的全覆盖，实现边云协同和远程管理，提供"5G+工业互联网"智能工厂、智慧园区应用解决方案，走智能制造示范引领之路，推动智能化转型。基于良好的工业边缘智能产业基础，契合国家工业互联网发展战略，将继续开辟向服务延伸的新业务，打造"制造业+服务业"的产业生态。继续研制基于国产CPU的安全可控工业控制计算机，为国防、航空航天、工业控制、轨道交通、通信、信息安全、金融、电力、能源、医疗、石油石化等国民经济重要领域实现数字化、网络化和智能化做出贡献，为国家经济发展和城市建设发挥保障作用。

深耕电子元器件主业
小尺寸电感开发与国际同步

一、总体情况简介

深圳顺络电子股份有限公司(以下简称"顺络电子")于 2000 年成立,是专业从事新型电子元器件产品研发、生产和销售的国家高新技术上市企业。顺络电子在电子元器件主航道上不断深耕发展,已成为全球被动电子元件及技术解决方案领域具有核心竞争优势的高端电子元器件国际化企业,目前顺络电子的营业收入超过 50% 来自世界 500 强企业。

顺络电子历经 20 年的快速发展,已掌握电子元器件相关新材料、新工艺、新技术、新产品关键及核心技术,并取得重大突破。自 2001 年开始,顺络电子一直承担国家 863 科研项目,研究成果成为国家重点科技成果推广项目和重点国家级火炬计划项目,并拥有 7 个注册商标、500 多项发明专利技术及实用新型专利。在竞争激烈的电子元器件市场迅速发展壮大,成为拥有一流的片式电子元器件制造平台和强大的片式电子元器件研发实力的国内最大的电感生产制造商,在技术水平与工艺控制能力方面,均达到"国内领先、世界先进"的水平,是能够在高端电子元件领域与国际企业展开全面竞争的少数中国企业之一,在片式电感行业,处于绝对领先地位。具体体现在:

1) 片式电感产品占全球市场份额超过 10%,位居国内第一,世界前三。
2) 2020 年位居全球叠层电感产能第二位。
3) 2020 年位居全球绕线功率电感产能第二位。
4) 2020 年位居全球高频绕线电感产能第三位。

二、突出优势

顺络电子主营产品为片式类电感,目前产品从应用上分,分为射频电感、信号电感、功率电感；从材料和结构上分，包括叠层陶瓷电感、叠层铁氧体电感、叠层功率电感、绕线陶瓷电感、绕线铁氧体电感、绕线功率电感。量产产品尺寸范围为 0.2mm×0.1mm（英制 008004）到 10mm×10mm；电感量范围为 0.2nH～10mH，是国内片式电感类产品线最丰富、产量最高的企业。值得一提的是，008004 是目前行业内尺寸最小的电感，在苹果等高端机型中使用，全球能够生产该尺寸的电感厂商较少，包括村田、TDK 和顺络电子，其中顺络电子是唯一一家国产厂商，顺络电子在小尺寸的电感方面开发基本上与国际同步。

顺络电子在低温共烧陶瓷平台和高精度高速绕线技术平台上有大量技术创新，平台达到国际先进水平；结合国内领先高性能磁性材料、低损耗微波介质陶瓷材料和磁性封装材料的研发，创新了超微型射频电感、大功率一体成型电感、全自动变压器等业界技术水平最高的产品，突破了国外电感企业对国内的高端器件垄断。顺络电子已掌握片式压敏电阻器的材料配制技术、产品结构设计技术、陶瓷膜制造技术、低温共烧结技术及瓷体表面处理技术、锆陶瓷产品生产等多项自主核心关键技术，生产工艺技术和产品性能达到国际先进水平，数款单项电子元器件产品市场份额在全球名列前茅，核心产品片式电感产能稳居全球同行前三位，仅次于日本村田和太阳诱电，每年保持近 30% 的高增长率。

三、典型经验

顺络电子作为国家级高新技术企业和深圳市首批自主创新行业龙头企业，作为我国片式电感行业创始者和行业标准制定者，始终坚持技术创新是企业发展的原动力，始终把科技创新放在首位：每年研发投入占比超过 6% 以上，有专职研发人员近千人，专职研发人员学历涵盖博士、硕士、本科、大专等不同学历层次，新型电子元器件研发经验丰富，具备推动电子元器件产品产业化生产和实现高新科技成果转化的技术实力。

顺络电子依托六大技术平台、四大核心技术和先进的研发管理体系，通过持续的研发投入和产学研结合，具备业界领先的创新能力并带动整个行业的创新与发展。顺络电子通过底层材料技术研究，将先进的半导体制程工艺融入传统的叠层电感制造平台，顺络电子生产的 0402、0201 尺寸微型电感已达到世界先进水平，成为全球除日本村田外为数不多的生产厂家，支撑了 5G 通信产品小型化、高频化的发展趋势；通过自动化设备创新并融入智能化、信息化管理系统，创立了全自动智能化绕线电感和变压器生产线，大大提升了产品一致性、可靠性和海量供货能力，产品已进入全球顶级手机、通信设备厂家及高端汽车电子客户；通过将高速线路板的高频测试技术与传统测试技术相结合，电感的测试频率已突破3GHz并达到10GHz的测试上限，未来将进一步突破电感的测试频率到67GHz，成为行业内全球第一家将测试频率突破3GHz的被动元器件生产厂家。通过持续的研发投入，顺络电子继续发挥创新精神和工匠精神，有望成为我国被动元器件颠覆性技术的源头，并能"创造性地承接欧洲、美国、日本磁性元器件/材料的产业转移"，通过顺络独创的技术，实现产品在技术、可靠性和成本上，终将全面超越欧洲、美国、日本同行。

四、未来发展展望

伴随5G、数据中心、汽车电子等领域的高速发展，电子元器件行业正迎来更为广阔的发展空间。顺络电子自成立至今，始终立足于基础电子元器件研发与经营，在国际国内市场上已形成了极具竞争力的"Sunlord""顺络"品牌优势。经过多年耕耘，聚焦底层技术研发，顺络电子电感类产品处于全球先进和全国领先水平。消费类电子行业集中度进一步提升，将为顺络电子市场份额的进一步提升，带来更多的发展机遇。

深圳市金洲精工科技股份有限公司

微钻设计制造水平行业领先
四大战略提升核心竞争力

一、总体情况简介

深圳市金洲精工科技股份有限公司（以下简称"金洲公司"）成立于1986年，目前是世界第一大的设计和生产印制电路板（PCB）用硬质合金微型钻头、铣刀及精密刀具的国家级高新技术企业。金洲公司在产品生产、技术水平、研发能力、管理体系等方面处于国际一流水平，获得了工信部首批"制造业单项冠军示范企业""国家科学技术进步奖二等奖""中国机械工业科学技术奖一等奖""中国电子电路优秀民族品牌""广东省名牌产品"等荣誉称号。

金洲公司精密微细刀具品种、规格齐全，产品的综合性能指标处于行业的领先地位。金洲公司产品远销美国、加拿大、德国、日本、韩国、新加坡等国。金洲公司拥有244项授权专利，其中发明专利88项，实用新型专利156项，其中包括日本、韩国在内的境外授权专利15项，是精密微型钻头国家标准的唯一起草单位。

二、突出优势

金洲公司的微钻设计制造水平处于行业领先地位，可向PCB客户提供全系列的PCB钻孔和成型加工用PCB微钻及铣刀产品，产品质量始终处于行业一流水平。经过30多年的发展，"金洲"品牌在微钻市场成为"世界一流品质、快速高效服务"的象征。

极细钻头可广泛应用在挠性印制板和封装基板的微孔钻削，钻头切削锋利、刚度好、断钻率低，微孔的表面质量优良。极细微钻的整体技术水平国内领先，改变了国内极细微孔加工领域依赖进口的局面。金洲公司目前可以做到最小直径为0.01mm的微钻。

1. 大长径比钻头设计和制造技术

大长径比钻头广泛应用于通信板的深孔加工及印制板的增层提效。由于钻

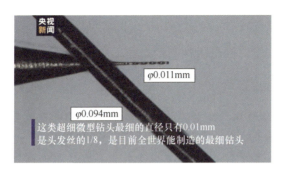

0.01mm 直径的微钻

头的长径比大,最大长径比超过 30,给微钻的设计和加工带来很大挑战。金洲公司目前可以提供中尺寸段和小尺寸段的大长径比微钻,钻孔的孔位精度好、孔壁质量好、加工效率高。经中国机械工业联合会和中国机械工程学会的鉴定,金洲公司的大长径比钻头精密加工技术处于国际领先水平。

2. 涂层钻头设计和制造技术

随着 PCB 的技术进步,含有硬质填料的难加工 PCB 越来越多,突出表现在钻头的磨损加剧,寿命低。为了突破上述瓶颈,金洲公司开发了包括 SHC、MAC、NA、NB、NC 及 SHD 型涂层钻头,不但大幅度提升了微钻的寿命,而且提升了加工性能,对推动 PCB 行业的技术进步做出了重要贡献。

3. 微型钻头的智能制造技术

金洲公司建成了业内唯一具有国际先进水平的自动化和数字化微型精密钻头生产线,突破了异构设备互联互通、刀具智能测控系统、新型钻径智能加工设备等关键技术与短板装备,实现了车间数字化,进一步提高了微钻产品的加工效率和加工质量。

三、典型经验

金洲公司稳健和高质量发展的 30 年,使得金洲公司从名不见经传的小厂发展到蜚声国内外的单项冠军企业,得益于快速发展的国内 PCB 市场,更得益于金洲公司制定的四大战略,即技术创新战略、人才战略、高端客户战略和自主品牌战略。通过这四大战略的实施,金洲公司发展的根基更加稳固,金洲公司的影响力不断提升,金洲公司的核心竞争力不断增强,在激烈的市场竞争中始终处于优势地位,最终铸就了 PCB 微钻领域的制造业单项冠军示范企业。

1. 技术创新战略

电子信息行业的行业特点就是技术进步和产品迭代快,受 5G 通信、汽车自动驾驶、高端医疗等领域的驱动,各类高端 PCB 板材层出不穷,向着体积更小、更厚的方向发展,在 PCB 板材上起到连接互通作用的微孔则向着直径更小、深度更深的方向发展,促使用于微孔加工的微型钻头向着直径更小、长径比更大的方向变化,如果微钻制造企业不能跟上 PCB 技术进步的步伐,就会被市场淘汰。

实施技术创新战略,打造一流的研发平台是前提。为提升自主研发创新能力,金洲公司从 2000 年开始筹建产品测试中心,2002 年成立金洲公司技术中心,引进各方面的技术人才,组建材料研究、产品设计、工艺研究和应用技术研究的研发团队,2008 年金洲公司的技术中心被认定为深圳市的企业技术中心。自此,金洲公司创新平台的建设进入快车道。截至目前,金洲公司拥有研发人员 100 多名。金洲公司建立了稳定的研发投入机制,每年的研发经费占销售收入的比例均保持在 5% 以上。金洲公司拥有 PCB 高速钻机和高速铣床、高速加工中心、扫描电子显微镜、纳米划痕仪和超景深显微镜等先进的研发仪器和设备,为新产品的开发及新技术的研究提供了坚实的保障。

通过多年实施技术创新战略,金洲公司的核心技术领先优势越来越大,在行业中的地位也越发稳固。特别是在材料分析和检测技术、材料的精密微细加工技术、大长径比钻头、极细微型钻头和涂层钻头技术上优势明显。研究成果获得了包括国家科技进步二等奖在内的多项奖励,制定了包括《印制板用硬质合金钻头》《印制板用硬质合金钻头通用规范》和《印制电路板用硬质合金铣刀通用规范》在内的微钻行业和国家标准。

2. 人才战略

人才是企业管理之本,是创新的源泉。通过实施人才战略,不断引进高素质的技术人才,使金洲公司的人才队伍不断壮大。2002 年,在金洲公司还不到 200 人时就成立人力资源部,重视人才的引入和培养。通过有计划、有目标的实行人才招聘、人才培训、人才激励。截至目前,金洲公司已经形成了一支由博士、硕士为主体的世界一流的人才队伍,拥有博士 3 名、硕士 34 名,这支队伍正为金洲公司微钻提供持续发展的强动力。金洲公司建立了畅通的专业技术职务晋升通道,设立了包括技术创新奖、创新效益奖、专利奖等在内的人才激励机制,有效调动了人才的积极性。

3. 高端客户战略

通过实施高端客户战略,促成了金洲公司微钻的蜕变,使得金洲公司微钻在产品开发、品质和综合服务能力上全面提升。"把优秀的企业变为我们的客户,使我们的客户成为优秀的企业"是金洲公司长期的追求,高端客户战略就是要把优秀企业变成我们的客户。高端客户战略从 2003 年开始实施,主攻 PCB 市场的高端客户,市场开拓以日本、韩国、欧美及国内大客户为主。高端客户战略的实施,不但能使金洲公司始终接触到最前沿的技术,也使得金洲公司的抗风险能力不断提升。

4. 自主品牌战略

实施自主品牌战略,进一步扩大了金洲公司产品的知名度,全方位树立了公司形象。1997年以前,90%微钻销售量是通过经销商实现。从1997年开始,金洲公司开始强力推行直销,逐步摆脱对经销商依赖。从1998年起,开始推动金洲公司自主品牌战略。通过直销,加强了与客户的直接沟通,有效地推动金洲公司在技术、质量、管理等方面适应客户需要,提升了企业盈利空间。现在"金洲"品牌在微钻市场成为"世界一流品质、快速高效服务"的象征。"金洲"已经成为全球知名品牌,多次被评为中国电子电路优秀民族品牌。

四、未来发展展望

随着时代的发展、技术的进步,PBC及微钻市场竞争将会越来越激烈,为了迎接市场新技术不断出现的挑战,金洲公司必须持续深入地实施技术创新战略,始终保持技术领先;继续加大研发投入,持续保持研发平台的领先;组织技术攻关,在通信板钻头和小钻头上发力,进一步提升公司的核心竞争力,推动我国5G及下一代通信技术、封装基板技术的进步。

在现有的智能化示范车间的基础上,全面推广智能制造技术,提升产品的加工精度和效率,降低成本,提升竞争力,实现企业的高质量发展,为我国精密微细加工技术及PCB行业的技术进步做出金洲公司的贡献。

打破国外垄断
全面掌握高铝盖板玻璃成套技术
实现规模生产

一、总体情况简介

四川旭虹光电科技有限公司（以下简称"旭虹光电"）成立于 2010 年 4 月 29 日，由东旭光电科技股份有限公司 100% 控股，注册资金 20 亿元，项目总投资逾 35 亿元。旭虹光电主要从事平面显示屏、曲面显示屏、特种用途玻璃及相关材料、组件、设备、产品的研发、设计、制造、销售与租赁，玻璃材料相关技术开发、技术咨询及技术服务，是国家级高新技术企业，2016 年成为四川省唯一上榜的全国制造业单项冠军示范企业。

旭虹光电厂区全貌

二、突出优势

旭虹光电于 2014 年成功突破高铝盖板玻璃制造全套技术、装备和工艺，成为我国第一家全面掌握高铝盖板玻璃成套技术并实现规模生产的企业。在旭虹光电之前，全球仅美国康宁、日本旭硝子、电气硝子和德国肖特4家企业能够生产。目前，旭虹光电已建成我国第一条规模化高强超薄触控屏玻璃生产线，年产高铝触控屏玻璃规模1000万 m^2，产品注册商标为"王者熊猫"高铝盖板玻璃，旭虹光电"王者熊猫"高铝盖板玻璃国内市场份额约为18.6%，单线产能规模为全球第二，全球企业产能排名第三，市场份额全球第二、国内第一。目前已批量供应于华为、OPPO、小米、VIVO、LG等国内外知名智能终端，累计应用手机终端数量超过25亿部。

旭虹光电生产的高铝盖板玻璃产品在抗弯曲、抗划伤、抗冲击等主要技术指标方面，已达到国际先进水平。研制的0.3mm触控玻璃，可实现360°弯曲，刷新我国电子玻璃制造的新高度。产品的抗冲击水平远超国际国内同类产品，130g钢球抗冲击高度达到130cm。2019年，旭虹光电新研发产品耐摔玻璃发布，各项性能指标进一步提升，持续引领行业发展。近三年，旭虹光电利润均保持高速增长。

2015年，旭虹光电获四川省科技进步一等奖、工信部产业振兴与技术改造计划高端材料保障工程人工晶体类全国第一名，科技部十三五规划"重点基础材料技术提升与产业化"的重点示范线。旭虹光电通过知识产权管理体系贯标，2018年获国家科技进步二等奖，四川省专利一等奖，被评为2019年四川省技术创新示范企业、2019年国家知识产权优势培育企业。

三、典型经验

旭虹光电投资11亿元建成了国内第一条PDP玻璃基板生产线，配套长虹PDP面板项目，2012年项目成功点火投产，打破国外企业垄断，填补了国内空白，实现了日本进口PDP玻璃的替代。但好景不长，受市场急剧下滑影响，2014年PDP电视退市，四川虹欧面临停产，作为配套企业，旭虹光电面临公司倒闭、国有资产亏损的严峻形势。面对这生死攸关的关键时刻，旭虹光电果断决定转型升级。

依靠提前储备的技术及雄厚的资金实力，2014年年初，旭虹光电开始了广泛应用于智能手机、平板计算机、触控屏等平板显示领域的高铝盖板玻璃产品研发，并在短时间内获得成功，建成了国内第一条高铝盖板玻璃生产线并实现批量生产，再一次打破国外垄断和市场封锁，填补了国内空白。同时，旭虹光电坚持一手抓生产，一手抓销售，顺利通过了下游客户认证，实现批量销售。目前，旭虹光电生产的"王者熊猫"高铝盖板玻璃产品已畅销国内外，为华为等国内企业节约进口成本上百亿元。自2015年以来，旭虹光电销售收入成倍增长，实现扭亏为盈，顺利转型成功。2017年10月，旭虹光电因卓越的业绩表现被整体装入上市公司东旭光电，注册资金增至19亿元，为旭虹光电的持续发展奠定了新的基础。

旭虹光电能成功转型，创新驱动是关键。旭虹光电自成立起就非常重视技术创新工作，先后投资2000多万元，购买国际领先的玻璃研发设备70多台（套），建设了占地2000多m^2的四川省省级企业技术中心，引进了多名韩国、日本专家，由国务院特殊津贴专家、正高级工程师刘再进先生领衔组建了一支国内顶尖的研发技术团队，成功开发出高铝盖板玻璃配方、3D曲面玻璃配方、高铝盖板玻璃关键技术指标测试方法、玻璃强化方法、玻璃双热点熔化工艺、类等比拉薄等多项代表行业领先水平的技术。

旭虹光电高度重视知识产权管理工作，把知识产权管理纳入公司重点战略发展计划，并采取有效措施，全面提升企业知识产权创造、运用及保护能力。截至2020年12月，旭虹光电累计申请专利240件，其中，申请发明专利68件，申请实用新型专利172件；累计获授权专利186项，其中获授权发明专利17项，授权实用新型专利169项，计算机软件著作权5项。旭虹光电单独设立知识产权科，建立专利预警机制，加强核心专利的质量，通过PCT途径，完善国际专利的布局，目前已申请PCT专利7项。

在与日本旭硝子的专利战中，旭虹光电无效了旭硝子相关专利，维护了企业的核心利益，为企业拓展市场真正实现了保驾护航。正是因为有知识产权的全面保驾护航，在旭虹光电转型发展的历程中，才能参与全球市场。

在质量建设方面，旭虹光电始终践行"感恩做人，敬业做事"的企业文化理念，确立了"通过持续改进，确保客户始终满意是我们永恒的追求"的质量方针，制定了"产品交付及时率100%、客户使用不合格率≤0.25%（2019年目标）、客户满意度≥85%"的质量目标，推行QCDS（质量Quality、成本Cost、交期Delivery、服务Serve）管理，建立了"精确检查"的品质保障体系和"急客户所急"的超值服务体系，以"不制造、不流出不良品"作为服务市场的底线，使客户从内心不质疑公司产品品质，建立起客户对旭虹光电产品有"拿来就用、不用再检"的高度信任。在持续强化、预先控制、事前把关防止不良品产生的基础上，以前期客户服务数据为线索，非理化指标在自动检查机在线检测的基础上，增加每小时一次人工精确抽检，设置检查工程师加强和指导检查人员的工作，建立出货前再检查的制度，把可能出现的品质异常波动由市场转到公司内，及时发现问题，持续改进品质。对客户问题的响应时间缩短为8h，在关注旭虹光电本身产品质量问题的同时，更侧重于关注旭虹光电产品在客户端的应用及下游材料的匹配和加工性能，用优质的产品质量赢得了客户的信赖。

四、未来发展展望

未来,旭虹光电将继续实施围绕 3D 曲面显示玻璃、柔性玻璃、AG 玻璃、耐摔玻璃等新一代电子玻璃产品,深入贯彻实施创新驱动战略,将"这块神奇的玻璃"做精做深,持续引领行业发展,为我国平板显示产业及地方经济社会发展做出了重要贡献。未来 5 年,我们将实施三大项目:一是总投资 20 亿元,建设两条年产 740 万高强超薄耐摔玻璃智能制造产业化项目,正式进入高端产品行业,打破国外垄断;二是与国内知名通信企业持续开展研究工作,突破柔性超薄 UTG 玻璃关键核心技术,为产业化实施奠定基础;三是自主开发 OLED 载板玻璃、药用玻璃、航空领域等特殊领域用玻璃。

五、专家点评

四川旭虹光电科技有限公司采用浮法工艺,量产了我国第一条高铝屏幕保护盖板玻璃生产线,产品已经广泛应用于我国智能手机、平板计算机、触控屏等平板显示领域。"基于浮法工艺生产高强超薄铝硅酸盐屏幕保护玻璃成套技术"整体技术水平达到国内领先、国际先进水平。

中国光学光电子行业协会液晶分会常务副理事长　梁新清

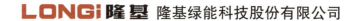 隆基绿能科技股份有限公司

持续加大创新能力　确立行业领先地位

一、总体情况简介

隆基绿能科技股份有限公司（以下简称"隆基股份"）成立于2000年，2012年4月在上海证券交易所上市，目前是全球规模最大的太阳能科技公司。隆基股份高度重视技术创新，是全球研发投入最大的光伏企业，多个技术指标引领全行业。作为三秦大地本土培育起来的光伏龙头企业，隆基也为陕西省地方经济和社会发展做出了积极贡献。2020年前三季度隆基股份营收338.32亿元，同比增长49.08%；净利润63.57亿元，同比增长82.44%。

目前隆基股份单晶硅片产能75GW，全球市场份额为45%左右，位居全球第一；电池产能20GW、组件30GW。基于产品技术的优越性，隆基股份连续4年位居全球单晶组件出货第一位。近年来，隆基股份先后荣获财富"中国500强""中国制造业500强""中国民营企业500强"、工信部首批"制造业单项冠军示范企业"、国家级"技术创新示范企业"，国家级"企业技术中心"、国家级"绿色工厂"等多项荣誉称号。

二、突出优势

回顾过往，隆基股份顺应了不断降低光伏发电成本的趋势，很好地推动了单晶高效市场的发展，充分发挥技术领先优势和良好的成本控制能力，不断推出高效率、高品质的产品，提升品牌影响力，同时抓紧落实新增产能项目建设，进一步形成规模化优势，各项关键战略举措有序落地，取得了良好的经营业绩，隆基股份的创新能力和核心竞争力主要体现在以下方面。

（一）前瞻性的战略决策能力和高效的战略执行能力

隆基股份是目前全球最大的集研发、生产、销售、服务于一体的单晶光伏产品制造企业，多项核心技术与产品处于行业领先地位，通过技术与产品创新，不断引领并推动行业变革，致力于推动太阳能在全球的广泛应用。隆基股份管理团队具有丰富的光伏行业经营管理经验，具备前瞻性的战略决策能力和高效的战略执行能力，始终把产品技术领先和品牌可信赖作为最核心的竞争战

略,并得到了高效的执行。在硅片切割技术方面,隆基股份在行业内率先实现了金刚线切割技术替代传统砂浆切割技术,并推动了切割设备与金刚石切割线的国产化替代,使得切片环节成本快速下降,生产效率大幅提升。在电池组件方面,隆基股份提前布局单晶 PERC 高效电池产能,积极推广 PERC 电池的规模化量产,引领了产业高效化趋势。

(二) 雄厚的研发实力和完善的研发体系

隆基股份始终坚持以提升客户价值为核心,通过技术创新驱动提升公司的市场竞争力,多项核心技术与产品处于行业领先地位。隆基股份通过积极引进和合理配置人才,组建了 630 人的专业研发团队,建立了硅材料研发中心、电池研发中心和组件研发中心,拥有 1 个国家级企业技术中心和 5 个省级企业技术中心,构建了具备全球竞争力的研发体系,多年研发投入占营业收入比例超过 5%,截至 2019 年 12 月底累计获得各类专利 702 项,在单晶生长及品质控制技术、单晶硅片切割能力、单晶电池高效化和组件技术产业化应用研究等方面均形成了较强的技术积累,迭代技术和新产品储备充足,自主创新能力不断增强。隆基股份单晶 PERC 电池转换效率最高水平达到 24.06%,打破了行业此前认为的 PERC 电池 24% 的效率瓶颈,经第三方权威认证测试机构 TÜV 莱茵测试,隆基股份组件转换效率已达到 22.38%,电池组件转换效率持续刷新世界纪录。在不断强化并完善技术创新和研发体系的同时,隆基股份还高度重视研发成果的产业转化,逐步将领先技术成果导入量产,持续降低了度电成本。隆基股份在保证持续引领行业技术发展方向的同时,打破了行业产品与技术同质化竞争局面,有效保持着隆基股份研发的竞争优势。

(三) 享誉全球的品质保证和品牌优势

隆基股份致力于成为全球最具价值的太阳能科技公司,为全球客户提供高效单晶解决方案,提升客户价值。依托于从前端硅材料到下游组件的全产业链优势,隆基股份不断将积累的大量领先研发成果导入量产环节,保证了产品的高效率、高可靠性和高收益,"LONGi" 品牌在全球单晶硅片及组件领域的品牌影响力持续提升。隆基股份是工信部首批制造业单项冠军示范企业中唯一入选的光伏制造企业,牵头制定的硅片新标准收录在 SEMI 标准并向全球发布,组件产品通过了 TÜV、UL、CQC、JET-PVm、SII 等权威机构认证,获评全球知名研究机构彭博新能源财经(BNEF)"全球一级组件供应商(Tier 1)"以及 PV-Tech 发布的 2020 年第一季度组件制造商可融资性 PV ModuleTech AAA 评级的组件制造商,成为全球唯一最高评级的组件制造商。凭借良好的品牌和品质优势,隆基股份在行业内树立了良好的知名度和美誉度,获得了国内外众多客户的认可和信赖。

（四）稳健经营控制风险的能力

隆基股份秉承稳健经营的原则，注重风险控制。在隆基股份经营规模持续高速增长过程中，资产负债率始终保持在合理水平，表现出良好的偿债能力和抗风险水平。历年来，隆基股份财务健康指数行业领先，凭借优秀、稳健的财务指标荣获"新财富最佳上市公司"等多项荣誉。

三、典型经验

（一）专注行业发展，不搞多元化，坚持聚焦单晶，以提升客户价值为核心，持续扩大产品市场占有率

隆基股份18年专注单晶科技，专注太阳能光伏产业发展，在很多公司多元化发展时，隆基股份始终坚持主业，不征地，不从事与光伏无关的业务，将各项资源全部聚焦单晶产业，稳步前行，有效规避了风险，提升了主业（光伏产业）的竞争力，奠定了隆基股份在行业的龙头地位。

隆基股份以提升客户价值为核心，依托领先的单晶技术，不断为全球客户提供高性价比单晶产品，这是成功的关键。通过深化大客户、区域客户管理，引导客户价值体验，传递单晶价值；通过自主策划和整合营销，开启分布式3.0时代，重新定义高效率、高可靠和高收益的光伏产品价值使命，引领市场导向；通过实施分布式代理模式，加快推动户用市场拓展和高效户用品牌打造；通过国内外精准资源投放，推动国内外品牌知名度及影响力。

（二）积极落实全球化战略，国外市场拓展成效显著，单晶市场份额快速提升

隆基股份积极落实全球化战略，灵活调整销售组织架构，增强国外销售力量和服务保障能力，国外市场拓展成效显著，全球销售区域进一步拓展，国外收入增长明显，组件产品市场占有率快速提升，2019年隆基股份组件产品市场占有率约为7%，国外销售达到4991MW，同比增长154%，占单晶组件对外销售总量的67%。在隆基股份的引领下，随着下游对单晶产品的需求增大，单晶产品性价比优势的进一步凸显，全球单晶市场份额快速提升，根据PV InfoLink预测，2021年单晶市场份额将进一步提升至85%以上。

（三）持续深化产品领先战略，加大研发投入，推进产品和服务升级

隆基股份持续引导和关注客户需求，不断深化产品领先战略，保持高强度的研发投入并将高价值成果陆续导入量产，不断推进产品和服务价值升级。隆基股份2019年获得授权专利242项，全年研发投入16.77亿元，占营业收入5.1%。在拉晶切片方面，在工艺优化提升、能耗控制、细线化应用、薄片化切割、辅材国产化替代及智能制造等方向均取得积极进展，产品非硅成本进一步降低，其中拉晶环节平均单位非硅成本同比下降25.46%，切片环节平均单位非硅成本同比下降26.5%，核心关键品质指标持续优化改善，硅片质量和成本继续领先行业。在电池组件方面，实现连续技术突破，不断探寻产品转换效率极限，持续输出大规模量产技术解决方案，不断提高产品性能。近年来，隆基股份先后推出了M6硅片和Hi-Mo5组件新品，进一步提高了产品功率，引领和推动产业链综合成本和度电成本持续下降，不断满足市场对高效产品的需求。同时，隆基股份密切关注技术和应用趋势，各环节新技术和新产品储备充足。2020年，隆基股份新业务BIPV实现量产，为隆基股份拓展新领域打下基础。

（四）通过各项管理活动，提升组织价值创造力

伴随着隆基股份业务规模的快速扩张及国际化业务的全面拓展，全球化运营和管理已成为新的课题。隆基股份始终围绕和秉承"产品领先、高效运营、唯实协作、稳健经营"的经营方针，根据市场变化灵活调控战略规划、资产负债结构、客户信用、风险管理等经营政策，全面建立健全科学评价体系，量化并落实各项经营方针和考核指标，在加速拓展各类业务的同时严控经营风险。隆基股份通过资本运作、财务及资金管理优势，保障现金储备安全合理，财务安全性指标与可融资性评价连续保持行业最高水平，运营效率改善。同时，隆基股份建立健全法律风险防控、内控管理、投资管理、供应链管理、工程管理等体系建设，财务预算管理有序推进，人力资源三支柱模式优化，供应链生态建设取得阶段性成果，IT加速完成主价值链业务信息系统部署，财务、法务、知识产权管理有效为业务发展保驾护航，集团化管控能力得到有效优化和提升。

四、未来发展展望

历经近10年的飞速发展，光伏产业成为我国为数不多、最具核心竞争力的优势产业之一。过去10年内光伏组件价格和系统成本均下降了90%以上，已真正实现了"平价上网"。光伏发电也将从辅助能源逐步成长为主力能源，成为实现我国碳中和目标、推动我国能源结构调整和能源转型的重要力量之一。

太阳能光伏市场应用场景广阔、产品和应用市场多元化趋势明显。未来，适应于各种需求和应用场景的光伏产品将会出现，产品供给将呈现出多样性、便利性和创新性的特点，光伏与多样化场景的应用想象空间巨大，除大型并网光伏电站和分布式外，与建筑相结合的BIPV前景广阔，光伏+电动汽车的时代即将到来。高效性和可靠性将不再是衡量光伏产品的唯一指标，智能化、轻

量化、与各类场景结合的属性匹配将催生新的评价标准。此外，随着行业智能化工厂改造的加速及互联网、大数据与人工智能在光伏系统中的应用，光伏制造智造将助力产业升级。

未来，隆基股份将秉承"可靠、增值、愉悦"的企业文化理念，以"善用太阳光芒、创造绿能世界"为发展使命，继续保持和加大研发技改投入，持续打造隆基股份专业、规模和品牌优势，仍将持续推进智能化、绿色化升级转型进程，不断将智能制造、人工智能、"互联网+"及绿色制造等理念引入传统光伏产品制造中，促进并引领行业变革，推动全球光伏行业从多晶硅技术路线向更高效的单晶硅技术路线的转型，推动产业技术进步和创新，努力将隆基股份打造成为世界级太阳能电力设备制造龙头企业，促进光伏发电"平价时代"的早日到来，帮助更多的人享受清洁能源。

五、专家点评

隆基股份作为单晶光伏产品制造企业，通过不断的技术创新驱动，有力地增强了企业市场竞争力，在单晶生长技术、单晶硅片切割技术、单晶电池和组件产业化等方面现已形成了较强的技术积累，对新能源行业的可持续发展发挥了积极的带动作用。

隆基股份硅片研发中心总监　周锐

陕西法士特汽车传动集团有限责任公司

打造全球最大商用车变速器及汽车传动产品系统供应商

一、总体情况简介

陕西法士特汽车传动集团有限责任公司(以下简称"法士特")建于1968年,注册资本5亿元。经过50多年的发展,法士特现已发展成为全球最大商用车变速器及汽车传动产品系统供应商,年产销汽车变速器120万台、齿轮5000万只和汽车铸锻件20万t。产品出口美国、日本、澳大利亚、东欧、南美、东南亚、中东等10多个国家和地区。法士特各项经营指标连续18年名列我国齿轮行业前列,重型汽车变速器年产销量连续15年稳居世界前列,已跻身中国汽车工业30强、中国机械工业100强、中国制造业500强、国际国内汽车零部件"双百强"行列。

依靠自主创新和科技进步,法士特已建成以国家级企业技术中心、院士专家工作站、国家级博士后科研工作站、英国创新中心等平台为支撑的国内一流科技研发平台和自主创新体系,逐步形成集产学研于一体、国内外市场优势互补发展的新格局,开启了科技引领、创新驱动、技术支撑、高质量发展新征程。目前,法士特拥有核心技术专利1400多项,技术专利数量与科技创新优势位居我国齿轮行业领先水平,部分自主创新产品的关键技术和核心技术已达到国际领先水平。法士特主营产品也先后荣获国家科技进步一等奖、中国工业大奖、国家技术创新示范企业等国家级殊荣。与此同时,自主研发推出的AT、AMT、S变速器、客车变速器、轻型变速器和液力缓速器、离合器、减速机8大系列新产品以及轮边减速机、新能源汽车传动系统等智能化新能源产品,全面适应国家节能减排要求和汽车产业电动化、智能化、网联化、共享化、轻量化发展要求,在品牌效应、质量性能、节能环保等方面竞争优势突出,为商用车升级换代提供了源源不断的全新优化配置。

2016年,法士特以重型汽车变速器为主营产品申报国家级第一批制造业单项冠军示范企业并成功入选。

二、突出优势

（一）产品渠道优势

1. 主营产品优势

法士特重型汽车变速器是在传统双中间轴结构平台上，采用全斜齿、细高齿、鼓形齿设计，全磨齿加工，质量轻、噪声小、轴向尺寸短、操纵轻便，适用于各种工况，爬坡能力强，燃油经济性好，具有技术先进、性能卓越、经济环保、性价比高等特点。系列产品先后荣获"国家科学技术进步一等奖""陕西省科学技术进步一等奖"等重大奖项。

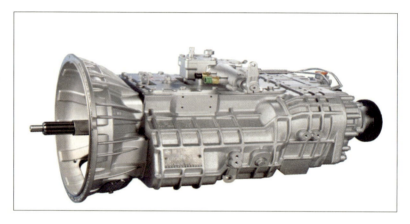

法士特 12 档重型汽车变速器

近年来，法士特先后开发并产业化的重型变速器产品型号超过 140 种。历经市场考验，法士特重型汽车变速器以其卓越的产品性能、过硬的产品质量以及极具响应效率的售后服务，逐步在重型汽车传动系统领域积累起良好的市场口碑和稳定的销售渠道。

2. 现有营销渠道优势

目前，法士特已形成了以双中间轴系列变速器为主导、以单中间轴系列变速器为辅助，高、中、低档重型变速器互补发展的新格局，产品被国内外 150 多家主机厂的上万种车型选为定点配套产品。与此同时，法士特在全国建立了 35 家销售服务中心、15 个中心库区及 4000 多家特约维修服务站，确保用户的产品使用及服务诉求能够第一时间得到响应，持续为用户创造价值。在中国汽车服务品牌星级评选中，法士特连年摘得最高奖项"五星级汽车服务品牌"，成为全国齿轮行业唯一上榜企业。

3. 持续为客户创造价值的优势

近年来，法士特在做优做强传统重型汽车变速器产品的同时，也通过产品升级换代和系统集成为抓手,持续为客户创造价值,增强客户黏性,实现由单一零部件供应商向高端商用车传动系统集成方案提供商转变。

在产品升级换代方面。2010年法士特在行业率先推广全铝合金轻量化变速器,为整车实现轻量化和节能化改进提供了最新优化配置。法士特自主研发的高端化S系列变速器,对标欧美、面向国际研发的系列全新高端产品,满足不同专用车辆的需要,代表着重型变速器领域的最高水准。

在系统集成方面。在巩固变速器市场地位的基础上,法士特进一步拓展离合器、液力缓速器、同步器等传动系统产品,形成了模块化研发、规模化制造、系统化方案服务的能力,成功实现由"单一零部件供应商向系统集成制造供应商"的转变。

(二)科技创新优势

1. 人才优势

法士特始终坚持"科技兴企、人才强企"的战略方针,在创新人才的"选、用、育、留"循环中建立了一套卓有成效的运行机制。

在人才招聘方面。法士特积极引进业内尖端人才作为科技研发的领头人,与此同时,每年从全国各大知名高校招聘百余名硕士和本科学历的优秀毕业生,作为法士特研发工作的后备力量。目前专业研发团队已达1000多人,本科以上学历占比达92%以上。

在人才留用方面。法士特千方百计为"想干事、能干事、干实事"的员工建台子、搭梯子、铺路子,科研人员及干部全面实行"岗位轮换""公开竞聘"机制,努力构建人尽其才的发展局面,为广大员工提供施展自我才华、实现价值的广阔舞台。

在人才培养方面。近年法士特大力推行"555人才战略",通过一套行之有效的人才梯队培养机制,为法士特后续发展储备了人才力量。目前,法士特中高层管理人员中40周岁以下人员占比超过50%,法士特众多核心关键部门的负责人全部由40周岁以下的年轻干部担任,队伍更加精简、年轻,结构和梯队更加合理。

在人才留用方面。法士特开展了多种员工激励方式,包括针对研发人员实施的"期票激励制度",以模拟分红方式对研发人员进行激励制度及项目奖励、研发创新突出贡献奖励等。与此同时,提高工程序列人员考核工资,将考核工资与职称、考评结果相挂钩,显著提升了研发技术人员的工作积极性。

2. 平台优势

法士特建立了国内最先进的产品跟踪、解剖分析比较实验室,具备国内外最先进的软件开发能力和手段。近3年牵头及参与制定的国家、行业标准7项,新制定或修订的企业标准119项。涉及中重型汽车变速器总成技术条件和实验方法、自动变速器总成技术条件和实验方法、缓速器总成技术条件和实验方法等多项国家、行业标准，法士特均为第一起草人，为行业进步起到了积极的推动作用。

3. 研发投入优势

近年来，法士特不断提高产品的研发投入，并在欧洲建立国际研发中心，项目研发成果得到各级政府部门及研发机构的高度评价。

法士特 2014—2020 年研发投入情况

（三）制造装备及质量管理优势

在制造装备技术方面，法士特拥有完备 DMG 五轴加工中心、OKUMA 卧式加工中心、MAKINO、MAZAK 卧式加工中心等自主可控高端变速器生产线，具有国际领先水平的适应柔性制造的悬臂装配生产线。法士特已投入使用工业机器人130多台，国产化率超过90%，数字化研发设计工具普及率98%，关键工序数控化率98%；同时法士特拥有多台 ZOLLER 对刀仪，多台 ZEISS、HEXAGON 三坐标测量机、粗糙度测量仪、MARPOSS 在线量仪等一大批先进的检测设备。此外，法士特还拥有国际先进的铸锻件生产线，以及各类先进的热处理设备，可满足各种零部件的全流程自主加工和检测要求。

在企业信息化管理方面，已建成以产品数据管理系统（PDM）、企业资源计划系统（ERP）、车间制造执行系统（MES）、产品全生命周期管理系统（PLM）为核心的全生命周期协同制造平台；并相继搭建 BI、EPM、HR 等智能决策系统，有力支撑了法士特科学化决策和管理。

同时，法士特建有完善并有效运行的质量保障体系，先后通过了 ISO 9000（2000）质量体系认证、美国伊顿公司第二方质量体系审核、QS 9000 质量体系认证、ISO 10012-1 计量检测体系认证、ISO 17025 实验室认证、ISO 14001 环境质量体系认证、ISO 14000 环境管理体系贯标认证和 ISO/TS 16949 和 IATF16949 认证，为产品的高质量提供了坚实的基础。

三、典型经验

（一）创新引领发展

法士特之所以能够保持高速增长，是因为公司始终把产品创新、科技创新、自主创新放在第一位。为继续保持技术领先优势，持续提高企业的自主创新能力，法士特在技术创新体系建设方面持续不断的探索和前进。一是产品开发取得新的突破，整体技术水平达到国内领先、国际先进水平，新产品层出不穷。二是知识产权管理进一步细化，标准制定数、专利授权数行业领先。三是重视创新平台建设，积极寻求产学研项目合作。法士特以创新平台为基础，扩大和深化科技交流，吸引和利用国内外先进科技成果，大幅度提升研发能力。同时，法士特也十分重视与高等院校和科研院所联合进行产学研开发项目，促进科技人员知识的更新，有效提高了技术的创新能力。

（二）质量铸就品牌价值

法士特对产品质量管理始终高度重视，先后通过"质量主题年""质量宣传月"及"KTJ"（科学改进、提高效率、降低成本）等活动在法士特范围内开展先进质量理念的宣贯和执行。与此同时，法士特更重视质量管理的系统化建设工作，包括加强高素质、高水平质量管理人员的能力建设，提升质量管理组织整体战斗力；对标先进企业的质量管理方法、路径和组织架构，改进质量管理战术；提升整体业务链条质量管理水平，实现内外部同步提升；注重将管理方法和体系要求贯穿于项目之中，贯穿于生产经营活动之中，植根于市场一线、研发一线、管理一线；充分发挥现代化的管理工具，提高质量管理的效率和效果；用活用好激励机制，做好制度体系保障；干部率先垂范，员工履职尽责，助推企业在复杂多变的环境和激烈的市场竞争中占有一席之地。

（三）链合发展管理经验

法士特始终坚持顾客满意为服务宗旨，全力践行"超感动"服务理念。依托法士特建立的完备的销售服务网络，从客户端与消费端入手，不断强化渠道管理。

在客户端方面。一是不断巩固并强化国内汽车集团集中采购及配套渠道，通过产品更新换代，持续巩固法士特产品在各大主机厂传动体系供应系统中的主体地位；二是通过法士特产品供应层次不断升级强化扩大在各大主机厂供应体系中的份额。与此同时，法士特紧跟汽车零部件行业"全球化采购"趋势，通过在泰国、白俄罗斯等"一带一路"沿线国家建设生产基地的方式，进入跨国汽车集团的零部件供应体系。

在消费端方面。一是全力做好售后产品"三包期"内的产品服务工作，通过全国35家办事处、近4000特约服务站及24h在线的服务电话，全方位满足消费者随时随地的售后服务需求；二是通过售后市场营销改进、配件在线销售客户端等改革创新工作，不断加强售后配件市场的开拓力度。

（四）文化凝聚核心竞争力

法士特在持续创新发展历程中，始终坚持文化强企战略，始终坚守优秀文化基因传承，始终坚持文化体系丰富创新，逐步培育出主题年文化、效能文化、安全文化、质量文化、学习文化等一系列文化成果，深刻影响着法士特员工的思想和行为。

四、未来发展展望

站在两个 100 年交汇的新的奋斗起点上，法士特将以"十四五"规划目标为指引，高举"高质量发展"大旗，立足新发展阶段，贯彻新发展理念，构建新发展格局，在"以国内大循环为主体，国内国际双循环相互促进"的新经济发展格局构建过程中加强创新链与产业链的对接，着力在补短板上下功夫，以提升创新能力和竞争力为抓手，全面促进产业结构升级。

五、专家点评

法士特是中国汽车零部件行业的明星企业，是一个拥有产品优势、市场优势、管理优势、品牌优势的备受业界和广大用户尊敬的优秀企业。

中国汽车协会常务副会长　董扬

法士特在关键零部件领域，一直以来是中国商用车自主创新的一面旗帜，默默无闻踏踏实实地代表着中国变速器的科技水平屹立于世界汽车之林，消费者的选择是最有说服力的，多年来广大卡友的认同是对法士特最大的褒奖。

中国齿轮专业协会副秘书长
中国汽车自动变速器创新联盟副秘书长　徐向阳
北京航空航天大学教授

法士特注重从三秦大地的悠久历史中吸纳中华文化精华，传承发扬国有企业的优秀文化基因，在千锤百炼中铸就了"团结、务实、顽强、开拓"的企业之魂，形成了开放包容、合作共赢的气度胸怀，为企业发展积累了最宝贵的精神财富。

中国企业联合会
中国企业家协会驻会副会长　尹援平

GOLDWIND 金风科技　新疆金风科技股份有限公司

为人类奉献碧水蓝天　给未来留下更多资源

一、总体情况简介

新疆金风科技股份有限公司（以下简称"金风科技"）成立于1998年，是中国风电事业蓬勃发展的亲历者和推动者，致力于成为全球清洁能源和节能环保解决方案的行业领跑者。金风科技在全球范围拥有7大研发中心，承担国家重点科研项目46项，拥有国内外专利4500多项。金风科技全球员工近9000名，研发和技术人员近3000名，超过35000台风电机组在全球6大洲27个国家稳定运行，金风科技始终致力于"为人类奉献碧水蓝天，给未来留下更多资源"的企业使命。

金风科技

二、突出优势

（一）技术先进性

1. 领先的市场地位

金风科技是国内最早进入风力发电设备制造领域的企业之一，拥有自主知识产权的 1.5MW、2S、2.5S、3S 和 6S 永磁直驱系列化机组，代表着全球风力发电领域最具前景的技术路线。金风科技在国内风电市场占有率连续 10 年排名第一，在 2019 年全球风电市场排名第三，在行业内多年保持领先地位。

2. 先进的产品及技术

金风科技所生产的直驱永磁发电机组具有发电效率高、维护与运行成本低、并网性能良好、可利用率高等优越性能，深受客户认可。从产品结构来看，金风科技针对不同地形、气候条件进行了差异化、系列化设计以满足客户多元化需求，并为海上风电储备了 6S 系列直驱永磁机组；系列化产品的推广及开发，保证了金风科技市场覆盖率。金风科技订单始终维持高位，证实金风科技产品品质的优越性得到了市场的广泛认可。

（二）产品质量

金风科技秉承"风电长跑"的质量管理理念，实施全面质量管理和数据化质量管控，实现内部质量管理的重构；提出提质增效及安环合规的要求，确保金风科技及供应商共同提升效率、效益；全生命周期的质量策划使得生命周期质量成本更优，质量风险预测与监控预防组合实现质量的远程管理能力提升，搭建质量管理信息化平台，实现产品全生命周期质量管理数字化升级，最终实现全链条各相关方的全面共赢；积极加入 APQP4Wind 国际组织，提高我国风电企业在国际标准制定方面的话语权。

金风科技更是凭借在质量、经济、社会效益等方面的显著成绩，成为第十八届"全国质量奖"获奖企业，也是风电行业首家荣获该奖项的企业。

（三）发展效益

金风科技拥有风机制造、风电服务、风电场投资与开发三大主要业务以及水务等其他业务，为金风科技提供多元化盈利渠道。金风科技不仅能为客户提供高质量的风机，还开发出包括风电服务及风电场开发的整体解决方案，能满足客户在风电行业价值链多个环节的需要，且经过多年的发展已成为金风科技盈利的重要补充，并成功通过了市场的验证，同时也提升了金风科技的综合竞争实力及特色竞争优势。

在节能环保领域，金风科技快速积累水务环保资产，培育智慧水务整体解决方案。

三、典型经验

（一）技术创新

1. 科技创新管理

金风科技实施创新驱动企业发展战略，持续完善科技创新体系，并不断探索和优化创新管理流程和方法,提升科技创新管理工作的质量和效益。

2. 产品技术创新

金风科技打造行业领先的产品和技术,持续提升风机发电效率,降低度电成本,增强风机的安全性和环境友好性。

(1)产品迭代不断创新　金风科技以创新技术开发具有前瞻性竞争力的未来风机。

(2)知识产权保护　建立完备的知识产权管理体系,有效管理和保护自身技术创新成果,促进内部科技创新。目前金风科技累计国内专利申请4486项,其中发明专利2519项;累计国内授权专利共3100项,其中发明专利1257项,占比41%。

3. 带动行业发展

(1)参与标准制定　金风科技积极参与风电技术领域标准的制修订工作,累计主持和参与标准制定235项,其中国内标准220项,国际标准15项。

(2)培养行业人才　金风科技将自身的培训资源面向客户、供应商等上下游企业开放,为整个行业发展培养人才。金风科技依托海上风电求生实训平台,成立海上风电培训中心,编写海上风电从业人员系列教材,培养海上风电人才,为发展奠定基础。

(二)管理能力

(1)公司治理　金风科技严格遵守法律法规和相关规范性文件要求,设立股东大会、董事会、监事会、经营层"三会一层"的现代企业组织制度和运行机制。

(2)合规管理　金风科技恪守诚实守信、合规经营的理念,切实履行上市公司义务,持续完善以日常合规咨询、重大事项评审、合规培训、合规检查、反馈及改进建议为一体的合规管理体系;根据法律法规及上市规则要求,不断完善金风科技治理及合规管理相关制度。

(3)风险管理　重视风险管理,不断强化风险管控,逐步建立规范的风险管理方法、工具和标准,推动各业务系统开展风险识别、评价和应对。

(4)投资者权益　积极维护投资者的合法权益,严格履行信息披露义务,及时、准确、完整披露公司经营管理信息。

(三)企业文化

(1)平等规范雇佣　金风科技严格遵守《劳动法》《劳动合同法》等政策法规,制定《招聘管理制度》,主动了解各国劳动法律法规要求和国际惯例,专门制定《平等就业制度》《本地招聘流程指导》等制度文件,提升人才招聘和管理的合法合规性。

（2）培训与发展　金风科技建立全方位、多层次的人才培养体系，满足员工提升专业知识和基本职业技能的学习需求，鼓励员工根据自身情况选择适宜的发展道路，实现员工自我价值的同时促进公司发展。

1）员工培训：为给员工提供系统性的培训课程和交流场所，金风科技于2011年创建金风大学，积极开发、制定、引进适合金风科技发展现状及未来发展需要的培训课程，创建学习型组织，加速员工能力成长，为金风科技乃至整个风电行业的发展培养了大量人才。

2）员工发展：金风科技为员工设立纵向和横向两种职业发展路径。

（3）员工关爱　金风科技建设开放透明的内部沟通机制，积极营造和谐向上的沟通氛围和良好的工作环境，持续优化和改善工作环境条件，增强员工的凝聚力和归属感。

（四）经营绩效

2019年金风科技国内新增装机容量达8.01GW，国内市场份额为28%；2020年国内新增装机容量达12.33GW，国内市场份额为21%，连续10年排名全国第一。

2019年金风科技风力发电机组及零部件销售收入为2886969.52万元，同比上升29.81%；2019年实现对外销售机组容量8171.02MW，同比上升39.41%。

（五）产业协同

金风科技始终坚守良好的道德要求和商业规范，开展公平运营，在保障供应商合法权益的基础上，支持供应商发展，并积极承担风电行业领军企业的责任，发挥自身优势，领导和带动供应商共同维护良好、积极向上的商业环境，促进风电行业持续健康发展。

1. 责任采购

金风科技遵循"阳光透明，健康有序"的理念和"公平、公正、公开"的采购原则，制定合理的采购价格，依据合同按时履约，维护供应商合法权益。

2. 绿色供应链

金风科技于2017年在行业内率先提出"绿色供应链"理念和智慧能源系统解决方案，帮助供应商挖掘节能减排潜力，推动上游企业绿色转型，提升整个风电产业链条的市场竞争力和可持续发展能力。

3. 合作共赢

自2010年开始，金风科技每年召开供应商大会，金风科技最高管理层人员出席会议，与供应商共同探讨行业未来发展方向，深化合作关系。

（六）国际化发展

作为最早走出国门的国内风电企业之一，金风科技多年来积极推进国际化战略，"以本土化推进国际化"的宗旨，不仅在美洲、澳洲、欧洲等重点目标市场取得多项突破，同时在非洲、亚洲等新兴市场积极布局，参与国际市场竞争，取得较好成绩，截至目前，金风科技国际业务已遍布全球六大洲。

四、未来发展展望

在全球能源变革和应对气候变化的大潮中，金风科技通过风电机组研发和制造、风电服务和风电场开发，为社会提供源源不断的绿色能源，帮助应对和解决能源与环境问题，贡献于人类共同的未来。金风科技在自身的运营与促进社会和环境的持续发展之间建立有机联系，促进社会进步，实现与人类社会的共同可持续发展。

未来，金风科技将在良好可持续发展管理的基础上，将经济、环境和社会协调发展的理念融入业务运营，更加关注并合理满足股东、客户、员工、供应商等利益相关方的期望和诉求，搭建和创造利益相关方共同使用和成长的平台，互相促进，共同进步；通过多方资源整合，建立更好的资源平台和发展环境，推动整个价值链的转型升级，形成从共生、互生到再生的产业生态圈；努力成为备受社会尊重和认可的国际风电企业。

专注核电压力容器制造
打造核电石化产业"第一品牌"

一、总体情况简介

一重集团大连核电石化有限公司（以下简称"大连核电石化"）是中国一重集团有限公司的核心子公司，是世界最大的核电及石化设备专业化制造基地之一，是综合能力最强、在制产品最多的核反应堆压力容器及石油化工重型容器供应商。

大连核电石化始建于1994年，1998年投产，总投资28亿元，占地面积约65万 m^2，现有员工1300多人，其中专业技术人员400多人，拥有5000t级自备码头、1100t桅杆岸吊及千余台关键焊接、加工设备。大连核电石化拥有一支专业化从事核电、石化装备生产的技术、技能人才团队，设有技术中心、国家核安全局认定的核焊工培训考试中心、压力容器焊工培训考试中心、理化检测中心等平台，是体系完整、管理先进、拥有自主知识产权的具有国际竞争力的高端、重大技术装备研制与服务型企业。

大连核电石化主要产品有以"华龙一号"、CAP1400示范工程为代表的三代核反应堆，以中国实验快堆、示范快堆为代表的四代核反应堆，以及专项堆压力容器、蒸发器、稳压器、锻焊主泵泵壳、堆芯补水箱等核能装备，还有以千吨级石油精制、裂化加氢反应器、石化大型换热器、煤制油、煤化工反应器、3000t级浆态床反应器等为代表的石油、化工大型容器类装备，为中石油、中石化、中海油、中核、中广核、国家核电等多家大型中央企业及其子企业提供了相关装备，产品出口至巴基斯坦、伊朗、印度、沙特阿拉伯、美国等国家和地区。目前，大连核电石化已具备年产5套百万千瓦级核岛主设备和5万t石油、化工容器的制造能力。同时，大连核电石化还承担着国防军工的产品制造任务，先后制成了多台（套）专项产品压力容器，在国防军工制造领域形成了独特优势，为新时期国防和军队建设提供了坚强保障。

自成立至今，大连核电石化始终在核电、石化及相关专项领域耕耘不辍、砥砺前行，累计研制核反应堆压力容器 50 多台、石化压力容器 1500 多台。特别是近年来，通过不断解放思想、深化改革，大连核电石化生产经营形势持续向好，营业收入逐年递增，为国民经济发展和地方经济建设做出了积极贡献。

大连核电石化于 2017 年申报并获批第二批制造业单项冠军示范企业称号，于 2020 年成功通过复核。

二、典型经验

（一）着力突出技术创新引领，催生企业发展动力

一是建立创新体系、增强核心能力。坚持把推进"科技创新"作为打造大连核电石化发展新引擎、增添发展新动力、实现发展新跨越的重要抓手。建立研发驱动技术创新体系，加强基础性研究、工程化研究、产业化研究、批量化研究，通过实施工艺、技术、装备系统集成，解决了核电、石化产业方面的新材料、新工艺所涉及的前瞻性、基础性、普遍性和难点问题，增强自主创新能力，实现先进制造。

二是抢抓市场先机、扩大服务领域。依托中石油、中石化、中海油等企业的市场需求，实现传统装备的技术升级；立足核岛一回路主设备的研发与制造，根据中核、国核、中广核等企业的业务结构调整，做好新一代核动力装置的研制。加快中国核电"走出去"步伐，进一步拓展国外市场，承揽埃克森美孚石油公司新加坡项目全部 17 台石化容器，为"走出去"奠定坚实基础。

三是突破关键核心技术、实现成果转化。近年来，先后实现了双钨极堆焊、核电泵壳接管与安全端镍基合金全位置窄间隙 TIG 焊接、核压力容器顶盖组件驱动管座 J 型焊缝机器人焊接等新技术的研发与应用，完成接管与接管段马鞍型焊缝的自动焊接设备研制，攻克上封头组件 J 坡口堆焊及驱动机构管座密封焊自动焊接和接管与安全端对接焊缝焊接的全位置焊接技术，创造了多项世界和国内第一，并在产品质量和效率提高方面取得显著成效。其中，自主研发的蒸发器管孔内壁自动清洁技术将工期由原来的 25 天缩短为 3 天，且实现合格率 100%。同时，全球首台"华龙一号"福清 5 号核反应堆压力容器一次水压试验成功，标志着我们自主掌握了三代核电主设备的制造、工艺等技术，摆脱了受制于人的不利局面，彰显了大连核电石化领先的研制能力，为打造中国核电产业的"名片"。

显著的科技创新工作成绩推动大连核电石化先后获批国家级知识产权优势企业、大连市企业技术中心、辽宁省工程技术研究中心等称号，并获批辽宁省产业专业技术创新平台、辽宁省压力容器专业技术创新平台建设。大连核电石化多项科技成果先后获国家科技进步一、二等奖，机械工业科技进步一等奖，大连市科技进步一、二等奖等一系列奖项。特别是 2019 年，再次获得了"中

 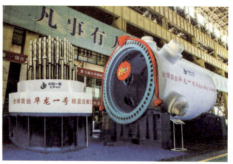

"华龙一号"反应堆压力容器

央企业先进集体"荣誉称号。

(二) 着力深化体制机制改革,激发企业内生活力

一方面,大连核电石化完善治理结构、明确工作职责。实行公司执行董事、党委书记"一肩挑",总经理、党委副书记"一岗兼任";另一方面,优化组织机构、压缩管理层级。撤销部门1个、科段办58个。采取定岗定编及全员竞聘上岗实现瘦身健体、提质增效。中层领导人员通过市场化选聘由46人缩减至33人,员工总数由原来的1525人缩减至1300人。

此外,大连核电石化还组织员工签订岗位合同、实行契约管理。突出业绩考核,坚持按照"五个倾斜"的原则建立薪酬激励和约束机制,强化"利润确定总薪酬、关键指标严否决"的考核原则,坚持责任与岗位、薪酬与业绩相一致。同时,干部"能上能下、薪酬能高能低"成为常态,实现了干部"身份市场化"和"管理契约化"的转变。

(三) 着力推进管理再上台阶,提高企业竞争实力

近年来,大连核电石化在提升管控水平方面全面发力。

一是创新运营模式、全面预算落地。严格执行"学预算、做预算、执行预算"的要求,坚持"三上三下"原则。同时,采取目标量化、责任细化、督导动化、对标优化、兑现硬化的措施,实现闭环管理,让每位员工面向市场、承担指标。

二是创新管理模式、细化指标落实。建立了内部模拟法人运行机制和研产供销运用快速联动反应机制,倡导"小事不过班、大事不过天"。同时,按照核电、石化两大主要产品的特点,设立3个利润中心、90个成本中心,实现指标、责任、跟踪、考核、评价"五个体系"全覆盖。

三是创新管控模式、打造精品工程。严格落实项目作业指导书,重点围绕合同履约和项目产出进行考核,强化节点控制,提高生产效率,确保合同按期

交货。同时，进一步突出产品质量，塑造"核电"品牌、打造"石化"精品，实现"以稳求胜""以快制胜""以质决胜"。近年来，先后完成了全球首台、海外首台"华龙一号"、CAP1400示范工程等12台（套）核反应堆压力容器、蒸发器、主泵泵壳的生产制造。

四是创新监督模式、推进依法治企。通过国家审计署、集团公司专项巡视组、股份公司审计部门、公司巡视巡察组等多种监督主体的监督和指导，有效提升大连核电石化依法依规管理企业的能力。与此同时，强化大连核电石化权力集中、资金密集、资源富集、资产聚集的采购、营销等部门重要岗位的监督，实施关键岗位轮岗制。此外，进一步发挥大连核电石化总法律顾问在经营管理中的审核把关作用，推进大连核电石化依法经营、合规管理。

三、未来发展展望

大连核电石化着力大幅提高产能和运营效率，积极推进商业模式由"制造"向"制造+服务"转变，区域布局由国内向"国内+国际"转变，在石化工程总承包、在役检查、检维修服务方面实现新的突破，并与国内知名企业联合赴"一带一路"沿线布局，加快推动国家重大技术装备"走出去"。

展望"十四五"，大连核电石化将切实肩负起历史重任，制订好发展路线图，加强党的领导，加强班子建设，改革创新、自主创新，提高管理水平，调动各类人才创新、创业积极性，加快推进企业高质量发展，打造大连核电石化产业"第一品牌"，为建设制造强国、实现中华民族伟大复兴的中国梦贡献"一重"力量。

四、专家点评

一重集团大连核电石化有限公司专注核电行业压力容器制造领域已有数十年。作为国有重要的骨干企业和行业领先的核反应堆压力容器制造商，始终以振兴民族工业和发展装备制造业为己任。随着2017年8月福清5#机组反应堆压力容器的水压试验成功，标志着中国一重已全面掌握了"华龙一号"反应堆压力容器的制造技术。其成功制造实现了中国核电先进性与成熟性的有机统一、安全性与经济性的相互平衡、能动与非能动的完美结合，成为中国核电核岛一回路重大技术装备国产化的又一业绩典范。

中国核动力研究设计院　米小琴

汽车模具上市第一股
打造最大汽车覆盖件模具生产集团

一、总体情况简介

天津汽车模具股份有限公司（以下简称"天汽模"）是我国汽车模具行业第一家民营上市公司，是世界上规模最大的汽车模具企业，主营汽车模具设计制造及整车工艺装备开发制造。天汽模高度重视科技创新，核心技术全部自主研发，是国家高新技术企业。

天汽模业务范围覆盖汽车覆盖件模具、级进模、多工位模具、检具夹具、冲压件生产，热成型模具及生产，航空零部件工装、航空零件制造等。现拥有模具营销事业部、技术事业部、模具制造事业部、制造服务事业部和冲压事业部。

天汽模全景

二、突出优势

（一）技术先进性

天汽模聚集了一批知名行业专家、青年科技领军人才，拥有汽车模具行业唯一的博士后科研工作站，并获得了"中国模具行业重点骨干企业""天津市高新技术企业""天津市企业技术中心""天津市汽车模具技术企业重点实验室"等荣誉称号。天汽模于 2010 年 11 月在深圳证券交易所上市，成为行业内第一家民营上市企业。

天汽模的发展目标是紧抓全球汽车模具采购向我国转移的机遇，坚持以高端汽车覆盖件模具业务为核心、整车车身装备开发与系统集成服务为延伸的业务路线，充分利用天汽模领先的技术水平、装备和规模优势，不断优化产品结构，巩固并扩大国内市场份额，积极开拓国际市场，将天汽模发展为配套齐全、技术实力雄厚、产业链完整的世界汽车模具产业的新"旗舰"。

近年来，天汽模顺势而发，抢占产业升级制高点，积极采用"互联网＋"模式，依托超算中心资源，搭建汽车模具行业云平台，将模具设计和 CNC 编程与互联网结合，尝试开展云编程和云设计，力争带动并服务全国汽车模具行业技术升级。利用天汽模现有的规模与技术优势，整合发展任务资源，从天汽模内部逐渐发展到对外技术服务。

（二）产品质量过硬

天汽模始终坚持"学习、诚信、简单、快速"的经营理念，严格以 ISO 9001 质量体系标准作为生产过程的管理依据，深入研究客户标准的差异，严格按照不同客户标准执行不同的制造体系。产品质量过硬，部分产品达到国际领先水平，天汽模产品品质一直保持稳定。天汽模先后获得 DIN EN ISO 9001、ISO 14001：2004、ISO 18001：2007 体系认证证书。通过长期稳定的质量控制，天汽模客户覆盖国内外知名传统汽车主机厂，并在新一轮新能源汽车热点中，率先成为 NIO、小鹏、理想、Tesla 及 Rivian 的一级供应商，并在完成初次合作后，建立了长期稳定的合作关系。

（三）发展效益优异

天汽模可以为汽车车身开发提供全套的"模、检、夹"工艺装备，并为汽车企业提供冲压件、整车开发技术服务。以天汽模为品牌，主业突出，并不断延伸相关产业链，已形成沈阳、北京、天津、河北、河南、湖北、湖南 7 大产业基地，天汽模已成为国内最大的汽车覆盖件模具生产型企业集团。2019 年天汽模营业总收入 20 亿元，发展势头良好。

三、典型经验

（一）技术创新

1. 保持信息化创新

天汽模规模的扩大给管理带来了新的瓶颈，为此经过 7 年研发，建成了天汽模 X3 协同管理系统，解决了单件订单式生产企业所面临的管理难题，开创了行业内处理管理问题的先河。同时借助管理系统，可以实时了解天汽模的各类运行信息，可以有效监控天汽模运行状况，也为未来天汽模规模再次升级做好了保障条件。在此基础上更进一步将管理系统升级为汽车模具产业链设计制造协同服务平台，使得其应用面更为广阔。平台可以针对模具设计制造等多业务协同服务需求，提供汇聚资源服务产业链的平台化服务，依托发展云制造技术，攻克成套模具云设计服务、设计制造协同管理服务技术，开发设计制造资源聚集管理、制造过程适应性评价、产业链业务信息能力评价等关键技术，实现行业及区域设计能力资源、软硬件资源的汇集管理与优化利用；在汽车模具产业链开展示范应用，建立汽车模具设计制造服务示范基地，促进行业龙头企业向服务型制造转型，引领行业并带动区域汽车模具产业集群高端制造能力提升。

2. 不断推动商业模式创新

天汽模以"互联网＋"模式，依托超算中心资源，拟搭建汽车模具行业云平台，将模具设计和 CNC 编程与互联网相结合，以任务发布、任务抢单、平台进度监控、资源共享、审校一体的模式，成立云编程、云设计研发团队，利用天汽模现有的规模与技术优势，整合发展任务资源，从企业内部逐渐发展到对外技术服务，一方面将企业内部技术力量发挥到更大空间，另一方面也实现了互联网与传统制造业的深度融合。未来可为全国乃至全世界的模具制造企业提供优质、高效的技术服务，创建传统制造业全新生态模式。

3. 思维创新

我们急需加快从模仿思维向创造思维的转变，从跟踪领先企业转变为敢于引领行业发展。通过不断创新和经验积累，打造企业核心竞争力。

（二）管理能力

1. 吸引、培养、激励创新性人才

实施人才工程，是夯实企业技术进步的基础。企业之争实际上是科技之争，而科技之争根本上是人才之争。在过去一段较长的时间里，我们虽然注重人员培训、人才使用，但由于传统的人才提拔手段造成了技术人员青黄不接、管理人员不适应企业发展需求的情况。为彻底解决这一问题，近几年天汽模领导班子统一思想认识、果断决策，采取积极措施，坚持以人为本，大胆地实施人才工程，着力培养造就一支有知识、有创新能力的人才队伍。为表彰在技术创新和科研开发活动中贡献突出的员工，天汽模于 2009 年制定了《发明专利奖励管理办法》《论文发表奖励办法》《改进改善方案奖励办法》，极大地鼓舞了所有员工的工作热情，增强了员工学习精神，改变了员工缺乏主动性、创造性的局面。

2. 加大科研经费投入，确保持续竞争力

天汽模 2005 年被认定为天津市高新技术企业；2010 年与天河超算中心合作，将超算技术融入实际生产中，实现了模具全工序仿真模拟；2011 年被评为天津市汽车模具技术企业重点实验室；2012 年天汽模昂首迈入新领域，成为国内首家掌握热成型模具和冲压技术的企业。企业持续创新，打造多个行业内第一：第一家甩图版实现生产过程中全三维实体设计、实体加工，第一家泡沫型全数控加工，第一家全面应用 CAE 仿真技术，第一家全部数控编程实现自动换刀、无人化加工的全数控加工，第一家通过汇总企业内部二次开发升级为商业软件实现销售收入，第一家通过自制 ERP 管理系统服务全行业，行业内发明专利拥有数量第一，行业内研发投入第一。

3. 优化组织结构，引入竞争机制

天汽模自 2015 年引入企业内部竞聘制度。鼓励一线员工勇于表达自己、展示自我，通过竞聘活动展示管理才能，为天汽模发掘了一批具有潜力的后备管理干部。因为一线员工的火线提拔，在公平公正的指导原则上，极大地鼓舞了生产前线员工的工作热情及工作态度，同时也对原有管理干部进行了整顿，通过统一竞聘，鞭策了原有的管理干部，也对离开管理岗位的员工进行了相关心理辅导及从业再教育，确保员工整体工作热情的增长。

4. 积极保护及运用自主知识产权，保护关键技术，打造核心竞争力

技术创新的最大表现形式就是知识产权的拥有，在这一点上天汽模在同行业中一直保持遥遥领先的地位。知识产权的意识已经遍地开花，普及到一线工作岗位，天汽模很多发明专利都来源于一线员工。员工自我知识产权意识已经有了极大提高，目前成果喜人。天汽模 2012 年入选成为天津市专利试点企业，现有效专利 136 项，其中发明 19 项，"基于装配约束的合边模具干涉检查方法"获得天津市专利优秀奖。

5. 坚持不懈地走产学研道路，整合一切可以整合的社会资源

天汽模一直保持与高校进行产学研的合作。2005 年与北京航空航天大学、北京理工大学合作申报国家高技术研究发展计划"数字化、网络化汽车模具开发集成系统研究与应用"，此项目获得 2008 年天津科技进步奖二等奖；2010 年与西安交通大学合作申报"基于工业近景摄影测量的系列三维轮廓坐标与变形应变快速检测系统"；2012 年与天津大学、天津工业大学、北京理工大学合作申报"滨海新区高端制造创新升级数字化集成技术攻关与示范"；2013 年与天津大学、天津职业技术师范大学、北京理工大学合作申报国家高技术研究发展计划"汽车及模具产业链设计制造协同服务平台研发与应用"项目；2014 年与华中科技大学合作申报国家强基项目"汽车用自动化精密多工位高效级进模"。通过一系列与各省市高校合作开展科研项目，一方面获得新思路，优势互补；另一方面通过产学研的深入开展，弥补了企业研发力量的不足，形成企业新的技术能力获得渠道。

（三）国际化发展

天汽模的快速发展时期正值我国汽车市场发展井喷时期，天汽模紧抓大好机遇积极在全国各地进行产业布局。2013年1月天汽模在德国投资设立了天汽模欧洲模具有限公司，之后又成功收购GIW。GIW是一家设计、生产汽车外板模具、铝板模具、喷涂板模具等高档模具的德国著名专业制造企业，其主要客户包括：保时捷、宝马、奔驰、奥迪、捷豹、陆虎、沃尔沃等众多国际知名汽车生产商。

四、未来发展展望

伴随汽车车型种类越来越丰富，在满足汽车零部件新兴需求的同时，天汽模也同步在技术及管理上进行一系列配套工作，保证企业自身具备较强的适应性及成长性，持久维护品牌价值，持续实现品牌核心价值。

五、专家点评

模具是机械装备制造里面的传统行业，而汽车覆盖件模具随着家用轿车市场的壮大逐渐发展起来。天津汽车模具股份有限公司作为行业内少数具有研发实力的国家高新技术企业，在汽车行业内享有很高的赞誉。其优秀的管理团队、专业的研发队伍、严格的质量管控体系以及良好的企业文化，为天汽模的进一步发展奠定了坚实的基础。作为行业内为数不多的上市企业，天汽模在保持主营业务自身发展的同时，扩大产品范围，推动产业布局和行业发展，起到了行业领军企业的作用，是名副其实的"冠军企业"。

天津大学教授　郭伟

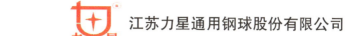

江苏力星通用钢球股份有限公司

深耕主业　打造精密滚动体行业高地

一、总体情况简介

江苏力星通用钢球股份有限公司（以下简称"力星"）创办于1989年，经过30多年的迅猛发展，目前已成为国内规模最大、实力最强、技术最先进的专业化精密轴承钢球生产和出口基地，是一家专业生产与销售高精度轴承滚动体的国家高新技术企业，被认定为国家实施火炬计划重点高新技术企业、国家知识产权示范企业、全国制造业单项冠军示范企业。

力星总部

力星深耕于精密轴承钢球和滚子的研发、制造、销售，是目前国内行业首家上市公司，旗下拥有美国南卡公司、波兰公司、力星金燕（宁波）公司、如皋市力星滚子科技公司、南通通用钢球公司、上海雉皋贸易6个全资子公司，主要产品有精密电机用高精度轴承钢球、高档轿车专用钢球、三代轮毂轴承专用钢球、精密无异音轴承钢球、风力发电专用钢球、轨道交通高精度轴承滚子、盾构机及大型风电机组用轴承滚子等。力星坚持以科技创新为驱动，人才战略为引领，做专、做精、做强，产品品质达到世界先进水平，被广泛应用于世界著名品牌汽车、精密电器、大型工程机械、风电设备、轨道交通、航空航天领域的关键部件中。

（一）研发能力不断提升

力星不断引进具有世界先进水平的检测设备，成立自有研发机构，专门从事新产品、新材料、新技术、新工艺方面的研究和开发，通过自主研发和引进吸收、消化创新，形成了国际先进的钢球滚子自动化、信息化、智能化生产技术，先后完成 21 个省部级以上科技创新、技术改造项目，两次承担江苏省重大科技成果转化项目，"轨道交通用高精度轴承滚子工程化产业化项目"中标 2018 年工业强基工程，高档轿车轮毂钢球、风能发电专用钢球等 9 种产品被认定为"国家重点新产品"。

钢球

高品质轴承滚子

（二）管理能力不断提升

力星拥有一套完整、高效的管理机制，保证了企业优质、高效地运转，先后通过了 IATF 16949 质量管理体系、ISO 14001 环境管理体系、GB/T 29490—2013 知识产权管理体系等管理体系认证。

（三）转型升级促发展

力星主营年产 $\Phi1.0 \sim \Phi90mm$ 的 80 多个规格、各个级别的精密轴承钢球和I级、II级高精度轴承滚子，历年来开发的 G3 及 G5 级钢球、精密无异音轴承钢球、风力发电专用钢球、高档轿车三代轮毂轴承专用钢球、高端精密轴承滚子等新产品，填补了国内空白。力星先后负责、参与制定了国家和行业标准 5 项，获授权专利 140 项，其中发明专利 43 项，先后 2 人次因突出贡献，获全国"五一劳动奖章"表彰，获评全国劳动模范 1 人、江苏省劳动模范 4 人。

二、坚定实施"精品＋品牌"战略

（一）"力星"产品立足于走高端、精品路线

早在 20 世纪 90 年代中期，力星就下定决心放弃了在无序低端市场的竞

争,逐步建立了中、高档产品销售网络,覆盖东北、华北、华东、西南等国内市场,是天马集团、三一重工、瓦轴、洛轴、万向钱潮、人本集团等国内知名轴承制造商的合格供应商,产品出口到日本及东南亚、大洋洲、欧洲、美洲市场,是全球 8 大跨国轴承制造商中瑞典斯凯孚(SKF)、日本精工株式会社(NSK)、德国舍弗勒、美国铁姆肯(TIMKEN)等的合格供应商,并被世界最大的跨国轴承制造商 SKF 授予 2011 年度全球唯一的最佳供应商奖。

(二)"力星"商标

自 1991 年"力星"商标注册成功后,对该商标进行了广泛的宣传推广和应用,拓展注册到 13 个分类,海外布局申请 PTC 专利覆盖 21 个国家和地区,申请国际注册商标 8 项。"力星"牌轴承钢钢球被评为江苏省名牌产品,"力星"商标为江苏省著名商标、中国驰名商标。立足于走专、精、特、新的产品路线,力星建立了具有自主知识产权的知名品牌,在国内外行业里具有很高的知名度,产品多次获得部、省、市科技进步奖,在行业里具有很高的美誉度,有着明显的品牌优势和技术领先优势,为我国自主装备零部件产业做出了贡献。

三、坚定实施创新驱动、人才引领战略

(一)力星钢球制造业领军地位的巩固

目前有不少企业存在大而不强的问题,主要原因是企业本身的自主创新能力不强,核心技术受制于人。就轴承行业来说,我国风电、水电、深井钻机、海上钻井平台勘测等领域的快速发展,开启了巨大的装备需求,但关键的基础配件——轴承却成为发展的软肋,高端轴承产品仍主要依赖进口。

力星钢球以市场为导向、产学研相结合,成功自主研制开发了 5MW 级以上海上风电机组轴承专用钢球、高速动车用圆锥滚子等高精产品,填补了国内多项空白,有效缓解了国内高档轴承配套用滚动体质量参差不齐的尴尬局面,巩固了力星钢球在国内乃至国际钢球制造业的领军地位。

(二)思路创新和管理创新

力星分别组建了班组级、分厂(车间)级、公司级创新小组,围绕创新主题,定期进行创新活动;同时对重大课题责任人实施全厂公开招标,让有才能的员工脱颖而出,为企业创新发挥作用;另外鼓励员工发挥创新作用,参与到公司的创新项目中去。一系列创新管理措施的落实,不仅激发了公司员工的创新精神,同时也增强了企业整体创造力,为企业带来更大的发展后劲和经济效益。

(三) 加速自主创新，提高科技支撑力

为顺应国际市场发展趋势，延伸产品链条，发挥公司博士后创新实践基地的作用，力星加大资金投入，保证每年科研资金投入不低于 2500 万元，加强与上海大学、洛阳轴承研究所等高校、科研院所的科技合作，实施产学研协作创新。2011 年力星立项研发 5MW 级以上海上风电机组轴承专用钢球，由于受进口原材料的影响，项目产品的规模化生产受到了很大的制约。在此背景下，力星与上海大学进行了产学研合作，开发出了能够替代进口的 5MW 级以上海上风电钢球专用原材料。

(四) 人才培养与储备

力星坚持高端人才引领，培养引进科技领军人才、创新创业团队、高素质管理人才和高技能人才，不断利用力星在行业上的广泛影响，一方面采取有计划、有针对性地邀请国内外行业专家、教授来公司举办知识讲座，同时分期、分批选送科技人员到相关院校培训等手段，不断提高原有技术人员素质；另一方面从院校毕业生中大力招聘人才，扩充科技人员队伍。

(五) 实施创新驱动战略

力星始终把"坚持走自主创新之路，以项目带动企业，以科技促进发展"作为企业的发展战略，实施创新驱动战略，把科技作为创新之要，把人才作为创新之本，把文化作为创新之魂，推进发展理念、体制机制、企业管理等方面的全方位创新，不断加大研发投入。

四、深入推进国际化发展战略

基础通用零部件行业配套广泛应用于国民经济建设的各领域，随着全球经济一体化的到来，以及国内产业高质量发展的需要，力星始终有着广阔的国内外市场需求和良好的发展空间。为满足国家重大装备关键零部件自主可供要求，力星目前正落实推进自主研发高铁轴承滚子项目，以打破该领域完全依赖进口的格局。

近年来，力星在美国南卡罗来纳州投资设立全资子公司，主要用于生产高精密轴承钢球，并在上海自贸区成立贸易公司，2017 年年初收购国内知名小微型精密球生产企业奉化金燕钢球有限公司，并开启欧洲波兰子公司的建设，全面实施企业"国际化""集团化"的发展战略。

五、企业文化积淀发展

力星非常注重创建和谐的用工氛围，营造企业大家庭的温馨环境，持续强化对员工的日常关心爱护，注重员工的职业安全，注重加强工会组织建设，充

分发挥工会维护职工合法权益的基本职能和"桥梁纽带"作用。

力星每年定期召开职代会，对规章制度进行适时修改；在加强对工会工作领导的同时，投资几十万元兴建了图书室、健身房、桌球室、篮球场等，在休息时间充分丰富职工的业余文化生活；力星还建立了一系列的奖励措施，对工作认真负责、有突出表现才能和业绩的人才，给予额外住房补贴，给予奖励商住楼、委外学习深造、股权激励等激励和奖励。

六、奋进"十四五"，开创力星第二个 30 年发展期

在力星的奋斗历程中，实施创新驱动战略是企业的灵魂。力星在研发模式与投入结构上不断改进，企业内部激发"大众创新、全员创新"的氛围，近年来完成"智能包装连线""智能精加工连线"等公司级创新项目 24 个，其他级别创新项目共百余项。本着"不好高骛远，解决一个小问题，每天进步一点点"的理念，力星扎实稳步推进改革创新，使自主创新真正见到实效，确保研发投入同步跟进。

正是持续不断地通过科技创新驱动战略的实施，力星人将小产品做成大产业，最终赢得大市场。2017 年 6 月，以力星为核心企业，成立江苏力星通用集团，开启了国际化、股份化、集团化的发展新征程。

下一步，力星将坚持走"双循环"发展路线，不断引入国际先进技术，加强自主研发能力建设，提高自身产品技术水平，研制开发高端、高精密轴承滚动体，促进国内滚动体行业技术水平提升。在力星董事会的带领下，力星将进一步利用长三角的区位和人才优势，努力打造自身的核心竞争力，实现健康、可持续、跨越式发展，打造力星国际滚动体技术领先的行业领军品牌。

七、专家点评

力星 30 多年深耕滚动体行业，一代代力星人怀抱对制造业的热忱，秉承匠人精神，依靠科技创新，不断接续发展，由一家乡镇小企业发展成为国内行业第一家上市公司，行业排名中国第一。力星具备国际先进的精密轴承钢球、高精度轴承滚子工艺技术与研发创新能力，为我国轴承强国战略实施和基础关键零部件国产化、高质量发展做出了新的贡献。

中国轴承工业协会理事长　周宇

打造汽车金属部件轻量化和通用飞机创新制造"双引擎"

一、总体情况简介

万丰奥特控股集团有限公司（以下简称"万丰奥特"）主营轻量化铝合金轮毂、新材料镁合金等。新工艺涂覆、高强度钢冲压件产业实现了国内领跑。万丰奥特目前已跻身全球通用飞机制造商前三强，成为全国民企唯一具备飞机制造、机场建设、通航运营、航校培训、低空保障、航空俱乐部等全产业链的企业，万丰航空小镇已列入国家级通用航空综合示范区核心带。

万丰奥特目前已形成资产超300亿元、员工1.5万人以上的规模，在全球13个国家、地区设有生产基地和研发中心，实现了资本、管理、人才、科技、品牌的全球化，获评中国民营企业500强、中国汽车工业30强、中国汽车零部件行业20强、全国守合同重信用企业、国家技术创新示范企业、中国铸造行业排头兵企业等，以及全国文明单位、全国五一劳动奖状、全国模范劳动关系和谐企业等。

万丰奥特总部大楼

二、突出优势

万丰奥特成立于 1994 年，是以大交通为产业定位的国际化企业集团。其业务涉及汽车部件、智能装备、飞机制造、新能源、新材料等领域，形成了"镁合金-铝合金-高强度钢"全球汽车金属部件轻量化十顶级通用航空品牌"钻石"为依托的通用飞机创新制造全球领跑的"双引擎"驱动格局。

（一）产业技术水平优势

产业发展过程中万丰奥特特别强调产业技术创新，加大科研投入，提高了自主创新能力建设，加强了产学研合作与国际化技术交流合作，突破和掌握了产业关键技术和核心技术，目前三大产业在国际竞争中均具有明显的技术优势。

（二）制造模式的优势

以协同创新、协同制造为建设目标，利用互联网、大数据信息化技术，万丰奥特全面实施了智能制造新模式，提升了产品制造品质和效率，降低了制造成本，具备了满足市场的快速反应能力。

（三）技术产品的轻量化优势

镁合金部件与铝合金汽车轮毂轻量化技术的应用，大规格镁合金铸件成型技术的成功突破，满足了汽车轻量化发展的需求，同时也符合绿色制造发展的趋势，目前产品深受汽车整车厂家的青睐。

（四）万丰"ZCW"品牌优势

铝合金汽车轮毂拥有强势的国际品牌地位，具有国际领先技术水平，已成为全球最大的铝合金汽车轮毂生产基地。镁合金部件技术水平和发展规模达到国际领先水平，通用飞机及核心部件通过整合国际资源跻身国际前列。目前万丰奥特正通过完善全球化市场网络体系，积极推进国际品牌建设。

（五）管理模式优势

万丰奥特秉承"制度管人、文化治心"的管理理念，在建立现代化科学管理体系的基础上，以领导团队精神为主导，通过吸收广大员工的集体智慧，提炼出了万丰精神、万丰理念、文化制度三个层次的文化体系，让员工在工作和活动中接受文化熏陶，提高了员工的自我归属感，从而做到"快乐工作、幸福生活"。

三、典型经验

（一）加大技术创新，赋能硬核实力

万丰奥特始终坚持"科技创新是企业发展的永恒主题"，构建协同创新体系。瞄准国际领跑目标，聚焦拳头产品，构建多层级、多区域、多专业领域的

创新平台，多渠道引进高层次人才，多机制、多方位培养自主创新人才，实施系统化、全员化、协同化、超前化的创新管理。

万丰奥特积极引进国际先进的技术创新手段，建立数字化设计平台，缩短产品开发周期，降低技术创新成本。坚持"设计创造高质量、高附加值"的研发理念，加强与国际名校及科研院所间的技术创新合作，建立轻型通用飞机浙江省工程研究中心，加速技术创新成果的创造和转化。

（二）依托兼并重组，助推中国制造

万丰奥特以全球化的战略、国际化的经营，放眼全球打造国际品牌。坚持"有所为、有所不为"，做自己最擅长的大交通领域。通过"走出去、引进来"等方式，推动企业国际化发展。

万丰奥特2014年着手布局航空产业，响应"一带一路"倡议，借助一系列并购，缩小了通用航空产业与发达国家之间的差距，于2015—2017年相继并购捷克DF飞机制造公司、加拿大钻石飞机公司、奥地利钻石飞机公司。2018—2020年，重点实施并购的项目实现了与国际技术的嫁接，打造了以奥地利技术研发中心与中国运营总部的"双核心"国际化产业布局体系，通过对国际先进技术消化、吸收再创新，提升了万丰通用飞机的整体竞争力，已经可以与国际一流企业同台竞技。通过加大技术升级和市场拓展，万丰奥特形成了全产业链覆盖，为助推中国通用航空产业及其高端制造业发展贡献了力量。

万丰奥特顺应全球汽车工业发展趋势，在继续做精、做强、做大铝轮毂产业的基础上，不断拓展汽车产品领域。特别在技术、品牌等方面，向产业链、价值链的高端优质资产延伸。2013年瞄准国际镁合金产业巨头加拿大镁瑞丁公司并与之开展深度合作，该公司镁合金汽车部件在北美市场占有率达65%以上，为克莱斯勒、福特、通用、特斯拉、捷豹路虎、宝马、奔驰、本田等世界知名汽车企业配套。万丰奥特成功并购了加拿大镁瑞丁公司100%的股权后，成为行业细分市场的全球领跑者。万丰奥特还将整合全球创新资源，建立全球镁合金研发中心，研究开发大型镁铸件制造关键技术，并在浙江省投资建设大型镁合金压铸件产业基地，推进镁合金汽车零部件产业在浙江省的产业化进程，带动镁产业链迅速发展，从而助推我国由镁资源大国向镁产业强国的转变。

（三）致力质量建设，打造全球品牌

万丰奥特创建"专注于大交通的'野马'质量管理模式"，以野马文化体系、数据驱动体系等7大体系为支撑，构建起大交通领域自主创新、国际化开拓、综合性拓展的有效质量管理模式，成为行业佼佼者。

经过20多年的不懈努力，万丰奥特质量水平和规模均实现了全国同行业第一。2003年导入卓越绩效管理模式，2006年获全国质量奖，2015年获浙江省人民政府质量奖，2017年获评中国质量奖提名奖。万丰奥特主导产品被认定为中国名牌产品、中国出口名牌。

（四）加强文化建设，提升管理能力

万丰奥特每年在8~9月份开展为期一月的"野马特训"，以优秀员工为主体，以企业文化为主题，以军事训练为手段，培养员工深刻理解企业文化。野马特训通过5km负重越野跑、38km徒步拉练、铁人三项等，提升团队合力、加强学员意志品质，使万丰奥特的团队精神得到了升华。野马特训营成为万丰奥特培养企业精英的大熔炉，被外界誉为"万丰黄埔军校"，成为浙江省企业文化培训样板。

万丰奥特通过上述途径，不断增强管理创新理念，形成国际化管理规范，充分调动人的积极性，发挥人的潜能，实施高效、科学、人性化的管理，整合中西方管理文化的精华，打造具有万丰奥特特色现代企业管理思想和文化精英团队，实行精细化、标准化的多种制造模式并行的有效管理，提升效率、提高质量、降低成本。

万丰奥特在现有商业模式的基础上进一步深化创新，顺应国际市场发展趋势，结合我国特有市场体制和经济发展模式，以信息技术为依托的现代供应链，将外部的材料供应商、外包服务商、分销商紧密协同起来，以增强整个供应链的整体竞争实力。以信息技术为手段，实现互联互通，快速反应市场。以顾客价值为中心，采用协同创新、协同制造模式，提供优质服务和技术产品来满足顾客需求。

四、未来发展展望

"十四五"时期，万丰奥特产业将深度融入"双循环"新发展格局的构建，积极践行"双引擎"驱动战略，为全球客户研发和生产轻量化、高强韧产品提供解决方案。统一管理客户，重点突破战略客户，优化客户、产品、盈利结构。重抓设计工程、专业工程、工业工程的技术突破，推进标准作业（OPE）建设，从标准化、机械化向数字化、智能化转型升级。大幅改善设备自动化，改善员工作业环境，发挥产能和人工效能，推进极限盈利能力模型建设，实现降本增效。万丰奥特将致力于全球化布局、差异化竞争，实业和资本双轮驱动，成为全球汽车金属部件轻量化推动者、通用飞机创新制造企业的全球领跑者。

五、专家点评

1994年，万丰奥特创始人陈爱莲带领15人团队走上创业、创新之路，历经风雨，打造了以大交通领域先进制造为核心的全球化集团。旗下浙江万丰奥威汽轮股份有限公司，已形成"双引擎"驱动的发展格局，以汽车轻量化和飞机制造为核心，绘就了一幅中国民企乘风破浪、持续跃升的时代画卷，为振兴民族工业、助推行业进步、促进社会发展贡献了力量。

万丰奥特控股集团有限公司董事/正高级工程师　朱训明

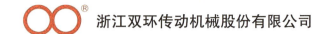 浙江双环传动机械股份有限公司

打造独特专业优势　深耕齿轮零件生产

一、总体情况简介

浙江双环传动机械股份有限公司（以下简称"双环传动"）始创于1980年，是一家专注齿轮传动机械零部件和齿轮传动系统研发、设计与制造的股份制国家级高新技术企业，是我国第一家专业齿轮研发制造领域的上市公司，是我国规模最大、实力最强的齿轮研发制造企业之一。双环传动拥有国家认定的企业技术中心、国家级博士后科研工作站、国家CNAS认证实验室、省级重点企业研究院、国家技术创新示范企业等研发制造平台。

双环传动40年来始终专注于机械传动齿轮的研发、设计、制造与销售，形成涵盖传统汽车齿轮、电动汽车齿轮、高铁轨道交通齿轮、摩托车及沙滩车齿轮、风电齿轮、电动工具齿轮及工业机器人精密减速器等多个领域，门类齐全的产品结构，已成为全球最大的专业齿轮产品制造商和服务商。

二、突出优势

（一）专业化优势

双环传动将自身市场定位于极少企业涉足的专业化齿轮零件生产制造领域，在长期发展过程中始终没有偏离专业化生产的道路，在行业内积累了独特的专业化优势。同时，双环传动根据市场需求变化，适时丰富产品线，发展多种齿轮齐头并进的产品系列。聚焦细分领域的专业化产品战略避免了由于产品单一而带来的市场风险，为企业盈利能力的稳步提升奠定了坚实的基础。

（二）技术先进优势

双环传动已掌握了齿轮零部件及传动系统相关的齿轮设计、先进制造工艺、高精度检测、全寿命试验、系统集成仿真优化五大系列核心技术，并形成了一套具有双环特色的技术体系，在行业内拥有显著的竞争优势。双环传动共拥有国家专利100多项，其中发明专利10多项，参与制定国家及行业标准13项，在行业内处于领先水平，双环传动大力推行新产品研发及工艺技术改进工

作，已与重庆大学机械传动国家重点实验室、浙江工业大学、合肥工业大学等多家单位合作开展研发工作，并成立了机械传动国家重点实验室——双环齿轮技术合作研究中心，并承担国家 863 和智能制造示范建设项目，双环传动技术创新优势明显。

（三）产品质量优势

双环传动对产品质量十分重视，在采购、生产过程中对产品质量都进行严格的控制。检测设备均为业内公认的最新、最先进的设备，检测及质量控制过程均严格按照相关行业检测及质量标准进行。双环传动产品质量在行业内处于领先地位，获得了客户的一致认同。

（四）工艺与装备优势

双环传动拥有国内外先进设备 2000 多台，覆盖齿轮研发、生产、试验、检测、装配全过程。这些设备为提高加工精度、生产效率、保持产品的质量稳定性提供了保障。

（五）发展效益优势

作为我国汽车齿轮领域的领先企业之一，双环传动在齿轮散件上市企业中营业收入牢牢占据领先地位，从营业收入增长速度来看，双环传动坚定主业，专精发展，外拓市场，内抓管理，确保业绩稳步增长，已发展成为具有较高国际知名度的产品制造商和服务提供商。与此同时，双环传动在高精度工业用减速器研制方面已获得市场认可，实现了批量化、产业化经营目标，进口替代步伐日益加快，双环传动发展势头良好。

三、典型经验

（一）技术创新

双环传动坚持"以市场为导向、以客户为中心"的发展理念，大力发展齿轮制造核心技术。双环传动技术创新硕果累累，多项齿轮单品市场占有率排名第一，轨道交通精密减速器齿轮出口市场占有率国内领先，搭建了具有国际竞争力的研产用产业链。RV 减速器 2018 年、2019 年连续两年国内产品销售市场占有率排名第一。轨道交通（高铁、地铁、轻轨等）精密减速器齿轮实现了进口产品替代，打破了国外的技术垄断。

（二）管理能力

双环传动不断深化对卓越绩效模式的理解和应用，经过多年的积淀，形成了由精益生产系统（TPS）和管理信息系统（MIS）为支撑体系，以战略为引领，由领导力系统（MPS）推动"研、供、产、销"四大价值创造进程。在有效的战略执行与分析改进的动态机制作用下，持续优化人才、资金、装备、技术等资源配置，实现为利益相关方持续创造价值，形成了双环特色的卓越绩效系统（SPS），取得了良好的实践效果，有效推动了双环传动持续发展。

（三）企业文化

双环传动在40多年的成长过程中，经历了"源起""传承""奋进""腾飞"和"接轨"五大发展阶段。随着双环传动的发展壮大，企业文化不断得到沉淀和发展，逐步形成了以"好一点、好很多"为核心价值观的企业文化体系。企业是一个复杂的系统，只要每个员工坚持在自己的岗位上做得更"好一点"，通过系统的加成和放大，最终体现到企业层面就是"好很多"的收效。

双环传动核心文化理念

（四）质量品牌

对于传动齿轮制造行业而言，产品的好坏直接关系到用户的安全，质量是产品的核心命脉。双环传动坚持"以质量求生存，以管理求效益，以创新求发展"的经营理念，致力成为行业质量标杆。双环传动产品采用国际权威的质量体系认证（业内最早通过 TS 16949 质量认证的企业之一，2018 年最先升级为 IATF 16949 认证）、安全体系认证，以及浙江制造标准认证，实施 TPS 精益生产模式，让客户在使用中获得最大的质量与安全保障。

（五）经营绩效

近年来双环传动经营业绩稳定增长，积极布局新能源相关部件及 RV 减速器业务，逐渐显现成效：在机器人精密减速器领域已经站稳脚跟，订单和销售同步实现快速放量，整体业绩快速增长；新能源汽车客户的布局近几年也进入密集拓展阶段。

（六）产业协同

双环传动向上下游产业链全面延伸，显著提升企业竞争力。

第一，投资于上游，提升锻造能力，打造在金属模具开发与制造、精密锻造和成型领域的核心能力，提高毛坯制造精度、降低成本、提升企业毛利率；第二，投资于下游小总成和总成加工，延伸至差速器、同步器、行星排总成的制造领域，并适时进入为 OEM 和一级供应商客户提供电动汽车减速机和混合动力变速箱的代工服务；第三，加大对机器人减速机业务的投资，持续开发和创新，打造国内一流的机器人减速机开发与制造基地。

双环传动积极推动机器人产业联盟，成功联合了一批国产机器人龙头企业，如沈阳新松、广州数控、安徽埃夫特、上海欢颜等国内知名机器人厂家，达成了战略合作关系并稳定提供产品配套，同时与金工铸业有限公司、萨贝丹图石家庄密封技术有限公司、杭州得润宝、人本轴承等产业上下游企业共同形成了符合我国机器人发展的具有国际竞争力的研产用产业链，形成我国自有标准的机器人关节减速器系列化产品，助推我国机器人产业发展。

（七）国际化发展

1. 境外积极收购，深度协同发展

经多年苦心经营，双环传动与国内外众多优质客户建立起深厚的技术与产品合作关系，形成一批本行业"巨头"客户群，如博世、大众、福特、卡特彼勒、约翰迪尔、采埃孚等。针对汽车产业的技术升级、全球齿轮制造加速外包的发展趋势，双环传动积极推进全球化战略的实施。双环传动积极与国外齿轮公司达成收购协议，计划进一步拓展欧洲市场，加快国际化发展进程；积极做全球化布局和长期战略规划，与国际巨头公司合作，实现优势互补、客户协同及产品面拓展。

2. 推进全球化布局，打造国际化团队

随着全球化布局的不断推进，国际化人才的培养与储备已成为双环传动推进"走出去"战略，不断夯实跨国经营发展基础的关键资源。双环传动积极通过"内培外引"政策，内部通过系统的分阶梯人才培训体系不断培养团队的国际化意识、国际化知识结构，外部引入有真才实干、有国际化视野的优秀人才，打造了一支与时俱进、在全球化竞争中善于把握机遇和争取主动的队伍。

四、未来发展展望

双环传动结合外部环境变化与公司发展规划，有效利用现有资源和产业经验，向趋势要发展，抢占新兴市场；向市场要订单，盘活闲置资产；向管理要效益，提高人均产出，积极主动地推进内涵式增长和外延式发展"双轮驱动"战略，始终"坚定信念、凝聚心力"，推动双环传动持续、快速发展。

(一)"创新"谋先

双环传动将以科技为先导,以信息技术为手段,推进智能制造的全面铺开,发力减速器总成的技术难点攻克,最终实现高精度减速器的完全进口替代。与此同时,与国内外重要整车厂及相关总成企业合作,合力推进新能源车部件及总成件的研制与产业化。

(二)"精益"谋实

双环传动积极推进集团化管理模式,健全多业务单元协同,提升资源内循环的有效性。

(三)"转型"谋局

驾驶的智能化、动力的清洁化将是未来汽车发展的趋势。双环传动将紧跟汽车行业的"智能网联"发展趋势,积极参与相关技术的研发和攻关。

五、专家点评

双环传动作为工信部第二批单项冠军示范企业,始终专注于机械传动核心部件——齿轮及其组件的研发与制造,是全球著名的专业齿轮散件制造商。齿轮散件年产量超过8000万件,产品涵盖传统汽车齿轮、新能源汽车齿轮、高铁轨道交通齿轮等多个领域,业务遍布全球,成为博格华纳、采埃孚、康明斯、卡特彼勒、上汽以及特斯拉、理想、蔚来、小鹏等国内外知名企业的供应商,世界500强客户销售占比60%以上。双环传动始终坚持"以创新促发展"的经营理念,以小博大,以精创优,以小齿轮转动大世界,企业技术创新、产品质量、发展效益等各方面优势突出,推动了行业稳定发展,冠军示范作用明显。

齿轮与电驱动分会副会长兼秘书长/研究员　王伟

东睦新材料集团股份有限公司

深耕新材料产业
争做国内粉末冶金零件制造龙头

一、总体情况简介

东睦新材料集团股份有限公司（以下简称"东睦股份"），坐落于浙江省宁波市鄞州区，近三年始终处于行业市场龙头地位，产品产量和销售收入分别占中国机械零部件协会统计总量的25%左右。

东睦股份的前身是成立于1958年的国有企业——宁波粉末冶金厂。20世纪80年代，东睦股份从国外引进技术和装备，接受全员培训，打败了当时机械工业部下属其他三家同行企业，迈出了东睦股份发展历程中具有战略意义的一步。20世纪90年代，宁波粉末冶金厂改制成立宁波东睦粉末冶金有限公司。

目前，东睦股份在国内拥有9家以粉末冶金机械零件、注射成形金属磁粉芯生产为主业的控股子公司或全资子公司，具有50多年粉末冶金专业生产经验，拥有包括CNC成形压力机在内的一整套国际先进的粉末冶金生产设备和技术，是目前国内规模最大、综合能力最强的粉末冶金机械零件制造企业，也是国内首家以粉末冶金机械零件生产为主业的上市公司和国家重点高新企业。

东睦股份现为中国机械零部件协会粉末冶金专业协会理事长单位、中国机械零部件协会副理事长单位、粉末冶金产业技术创新战略联盟副理事长单位，拥有粉末冶金行业顶尖的国家级企业技术中心和国家级检测中心。

二、突出优势

东睦股份的主营产品是粉末冶金机械零部件，目前是中国粉末冶金市场的领跑者，在国际粉末冶金行业及相关市场也具备一定的品牌影响力。

2020年，东睦股份的铁基结构零件产量占粉末冶金协会统计45家生产企业销量的1/4，销售收入、工业增加值和产品产量都稳居第一，遥遥领先行业第二名。

东睦股份主营产品的主要生产工艺为粉末冶金，它是制取金属粉末或用金属粉末（或金属粉末与非金属粉末的混合物）作为原料，经过成型和烧结，制取金属材料、复合材料以及各种类型制品的工业增材制造工艺。

东睦股份的主要产品包括：粉末冶金汽车零件、粉末冶金制冷压缩机零件、粉末冶金摩托车零件以及金属软磁材料等。产品定位中高端粉末冶金市场，主要面向跨国公司及国内主流品牌企业。产品主要应用于汽车、家电、摩托车等。在汽车行业的终端客户主要有通用、福特、宝马、奥迪、大众、丰田、本田、尼桑等跨国公司和一汽、上汽、广汽、江淮、比亚迪等国内著名汽车企业；在空调和冰箱压缩机以及摩托车行业的主要客户有格力、美的、瑞智精密、松下、加西贝拉、LG电子、华润三洋、苏州三星电子、大长江、新大洲本田等。

东睦股份的产品品种齐全、性价比高，控股子公司覆盖了华东、华南、华北以及东北区域，已经形成专业化生产、就近配套和提供服务的战略布局，并具备一定的规模效应。产能优势和生产规模使得东睦股份成为汽车和家电行业大企业配套的保障，可以保证客户的供应链安全。与国内同行相比，东睦股份的产品具有技术、质量的优势；与国外同行相比，高性价比则是其最主要的优势之一。

三、典型经验

永远有三代产品在手，技术研发一代、小批量生产一代、大批量生产一代，这是东睦股份研发技术和创新能力行业领先的鲜明写照。

宁波粉末冶金厂在"六五"期间引进国外先进粉末冶金设备和技术，通过积极消化吸收先进技术，并在随后的几十年中不断实施技术改造，逐渐形成了独立的自主研发能力。东睦股份的粉末冶金工程技术中心和模具制造中心，是自主研发的重要技术支撑和保障。粉末冶金工程技术中心在2001年12月被认定为"宁波粉末冶金省级高新技术研究开发中心"，模具制造中心在2002年被认定为"宁波市区模具中心"。东睦股份连续4年被中国机械通用零部件工业协会评为"自主创新先进企业"；2010年8月，设立博士后科研工作站；2011年4月，被宁波市人民政府评为"技术创新示范企业"；2013年3月，被中国机械通用零部件工业协会评为"专精特企业"；2013年年初成立浙江省东睦新材料粉末冶金研究院，同年10月被认定为省级企业研究院；2014年，东睦股份的技术中心被国家五部认定为国家级企业技术中心。2012年12月，东睦股份的实验室通过中国合格评定国家认可委员会CNAS的现场审核，并于2013年3月取得了国家级的实验室认可证书，检测领域涵盖了物理、化学、金相、几何量检测四个方面，涉及认可项目23个。这使得东睦股份具备了自我评价、控制和承诺产品质量的能力。

作为参与者，东睦股份参与了国家高技术研究发展计划（863计划）新材料技术领域"高性能粉末冶金材料及其关键构件先进制备技术"项目"新型低成本粉末冶金钢铁材料及零件强化技术"课题任务（课题编号：2013AA031102），主要针对"含Mn铁基烧结材料制备典型齿轮零件的成形技术""铁基制品高密度强化齿轮零件的批量制备"和"高密度铁基粉末冶金材料显微组织和力学性能"三个方向展开研究。该项目课题对于推动我国粉末冶金行业的整体技术和装备水平的提升、加快我国粉末冶金产品结构的调整、打破国外在高端粉末和制品领域的技术和市场垄断都具有重要战略意义。

由于十分重视科技进步和新产品开发，东睦股份已申请国家专利92项，其中授权专利50项（含发明专利14项）。东睦股份的新产品多次获得中国机械通用零部件工业协会粉末冶金分会的各类奖项。其中，凸轮轴可变气门正时链轮获2014年度中国机械通用零部件工业协会粉末冶金自主创新优秀新产品特等奖；高磁性能变压器和电感、高性能高速钢轴套C45获2014年度中国机械通用零部件工业协会粉末冶金自主创新优秀新产品优秀奖；惰链轮总成20T/32T、DQ380变速箱粉末冶金油泵转子和喷油泵链轮24T获2015年度中国机械通用零部件工业协会粉末冶金自主创新优秀新产品特等奖；换挡小齿轮A1044、换挡锥齿轮A1045获2015年度中国机械通用零部件工业协会粉末冶金自主创新优秀新产品优秀奖；汽车齿轮箱壳体镶件和从动油泵链轮获2016年度中国机械通用零部件工业协会粉末冶金自主创新优秀新产品特等奖；椭圆正时链轮制造模具获2016年度中国机械通用零部件工业协会粉末冶金自主创新优秀新产品优秀奖。

目前，由东睦股份主持起草的三部机械行业标准已在实施，分别为《空调压缩机烧结法兰、缸体 技术条件》（JB/T 12716—2016）；《汽车发动机烧结正时链轮 技术条件》（JB/T 12717—2016）；《制冷压缩机烧结阀板、连杆和活塞 技术条件》（JB/T 12255—2015）。此外，东睦股份作为中国通用零部件工业协会副理事长单位主持修订了国家标准《烧结铁基材料渗碳或碳氮共渗硬化层深度的测定及其验证》（GB/T 9095—2008）。此次修订等同采用了国际标准ISO 4507：2000，使得我国对粉末冶金铁基材料的渗碳或碳氮共渗硬化层深度的测定及其验证完全与国际标准接轨。

四、未来发展展望

作为国内粉末冶金机械结构零件生产和销售的龙头企业，东睦股份将其核心竞争力概括为：优秀的管理团队和人才培养平台；拥有一大批具有自主知识产权的专利技术以及非专利技术，能系统性地支撑粉末冶金机械结构零件的新材料开发、专用模具设计制造、材料检测分析、生产管理等，为客户提供良好的材料解决方案；东睦股份的品牌价值以及完善的生产布局和服务保障能力。

以此为基础，东睦股份提出的发展战略是：开发高精度、高强度、复杂形状、多性能要求的粉末冶金机械零件，优化粉末冶金生产工艺，满足家用电器、汽车零部件等行业对粉末冶金机械零件的市场需求，始终保持东睦股份在国内粉末冶金行业中规模及技术上的领头羊地位，进一步缩小与国外先进技术的差距，跻身世界粉末冶金企业前三强，加快向世界一流的国际化、现代化企业迈进。

为实现"跻身世界粉末冶金企业前三强"的发展战略目标，东睦股份将深入粉末冶金技术和材料、装备的基础性研究，发展具有自主知识产权的粉末冶金技术；加快粉末冶金零件在传统汽车及新能源汽车中的应用，继续加强家用电器用粉末冶金零件的技术研究，持续开发具有市场竞争力的创新产品，推动磁性材料和轻量化材料的技术进步，以产品带动现有产业向高、深领域方向发展。同时，提升东睦股份的核心竞争力，建立以自主研发和开放合作相结合的创新体系，重点研发新工艺、新技术、新产品、新材料，着力推进研发工艺技术特色化、产品设计国际化和关键技术自主化。

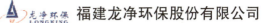 福建龙净环保股份有限公司

坚持环境领域研发及应用
打造环保装备制造领军企业

一、总体情况简介

福建龙净环保股份有限公司（简称"龙净环保"）创立于 1971 年，是我国最早一批涉足生态环境治理的企业。自 2000 年上市以来，龙净环保始终坚持环境领域研发及应用，其中大气污染治理领域技术和产品已全面达到国际先进水平，部分达到国际领先水平，成为我国大气污染治理领军企业和国际知名的环境综合治理服务企业。

龙净环保现有资产总额 250 亿元，员工 7000 多人，在全国各地建立了研发和生产基地，构建了辐射全国的网络布局。2019 年营业收入 110 亿元，销售收入和利润率等主要经营指标在同行企业中遥遥领先。产品出口到欧洲、亚洲、非洲等 40 多个国家和地区，产销量连续十几年位居全国同行业之首。龙净环保秉持产品创新理念，长期坚持"技高一筹"战略。

二、突出优势

（一）技术先进性

50 年来，龙净环保先后承担了 863 计划、国家科技支撑计划、国家重点研发计划等国家和地方重大科技任务超过 100 项，编制国家和行业标准超过 100 项，获国家级和省部级科技进步奖超过 60 项，授权有效专利超过 1000 项。依靠"创新驱动"，龙净环保在电力、建材、冶金、轻工、化工等行业的烟气污染治理，特别是在燃煤烟气除尘、脱硫、脱硝及多污染物综合治理领域，研发制造了大批先进、高效的大气污染治理装备，取得了显著成效。

1. 除尘产品技术水平和工程业绩全球领先

龙净环保除尘技术的研究与应用长期保持行业领先水平，填补了多项国内外技术空白，自主创新开发的高效电除尘器、电袋复合除尘器先后荣获国家科技进步奖。针对雾霾问题和国家节能减排形势的快速发展，龙净环保在国内率

先成功开发出一系列适应煤电行业超低排放的除尘新技术、新产品，并快速推向市场，占据了我国燃煤电厂超低排放除尘市场的半壁江山。其中自主开发的低低温电除尘为国内首创，同时实现了高效除尘、降低煤耗和减少 SO_2 排放；自主开发的湿式电除尘器通过工信部重大科技成果鉴定，总体达到了国际先进水平；在开创我国电袋复合除尘产业基础上，深度开发的超净电袋复合除尘器实现了"更低成本、更低能耗、更高效率"，已由国家能源局颁布实施了该产品的电力行业标准。经过多年努力，龙净环保除尘技术产品已由单一的除尘用电源发展出了拥有各种型式电除尘、双区电除尘、低低温电除尘、湿式电除尘、电袋复合除尘、袋式除尘以及烟气调质、工频电源、高频电源、脉冲电源、节能控制、断电振打等各种除尘及配套技术。技术种类全球最丰富、工程业绩全球最厚实。目前，我国已经作为除尘技术装备的大国、强国出现在国际舞台，龙净环保发挥了不可替代的作用。

2. 脱硫、脱硝产品技术水平和工程业绩跻身世界第一梯队

在全国同行中率先同时掌握湿法脱硫和干法脱硫技术，在世界范围内率先实现了干法脱硫在大型燃煤机组以及冶金、化工、垃圾焚烧等领域的应用，稳定实现了超低排放和多污染物的协同脱除，把世界干法脱硫技术的发展带到了新的高度。同时，作为国内首批掌握烟气脱硝技术的企业，与美国公司合作，建成了世界最先进的脱硝催化剂检测中心和全球规模最大的 SCR 脱硝催化剂再生工厂。目前，研发的再生催化剂已在工业上大规模应用，龙净环保已经成为该新兴领域的全国领跑者。

3. 烟气治理环保岛总包模式全面启动，大气污染治理持续深化发展

龙净环保在综合掌握各种除尘、脱硫、脱硝、物料输送及控制技术，具备研究、开发、设计、制造、安装、调试和检测全链条服务能力的基础上，积极开展了工程总包、BOT 运营的创新实践，成绩斐然。在国内率先提出并实施了从锅炉到烟囱"一揽子"解决方案的"烟气环保岛"工程总包，推动了我国高污染行业烟气污染物减排的升级。

4. 大规模技术改造升级，打造国内一流生产制造基地

近年来在加快新技术研发步伐的同时，龙净环保也在加快智能制造升级和低成本技术改造，相继完成了湿电阴极芒刺线、电除尘器针刺线、阴极框架横竖管等关键零部件的智能制造升级，实现了以全流程自动化和互联网信息控制为标志的智能制造，经济效益显著。分别在龙岩、西安、武汉、天津、宿迁、盐城、乌鲁木齐、张家港等地设立了生产制造基地，形成了以福建龙岩为中心、连接南北、横跨东西的全国制造网络，实现了贴近用户、就近生产、就近取材、节约成本，提高了市场竞争力，同时为用户提供快捷周到的服务，是同行业内唯一进行全国生产布局的企业。

(二) 产品质量

龙净环保高度重视产品质量，拥有完整的 ISO 质量控制体系。同时，龙净环保建成了一支高素质、工程经验丰富、专业配套齐全的工程技术队伍，拥有国内一流的机械加工和电控整机工艺生产线以及完备的实验检测装置。

基于对产品的重视和多重保障措施，龙净环保先后被评为全国首批守合同重信用企业、全国质量管理先进单位、全国首批环保装备专精特新企业、首批环保装备制造行业（大气治理）规范条件企业。作为重要支撑力量，龙岩建成了全国首个空气污染治理设备国家质检中心、首个国家级出口环保机械装备质量安全示范区。"龙净"牌电除尘器获得全国环保行业首个"中国名牌产品"称号，"龙净"商标获得"中国驰名商标"称号，"龙净"成为全国环保行业的知名品牌，在国内外市场中享有很高的声誉。

(三) 发展效益

根据中国环境保护产业协会与中央财经大学绿色经济与区域转型研究中心联合发布的《环保产业景气报告》显示，龙净环保在大气污染防治细分领域上市公司中主营业务收入持续保持排名第一。2017 年龙净环保被认定为国家制造业单项冠军示范企业后，凭借龙净环保完善的全过程装备制造和系统集成能力，进一步发挥龙净环保在我国大气污染治理行业的示范引领作用，龙净环保技术创新及工程转化能力在全国环保行业中有口皆碑，研发、设计、制造的高温超净电袋、陶瓷滤筒尘硝一体化设备、干式多污染物协同净化装备等重大新技术产品进一步在钢铁、建材、化工等非电行业广泛应用。

三、典型经验

(一) 追随人才

"万事由人做起"。龙净环保多年来牢牢确立"以人为本""人才至上"的核心理念，在拥有一批本土成长的著名专家的同时，面向全球"追随人才"，不拘一格引进了澳大利亚、美国、德国、日本等外籍专家，并通过柔性引才的方式与国际顶尖的院士团队建立了较紧密合作，迅速带动了龙净环保整体技术队伍的壮大和业务的快速发展，同时为龙净环保技术创新方向的把握和企业持续发展提供坚实的智力保障。

(二) 机制创新

龙净环保长期致力于营造包容、宽松、充满生气和活力的技术创新氛围，让"一切皆有可能"。建立知识、技术、管理等要素参与分配和"上不封顶"的激励机制，坚持"让创造价值的人获得相应财富"，推动各个团队勇于创新、敢于突破。特别是在体制创新方面，实施为期 10 年的公司高级管理人员和核心骨干员工持股计划的重大举措,为企业持续发展注入了内在活力和动力。此外,在科研开发、科技管理、专业技术职务评聘、专利管理、技术标准管理以及创新命名、开发奖励、新产品提成、专利标准奖励等方面持续探索,不断推动企业技术创新,实现龙净环保持续的技术改进和产品质量提高。

(三)平台建设

龙净环保先后建成了行业首家国家级企业技术中心、国家地方联合工程中心、国际科技合作基地、国家环境保护工程技术中心、博士后工作站等平台,作为核心成员参与建设国家工程实验室,同时自主设计建造了电除尘、湿式电除尘、电袋、干法脱硫、湿法脱硫、烟气脱硝、电袋协同脱汞等一大批大型中试及工程验证平台。同时,建有设备精良的检测中心、CFD数值模拟仿真中心,购置了一批先进实验仪器设备,为本行业大气治理技术装备的基础应用研究及工程化研究,提供了基础的实验、检验、检测及中试试验和验证条件。

(四)产学研合作

龙净环保依托清华大学、东南大学、华北电力大学、上海交通大学、中国科学院过程工程研究所等单位所在颗粒物控制或多污染物协同脱除等机理研究方面的基础,在湿式电除尘器、低低温电除尘器、电袋复合除尘器等产品的开发与工业转化方面,实施了大量的合作研究或委托开发;与澳大利亚、美国、日本等国家的有关高校、大型企业或著名专家,在CFD流体仿真、脱硫副产物、嵌入式电袋、管式皮带输送机、脱硝催化剂再生等领域,开展了技术引进、联合研究、组建公司等不同形式的合作,持续推动龙净环保技术创新向更高、更深的层次发展。

(五)企业文化

龙净环保以"净化环境、造福人类"为宗旨、以"创新"为核心发展理念、以打造"世界一流生态环保产业"为发展战略,建立"人本、责任、创新、卓越"的核心价值观,融合客家文化、苏区文化、闽商文化、西方文化,构建以人为本、团队精神、创新理念、责任意识、市场龙头、技高一等、群雄并起、质量文化、学习成长、和谐共赢、回报社会的企业文化体系,形成了一套具有龙净特色的经营管理模式。"以事业部为主体、公共平台为支撑",进行内部市场化管理。年终对照经济责任制进行考核与激励,促进各事业部(子公司)之间"比、学、赶、超";龙净环保吸引聚集了行业内一批国际国内的顶级专家和海归博士,自主培养了一批青年骨干人才,打造了一支具有强大技术创新能力、产品开发能力和活力的人才队伍;在满足产品质量要求的基础上,不断进行技术优化和工艺革新,持续追求"以更低的成本满足客户需求"的目标。

（六）质量品牌

龙净环保坚持以质量管理为基石，坚持不懈推进质量、环境保护、职业健康安全管理体系贯标运行，并形成立体式的体系管理，促进质量、环境、职业健康安全稳步提高。在加强出口产品质量管控方面，龙净环保按照美国焊接协会（AWS）发布的《钢结构焊接规范》（AWS D1.1/D1.1M：2015）等美标要求，大力推进美标焊接工艺评定和国际焊工认证，大力推进厦门海关 AEO 高级认证企业认证，最终实现了与国际 AEO 接轨。龙净环保在产品品牌建设过程中，对高标准的实物产品严格把关，不断提高产品质量，并获得相关单位广泛认可，连续多年荣获中国环境保护产业协会企业信用评价的"AAA"最高级别。

（七）国际化发展

龙净环保坚持将国际化作为重要发展方向之一，紧紧抓住全球烟气治理快速推进的机会，凭借在除尘、脱硫、脱硝等领域市场、技术、工程方面的强大综合优势，积极布局海外，或"借船出海"，深度融入全球产业链，大力争取为正处于工业化过程的发展中国家，包括发达国家的工业烟气污染物减排提供技术支持。目前，龙净环保大气污染治理装备已经出口日本、塞尔维亚、俄罗斯、土耳其、巴西、印度等 40 多个国家和地区，世界烟气治理版图不断扩大，在国际享有越来越高的知名度，成为全球烟气污染治理领域最亮丽的"中国名片"。

四、未来发展展望

面向"十四五"及更长时期的发展规划，作为行业龙头企业，龙净环保将在巩固大气污染治理领域领先优势的同时，积极响应国家新时期生态环境治理号召，进一步推进大气、水、固、土污染治理技术装备研发和工程化、产业化，为我国实现应对气候变化和大气污染治理协同、细颗粒物与臭氧污染协同治理、常规污染物与非常规污染物的协同治理，为我国到 2035 年基本实现"形成绿色生产生活方式，碳排放达峰后稳中有降，生态环境根本好转，美丽中国建设目标基本实现"的现代化远景目标做出更大的贡献。

福耀玻璃工业集团股份有限公司

为世界贡献一片有灵魂的玻璃

一、总体情况简介

福耀玻璃工业集团股份有限公司（以下简称"福耀集团"）1987年成立，是一家致力于全球汽车玻璃和汽车饰件设计、开发、制造、供应及服务一体化解决方案的大型跨国工业集团，是上海证券交易所和香港交易所两地挂牌的上市公司。

自创立以来，福耀集团便立志为中国人做一片属于自己的高质量玻璃，秉承"勤劳、朴实、学习、创新"的核心价值，坚持走独立自主、应用研发、开放包容的战略路线。经过不断地探索与努力，福耀集团取得了卓越的成绩，在全国16个省市拥有生产基地，在美国、俄罗斯、德国、日本、韩国等11个国家拥有生产基地或服务机构；全球员工2.6万人，汽车玻璃全球市场占有率27.5%，中国市场占有率65%，产量及实际供货量均位列全球同行业前列，已成为全球最具竞争力的汽车玻璃专业供应商。

一直以来，福耀集团是"工业4.0"的积极探索者和高质量发展的实践者。在信息技术与生产自动化方面位居全球同行业前列。近年来，福耀集团先后荣获"中国质量奖提名奖""智能制造示范企业""国家创新示范企业""国家级企业技术中心"等各类创新荣誉、资质，申请专利超2000项。

二、突出优势

1）福耀集团是一家有强烈社会责任感和使命感的公司，为世界汽车工业当好配角，为世界贡献一片有灵魂的玻璃，赢得了全球汽车厂商、用户、供应商、投资者的信赖。

2）福耀集团培训了一支有激情、热爱玻璃事业、团结进取的有竞争力的团队。

3）福耀集团规范、透明、国际化的财务体系和基于ERP的流程优化系统，为实现数字化、智能化的"工业4.0"打下坚实的基础。

4）福耀集团建成了较完善的产业生态。

5）专业、专注、专心的发展战略能快速响应市场变化和为客户提供有关汽车玻璃的全解决方案。

三、典型经验

（一）专注专业，走向世界

福耀集团始终执着于制造业，一心只做好一片玻璃。随着中国加入WTO，中国汽车工业迅速发展，福耀集团提前布局，抓住机遇，进入快车道，用高质量的产品打开了国际市场的大门。

福耀集团在1991年首次将产品销往北美地区，并于1995年在美国设立销售中心，2006年在美国、德国等地设置服务网点，参与国际汽车品牌新车的同步设计。这三步，完成了福耀集团在产品、市场和服务上的"走出去"。2010年以后，随着国家"走出去"战略的实施及全球化发展的需要，福耀集团通过制造、服务、设计、销售全方位"全球化"，实现全球客户需求与供应的互联互通，更深入地进入到世界市场的大海中去。

目前，总投资超过10亿美元的福耀集团美国项目是中国汽车零部件企业在美国最大投资。该项目在美国五个州进行战略布局，使福耀集团在美国具备了从玻璃原片、汽车玻璃制造、玻璃包边、设计服务、销售为一体的全流程、全供应链体系。其中，位于俄亥俄州代顿地区的汽车玻璃生产基地是福耀集团在美投资的核心，也是目前全球最大的汽车玻璃工厂，现有450万套汽车玻璃400万片汽车配件的生产能力。

福耀集团数字化生产线

(二)以创新为企业赋能,打造智能汽车玻璃

福耀集团利用自身在玻璃制造、玻璃天线方面的技术领先优势和基础技术研究的沉淀,联合多家通信和电子行业的企业,跨界研发、协同创新,在业内首次推出汽车风窗玻璃"前装 RFID 解决方案"和"前装 ETC 解决方案",让车辆在快速移动的同时能与外界稳定、高质量地通信交互。

为了完成这些新产品的开发,福耀集团在新材料、新工艺和加工设备研究方面同步规划,70% 以上的机械加工设备实现自主研发生产,且基本达到国际先进装备水平。截至 2020 年年底,福耀集团共申请专利 2055 项,其中发明专利 810 项;已授权专利 1490 项,其中发明专利 387 项。

(三)质量经营沉淀质量文化,助推转型升级

福耀集团从 2007 年开始导入精益六西格玛、QCC 质量改进方法。经过 10 多年的持续改进,形成了自上而下、向下而上的持续改善体系和改善文化,在质量、成本、效益和人才培养上取得显著成果。

2020 年,通过推进精益管理,福耀集团在生产效率和经营指标方面的提升效果显著。目前星级认证班组数达 483 个,精益带级人才 5548 名,员工人均改善提案由 2016 年人均 0.8 条提升到 2020 年人均 4.9 条,年改善提案收益达 1.3 亿元。精益的实施激发了福耀集团全员的创造力,在福耀集团形成了改进创新的文化,多次获得通用汽车、大众集团、本田汽车、捷豹路虎、韩国现代、长安福特、广汽丰田、一汽红旗等客户的供应商奖项。福耀集团创新的质量经营模式,在 2016 年和 2018 年两度获得中国质量领域最高奖项——中国质量奖提名奖。福耀集团品牌得到社会广泛认可,在 2019 年荣获中央广播电视总台"榜样 100 品牌"称号。

(四)以福耀集团智造模式打造数字智慧企业

质量经营为福耀集团发展打好根基,智能制造的新模式则助力福耀集团迈上新台阶。

2014 年,曹德旺董事长提出"技术领先、智能生产"两大战略,布局"工业 4.0"。福耀集团全面分析行业内智能工厂建设水平、存在问题及解决方案,根据福耀集团自身特点,提出"提升高附加值功能化汽车玻璃制造的智能工厂"的建设模式。

在企业价值流流程协同中,福耀集团打通部门墙,消除信息孤岛,并将协同延伸到产业链的上下游。在需求端,福耀集团实现与全球客户在三大洲六大中心的同步设计,将三维设计成果进行仿真并转化为可供生产、验证的技术要求,获得设计与开发的一体化协同能力;再通过与汽车厂订单计划的同步,拉动福耀集团中转库配送及内部生产计划的下达;在供应端,福耀集团将自身生

产所需物料需求自动推送给供应商，从而提高产业上下游链协同效率降低总体成本。

四、未来发展展望

近年来，福耀集团不断向智能制造和智能产品跨越，打通研发、设计、管控、生产、服务等各个环节，用数字化激发传统行业的互联基因，合理布局前沿技术储备，面向未来的产品，赋予福耀品牌持续向上的动能。未来，福耀集团将持续发力，以坚定的决心，专注于一片透明的事业，为用户贡献更多令人愉悦的产品、创造更高价值，树立全球汽车玻璃智能化行业典范。以技术和创新的文化和人才，系统打造"福耀"可持续的竞争优势和盈利能力，成为一家让客户、股东、员工、供应商、政府、经销商、社会长期信赖的透明公司。

郑州宇通客车股份有限公司

专注客车关键技术自主研发
助力汽车工业向技术输出转型

一、总体情况简介

郑州宇通客车股份有限公司（以下简称"宇通客车"）是一家专注于客车产品研发、制造与销售的企业，20多年来，始终坚持以造好客车、塑造品牌为己任，逐步成长为国内外客车行业的龙头企业。近年来，宇通客车逐步从"制造型+销售产品"企业向"制造服务型+解决方案"转型。宇通客车独创中国制造出口的"古巴模式"，成为中国汽车工业由产品输出走向技术输出的典范。产品批量销售至全球40多个国家和地区，引领中国客车工业昂首走向世界。截至2020年年底，宇通客车累计出口客车超75000辆，累计销售新能源客车140000辆，大中型客车市场占有率全球领先。

宇通客车产品矩阵

宇通客车共有三个整车生产厂区，均位于河南郑州。其中位于管城区的宇通工业园和经开区新能源基地，两个厂区均具备年产3万台的生产能力。

在新技术领域，宇通客车掌握新能源"三电"核心技术，自主研发的睿控技术及产业化项目曾荣获"国家科技进步奖"。自主开发车联网终端及云控平台，实现了远程控制、车路协同等；掌握多传感器信息融合技术、智能决策控制技术、线控车辆平台技术等，2019 年起，开始进行 L3 级、L4 级的自动驾驶公交商业化运营。宇通客车已开发三代燃料电池客车，2018 年率先在郑州、张家口和张家港等地实现示范运营。

宇通客车先后获得了"中国驰名商标""中国名牌产品""出口产品集团免检企业""河南省省长质量奖""工业企业质量标杆""国家技术创新示范企业""全国制造业单项冠军示范企业""中国工业大奖"等系列荣誉。

二、突出优势

一直以来，宇通客车紧跟科技创新与产业变革趋势，经过多年潜心发展，在科技研发、产业链配套、销售体系建设等方面形成自己的优势。

（一）科技研发能力

宇通客车长期坚持合理的研发投入，每年研发费用保持在营业收入的 3% 以上，拥有 3300 多人的研发队伍，参与 135 项国家、行业标准制定，获得国家及省市级科技进步奖 15 项。宇通客车拥有行业首家"国家认定企业技术中心""企业博士后科研工作站""国家电动客车电控与安全工程技术研究中心""客车安全控制技术国家地方联合工程实验室""交通安全应急信息技术国家工程实验室车辆信息技术分实验室""国家认可实验室 CNAS" 6 个国家级资质科研平台。

宇通客车专注于客车领域关键技术的自主研发，通过多年的自主研发和系统的技术创新，逐步掌握了新能源、智能化、环保等技术，形成相应的技术领先优势。宇通客车新能源以纯电动、混合动力、燃料电池客车研发和产业化为主线，以行业共性关键技术"电驱动、电控、电池"的自主攻关为切入点，基于"全生命周期成本最低"的开发理念，历经 10 多年技术攻关，在高效动力系统、整车控制与节能、自动驾驶等方面取得了多项重大突破。

（二）产业配套状况

宇通客车以客车生产为主业，主要零部件大部分采购自宝钢、潍柴、玉柴、法士特、东风车桥、福耀等国内汽车零部件龙头企业以及博世、大陆、采埃孚、米其林、克诺尔等国际汽车零部件巨头。经过多年深入合作，宇通客车已同大部分供应商形成了长期、稳定、紧密的合作伙伴关系，铸就了稳定、高效的供应链，使宇通客车在产业配套方面的竞争优势得以持续提升。

新能源客车的关键零部件中，整车控制系统为宇通客车自主研发、自主生产、动力电池系统、电机和集成式电机控制器均与行业综合实力排名前列的供应商联合开发，且与宁德时代、苏州汇川等行业领先企业形成了密切的合作伙伴关系，通过整合行业资源，研制出技术领先的零部件。

稳定、高效、敏捷、领先的供应链队伍，动态、严格的供应链优化提升管理机制，客车行业最大的采购规模，共同保障了宇通客车领先的质量优势、技术优势、交付及服务优势。

（三）销售渠道建设

1. 国内销售

国内销售由直销和经销相结合，以直销为主，经销为辅。实现对全国所有市县的深层有效覆盖。宇通客车不断拓展、优化服务网络，相继在郑州、兰州、广州、济南等地独资建立了13家4S中心站，并通过2000多家特约服务网点及190多家配件经销商，形成以自建站为中心的多元化服务网络，持续缩短服务半径。宇通客车持续进行服务产品化和高端服务专业化提升，结合客车各细分市场产品特点和客户运营需求，不断探索并完善建立各细分市场产品差异化的服务模式，同时搭建一体化的服务平台来满足客车后市场客户多元化的服务需求，开发定制式的服务产品解决方案，为客户提供更为专业、便捷、高效的售后服务体验，为客户美好出行保驾护航。

2. 国外市场

宇通客车已实现全球布局，在哈萨克斯坦、哥伦比亚、巴基斯坦、马来西亚、埃塞俄比亚等10多个国家和地区通过KD组装方式进行本土化合作，实现由产品输出走向"技术输出和品牌授权"的创新业务模式。

三、典型经验

（一）技术突破

宇通客车紧跟低碳化、智能化、网联化、电动化、轻量化技术发展趋势，围绕安全、节能、舒适、环保等方面进行了深入研究。宇通客车为行业首家获得校车"健康座舱"5A级认证的企业；可视化全时域智能在线监控和预警平台是行业唯一的工信部工业互联网平台集成创新应用示范项目；红外测温系统、碰撞感知及自动断电系统、新一代客车网络通信、智能中央热管理等关键技术取得突破；自动紧急制动系统二代、新能源客车碰撞防护系统、一体化座椅安全约束系统、校车智能防遗忘及快速逃生系统、电控液压主动转向系统、车道保持控制系统、节油驾驶系统"蓝芯"三代、AI主动安全系统、CN95级空调系统、主动智能空气净化装置等在主销车型上实现了应用，提升了产品的技术领先性和市场竞争力；完成了第三代高压集成式控制器、高集成高安全电池系统、"睿盾"安全功能开发，磷酸铁锂电池包集成效率提升至89%以上，电池系统实现多维度故障预警，提高了车辆驾驶安全系数，形成了核心技术优势。

（二）品牌建设

从产品制胜到方案制胜，从客车生产制造商到出行解决方案服务商，从创造更大价值到助力美好出行……宇通以坚定的态度和果敢的转变，践行着中国品牌的成长之道。如今，"科技宇通""人文宇通""国际宇通"的品牌形象日益深入人心，但宇通客车追求美好的步伐依然坚定。

（三）质量建设

宇通客车始终坚持向国际化标准看齐，积极引进世界先进的质量管理模式，不断完善创新，建立了以质量管理体系为核心基础、多体系融合的一体化管理体系。宇通客车将管理体系划分为产品研发、供应链管理、生产管理、售后服务等14个一级过程，通过"责任化、制度化、流程化、信息化"和"闭环管理"思路完善、回顾、固化流程制度，实现多体系一体化管理，从而指导质量管理活动的有序开展，持续提升"客户满意度、产品质量、产品竞争力"，为客户铸就最佳体验。

为保证质量管理体系的有效运行，宇通客车制定了自上而下层层保证的质量考核目标。同时，宇通客车通过体系的日常运行检查、内部审核、过程审核、产品审核以及管理评审等方法，持续优化质量管理体系，不断提升管理水平和产品质量，确保宇通客车质量目标顺利实现。

（四）文化建设

经过多年发展，宇通客车已经形成了"崇德、协同、鼎新"的核心价值观以及"以客户为中心，以员工为中心"的经营管理理念，这是宇通客车成功的第一要素，也是实现未来事业目标的坚实基础。

四、未来发展展望

2030年碳达峰、2060年碳中和目标下，交通运输领域的节能减排起着至关重要的作用。国务院发布的《新能源汽车产业发展规划（2021—2035年）》中提到要深化研发纯电动、插电式混动、燃料电池"三纵"和动力电池与管理系统、驱动电机与电力电子、网联化与智能化"三横"技术。宇通客车已全面布局和掌握"三纵三横"核心技术，未来将坚持创新引领，补链强链，持续巩固行业第一的地位，并扩大领先优势。

（一）坚持创新引领，占据行业技术制高点

1）纯电动技术：宇通客车将持续投资行业关键技术自主研发，在新一轮

新能源发展进程中,以技术领先确保持续占据产业制高点。

2)燃料电池技术:宇通客车是中国第一批燃料电池汽车生产企业,已开发了三代产品,累计示范运营超 1200 万 km,后续将以示范应用带动高比功率快速响应系统、高安全高集成度车载储氢技术等关键技术攻关,促进燃料电池商用车产业化和氢能产业链聚集发展。

3)5G+智能网联及自动驾驶技术:在车联网、智能化和自动驾驶领域的创新积累和示范应用,宇通客车在自动驾驶汽车开放路况商用方面走在行业前列。未来 10 年,宇通客车将深度融合 5G 技术,探索和实践"5G+智慧出行"新业态、新场景、新模式,全面布局城市出行领域的自动驾驶解决方案。

(二)坚持以人才为核心,围绕产业链加强创新链

在创新人才方面,宇通客车将继续系统地通过事业平台、待遇保障、机制环境,来引才、留才和发展人才,打造优秀人才、优秀产业的良性循环。在补链强链方面,全面配合国家、省市关于产业布局规划,围绕商用车的电动化、燃料电池、智能网联及自动驾驶,带动相关技术应用及产业聚集、人才聚集。

(三)发挥优势,保持行业第一

随着公众出行方式变化和新技术的快速应用,未来客车市场以电动化、网联化和智能化为特征,并在具备条件的区域规模化应用自动驾驶。同时,细分市场的专业化更加凸显。宇通客车以新能源、智能网联技术为核心,坚定向中高端产品迈进,全力打造中高端品牌,力争在各细分市场保持第一并扩大领先优势,国内占有率争取超过 40%,全球占有率争取超过 15%,客车业务总收入超过 400 亿元。

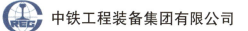 中铁工程装备集团有限公司

掌握隧道掘进机制造关键核心技术
引领行业标准制定

一、总体情况简介

中铁工程装备集团有限公司（以下简称"中铁装备"）成立于 2009 年，为世界 500 强企业——中国中铁股份有限公司旗下中铁高新工业股份有限公司的重要成员企业，位于河南省郑州市，是专业从事隧道掘进机研发设计、制造、服务的专业化集团公司，现有员工 3600 多人，专业综合实力国内第一。

中铁装备在郑州建有国内最大的盾构/TBM 研发制造基地，盾构/TBM 综合年产能达到 280 台（套）以上，已广泛应用于 40 多个国内城市，各类产品先后出口到 23 个国家和地区，累计安全掘进里程 2400 多千米，隧道掘进机产品的年产能、总产量和市场占有率连续 9 年保持国内第一，近 4 年产销量居世界第一。

二、突出优势

（一）核心技术优势

中铁装备先后研发出我国第一台复合式盾构机、第一台硬岩盾构机，世界最大断面矩形顶管机、世界首台马蹄形盾构机，我国最大直径硬岩掘进机、泥水盾构等创新产品，并承担了 20 多项国家重点课题项目，拥有隧道掘进机研发制造的自主知识产权。

2013 年 11 月中铁装备收购了德国维尔特公司知识产权和品牌使用权，技术水平领先国内其他同行企业。中铁装备累计拥有授权专利 1036 项，其中国外专利 8 项，国内发明专利 216 项，实用新型专利 807 项，外观专利 5 项；主持制定全断面隧道掘进机领域等相关国家、行业标准 22 项，是国内拥有全断面隧道掘进机相关专利、标准最多的企业。

中铁装备核心技术优势主要体现在：掌握隧道掘进机制造关键核心技术；消化吸收国外先进技术和设计理念，集成技术优势；引领隧道掘进机行业标

准；始终拥有客户思维，不断挖掘客户潜在需求并反馈到技术研发过程。

（二）个性化定制优势

中铁装备起步于工程施工，长于装备制造，成于自主创新，充分利用我国基建市场强大的土木工程技术信息与隧道掘进机运用信息，设计出最具地质适应性、最便于施工的隧道掘进设备。

中铁装备产品涵盖各式全断面隧道掘进机，应用到多种工程建设，地质适应性广泛。产品自动化程度高，具有施工时不开挖路面、不封闭交通、不搬迁管线、减少噪声和尘土等优势，真正实现无障碍施工，实现环境友好型的建筑施工。同时，基于大数据、物联网和云计算技术，中铁装备建设了我国第一个隧道掘进机掘进远程控制系统、TBM优化决策理论与智能控制专家系统以及工业互联网平台，可以实现隧道掘进装备的设计研发、生产制造、技术服务互联互通。

个性化定制产品优势主要体现在：设计超前性，引领市场需求；设计与施工的良性互动；设计的动态优化，始终掌握用户一线实时的信息；充分把握信息化、智能化趋势，引领产品转型升级。

（三）综合解决方案优势

中铁装备在开展研发设计、生产制造、售后技术服务的基础上，全面开展盾构租赁、掘进分包、再制造、技术咨询等附加服务，为盾构施工解决难题，提供综合解决方案，不仅极大地提高了产品的市场竞争力，同时也能在产品实现中不断收集产品反馈问题，促进产品的不断改进和提升。

中铁装备下设有专门从事技术服务的专业公司，在全国范围内建立了近50个售后服务网点，覆盖华北、东北、西南、西北、华东、华中、华南等地区，践行"管家式"服务建设，能够在最短的时间内收集顾客意见，响应并解决顾客需求。

三、典型经验

中铁装备以"三个转变"为指引，致力于为国内外地下工程施工提供全方位的产品及系统服务，最终打造成为国际领先的地下工程装备综合服务商。

（一）立足"中国创造"，用改革创新构建高质量发展的系统性

1. 紧扣发展本质，统筹改革发展

一是坚持让产品和服务始终保持领先、以管理效率驱动、尽早实现全球经营的"三个发展策略"，持续把注意力集中在企业自身竞争力，据此大力推动企业高质量发展。二是推进"三项管理变革"（设计研发管理变革、供应链管理变革、信息化管理变革），带动整个公司以共生的生态，以高效、动态、敏

锐的新组织形态，让中铁装备在市场识别、产品和服务提供上能更加精准迅捷。三是抓好"调结构"工作。持续从产业结构、产品结构、行业结构、客户结构、区域结构、内外结构等多个维度进行优化，不断优化企业高质量发展的产品及产业布局。

自主研制超大直径泥水平衡盾构机——"春风号"

2. 坚持创新驱动，突出科技创新

一是坚持集成创新理念，突出先导式创新。搭建"七院三站三中心一平台"的科技研发架构和"政产学研用"协同创新平台，充分利用产业链上下游、大专院校及科研院所创新优势，汇聚众智，推动科技创新。打造"储备一代、研发一代、设计制造一代、优化完善一代"的科技创新能力，实现直径 2~18m 盾构/TBM 产品的全覆盖。

二是通过联合攻关，使关键部件国产化。中铁装备于 2018 年建成国家工业强基工程项目——"盾构/TBM 主轴承减速机工业试验平台"，于 2020 年 6 月成立重大专项研究院，加快对掘进机密封、大排量泵、PLC 模块等核心部件的国产化进程。

三是通过精准创新，满足市场新需求。在对成熟产品进行二次创新的同时，重点在高难度、前瞻性关键技术方面实现突破，保持将年收入的 8% 以上作为研发投入，先后研制出国内最大直径土压、硬岩、泥水盾构，成功开发竖井钻机、悬臂掘进机等一批新型专用设备，并在煤矿、油气输送、水利水电、川藏铁路等领域和极端环境下实现创新应用，建成全国首个盾构法装配式地下停车场，为综合管廊、地铁车站、海绵城市等地下空间开发提供新的解决方案。

四是通过超前研究，增强技术创新前瞻性。通过技术规划、产品规划、平台规划"三项规划"并举，重点在智能控制及智能制造技术、新型地质探测技术、新型破岩技术、"互联网+"新型网络技术等方面实现突破。

（二）致力"中国质量"，用科学管理增强高质量发展的持续性

1. 实行全生命周期管控，严把产品及服务质量关

把牢设计源头质量、强化过程质量管理、践行"大质量"理念、落实"大服务"理念。

2. 夯实管理基础，优化公司运营质量

全面开展管理实验室活动，着力疏通管理流程。强化对企业经济运行质量的把控，突出加强现金流管控；从宏观和微观两个方面加强成本管理。加强合规管理，持续筑牢风险防线。

（三）着眼"中国品牌"，用品牌效应放大高质量发展的普惠性

1. 提高品牌定位，强塑品牌形象

树立"产品是人品，质量是道德"的品质观，把客户关系管理作为品牌管理的导向，深深融入，形成产品品牌、技术品牌、服务品牌、党建品牌、文化品牌、人物品牌为主体的品牌集群。以宣传推广提升品牌影响力。通过主办行业高端论坛、科技展览等加强企业品牌影响力和话语权。全面实施品牌发展战略，以"人品、产品、企品三品合一"为品牌塑造核心，推进品牌培育管理工作，建立"V·S"（价值+超越）特色品牌培育模式。经权威评定，中铁装备2020年品牌强度902、品牌价值49.27亿元。

2. 培育文化品牌

培育"以中国梦想为圆心，以员工幸福为半径，以掘进机事业为周长"的"同心圆"企业文化，推动员工个人价值同企业价值的有机融合。

四、未来发展展望

未来，中铁装备将致力于让地下空间开发更好、更快、更安全，为国内外地下工程施工提供高效、优质的综合解决方案，成为世界一流的地下工程装备综合服务商。

中铁装备将坚持以地下工程装备产业一体化发展为中心，以市场需求为导向，不断丰富产品类别，开发周边配套产品，夯实产品竞争优势，逐步向上游核心部件业务拓展，形成全系列化和相关多元的地下工程装备产品族系。在此基础上，向地下工程产业链延伸，着力强化工程设计和工程服务能力，实现工程设计、装备、服务三者有机联动，建立持续良性循环的开发机制。

提升企业研发、生产、管理和服务的信息化、智能化、数字化水平，中铁装备将逐步建立智能设计、智能制造、智慧管理、智能运维4个平台，实现产品智能化、制造智能化、管理智能化和服务智能化。充分整合相关方资源，打

造模式创新、协同共生、互利共赢的地下工程装备产业生态圈，树立"设备是工具、服务是产品"的产品结构观，创新"装备+服务""终端+云端"模式，为客户提供一体化的系统解决方案和集成服务，助推企业可持续高质量发展，在隧道工程装备行业实现综合实力全球第一。

五、专家点评

中铁装备作为隧道掘进机行业龙头企业，以打造民族工业品牌为己任，始终坚持创新驱动，持续引领行业发展，贡献了行业内多个"第一"，多次参与国内重大基础工程建设，促进了国产隧道掘进装备在我国重大工程中的应用，为我国隧道掘进机跻身世界前列做出重要贡献。未来，中铁装备要继续以"三个转变"为指引，高质量推进深化改革工作，进一步解放思想、大胆实践、锐意进取，不断提升核心技术竞争力，实现高质量发展，打造"三个转变"改革排头兵，为打造中国创造、中国智造和中国品牌贡献力量。

浙江大学流体动力与机电系统国家重点实验室教授　龚国芳

河南威猛振动设备股份有限公司

专注振动筛分设备研发制造
促进钢铁矿山向深度环保发展

一、总体情况简介

河南威猛振动设备股份有限公司（以下简称"威猛股份"），是全国第二批制造业单项冠军示范企业，总部位于有"中国振动设备之都"之称的河南省新乡市经济技术产业集聚区。威猛股份始建于 1954 年，前身为国营新乡县振动设备厂，2000 年 12 月完成股份制改革，是国内较早成立的筛分设备专业制造企业。

多年来，威猛股份一直专注于振动筛分设备的研发、制造、销售和服务，以信息化平台为支撑，以大数据为抓手，全力打造"节能、环保、高效、智能"的多种类型振动筛分装备。已成为代表国际行业先进水平的国内优秀企业，获得各种奖项和荣誉 300 多项。威猛股份崇尚"向上、向善"的价值观，秉承"创新、学习"的企业文化，践行"格物、自省"的企业精神，"做世界筛分专家、把绿色还给世界"是威猛股份发展的伟大愿景。

二、突出优势

（一）技术优势

目前，威猛股份拥有研发人员 230 多人，有效专利 277 项（其中发明专利 9 项，实用新型及外观设计 268 项），拥有河南省企业技术中心、河南省智能移动筛分工程技术研究中心、河南省高端循环经济处理利用装备工程研究中心。威猛股份连续 4 次被认定为高新技术企业，始终瞄准行业前沿技术，拥有一系列核心技术，主要包括复频振动筛技术、垃圾处理分选及再利用技术等。

（二）人才优势

威猛股份核心技术人员具有多年的行业经验，目前公司技术中心已经形成一支近 160 人的创新队伍，专职从事科研技术与试验工作，同时威猛股份有计划、有步骤地引进经验丰富的专业人才，配合专业的人才培训机制，形成了一

威猛股份全景图

支技术精湛、经验丰富、结构合理、团结合作的研发团队。

（三）品牌优势

多年来，威猛股份高度重视品牌效应，着重从研发、生产、销售、服务等方面改进，保持了快速稳健的发展，积累了大批优质客户，并在钢铁、砂石等行业树立了良好的口碑。2011年威猛品牌获得中国驰名商标荣誉称号；2017年被评为省级质量标杆企业和省级品牌培育示范企业。威猛股份始终坚持以品牌求生存，以品牌求发展，以品牌求卓越，在重型机械行业始终走在最前列。

三、典型经验

（一）技术创新

威猛股份科研创新团队致力于智能控制和筛分分选的技术融合，提升国际市场竞争力，提升民族装备水平，以促进我国钢铁、矿山等行业向深度节能环保方向发展，同时通过集成型智能筛分系统的研发，实现建筑垃圾、生活垃圾等无害化、减量化、资源化环保处理。建立成熟的专家机制，聘请了包括1名院士在内的一批高技术科研人才，与多家高等院校与科研机构加强技术合作，并先后邀请国外专家到威猛股份开展技术合作和交流，形成了强大的综合技术创新体系。

（二）管理能力

威猛股份主要产品为个性化定制产品，属于离散型制造，面对客户的多样化需求，威猛股份充分认识到智能制造的重要性。威猛股份数字化转型能力建设的创新性体现在：自主研发智慧决策中心，通过生产要素全连接，生产管理纵向集成服务，生产运营横向集成服务，为生产制造提供战略性决策；构建基础设施层，实现状态感知，在边缘层面进行实时反馈和处理；基于5G＋工业互联网融合创新，全面承载5G创新应用：数字孪生、工艺仿真，实现生产制造智能化和产品智能化。

（三）企业文化

威猛股份一直倡导"用文化凝聚人心，用文化管理企业"，确立了长短期发展方向和绩效目标，通过绩效目标的层层分解落实，实现全体员工有效贯彻公司的使命及愿景；通过建立以价值观为核心的企业文化体系。

（四）质量品牌

威猛股份高度重视企业品牌培育及推广工作，企业品牌建设能够为企业带来诸多优势，品牌对于企业来说至关重要。

（五）经营绩效

经过60多年的不断努力，威猛股份已发展成集振动设备和环保设备的研究、开发、制造、销售、服务和进出口业务于一体的股份制企业。多年来，威猛股份一直特别关注对主营业务的绩效进行评价和改进，全面打造卓越绩效。

1. 客户满意度

威猛股份始终坚持"为客户提供一流的产品、一流的服务、一流的信誉"的经营理念，产品质量和服务水平不断提高。

2. 产品和服务绩效

威猛股份根据市场销售发展需求，通过增加服务网点、完善客户关系管理系统、建立监控及考核机制、提高服务效率，使近三年的平均服务用时不断降低，服务的时效性得到广大用户的认同。

3. 主要产品、服务特色和创新成果

近年来，威猛股份积极响应国家号召，严守"无绿色不研发、无绿色不生产、无绿色不销售"的发展理念，开发出一系列"节能、环保、高效、智能"的绿色产品，有效地解决了客户绿色发展的难题。

产品关键指标对比

关键指标	传统振动筛	威猛股份复频筛	备注
筛分效率	筛面整体振动，依靠筛面的大倾角实现物料向前运行，分层效果差，筛分效率约80%	多段筛面独立振动，强制分层，抛射运动，薄层筛分，松散性系数提高1.3倍，物料接触筛孔概率增加，筛分效率达到90%	提高5%~10%左右

（续）

关键指标	传统振动筛	威猛股份复频筛	备注
智能性	无	配置PLC系统，就地手动及远程控制整台设备的启动、停机等，可在PC端/手机端实现同步数据监控，平台内异常报警等故障可通过微信、短信、邮件提示，并有报警记录	物联网技术与自动化技术结合，实现智能监控、智能润滑、自动报警等
节能性	同样频率和振幅下，圆振筛2DYS-3675电机功率为2×37kW	参振重量小，同型号的复频筛仅需4×15kW	单台设备可节约14kW
环保性	筛箱整体振动，采用动态密封，污染较大	改变传统振动筛的结构，筛箱不参与振动，仅筛板和激振器参与振动，采用静态密封，全系统在负压状态下工作，解决筛分过程中粉尘外溢污染环境的问题	无粉尘外溢

1）有效的服务模式：威猛股份坚持多方面、多角度的服务活动，最大限度地满足顾客需求，建立威猛股份与客户间沟通服务的平台，始终坚持"质量第一、客户至上"的服务理念。

2）快捷的服务系统：目前威猛股份通过互利共赢的模式在特定地区设置了合作办事处，设立了远程营销服务平台和24h服务热线，提供产品销售、维修、配件、售后服务一体化、全方位的服务，形成快速反馈处理用户投诉意见的反应机制，建立健全了顾客与市场体系。

3）贴心的售后服务：威猛股份所有设备售出后，都会安排人员定期进行走访，及时帮助客户解难帮困。对客户反馈的问题，确属设备质量问题的，威猛股份会在第一时间派出客服人员赴现场修复或更换，把威猛股份优质的服务及时送至客户身边。

4）市场占有率。

威猛股份筛分设备国内、国际市场占有率情况

年份	筛分设备数量/台	国内市场占有率（%）	国际市场占有率（%）
2018	7670	23	7
2019	9800	27	7
2020	10470	32	16

5）过程管理绩效结果。威猛股份建立实施质量、环境、职业健康安全、

管理体系和卓越绩效管理模式，推动了研发、供应、生产和销售等 8 个关键过程的良性循环，不断提升过程管理的质量。

（六）国际化发展

为充分开拓国际市场，威猛股份先后在北京、上海分别成立了国际贸易一部和国际贸易二部，利用地理位置的优越性吸取高端国际贸易人才。除此之外，威猛股份还采取与国外代理机构合作、参加全球专业设备展会及开设办事处等方式，积极推进威猛股份的国外市场开拓。

四、未来发展展望

2021 年威猛股份将在余热利用方面进行深入研究，自主研发新装备，获取发展新优势，为提振经济做出努力。

卫华集团有限公司

专注通用桥式起重机研发
四大系列产品抢占市场

一、总体情况简介

卫华集团有限公司（以下简称"卫华集团"）始建于1988年，是以研制桥式、门式起重机械、港口机械、电动葫芦、减速机、矿用机械、停车设备、特种机器人等产品为主的大型企业，其中单项冠军产品——通用桥式起重机全国占比23.48%。

卫华集团聚焦起重机国际前沿技术，在绿色化、智能化、定制化、网络化方面不断创新。

二、突出优势

（一）技术研发优势

卫华集团在技术研发上具有国内领先优势。近年来卫华集团通过研发附加值高的通用桥式起重装备，形成具备核心竞争优势的定制化产品。完全自主研发了人工智能起重机ALcrane，采用5G通信、人工智能、数字孪生、大数据、工业互联网技术，为各行业提供智能搬运整体解决方案，推动信息产业与制造业的深度融合。卫华集团强势开启"5G＋人工智能＋工业互联网"的智能搬运新时代，让起重机械真正成为起重机器人，进一步提升了卫华集团在通用桥式起重机智能技术研发上的领先性，打造差异化的竞争优势。

智能防摇摆控制技术：该技术让起重机成为"物料搬运机器人"，将摇摆幅度降低95%以上，控制精度达2mm，填补了此领域的技术空白。

高效绿色化关键技术：卫华集团自主研发轻量化关键技术，组成产学研联合攻关课题组进行轻量化桥式起重机推广应用技术研究，形成标准化、系列化产品，相比于传统起重机，此技术的自重、高度、综合能耗可降低15%~30%。

（二）质量管理优势

产品质量是卫华集团的生命线。坚持供应商全球择优采购，以完善的检测手段和高效运行的质量保证体系，以严苛的工艺标准和精益求精的态度，保证产品质量的高可靠性。卫华集团技术检验测试中心为国家认可实验室，其出具的检测报告可与世界上60多个国家互认。

卫华集团拥有检测设备300多台（套）。建立全流程质量控制-制造执行系统（MES）和在线检测系统，实现从原材料、配套件的进厂到成品的出厂进行全方位的监控和检验，对每一道工序都制定了严格的工艺标准和检验标准，保证机制件完全受控。

（三）规模效益优势

在规模方面：在桥门式起重机产量上，卫华集团已成为国际上第二大的制造集团公司，被同行誉为世界上最大的桥门式起重机生产基地。

卫华集团智能产业园鸟瞰图

在效益方面：2020年，卫华集团实现逆势增长，超额完成年度生产经营计划，通用桥式起重机订单量在业内领跑，主业地位稳固，全年实现订单同比增长26%，销售收入同比增长30%，利润同比增长91%。同时，卫华集团国际贸易持续稳步发展，2020年践行"线上电商辅助+线下代理发力"的双线发展策略，成功中标并签订多个国外项目。

（四）人才组成优势

卫华集团全面引进高科技人才，拥有起重行业最大的技术研发团队；同时，积极与国内知名高校展开全面合作，充分利用高校的科研和人才优势补充自身的研发实力，支持科技人才进行深造。通过博士带领技术人员开展技术研发，对起重机产品的成本控制能力达到行业内领先水平。

（五）"互联网+"应用优势

卫华集团投资1000万元进行大数据中心项目建设，具备物流装备远程监控、故障诊断、预测性维护、远程运维服务应用等功能，实现起重装备的全生命周期管理。卫华集团大数据中心已累计接入的各类设备覆盖国内 29 个省级行政区域及一些东南亚国家，可为政府提供精准的"起重机指数"。该平台累计获得国家工业互联网试点示范、国家 2020 年大数据产业发展试点示范项目等 6 项国家级荣誉，并入选河南省工业互联网平台培育名单，助推卫华集团成为国家首批两化融合管理体系贯标试点企业、国家制造业与互联网融合发展试点示范企业。

卫华集团通用桥式起重机工业互联网平台

三、典型经验

（一）持续创新，引领企业高速发展

1. 由传统产品向智能产品转变

卫华集团通用桥式起重机以智能化和网络化制造为引领，通过对防摇摆、起重机信息化管理、机器识别、智能路径优化、大数据分析、安全冗余、多功能的可视化等技术的研究，研发出了全自动垃圾焚烧起重机、全自动轧辊吊装起重机、全自动冶金起重机为代表的通用桥式起重机智能产品。

2. 由传统生产向智能生产转变

卫华集团投资建设的智能起重装备产业园项目，可实现厂内仓储、物流、生产、装配、质检各环节自动化和智能化全面覆盖，创造了 1h 下线一台双梁起重机，实现了"产品混装＋流水线"的高度柔性生产。实现生产效率提高80%，一条生产线从50人减少到10人，生产周期缩短70%，物流运作效率提高50%，减少生产误操作40%，总体制造运营成本降低20%，整体生产节能10%。在设计、制造、服务三大领域积极开展"互联网＋"应用，实施大数据工程，通过PDM、ERP、MES信息化系统的深度融合，生产柔性能力提升了3倍。

3. 由高耗污染向绿色节能减排方向转变

卫华集团推行制造过程中的绿色化改造，建立健全了环保制度和规程。进行车间绿色化改造，实现起重机表面处理和涂装全自动化、封闭化生产，使喷漆过程中产生的废漆雾捕捉率达95%以上、废气处理效率达98%以上，VOC废气经达标后排放、配置降噪措施，设备周围最大噪声不超过80dB，操作人员周边环境噪声不超过85dB。

（二）战略决策，提升企业管理水平

2020年，卫华集团与华彩通力合作规划卫华集团"十四五"发展战略，指导公司抓住新机遇、找准新定位、培育新优势，明确发展方向，实现高质量发展。

（三）文化建设，培育企业君子之风

卫华集团在传承原有"诚信"文化精髓的基础上，树立起具有传统文化底蕴和时代精神特色的君子文化旗帜，提出"诚信、创新、奋斗、自律、担当"的核心价值观。

（四）严控质量，扩大企业品牌影响

卫华集团非常重视品牌管理，制定了相关管理手册，并设立品牌维护部开展维权活动，将卫华商标进行了全类注册，并在马德里协定国进行国际商标注册。卫华商标分别被司法认定和行政认定为"中国驰名商标"，卫华品牌价值达71.9亿元。

（五）追求卓越，实现企业逆势增长

卫华集团作为通用桥式起重机单项冠军示范企业，研发的新型智能起重机、新型钢丝绳电动葫芦、智能立体车库、特种机器人四大系列产品大力推向市场，将卫华集团逐步打造成为成套设备供应商和系统解决方案制造商，并向工程总承包企业发展。

（六）协同并进，打通企业产业链条

通过"卫华供应链云平台"建设，将PLM、ERP、MES、SRM等业务系统串联打通，集成到统一平台，打破了企业与供应商对接的时间壁垒，形成了一套供应链协同与创新流程。

（七）定位全球，促进企业国际化进程

为响应"一带一路"倡议，卫华集团积极制定国际发展战略，进军全球高端市场。成立驻外机构，在 8 个国家建立了具有当地现场售后服务能力的专业团队，设立了 85 家国外营销代理，形成了规范的海外营销网点。产品远销 135 个国家和地区，创造国际贸易"走出去"新成果。

四、未来发展展望

（一）多措并举，培育企业多元发展新动能

新业务发展是卫华集团未来的潜在增长点。卫华集团将大力培育高利润、高附加值、高技术含量的智能化新项目，打造知名度高、市场竞争力强的人工智能起重机 AI Crane、智能立体车库及特种机器人产业。

（二）优化企业人才队伍结构

卫华集团以"招得来、培养好、留得住、出得去"为目标，建立技术人才培养基地，打造卓越的人才队伍，实施"三个 100"人才培养项目，为卫华集团实现战略目标提供坚实的人才保障。

（三）资源整合，提升企业经营管理水平

通过内部资源整合及共享，卫华集团将优先开发、利用内部资源，实现优势互补，取长补短，提高企业生产运营效率，降低经营成本，从而实现企业和员工的共赢。

五、专家点评

卫华集团在资源缺乏、地理位置不优的环境下，奋发努力，成长为我国工程领域的一面旗帜，其突出特点表现为：一是重视人才，营造良好环境，吸引了一大批高层次人才；二是把科技创新放在核心地位，注重技术研发，推动产品不断升级；三是注重信息技术的嫁接，充分利用 5G、物联网等，提高产品、制造的智能化水平；四是推动商业模式创新，提高远程运维、工业互联网平台应用，推动向服务型制造转变；五是严控质量标准，建立高水平检验检测体系，保证产品质量的高可靠性。

建议卫华集团进一步推动通用桥式起重机向更加绿色化、定制化、智能化、网络化发展。

郑州大学管理科学与决策研究所所长　曹武军

中石化四机石油机械有限公司

打造大国重器　助力国内油气资源开发

一、总体情况简介

中石化四机石油机械有限公司（简称"四机公司"）1980年转产石油机械后，通过"技贸结合"从美国引进固井、压裂装备先进技术，经过消化吸收和自主创新，试制出了国产首台自动混浆水泥车和首套大功率压裂机组，成为我国知名的油气资源开发固井压裂专用装备制造企业。多年机械制造积淀的实力与国际先进技术的融合，使四机公司的产品研制水平始终保持与国际同步，拥有具备自主知识产权的石油钻机、修井机、固井设备、压裂设备、高压管汇五大类、12个系列共200多个品种，掌握了大型压裂机组成套技术等30多项核心技术，形成了成套固井设备、成套压裂机组、海洋压裂防砂设备、海洋撬装固井设备及配套的高压流体控制元件及组合管汇等系列固井压裂产品，并在固井压裂设备领域长期处于国内领先、国际一流的地位，其中自主研发的大型压裂机组成套技术处于国际领先水平。

超大功率电动成套压裂装备

二、突出优势

（一）技术先进

四机公司一直坚持自主创新，赶超国外先进技术，开发具有自主知识产权的国产大型固井、压裂装备，先后掌握了固井自动混浆技术、高能混合技术、大型固井泵等多项固井设备核心技术，形成压力 35~105MPa、排量 1300~4200L/min 的单机单泵、双机双泵、车载式、橇装式和手动、自动混浆固井设备系列产品，并形成了柴驱、电驱大功率固井装备系列产品，可实现高能混浆、数据采集传输、混浆液面自动控制。在压裂装备方面，先后掌握了柱塞泵设计技术、泵头体材料优选技术、高能混配搅拌技术、螺旋输砂技术、自动网络控制技术等压裂设备核心技术，在国内率先突破 2500~3000hp 大功率轻量化压裂泵车、压裂液高效混输、140MPa 高压管汇研制等核心技术，先后自主开发出世界首台（套）2500 型、3000 型压裂机组，搭建了大型成套压裂装备自主创新平台，实现了压裂设备从部件到整机、从单机到机组集成的重大转变，扭转了国产压裂装备技术落后、性能不高的不利局面，创新研制出的系列化成套压裂装备适应了我国山区、丘陵、受限井场、超高压大型施工作业，提升了国产油气开发装备的核心能力，整体技术达到国际领先水平。"超高压大功率油气压裂设备"作为国家油气科技重大专项标志性成果，获 2015 年国家科技进步二等奖。"十三五"国家科技重大专项课题"超大功率电动成套压裂装备研制"更以电动化、自动化、数字化为目标，研制出 5000 型大功率电动压裂机组（含压裂、混砂、配液、管汇、仪表控制等装置），满足了装备长时间、高可靠性以及绿色高效的要求，先后在涪陵、新疆、威荣、武隆等地区进行规模化应用，综合成本下降 30%，全套装备国产化率提升至 95%，为非常规油气经济规模化有效开发发挥了装备支撑作用，标志着国产压裂设备进入国际第一方阵。

同时四机公司是全国石油钻采设备和工具标准化技术委员会下设的固压设备标准化工作部，是我国固井、压裂装备行业标准的牵头制修订单位，牵头制定了《石油天然气工业 钻井和采油设备 压裂泵送设备》《石油天然气钻采设备 压裂成套装备》《石油天然气钻采设备 固井成套装备》《石油天然气钻采设备 固井设备》等系列固井压裂装备行业标准，充分发挥了四机公司在固井压裂成套装备领域的技术优势，为我国固井压裂设备的设计、制造提供了技术依据。

（二）产品质量

四机公司一直致力于以建设具有国际竞争实力的"品牌老店"为目标，坚持"顾客至上、质量第一"方针引导。在注重技术发展的同时狠抓产品质量管理和控制体系建设，是国内同行中率先取得了 ISO 9001 和 API 双认证、通过了国家 3C 认证的企业，同时还取得了高压元件生产许可认证、美国船级社认可，获得 4 个系列产品海关联盟证书，推进了产品质量与国际接轨。

四机公司积极完善产品检测、试验手段，建成了 6000hp-140MPa 压裂泵跑合试验装置，可实现模拟压裂极限工况的压裂泵"百万冲次"试验评价；突破了管件室内爆裂试验技术瓶颈，创建了国内最大的 700MPa 压力中心实验室，实现了压裂高压管汇远高于行业标准的高安全系数产品测试；建成了国际上最大的成套固井压裂装备试验场，满足 50000hp 压裂装备联机系统的可靠性试验，压裂试验体系获国家实验室认证，完善的试验体系为四机公司产品质量提供了强力保障。

（三）发展效益

四机公司一直致力于现代化企业建设，建立健全各项管理制度、办法和规范，率先在国内石油机械制造行业全面实施 ERP 系统，推进 TPM、精益管理，实现了管理模式上从职能制向流程式转变，效益增长方式从粗放向集约、受控转变，企业管理从经验型管理逐步向制度化、规范化和精细化管理的转变。对内实行集约化发展型战略，大力推进精益管理，以管理提升效益；坚持技术引导市场，着力提升核心技术能力，走高端、高效发展之路；在固井压裂装备开发方面，立足陆地油气开发的同时拓展海洋石油工程装备领域，增强企业整体实力；对外深耕细作服务市场，以高度的责任心和精湛的技艺，向顾客提供精良的产品和优质的服务，努力提高国内外市场占有率，形成新的经济增长点。同时积极实施固井压裂装备国产化，针对国内油气资源开发的个性化需求，着力提升四机公司固井压裂设备性能，在泵输出水功率、连杆负荷、泵使用寿命关键技术指标上达到世界领先水平，引领国内行业发展。2013 年至今，四机公司累计为国内外陆上、海洋油气田提供固井压裂及配套装备共计1200 多台（套），新增产值近百亿元。

2300 型压裂撬组

三、典型经验

（一）技术创新

经过 30 多年的发展，四机公司成套固井压裂装备研制技术逐渐成熟，同时拥有稳定的技术研发队伍及一批在行业具有较高知名度的专业带头人，形成了前瞻性研究、新产品研发、工艺革新、群众性创新四级科研体系，为固井压裂装备系列产品的完善和技术升级提供了保障。

依托国家"863"计划、国家科技重大专项及省部级、四机公司自研等多级科研项目，充分发挥产学研用创新体系，合理配置产学研用资源，通过10多年持续技术攻关，实现了压裂泵的自主设计和不断升级，将压裂泵连续作业能力由10h/天提升至24h/天。保持压裂泵技术领先优势，先后发明了基于大型压裂工程应用的成套装备网络控制方法，创建了超高压压裂泵设计与分析理论体系、压裂液混配全流程理论分析与试验测试方法，基于冲蚀机理的超高压管汇优化设计方法等先进技术、方法，在不同时期率先研制出世界首台2000型、2500型、3000型车载成套压裂机组，1600型电动固井装备，压力等级达140MPa、175MPa的系列固井压裂高压管汇元件，为我国塔里木、普光、涪陵等重难点油气田开发提供了重要装备支撑，形成了我国首个完备的大型成套固井压裂装备研制、应用技术体系，掌握了世界领先的高端固井压裂装备研制技术。

（二）管理能力

四机公司着力推进从经营产品向"制造+服务"转型，坚持以服务促营销，坚持推行领导挂点承包制，积极发展战略合作伙伴，持续加强产品推介，整合优化国内外售后服务资源，探索推进租赁销售业务，"三桶油"等传统市场订货稳中有升，民营市场订货增幅明显，压裂、固井和连续油管设备远销国外。四机公司推行机构改革，以效益为导向，优化调整绩效考核模式，强化考核激励导向作用，营造了良好的创新、创效氛围，扎实开展"管理提升"专项行动，不断夯实制度建设基础，加快推进管理制度化、标准化、流程化、信息化，强化法律风险防控、效能监察，开展专项审计调查，促进生产经营规范运行。

（三）企业文化

以为全球能源开发提供精良装备和超值服务作为自己的使命，专注油气领域，把握发展趋势，洞悉市场需求，以客户为中心，以价值创造为主线，不断激励全体员工开拓进取，奋勇前行。践行"成就用户、惠泽员工、奉献社会、报效国家"的核心价值观，坚持以理念创新激发创造力、以管理创新催生内动力、以科技创新提升竞争力，以变应变，常创常新，不断聚集发展新动能、释放发展新动力。

（四）质量品牌

四机公司坚持把"铸精品、创名牌"作为四机公司的立身之本和发展之源，持之以恒地实施品牌战略，坚持实施靠精品闯市场、凭名牌创效益的发展之路。对内实施"管理推动""控制拉动""考核驱动"的"三动"式质量管理，有效地把质量管理贯穿于产品制造的全过程，以管理流程优化、考核问责常态化促进产品质量实现全过程提升；对外完善用户巡查及质量回访制度，通过深入细致了解用户需求、超越顾客期望,实现顾客满意向顾客忠诚的转变。同时,积极参加在国内各大油田新产品和新技术推介会,持续参与 CIPPE、美国 OTC 等国内外石油装备展览,强化产品宣传和推介。四机公司始终坚持实施"大市场"战略,开展品牌经营,坚持"星级服务"准则和"先修保运转,后理分责任"的服务宗旨,以"敬畏之心"真诚对待市场,树立了良好的顾客口碑和社会信誉,先后荣获"全国五一劳动奖状""全国用户满意服务单位""全国质量管理先进企业"等荣誉称号,"四机牌"石油固井车、压裂车、高压管汇件荣获"湖北名牌产品"及"中国石油石化装备名牌产品"称号。

(五)经营绩效

四机公司对内搭建了较为完善的技术创新体系、制造与试验检测体系、制造业信息化体系和质量管理和控制体系,全面推行内控制度,坚持精益化管理,严控产品质量;对外完善销售体系,在国内先后建立了 19 个常驻服务部、两个配件供应中心及两个维修服务基地,在国外设立了 9 个销售服务站,形成了"五个市场主体"各自出击、业务分块负责、区域集中管理、资源协调共享、整机与配件互补、产品与服务互促,销售服务一体化的市场营销格局。

(六)产业协同

四机公司经过多年的努力,搭建了产学研用相结合的科技创新体系,设有高端研发平台。与多所高校院所建立企校合作关系,开展了材料基础研究、工作机理研究等技术研究;以江汉油田为依托,与国内几大油田签订了战略合作协议,推进新产品研发与工程作业工艺的结合,提高了新产品研发的适应性。

(七)国际化发展

四机公司依托国际合作研发平台积极引进吸收国际先进技术,使四机公司的产品研制水平始终保持与国际同步。

四、专家点评

四机公司坚持政策引导,应急与谋远相结合,一方面,完善现有固井压裂系列产品,推动产品技术换代升级,努力提升固井压裂装备核心部件柱塞泵的工作性能及寿命,进一步升级优化装备的控制系统,完善装备数据采集管理平台,实现作业设计自动控制装备施工系统等关键技术的研发;另一方面,瞄准电动化、自动化、智能化、节能安全环保方向,推动产品研发向深层、特深层油气,陆地转向海洋的开采需求发展,实现适应非常规油气开采装备的研发。同时,积极响应国家"减污降噪"号召,开发适应国内油气资源开采的系列化电驱固井压裂装备,提升装备部件国产化率,推进电驱固井压裂装备应用。

中石化四机石油机械有限公司教授级高工　吴汉川

CHV® 成都成高阀门有限公司

专注管线球阀市场
努力实现天然气液化低温阀门国产化

一、总体情况简介

成都成高阀门有限公司（以下简称"成高"）创建于1993年，注册资金1.78亿元，现有员工600多人，拥有优良的现代加工设备及各类专业设备，年生产能力达20亿元。

成高是成都乘风流体科技集团有限公司（CFFT）旗下的石油天然气管道和储运阀门专业研发、制造公司，是国内少数专业研发制造球阀的阀门企业，旗下全资控股阀门品牌企业——成都乘风阀门有限责任公司（CCFV），是工信部第二批制造业单项冠军示范企业、中国通用机械工业协会副会长单位，中国通用机械工业协会阀门分会副理事长单位，四川省阀门行业协会理事长单位。

二、突出优势

（一）在国内同行中的竞争优势

1. 管线球阀的专业化优势

成高自成立之初就专注于管线球阀的研制和生产，是国内唯一一家专注于管线球阀领域产品开发和市场拓展的阀门企业。

2. 技术和研发能力优势

成高重视产学研合作和新技术、新工艺研发，从2002年开始与四川大学等高校合作开展管线球阀的科技攻关，取得多项技术成果和专利。

3. 产品核心技术和工艺优势

成高通过多年生产经验和技术积累，自主创新的大型天然气管道球阀可靠性的设计试验技术体系、全焊接球阀免焊后热处理制造技术和工艺、复合密封技术和工艺、超声相控阵无损检测工艺、独特球体加工工艺、阀门球体及内腔表面硬化处理技术及LNG低温球阀技术在同行业处于领先地位，通过联合研发形成高温、低温、耐蚀性等管线球阀核心技术，大幅度带动了行业技术进步。

4. 市场优势

成高专注于管线球阀市场的拓展，是国内中石油、中石化、中海油以及其他重大管线工程的管线球阀主要供应商，也是国内其他诸多重大管线工程的提供商，特别为国内能源动脉工程——西气东输工程提供了绝大部分的全焊接管线球阀。成高深耕管线球阀市场，具有多年的运营经验，在用户中树立了良好的口碑。

（二）在国际同行中的竞争优势

成高积极拓展国外市场，近年来向亚洲和欧美等油气企业提供了优秀的管线球阀解决方案。

1）突破并超过全焊接球阀国外生产技术，提高管线球阀运行安全性。

2）降低管线球阀生产成本，促进管线工业的发展。通过技术革新和工艺优化，成高管线球阀价格远远低于进口同类产品，大大降低了国家管道建设投资成本，同时节约资源，为国家天然气管道建设和国家能源安全提供有力的保障。

3）实现管线球阀的零泄漏，降低管线能耗和运营风险。成高在国际上首先提出复合密封结构和制造技术，彻底解决了管线球阀内漏的技术问题。从而在根本上解决了石油天然气及其他化工产品在管道输送中的污染问题，为促进全球节能减排发挥了积极作用。

三、典型经验

（一）技术创新

1. 技术创新战略

1）聚焦油气管线高压大口径全焊接球阀国产化市场机遇，开展自主技术创新。自2008年以来，国家开展油气管线高压大口径全焊接球阀国产化工作，成高紧跟国家发展战略，聚焦高压大口径全焊接球阀国产化。仅在2015—2019年间，成高立项开发相关产品达17项，研发投入累计达5000万元，其他相关技改投入超过5000万元。

2）与行业协会展开紧密合作，解决行业技术难题。在油气管线高压大口径全焊接球阀国产化研制过程中，成高与中国通用机械工业协会和中国机械工业联合会开展了紧密合作，及时解决了阀门密封、新产品试验等技术难题，加快了成高的技术创新速度。

3）与中石油、中石化等重要客户开展联合研制工作，实现创新引领。针对油气管线关键截断球阀具有比常规阀更加突出的安全可靠性和使用寿命的要求，解决阀门内漏问题。成高与中石油西部管道分公司启动新型管线球阀联合研制工作，实现了产品的创新引领。

2. 创新成果

1）2010年完成40~48in Class600~900高压大口径全焊接球阀国产化研制项目，实现了首台（套）国内从0到1的突破。

2）2016年完成56in Class900高压大口径全焊接球阀国产化，一次性通过工业性试验，标志着国产高压大口径全焊接球阀达到国际领先水平。

3）2016年同时完成油气管线强制密封阀轨道球阀、旋塞阀国产化，2017年通过工业性试验。

4）2018年完成发明产品56in Class900四阀座球阀的研制，并通过产品鉴定和工业性试验。

5）成高共申请专利151项，获授权专利120项，其中发明专利7项、实用新型专利113项。先后参与11项国家标准的制定，参与规范石油天然气管线全焊接球阀的技术发展。成高积极推动了国内油气管线阀门的开发和国产化，完成了油气管线球阀新产品省级鉴定5项、国家级鉴定10项。

3. 创新体系建设

1）创新平台建设：成高对此高度重视，2014年成高阀门取得成都市企业技术中心，2015年取得四川省企业技术中心，2015年由成都市科学技术协会认定为成都市院士（专家）工作站。

2）人才建设：成高现有专业研发人员70名，其中博士1名，研究生4名，本科生60名，高级工程师8名。拥有一批国内最早从事球阀技术研究的专家，这些专家从事管线阀技术研究工作年限最高超过40年。

4. 产学研合作

成高与四川大学、西南石油大学建立了长期的产学研合作关系；同兰州理工大学、西南交通大学、天津大学有着良好的技术合作；同焊研威达、四川大西洋焊接材料股份有限公司、北京钢铁研究院、中石油西南油气田国家材料腐蚀中心、中国测试研究院、合肥通用机械研究院等单位也有密切合作。

（二）获得荣誉

由于在攻克高压大口径全焊接球阀国产化技术难关中的突出贡献，成高两次荣获中国机械工业科学技术奖一等奖。该奖是经国家科学技术部批准，面向全国机械行业的综合性科技奖项。2017年12月，成高被工信部认定为制造业管线球阀单项冠军示范企业（第二批），同年，成高取得国家知识产权优势企业荣誉。

(三) 主要业绩

目前成高产品在管线球阀市场占有率达63%，居国内第一。产品主要用于国内外油、气管线建设工程，典型工程案例有：西气东输二线工程西段、西气东输一线工程、兰州－郑州－长沙成品油管道工程、中俄原油漠大管线输油工程、鄯善油库工程、沁水煤层气外输管道工程、龙岗气田净化气集输工程、西气东输江都-如东泰兴芙蓉段大口径项目、西三线大口径乌鲁木齐－中卫管道工程、中缅线管道工程、西气东输三线天然气管道东段（吉安-福州）工程、中石化涪陵－王场外输工程、中海油海南液化天然气输气项目、陕京四线管道工程、中俄东线项目、中国石油天然气股份有限公司管道中原输油气分公司等一系列应用。

西气东输一线工程

四、未来发展展望

(一) 天然气液化低温阀门国产化

1）开展LNG低温阀门产品研发工作。加大研发投入，开发具有自主知识产权的LNG低温阀门产品，购置LNG低温阀门试验设备、建设试验场地。开展阀门承压和控压零部件的材料选择、阀门结构设计、样品试制、深冷处理和低温阀门试验等工作。

2）加大LNG低温阀门替代国外进口市场推广工作。对现有的LNG低温阀门生产线进行技术改造，提升LNG低温阀门的产能，尽快实现量产，加大应用市场的推广；与中石油、中石化及各地方开发单位开展LNG低温阀门国产化项目合作和研发合作，形成成高新的效益增长点。

(二) 继续围绕产品国产化，引领成高产品发展方向

坚持替代进口产品研发方向，加大研发投入，未来三年成高计划在科技创新研发投入不低于1亿元。

(三）实现成高智能化、信息化管理

加大对成高智能化、信息化设施投入，加大对智能制造、工业互联网、互联网供应链平台建设，加大成高精益生产管理的智能投入，实现成高供应商数据、质量管理、采购管理等数据的共享。

（四）完善包括上游铸、锻造、机加工、热处理等核心配套产业链

建设阀门配套产业园，克服产业壮大之配套短板，补齐生产资料要素，缩短生产周期；产品质量再上台阶，生产出让用户完全可以信赖的产品。

五、专家点评

成都成高阀门有限公司是我国生产石油天然气长输管道阀门的主要厂家，科技创新和成果应用等方面居行业前列，尤其是大口径全焊接管线阀门，研发难度大、可靠性要求高，在中俄东线等许多国家重大工程上使用，创造了输气压力和输气口径的世界之最。

成都成高阀门有限公司勇于创新，不断追求卓越，在石油天然气长输管道设备国产化工作中做出了重要贡献。

中国通用机械工业协会名誉会长　隋永滨

同方威视技术股份有限公司

安检产品和安全检查解决方案供应商

一、总体情况简介

同方威视技术股份有限公司（以下简称"同方威视"），是全球领先的安检产品和安检解决方案供应商。

同方威视成立于1997年，立足于自主创新，以客户需求为导向，为全球客户提供安检领域最先进的创新技术、品质卓越的产品及综合的安检解决方案和服务。现有各类安检产品30多个系列300多个品种，广泛应用于海关、民航、铁路、城市轨道交通、公检法、大型活动等领域。

截至2020年年末，同方威视产品和服务已进入全球170个国家和地区，根据国际调查机构IHS对全球EWC（爆炸物、武器和违禁品）探测设备市场调查报告显示，同方威视已连续9年在全球大型集装箱货物检查领域市场占有率排名第一。NUCTECH已成为国际业界知名品牌，得到世界各国用户的广泛认可。

同方威视与清华大学建立了优势互补的长期战略合作关系，双方在清华大学工程物理系建立了安全检测技术联合研究院，校企间紧密合作，共同投入资源，共同面向需求，共同研究开发，共享知识产权，共担风险，共享收益，形成了具有同方威视特色的以企业为主体，以市场为导向，产学研相结合的创新机制，实现了互利共赢和共同发展。

二、突出优势

（一）技术先进性和知识产权保护

同方威视通过全面的知识产权战略布局，将知识产权的保护和应用贯穿到技术研发、市场拓展等环节，建立了完善的知识产权管理体系。截至2020年12月，同方威视围绕核心产品在全球范围内提交了6000多项专利申请及200多项软件著作权。800多项技术获得中国发明专利，500多项技术在30多个国家和地区获得发明专利近2000多项。

同方威视曾获得1项国家科技进步一等奖、1项国家技术发明一等奖和1

项国家科技进步奖创新团队奖，3项中国专利金奖，1项北京市发明专利奖特等奖及其他技术创新奖数十项。2017年，同方威视被认定为国家技术创新示范企业和中国制造业单项冠军示范企业。2018年，同方威视被评为全国质量标杆企业。同方威视的商标和品牌影响力持续提升。

截至2020年12月，同方威视共有375个型号的产品通过了全球25类国际标准测试，共计890项。ECAC技术标准是目前全球范围内民航安检最高水平的技术标准之一，同方威视是达到欧盟ECAC标准的唯一一家中国企业。已有6类技术19款产品通过了该标准测试，已获证书65项，是全球通过该测试标准产品数量最多的安检厂商。同方威视负责起草的IEC 62523国际标准，是中国核工业领域的第一项国际标准。

技术研发机构依据ISO 9001质量管理体系的标准，成立有针对项目研发的专门项目组，负责项目的组织、协调和实施，并设立专门的管理部门负责对项目的执行进行跟踪与监督管理，从而保证研发项目的高效运作实施，达到项目预期目标。同方威视制定有部门职责和各类研发人员的岗位职责，制定了一系列产品开发和标准化管理工作流程，编制和实施了包括专利、技术秘密、软件著作权、商标和知识产权奖励等在内的一系列知识产权管理制度；先后制定了各大系列主导产品的企业产品标准。编制了《企业技术标准化工作导则》，制定了《安全技术标准》《涂装技术标准》和《专业设计标准》等设计技术标准。

（二）主要产品和发展效益

同方威视立足于自主创新、集成创新与引进消化吸收再创新，成功走出了一条科技成果迅速转化为生产力的创新之路，开发研制出一系列代表世界先进技术水平和技术发展趋势的高性能安检产品。

同方威视关注行业发展，紧贴市场需求，丰富产品系列，拓展新业务领域，陆续研发出了货物及车辆安全检查、行李及包裹安全检查、人体安全检查、液体安全检查、放射性物质监测及系统解决方案等具有市场竞争力和技术领先的安全检查产品，拥有全球安检行业最完整的产品线序列。

三、典型经验

（一）技术创新

同方威视自成立以来，重视自动研发和技术创新，在X射线透视成像、离子迁移谱、放射性物质检测、拉曼光谱技术、电子辐照技术、背散射技术、毫米波全息成像、太赫兹探测及成像等技术方面均有涉及，并应用于同方威视各系列安检产品中。

同方威视培养造就了一支专业研发队伍，在辐射成像、电子技术、计算机软件、信息处理、工业控制、精密机械、集成设计、辐射防护等领域拥有诸多高水平的专业技术和研发人员。

在同方威视成立10周年的时候，确立了"探索一代、培育一代、研发一代、生产一代"的自主创新产品开发路线。为了适应技术变革、客户需求和业务发展带来的新变化，后来的10多年间，同方威视在自主创新的基础上，积极探索引进创新、合作创新、集成创新等创新模式，实现了"人无我有，人有我优"的竞争优势。

（二）企业管理能力、企业文化和质量品牌

作为一家植根于本土的高科技企业，同方威视重视履行社会责任，吸收借鉴先进企业的优秀文化理念，经过探索，形成了"亮剑"精神为核心的企业文化。"亮剑"精神体现了同方威视创业和发展中形成的价值取向和品格特征，已成为同方威视人内化于心、外化于行的核心价值观。

为建立有竞争力的科技人才培养管理体系，保障最佳的人才储备，同方威视人力资源部针对技术中心的人力资源规划、招聘管理、绩效管理、薪酬福利、能力发展、职称晋级、引进人才等方面已建立了完善系统的人力资源管理制度。

同方威视，以现行的运作和业务流程为框架，建立了系统化、结构化、文件化的质量、环境、职业健康安全三位一体的管理体系，还积极推进激励机制创新。

（三）经营绩效及研发经费保障

同方威视经营情况良好，为保证研发项目的顺利实施，每年投入大量的研究开发经费，平均占同方威视主营业务收入比例近10%。

同方威视非常重视研发的持续投入，研发项目由同方威视总裁办公会议批准，研发经费每年都列入同方威视年度预算计划，最终由同方威视董事会批准执行，确保资金及时到位，保障研发项目按计划进行。

（四）全球化产业布局

同方威视拥有全球化的生产制造能力，形成了国内南北两翼、海外多个生产工厂的布局，初步形成了面向全球的供应链和制造支撑体系。生产基地配备了先进的生产、安装、检测和调试设备，采用同方威视自主创新的MRC生产模式，实现了模块化、快速化、定制化的高效产品生产制造。2020年6月，同方威视华沙公司获得福布斯钻石企业名录优异奖，已连续三年蝉联该奖项。

同方威视参与了2020年瑞士达沃斯世界经济论坛，2019年日本G20峰会、秘鲁泛美运动会，2018年俄罗斯世界杯、美洲国家峰会，2017年阿斯塔纳世博会、2016年巴西里约奥运会、G20杭州峰会、博鳌亚洲论坛，2015年巴拿马美洲峰会、意大利米兰世博会、温布尔登网球公开赛、纪念中国人民抗日战争暨世界反法西斯战争胜利70周年阅兵活动，2014年索契冬奥会、巴西世界杯，2010年广州亚运会，2008年北京奥运会等多项大型活动的安保工作，为主要场馆、新闻中心和物流仓储等提供了3万多台（套）多种型号的安检产品和技术服务。

四、未来发展展望

同方威视以成为全球安检行业领导者为目标，坚持技术创新引领企业发展战略，紧跟国际前沿技术发展趋势，以保持在国际上的技术和行业竞争发展优势，核心技术保持国际先进和领先水平。

同方威视安检产品及服务已进入民航、海关、铁路、公路、城市轨道交通、邮政物流、公安司法、大型活动赛事等众多领域，助力客户保护国境安全和人民生命财产安全，得到世界各国用户的广泛认可，同方威视已成为国际业界的知名品牌。

同方威视立足安全领域，致力于成为安检行业的全球市场领导者，以持续的创新科技提升客户价值，努力创造出更多先进的安检产品、解决方案和服务回馈社会！

天合光能股份有限公司

专注高品质光伏组件研发生产
技术创新引领冠军梦

一、总体情况简介

天合光能股份有限公司（以下简称"天合光能"）创立于1997年，是全球光伏的领军企业、全球领先的光伏组件供应商和智能能源整体解决方案提供商，主要业务包括光伏产品、光伏系统、智能能源三大板块。

天合光能凭借高品质的光伏组件，于2017年被认定为国家制造业单项冠军示范企业。截至2020年年底，天合光能的光伏组件累计出货量突破60GW，位居世界前列。

二、突出优势

天合光能始终将创新发展置于首位，以技术创新带动产品升级、产能迭代及企业发展。天合光能的光伏组件产品核心技术全球领先、产品性能优异、质量可靠，生产过程实现"零"碳排放，构筑强大而可持续的竞争优势。

1. 产品核心技术全球领先

天合光能持续开展技术创新活动，带领整个行业上下游企业协同围绕光伏产品的高效、低成本进行技术创新，现已连续20次创造了晶硅电池转换效率和组件输出功率的世界纪录，成为首个被载入世界权威光伏电池发展地图的中国企业。作为光伏行业的领军企业，天合光能持续推出一系列拥有自主知识产权的拳头产品，如高效P型背钝化电池组件、高效N型电池组件、高效高可靠双玻组件等，产品性能优良、适应面广，可广泛应用于地面电站、光伏屋顶、大棚屋顶、农渔光互补、沙漠戈壁、积雪平原等各种户外场景。

2. 组件性能优良、质量可靠

天合光能高度重视产品质量管控，制定了"以智创新，以质创优，精益经营，成就客户"的质量管理方针，建立了覆盖产品全生命周期的质量管理体系，全方位保证产品质量。在工信部发布的首批光伏制造行业规范条件认可

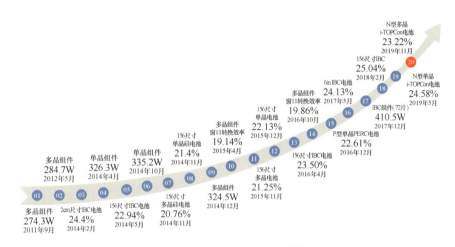

天合光能连续 20 次创造和创新世界纪录

企业名单中位列第一。天合光能产品通过了 TUV 莱茵、TUV SUD、美国 UL、日本 JET、北京鉴衡、中国质量认证中心、CE 等全球多家权威认证机构的认证,并率先在行业内通过最严苛的抗电势差诱导衰减(PID)认证、"领跑者计划"认证等,成为行业标杆。

3. 光伏组件生产实现"零"碳排放

天合光能致力提升能源利用率。近三年,天合光能光伏组件产量能耗低于 2.73 万 kW·h/MW,能耗达到 I 级基准要求,领先于国内制造型企业。

2018 年,天合光能在中国拥有的光伏电站的发电量超过 7.75 亿 kW·h,超出了 2018 年天合光能在中国所有制造工厂和研发中心的总耗电量(7.22 亿 kW·h),意味着天合光能在我国的制造运营和研发实现"零"碳排放,实现了用清洁能源生产和研发清洁能源产品的目标,真正践行可持续发展与资源保护相统一的生态经济观。

三、典型经验

1. 持续研发投入,打造高水平研发平台

为支持高质量的创新产出,天合光能在科技创新方面持续投入。成立至今,天合光能研发投入近 100 亿元,自筹建立"一室两中心"即光伏科学与技术重点实验室、国家企业技术中心和新能源物联网产业创新中心,从产品、解决方案和物联网三个方面开展创新体系建设。作为最早主张多主栅技术、第一家推动双玻组件的公司,天合光能再次率先投入 210mm 硅片大尺寸组件的研发,大幅加快了超大尺寸组件的产业化步伐,并牵头成立 600W+ 创新生态联盟,引领光伏行业大跨步迈入开放创新生态的平价时代。

2. 整合全球创新资源,建设高水平研发队伍

天合光能坚持面向全球招揽人才,构筑创新创业人才高地,打造了一支国际一流的光伏研发队伍。在外部拥有包括被誉为"太阳能之父"的澳大利亚新南威尔士大学马丁·格林教授和来自德国、日本、美国等国的顶尖光伏专家组成的学术委员团队;在内部拥有以我国首批"外专千人计划"专家为首席科学家和具有30年高科技研发经验、省"双创"人才冯志强博士为核心,20多位博士为骨干的技术创新队伍,研发能力达到国际领先水平。与南京大学、中山大学等高等院校联合培养专业技术人才,通过国家级博士后工作站、流动站联合培养科技创新和管理人才。

截至2020年,天合光能在职员工3561人,研发人员586人,占员工总数的16.5%。现已完成首批国家"外专千人计划"、国家"万人计划"青年拔尖人才、江苏省"333"人才计划等各类人才计划项目43人次。

3. 攻克关键技术,掌握自主知识产权

天合光能在P型电池组件技术领域继续深耕细作的同时,着重攻克N型电池组件的重难点技术问题。2019年5月,经德国哈梅林太阳能研究所(ISFH)下属的检测实验室认证,天合光能自主研发的高效N型单晶i-TOPCon太阳电池光电转换效率高达24.58%,创造了大面积N型TOPCon电池效率的世界纪录。2019年11月,经德国哈梅林太阳能研究所(ISFH)下属实验室检测,N型多晶太阳电池转换效率23.22%,被美国可再生能源国家实验室(NREL)收录进最新的全球最佳太阳电池效率图。截至2020年,天合光能申请专利1606项,其中发明专利761项(包括PCT 39项,国际专利14项);拥有有效专利671项,其中发明专利286项,有效发明专利居国内光伏企业前列。天合光能3次荣获中国专利优秀奖,被国家知识产权局评为"国家知识产权示范企业"。

4. 健全创新管理机制,布局产业前瞻技术

天合光能以国家重点实验室、国家企业技术中心为平台,承担及参与2项国家973计划、5项国家863计划、6项国家重点研发计划及工信部电子发展基金、江苏省科技成果转化、江苏省国际合作,江苏省自然科学基金等纵向科研项目60多项。通过承担科技项目,整合国内优质资源,极大地促进了天合光能的创新研发工作。

天合光能与澳大利亚国立大学、新加坡能源研究所、美国国家可再生能源实验室、德国Fraunhofer ISE研究所等建立长期合作关系,共同致力于光伏领域前沿技术开发,取得全球领先的突破性技术成果,巩固和提升了我国光伏企业的全球领导地位。同时,天合光能积极推动自身转型变革,坚持"创新、品牌、国际化、平台化、智能化、产融协同"六大战略,从生产制造为基础的公司 2.0 版本走向以平台为主体的公司 3.0 版本，鼓励"创团"团体开拓新的业务领域，开发创新技术和产品，形成持续的创新动力。

5. 构建完善的人才激励机制，稳定人才创新环境

天合光能确立有清晰和长远的人才战略和标准，致力于不断完善人才培养体系，持续培养各类优秀人才，从政府人才激励、企业人才策略、研发团队考核等方面形成了多层次的激励政策，建立了完善的激励机制。

天合光能积极构建创新人才集聚体系，天合光能进一步加大人才获取及培养力度，建立人才管理工作圈，在人才规划、人才吸引、人才评价、人才发展、人才激励与保留等方面形成全方位的创新人才集聚体系，全面提升创新动能，支持天合光能战略落地和业务升级。2018 年 4 月，天合光能正式成立天合大学，为创新人才的培养和发展提供优质的保障。

针对技术人才的特殊性，天合光能通过建立江苏省高层次人才创新创业基地等平台，激励技术人才不断提升。天合光能还从资金鼓励、荣誉奖励和职业发展成长性鼓励等方面着手，制订了专门的激励培养计划，以充分激发科研人员的创新激情，提高创新成效。

6. 实施品牌战略，助推企业发展

天合光能建有专门的品牌管理部门，制定有感染力的品牌标识，建有《对外发言和接受媒体采访及信息发布工作的管理制度》《商标管理制度》等多项品牌管理制度。联用市场宣传、广告媒介、社会公益等多种形式更好地传递"普及绿色能源、应对气候变化、推动生态文明"这一发展愿景。通过组织全球清洁能源部长会议，参加中欧工商峰会、达沃斯世界经济论坛、博鳌亚洲论坛等外部活动，天合光能的品牌认知度逐步提高。天合光能将品牌建设和天合光能的业务、商业模式融为一体，通过合作伙伴、各利益相关方，将我们的品牌涵义和理念全面传递给我们的终端客户。

天合光能对商标保护高度重视，积极在全球进行商标注册，通过各国单独注册、马德里国际商标注册等方式在全球注册了超 760 项商标。

7. 优化质量管理，支撑品牌战略

天合光能坚守品质是市场份额扩大、品牌持续向上跃升的价值观，打造覆盖产品全生命周期的具有天合光能特色的完善的质量管理体系，确保每一个环节的高品质输出。

四、未来发展展望

面向未来，天合光能将继续以科技创新作为业务发展的重要推动力，创新研发模式，进行多层次、互相协同的业务布局，探索行业的潜在发展方向，着重培育新的利润增长点；以产品创新为核心，以服务客户为导向，抢占产业新的制高点；继续推动天合光能组建业务的产品竞争力和市场领先地位，加快推动光伏系统业务的规模化发展，积极培育智慧能源的创新发展，为实现碳达峰、碳中和目标贡献绿色动力。

五、专家点评

天合光能自成立以来，不断追求卓越，始终走在行业创新前列。依托光伏科学与技术国家重点实验室、国家企业技术中心两个国家级创新平台，吸引全球人才，共同努力奋斗，连续20次创造了晶硅电池转换效率和组件输出功率的世界纪录。2020年，天合光能联合上、下游企业共同组建的600W+光伏开放创新生态联盟，以开放共赢的合作模式，协同产业链的优势资源，彻底打通研发、制造及应用等核心环节，营造开放、协同、创新的新生态，引领光伏行业进入共创、共生、共赢的新格局。

河海大学副教授　张臻

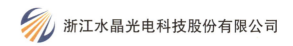

五大业务协同并进
推动国内光学电子产业技术进步

一、总体情况简介

浙江水晶光电科技股份有限公司（以下简称"水晶光电"）创建于2002年，2008年在深圳证券交易所挂牌上市。水晶光电下设12家全资及控股子公司，并参股11家公司，已成为拥有64亿元资产、涉及五大产业板块的集团化企业。水晶光电秉持"成为具有世界一流水平的高科技光电企业"愿景，以满足客户需求为导向，以服务客户价值为目标，坚持自主创新，开放合作，持续发力，在光学领域建立起了以精密光学制造技术为核心、具有自主知识产权的技术体系，其中3D光学元器件、半导体光学元器件、AR增强显示光学模块、微纳结构加工光学元器件等关键核心技术产品已量产并应用于全球知名消费电子、汽车电子、安防监控、工业应用企业的产品与服务中。主要客户涵盖华为、苹果、三星、小米、海康威视等企业，在光学产业链上占据了不可替代的位置。

二、突出优势

1. 精密光电薄膜元器件产业领导者

水晶光电成立之初，便承接了国家高技术研究发展计划项目并成功实现产业化。凭借领先的技术，水晶光电占据了在国内精密光电薄膜元器件产业中的领先地位。

水晶光电已成为国内、国际重要的光电元器件生产基地和知名数码产品配套供应商。水晶光电主营产品2017—2019年分别销售17.43亿元、19.92亿元和27.04亿元，其中2019年销售额占水晶光电总销售额的90.57%。2020年精密光电薄膜元器件销量占全球市场近30%。

1）光学低通滤波器具备年产3500万套的生产能力，生产规模为全球最大，占全球数码相机所用该产品总量的60%以上。

2）红外截止滤光片具备年产 13 亿片以上的生产规模，产能规模全球最大，产销量占全球 30% 以上。

3）安防监控摄像头滤光片及组立件产量国内第一，产销量占国内市场的 50%。

水晶光电已建立了较为完善的全球市场营销网络，与多家国际大公司建立了良好的合作关系，产品畅销日本、韩国、新加坡、欧美等多个国家和地区。

2. 精密光学领域研发集大成者

水晶光电依托企业技术中心的建设，通过自身培养和外部引进，建立了一支行业内顶尖的研发队伍，成员包括国家光学领域学术先驱、世界顶级镀膜专家、国内知名信息技术专家及一批光学光电子博士、研究生等。所在团队获 2017 年浙江省领军型创新创业团队。团队成员精通光学结构和光学薄膜设计，涉及 IT、车载、航天、通信、安防、防伪、测量与检测、防卫、增强现实、虚拟现实、微型投影等尖端光学技术领域。

截至 2020 年年底，水晶光电已获得各类授权专利 245 项，其中发明专利 28 项。水晶光电产品已发展到拥有 15 个系列上百个品种。68 个产品通过了省级新产品鉴定，其中 55 项技术达到国际领先或国际先进水平，10 多项产品填补国内空白。制定或参加制定国家标准 3 项，其中参与制定了 GB/T 32988—2016《人造石英光学低通滤波器晶片》。2019 年主导制定了"浙江制造"标准 T/ZZB 1335—2019《高清成像用光学低通滤波片》。2019 年，水晶光电主导的行业标准《低角度偏移红外带通滤光片》通过了工信部标准立项。2019 年，水晶光电参与制定的行业标准《薄化液晶盒》已完成标准编制。

水晶光电 2017 年被评为工信部单项冠军示范企业，2018 年获得两化融合管理体系认证。同时还获得中国电子材料行业 50 强、国家级成果转化示范企业、福布斯中国潜力企业、创新转型示范企业、浙江省隐形冠军企业等称号。

三、典型经验

1. 坚持贯彻"研发富配""人才富配"的理念

水晶光电多年来始终坚持"研发富配""人才富配"的理念，每年保持销售额 5% 以上的研发投入占比。2019 年全年研发投入 1.58 亿元，占销售收入 5.28%，2020 全年研发投入 1.87 亿元，同比增加 18.4%，占销售收入 5.9%。

2. 坚持国际化、开放合作，加强企业间合作、产学研合作

近年来，水晶光电在国家"走出去"战略指引下，持续深化与全球供应商、客户的技术及业务合作，同时积极参与国际高端产业链的资本合作。

日本光驰是产业链上游光学镀膜设备的引领者，为了突破光学加工设备的瓶颈，水晶光电在 2014 年投资成为日本光驰的第一大股东。

2016 年和阿里巴巴、联想等公司联合参股了国际新型显示领军企业以色列 Lumus 公司，借助于 Lumus 在穿透式视频眼镜方面领先的设计能力及欧美客户资源，加快水晶光电在虚拟显示领域的发展。

2018 年，水晶光电与德国肖特成立合资公司浙江晶特光学科技有限公司，该公司主攻北美 AR 显示与消费类电子市场、国内半导体封装市场。

2019 年，水晶光电与国内知名互联网企业合作，成功推出 3D 人脸识别产品，在金融支付领域取得了巨大成功，并与美国 Digilens 公司合作交流，进一步掌握和加强了 AR 显示产品的核心技术。

在创新平台建设层面，技术中心与长城汽车、河南理工大学建立了汽车 LED 灯具的研究与应用创新平台，与浙江大学建立了光电与信息研究所技术平台，积极开展产学研合作，开发光电领域的新产品。

在项目层面，技术中心与浙江大学、北京理工大学等开展新型智能显示、虚拟现实等相关项目的合作研究与开发；与大连理工大学开展 LED 衬底及延伸产品的技术合作；与天津大学开展非球面光学技术领域的合作等。

3. 不断加强信息化、数字化建设

近年来，水晶光电共投入大量资金用于数字化建设。2016 年水晶光电实行了 ERP 二期及人力资源信息化建设项目；2017 年水晶光电引入 MES 系统；2018 年，水晶光电聘请普华永道专业团队为水晶光电制定了未来 5 年信息化数字化发展路线图，为公司数字化建设的推进制定了路线图。

4. 持续打造水晶特色激励创新机制

1）建立激励创新的工作机制。
2）建立科学有效的创新考核评价体系。
3）立体丰富的创新激励方式。
4）2020 年水晶光电推行事业合伙人生态机制。

四、未来发展展望

建设水晶光电成长新生态，在突出主业的基础上，构造多产业板块协同发展大格局，向百亿元规模企业迈进，成为全球精密光电薄膜元器件产业引领者。

目标瞄准中高端市场，积极参与国际市场竞争，构建全球多层次市场结构体系。坚持以同心多元化战略为指导，沿着产业链、技术链、市场链不断拓展水晶光电业务，建设国际一流专业和人才队伍，聚焦成像、感知和显示相关的光学应用领域，依托光学元器件核心竞争优势，加大上下游的产业投资和并购，加强与世界级优秀企业的合作，加快从元器件到部件到解决方案的延伸步伐，成为全球领先的成像、感知和显示领域的光电元器件及解决方案提供商，形成全球领先的技术水平和产业规模。

综合分析全球消费类电子产业的宏观趋势，光学产业未来在新经济领域的重要作用是不可替代的。随着5G场景技术的成熟和广泛应用，光学技术将深度融入智能手机、智能安防、智能家居、智能汽车、智能制造等新经济产业的发展大潮。水晶光电将坚持研发创新，加大研发投入和人才引进，推进水晶光电从制造型企业向技术型企业转型，在未来光学赛道上努力跑出中国速度。

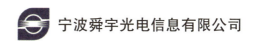

打造光电之星单项冠军的发展历程

一、总体情况简介

宁波舜宇光电信息有限公司（以下简称"舜宇光电"）是舜宇光学科技（集团）有限公司的核心子公司，是国家重点高新技术企业。舜宇光电成立于2005年，专门从事光学影像系统类产品的设计、制造和销售，面向全球客户开发各类光学影像产品，是全球领先的光学影像系统方案解决商。

舜宇光电以中国总部生产基地为基础支撑和依托，全力发展舜宇光电全球化1+N布局。目前，舜宇光电在国内总部拥有阳明产业基地、兰江产业基地、城西产业基地3个生产基地。在全球化布局上，2012年在北美、韩国分别设立了舜宇光电北美有限公司、舜宇光电韩国有限公司。同时，以客户本土化交付需求为导向，与客户同步、同域，并同步搭建全球化供应链，坚持做好名配角战略。2019年，在印度南部印度安德拉邦Tirupati城镇设立舜宇光电在国外的第一家制造工厂。2020年，在越南太原省安平开工建设舜宇光电在国外的第二家制造工厂。

舜宇光电高度重视研发创新工作，有研发人员近2000人。舜宇光电设立的企业研究开发中心于2013年被浙江省科学技术厅认定为省级高新技术企业研究开发中心。该中心以建立强大的光学和图像技术为基础的光电整合应用技术和自动化工加工工艺作为技术发展目标，主攻新型图像传感器封装技术、机器视觉技术及3D人机交互技术。取得了1项国家发改委增强制造业核心竞争力专项、1项国家科技部国家重大专项。同时，舜宇光电设立的研究院被浙江省人民政府认定为省级重点企业研究院。舜宇光电多项创新成果获得了浙江省科技厅和宁波市科技局的认可，在2012—2018年，获得1项省科技进步奖二等奖、3项省科技进步奖三等奖、2项宁波科技进步奖二等奖、2项宁波科技进步奖三等奖。2019年入选宁波市专利示范企业，2021年获得第一届宁波市高价值专利大赛优秀奖。

二、多角度实现传统光学与现代光电同时并举

舜宇光电努力创造技术优势和价值优势，紧紧抓住国际产业结构调整的历

史机遇，成功融入国际现代光电产业核心供应链，在国际产业分工中形成自己的独特优势。

（一）科技研发

舜宇光电高度重视科技研发工作，截至2020年12月底，研发投入约9亿元。2020年，申请专利371项，其中发明专利311项，同比增长6.87%；外观设计11项，同比增长100%；PCT 49项。2020年，授权专利154项，其中发明专利100项（国际发明专利25项），实用新型47项，外观设计7项。制程技术革新、自动化设备研发，完成充分发挥舜宇光电独有的软硬件自主开发能力，机器视觉、自动化设备开发、软件传输和集成软件开发齐头并进，并广泛应用于工厂制造各环节。

（二）市场营销

在新产品推广上，AOA（Active Optical Alignment，主动式光学校准）、IOM（IR on Molding）、MOC（Molding on Chip，芯片上模塑）、潜望产品大范围推广。在管理上，为快速响应客户需求，迅速拉通舜宇光电内部各体系，协调各方资源以实现快速交付，提升客户满意度，设立客户团运营制度，确保各相关部门紧紧围绕客户要求展开工作。小米大客户业务实现190%的增长，三星客户实现3款旗舰机型量产供货。成功开发新名主角Sony客户，完成客户认证，并实现量产，全年出货1.39KK。

（三）生产制造

舜宇光电制造中心实行工厂管理制度。2019年，制造中心通过新基地进一步扩产，同步推进数字化工厂建设。通过不断加强产线的自动化改造与全自动线体的架设，同时对多模式高效组测制造进行探索，不断提高物料周转运行效率。2020年手机摄像头模组全年出货5.93亿件，较2019年增加0.53亿件。

（四）品质管理

以加强品质管理制度建设和体系流程落地，深化先期质量策划；持续推进六西格玛活动，强化人才队伍建设。建立了供应商激励考核机制、OBA（Out of Box Audit，出货开箱质量检验）出货管控机制、SQE驻厂管理机制、供应商联合改善机制，完善了新品物料制程认证机制，物料异常的预防、控制和应急响应机制；在三星客户端，建立了海外（越南）失效分析室，建立了品质口碑，达成舜宇光电在三星高品质、低成本战略中的品质目标；新品质量策划在华为客户端旗舰机项目上取得应用和落地，做到了高品质交付。

（五）供应链管理

供应链中心以目标成本为导向，建立供销联动管理机制，构建多层次供应链合作伙伴关系，建立以客户为中心的供应链组织和流程体系，优化物料风险管理，降低物料损失，自治式管理，降低综合成本，同时获取行业前端信息及要求，发挥产品经理、专家团、策划供应链选型招标，提升舜宇光电供应链能力。

三、全方位阐述光电成功

（一）工艺创新

舜宇光电是全球首家将 Molding 技术应用于手机摄像模块领域的企业，自主开发了第一代新型封装技术 MOB（Molding on board），其设计主要特征为摄像模组内部的电子元器件可以通过注塑的方式全部包裹起来，并且此注塑形成的框架可以形成特定的形状，作为摄像头模组的支撑支架，使得可以在支架上直接进行镜头、底座或马达的贴付，从而使得常规模组中镜座贴付面积及元器件之间的避让空间得以节省，大大减小了摄像模组尺寸，而且各电子元器件之间的间隙都完全通过模塑进行填充，大幅增强了摄像头模组的强度。保持手机模组产品优势之外，舜宇光电还在新兴电子信息领域内发力，目前开发了 VR、AR、深度识别、3D 技术等新兴业务类型。为解决新兴业务方面的技术难题，与浙江大学本着"互惠互利、优势互补、合作创新、共同发展"的原则，就共同建设浙江大学舜宇智慧光学联合研究中心，联合研究建立中国最先进的数字光子影像与光子制造的研究平台，开展计算成像光学（含手机摄像模组图像处理关键技术）、增强现实显示技术、智慧影像处理、微纳结构光学制造等关键技术的研究。

（二）企业管理

舜宇光电拥有经验丰富的管理团队，多数成员具备深厚的光学相关领域的专业知识和管理能力，并具有国际知名企业的工作经历。舜宇光电制定了相关的《VI 管理制度》《企业品牌管理制度》《展会管理规定》等，同时还制定实施了品牌战略，并建立了完善的品牌培育管理体系并取得了良好的绩效；产品从设计到生产，均有完善的质量保障制度，如《设计与开发控制程序》《产品防护控制程序》《FEMA 应用管理程序》《产品质量控制程序》《可靠性试验控制程序》《制程控制程序》等，这些制度结合舜宇光电各种质量管理体系，舜宇光电制定了完善的质量管理和保障体系，确保产品的高品质。

（三）国际化推进

舜宇光电始终坚持以客户需求为导向，严格按照国际标准进行产品设计和生产。以客户本土化交付需求为导向，与客户同步、同域，并同步搭建全球化供应链。

（四）企业文化建设

始终让舜宇人以"共同创造"核心价值观为自己的精神支柱、基本信念、是非标准和行为准则；将"探索中国光电产业的腾飞之路，振兴民族光电工业"作为使命；弘扬艰苦奋斗的创业精神、与时俱进的创新精神、和衷共济的团队精神；践行员工为本的发展理念。抓住国际产业结构调整的历史机遇，融入国际现代光电产业核心供应链，在国际产业分工中形成自己的独特优势，成为国际著名跨国公司的战略合作伙伴，努力创造技术优势和价值优势，成为细分市场的领导者，创造驰誉全球的产品品牌。

（五）品牌质量建设

舜宇光电从成立以来一直从事各类光电手机摄像模组领域的研发与生产，同时也注重对研发成果的保护。目前舜宇光电统一制定完善了《软著管理制度》《专利及技术秘密管理制度》《商标管理办法》，对舜宇光电的知识产权方面做了全面管控。同时还拥有多项相关产品的软件著作权，并起草了光学防抖手机摄像模块"浙江制造"团体标准，参与制定国家安全防范监控数字音视频编码技术要求的标准制定。此外，舜宇光电先后获得华为核心供应商奖、OPPO卓越供应商奖、小米最佳战略合作奖、松下最佳交付供应商奖及三星、松下、索尼、VIVO等众多客户颁发的多个奖项，充分体现了客户对舜宇光电的技术能力、生产能力和管理能力的高度肯定。

（六）各类风险机制应对

为了建立规范、有效的风险管理体系，提高风险防范能力，舜宇光电统一发布了《风险管理制度》。

四、未来发展展望

今后，舜宇光电将加强自动化，建立数字化工厂，在现有的生产车间，进一步加强产线自动化改造，对现有的半自动化产线逐步改造为全自动化产线，提高生产效率，减少作业员工，实现可视化生产；在产品、技术创新上，联合设计开发，专精模组技术，以后置主摄、后置广角、前置Tlens、前置Tof、后置潜望多方位加大对研发创新的投入经费，推动技术创新和产品创新，为旗舰机型提供业内领先的最优方案打造模组新高度。在国际化上，持续推进印度及越南的工厂建设。在产品品质上，保障有品质的交付，力争品质排名、交付第一。

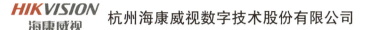 杭州海康威视数字技术股份有限公司

海康威视的数字化转型之路

一、总体情况简介

杭州海康威视数字技术股份有限公司（以下简称"海康威视"）成立于2001年，现注册资金93.43亿元。海康威视是以视频为核心的智能物联网解决方案和大数据服务提供商，业务聚焦于综合安防、大数据服务和智慧业务，构建开放合作生态，为公共服务领域用户、企事业用户和中小企业用户提供服务，致力于构筑云边融合、物信融合、数智融合的智慧城市和数字化企业。

海康威视于2017年获评第二批制造业单项冠军示范企业，主营产品为视频监控产品。海康威视已连续9年（2011—2019年）蝉联iHS全球视频监控市场占有率第1位；2016—2020年，A&S《安全自动化》公布的"全球安防50强"榜单中，蝉联全球第1位。

二、突出优势

（一）持续性、高比例研发投入

海康威视多年保持高研发投入。2017—2019年研发投入分别为32亿元、45亿元和55亿元，占比同年营收的7.62%、8.99%和9.51%，处于行业领先水平。

（二）高水平、多元化研发团队

海康威视拥有全球安防行业规模最大的科研团队，研发和技术人员有19000多人，占员工总数的47%。研发中心和研究院的硕士和博士学历以上人员为5421人，占研发中心和研究院总人数的32%，平均年龄28.5岁。海康威视已有享受国务院特殊津贴人员6名，百千万人才工程国家级人选1名，获中国科协求是杰出青年转化奖1名，浙江省有突出贡献中青年专家1名，浙江省万人计划科技创新领军人才1名，浙江工匠1名等。

(三) 多层次、高标准研发平台

海康威视建有国家级企业技术中心、图像识别国家专业化众创空间、视觉感知技术研发与应用国家地方联合工程研究中心、视频感知国家新一代人工智能开放创新平台、国家博士后科研工作站、浙江省监控图像处理工程技术研究中心、浙江省工业设计中心、浙江省企业研究院等研发平台和机构,以杭州为中心,建立辐射北京、上海、武汉以及加拿大蒙特利尔、英国伦敦的研发中心体系,并计划在西安、成都、重庆和石家庄进行研发投入。

(四) 核心技术储备充足

海康威视掌握了"硬件技术、软件技术、算法技术、信息安全技术"等多领域的核心技术,多项核心技术已达到国际领先水平和国际先进水平,获得多项技术专利、成功申报多项国家级和省级项目。

截至2020年年底,海康威视承担了包括国家"核高基"重大专项、国家重点研发计划"公共安全风险防控与应急技术装备"重点专项、国家工业转型升级强基工程项目、国家高端软件及应用系统产业项目等在内的国家科技及产业化项目60多项。

(五) 获多项高水平创新成果

海康威视获国家科学技术进步奖二等奖1项,国家技术发明二等奖1项,公安部科学技术二等奖3项,湖北省科学技术进步奖2项,浙江省科学技术进步奖7项,中国专利优秀奖2项,浙江省专利金奖2项,浙江省专利优秀奖1项,连续三年(2018—2020年)获德国红点工业产品设计奖。

同时,海康威视在深度学习技术领域取得了优秀的成绩,在德国卡尔斯鲁厄理工学院和芝加哥丰田技术研究所联合创办的KITTI算法评测中,两项视觉识别技术评分均排名世界第一;在MOT Challenge算法测评中,获得"计算机视觉的多目标跟踪算法"世界第一;在PASCAL VOC视觉识别竞赛中刷新当时的世界纪录;在ImageNet 2016全球竞赛中获场景分类第一;在ICDAR Robust Reading图像中文字识别竞赛中获得第一并刷新纪录;在CVPR 2018竞赛中获得行为识别第一。

(六) 业务覆盖全球,发展效益显著

海康威视营销服务网络遍布世界,在全球范围内实现资源配置,自主品牌产品销往150多个国家和地区,在G20杭州峰会、北京奥运会、上海世博会、APEC会议、德国纽伦堡高铁站、韩国首尔平安城市等重大安保项目中发挥了极其重要的作用。

2020年,根据业绩快报,实现营业总收入634.27亿元,比2019年同期增

长 10.01%；净利润 134.02 亿元，比 2019 年同期增长 7.96%。

三、典型经验

（一）典型经验综述

海康威视抓住了视频技术数字化、网络化、智能化的三次浪潮，连续 9 年获得视频监控安防领域的全球第一，常年站在深市 A 股市值的头部。2021 年伊始，海康威视市值更是突破 6000 亿元。

（二）数字化转型的需求和出发点

1. 新一代信息技术与制造业深度融合的时代趋势

2015 年《中国制造 2025》中指出，制造业是国民经济的主体，新一代信息技术与制造业深度融合，正在引发影响深远的产业变革，形成新的生产方式、产业形态、商业模式和经济增长点。

2. 智能视频终端在社会发展中需求旺盛

Gartner 发布的预测显示"户外摄像头"将是未来三年，全球 5G 物联网解决方案的最大市场。视频监控产品作为 AIoT 的边缘感知端，是切入物联网的最廉价入口，也是在智慧城市、智慧交通、智慧园区、智慧旅游、平安城市、平安校园等场景实际使用中最丰富的数据来源入口，据相关数据显示，网络摄像机采集的数据信息占据了约全世界一半的数据存储量。安防作为 AIoT 落脚点，是人工智能技术商业落地发展最快、市场容量最大的主赛道之一，智能视频终端作为连接物理世界与数字世界的桥梁，有望在 AI 的加持下快速发展，打开更大市场。

3. 视频监控行业数字化智能化生产需求迫切

新一代信息技术快速发展，信息化与工业化深度融合，引发安防制造行业深远变革。当前，智能视频终端在我国社会治理中需求旺盛，且安防产品种类繁多，定制化需求迫切。

（三）主要做法

1. 快速市场响应平台建设

海康威视通过 ERP 系统联通了 CRM、APO、MES、SRM 等多个信息系统，实现海康威视对用户、合作伙伴、供应商的协同管理。从市场前端将各类复杂需求收集转化为正式需求导入研发端进行个性化定制开发，同时在生产端通过 APO 系统和 ERP 系统的高度集成贯通计划流与订单流，实现市场端与供应链端的协同预测，构建了以高级排程和供应商协同为核心的快速市场响应平台，实现产销研一体化。

海康威视完成了对 SRM 平台功能的全面升级，在已集成的 SAP、OA、

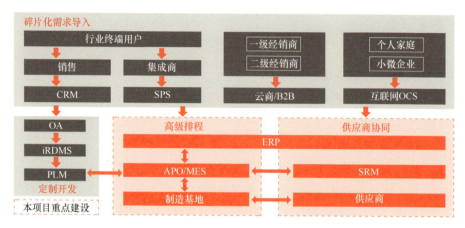

以高级排程和供应商协同为核心的快速市场响应平台

PLM、MOA 等系统的基础上，构建了覆盖供应商关系管理业务信息传递、自动交互、过程监管全过程的管理平台，具备了高度集成化、高交互性、高灵活性、高开放性、高效率等功能特点。

2. 敏捷研发体系建设

海康威视融合了 IPD、CMMI 和敏捷研发等行业最佳研发管理实践，根据海康威视业务需求，制定了一套行业领先的集成产品研发与管理体系（integrated R&D Management System，iRDMS）。

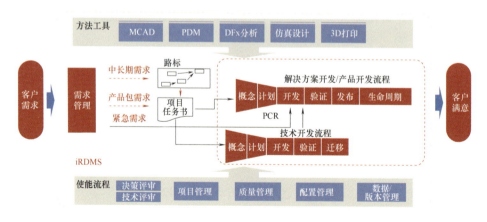

集成产品研发与管理体系

3. 智能工厂建设

智能工厂基于精益思想进行工厂布局设计和物流体系规划，从自动化、互联互通、信息化 3 个方面进行规划及建设，自动化累计投入 215 项，信息化覆盖率为 87.4%。实现生产全流程的高效运作，系统互联，数据互通，业务流程和运营数据透明可视，达成年产5000万台、生产率提升64.2%、运营成本降低33.8%、产品不良率降低22.9%的智能工厂建设指标。

4. 智慧物流建设

海康威视设计了整体智慧物流建设框架，从业务流上贯穿原材料、半成品生产、半成品仓库、成品生产、成品仓库、配送到客户整个物流体系，自主研发并建设了端到端的物流管理系统。该系统集成了海康威视多年来在图像处理、硬件设计及嵌入式软件领域的技术积累，主要包括智能仓储机器人（AGV）、机器人调度系统（RCS）、智能仓储管理系统（iWMS）三大核心模块。以"货到人"的理念为核心，将仓库分为"无人区"和"工作区"两大区域，实现物料的准确入库与出库，便捷有效。

四、未来发展展望

海康威视秉承"专业、厚实、诚信"的经营理念，践行"成就客户、价值为本、诚信务实、追求卓越"的核心价值观，通过持续创新，为全球客户提供高品质的产品及服务，为客户创造价值。

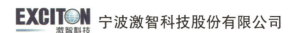 宁波激智科技股份有限公司

激智科技
——液晶显示用光学膜的领军企业

一、总体情况简介

宁波激智科技股份有限公司（以下简称"激智科技"）成立于2007年，注册资本12438.3万元。激智科技主营光学扩散膜、光学增亮膜、光学反射膜、量子点膜、多层复合光学膜、太阳能背板等，广泛应用于光电显示、LED照明和其他新能源领域。激智科技于2016年上市，成为国内首家光学膜A股上市的民族企业。

激智科技拥有国家级博士后工作站、国家企业技术中心、浙江省重点企业研究院等创新平台。所开发的液晶显示背光模组用光学膜产品关键性技术指标达到国际先进水平，填补了国内空白，大幅提升了我国液晶显示行业竞争力，国际市场排名第一，先后获得宁波市科技进步奖2项，中国电子学会一等奖1项，为推动我国液晶显示产业链发展做出重要贡献。

激智科技

激智科技先后被评为国家单项冠军示范企业、国家技术创新示范企业、国家知识产权优势企业。2020年，激智科技累计主持或参与16项国家、行业、团体标准制定，其中8项已颁布实施；申请发明专利200项，其中国内外授权发明专利58项（国外授权专利5项），注册商标55项，其中国外注册商标9项。

二、突出优势

（一）突破性创新，市场占有率稳居全球第一

创业初期，董事长张彦身处生产技术一线，主导光学扩散膜设备技术改造项目，对国产涂布线设备进行工艺、技术改造。当时，连续几个月，除了吃饭，他连睡觉都在生产车间。最终研制出了国内最先进的精密涂布技术平台、自主创新的工艺路线及独特的产品配方，所开发的液晶显示背光模组用光学扩散膜产品关键性技术指标达到国际先进水平，成为国内最早实现光学扩散膜规模化生产的企业。所开发的液晶显示背光模组用光学膜产品关键性技术指标达到国际先进水平，国际市场占有率26.6%，排名第一。关键技术成果多次获得"浙江省科技进步二等奖""宁波市科技进步一等奖""中国专利优秀奖"。

近年，量子点膜、多层复合膜、3D光栅膜、防蓝光护眼膜等新型光学功能膜技术瓶颈也被研发部一一攻克，为加快新型光电显示行业布局，争夺未来竞争格局中主动权提供有力支撑。激智科技注重推进平台创新建设，致力于将自身打造为国际先进、国内一流的技术中心，形成创新成果转化高地。

（二）严控产品品质，促进高质量发展

质量管理体系是提高产品品质的"指路灯"。对此，激智科技以8项质量管理原则为基础建立了质量管理体系，以ISO 9001质量管理体系标准和卓越绩效评价为准则并通过IATF 16949质量管理体系认证。激智科技员工以质量手册、程序文件及作业文件为依据展开工作提高产品质量。每年进行内部审核和管理评审，确保质量管理体系的适宜性、充分性和有效性。

激智科技还推行六西格玛管理模式，通过设计和监控过程，将可能的失误减少到最低限度，从而提高产品质量与效率。同时以先进的检验设备及齐全的试验、检验、测试条件，质检人员各道工序的严格检验，层层把关，确保了双像产品的优异品质，也为客户的实际应用提供了高质量的保证。激智科技生产的TFT-LCD光学显示用光学扩散膜性能远高于国家标准，质量稳定，处于液晶显示用光学膜行业前列。

"国际先进，中国领先"，在产品质量的把关上，激智科技一直以此为要求，并不断以"最优良最完美的产品提供于市场"的质量理念，坚持质量第

一、质量无处不在的意识，在成品交验合格率为100%的目标下不断向前奔跑。

（三）开展国际合作，以市场为导向，推进技术创新成果转化，形成全球化销售网络，经济社会效益显著

激智科技结合市场需求和行业发展趋势，与美国苹果公司、杜邦公司、3M公司，韩国LG电子，中国华星光电、海信、中国科学院宁波材料技术与工程研究所、南京工业大学、宁波大学等国际著名企业和科研院所开展了国际领先的技术研究，共同攻克光学膜行业关键技术难题，抢占行业制高点，引领行业趋势，开发柔性穿戴导光膜、耐候性太阳能背板膜、高阻隔膜、一体化全贴合光学复合膜、光学传感器用调光膜等多种新型光学功能薄膜产品，近三年实现科技创新成果转化80多项。

同时，激智科技开发的光学膜实现进口替代，进一步增强了下游客户和自身行业的竞争力，获得良好的口碑，在光学膜领域积累了大批优质客户，成为海信、创维、TCL、三星、LG、夏普、友达、富士康、冠捷、天马等国内外知名企业的策略供应商，获得了客户对激智科技技术水平和产品质量的高度认可。激智科技先后被客户评为TCL供应商大会"科技创新奖""优秀供应商"等。在此基础上，激智科技与国内最大的裁切厂及京东方、华星光电等面板厂商开展长期的战略合作，并不断将业务拓展至东南亚、中西欧和北美等国家，逐步形成全球化国际销售网络。

激智科技在光学膜行业的贡献，使我国光学膜行业挤入了国际先进行列，有力推动了国内液晶产业链的自我配套能力和产品档次升级，大幅度提升了我国液晶显示领域的创新能力和竞争力，增强了我国液晶显示产业链上下游企业的整体实力，带动了国内整个光学薄膜产业的发展，助推我国液晶显示产业革新，对提升我国液晶产业及平板电视产业具有重要战略意义。

三、典型经验

（一）创建国家级创新平台，持续创新引领行业趋势，带动产业转型升级和技术革新

创新是激智科技的核心价值观之一。激智科技先后承担了国家发改委专项、工信部电子信息产业基金、科技部科技型中小型企业创新基金、科技部火炬计划项目等6项国家级重大创新项目。激智科技采用自主创新的生产路线，独特的产品配方，通过自行设计的最先进的精密涂布设备，自主研发生产BritNit®系列光学薄膜，采用配方—涂布—复合—双向拉伸一体化国内首创的生产技术并成功实现规模化生产，所开发的高性能光学膜产品达到国际先进水平。

（二）引进光学膜上下游行业高层次人才

激智科技提出了"一轴一带一核心"的战略规划，以光电行业为主轴，以开发多种功能性薄膜为产品带，积极布局光电显示及其他功能薄膜材料，并加大行业高级人才储备，团队以入选首批国家"千人计划"的留学归国博士为核心引进行业内的顶尖技术专家等高层次人才 38 人。

（三）实施品牌战略计划，打造世界知名民族品牌

激智科技领导长期重视品牌战略，持续推进品牌建设。通过产品细分、明确目标客户群体，针对不同客户需求优化产品性能，实现了品牌的精细化管理。主营产品 BritNit® TFT-LCD 光学显示用光学扩散膜被浙江省质监局认定为浙江省名牌产品，同时通过了"浙江制造"认证，树立起"好企业"加"好产品"的区域品牌建设理念。

在质量管理方面，激智科技将质量、技术和工艺作为企业发展的核心推动力并实行全面的质量管理制度，从供应商筛选、原材料入库检验、生产中在线监测、成品收卷确认及品质检测、出货检验、售后定期回访等各个环节保证产品质量，建立了产品追溯体系。同时在日常研发、生产作业中强调系统化，通过 QCC 小组活动、持续改善等活动以及质量工具的展开，持续改善，追求卓越。在上述质量控制措施下，激智科技先后通过了 ISO 9001：2015 质量管理体系认证、ISO 14001：2015 环境管理体系及 OHSAS 18001：2007 职业健康安全管理体系认证。

（四）深耕液晶显示光学膜领域，硕果累累

激智科技重点产品为液晶显示背光模组用光学功能薄膜，属于国家 7 大战略性产业之一的新材料产业，主要应用于光电显示、LED 照明和其他新能源领域。作为国内较早从事液晶显示用光学膜研发、生产和销售的企业，激智科技专注于液晶显示器用光学膜研发创新和技术升级。激智科技研制出了国内最先进的精密涂布技术平台，自主设计了先进的工艺路线及独特的产品配方，解决了光学扩散路径难以控制和各组分难以分散均匀的难题，设计出雾化和透光率最佳匹配的新型光学结构的光学膜。

凭借着对先进技术的钻研和对产品质量的追求，激智科技实现营销规模、利税持续增长，行业地位不断提高，已成为国内光电显示薄膜领域规模最大和最有技术优势的公司。

四、未来发展展望

激智科技秉承"激情、创新、正直、负责"的企业文化，坚持"以产业报国，振兴中国光学薄膜事业并帮助客户和供应商成为业内领袖，同时实现股

激智科技产品

东、公司、员工共赢"的经营理念,致力于成为以最先进的生产技术和材料科学为基石的全球最大、盈利能力最强和最受尊敬的光学薄膜公司。

激智科技将继续重点加强核心技术优势,发挥规模化生产经济效益,落实多元化发展的业务布局,加强自主品牌的建设力度,拓展营销网络,抓住产业结构全球调整的机遇,力争早日成为全球光学膜市场引领者。未来激智科技将适时拓展业务布局,努力将激智科技打造成液晶显示、触摸屏、LED 照明三足鼎立的主营业务格局,通过持续不断的产品延伸与市场扩张,将激智科技打造为百亿级龙头企业。

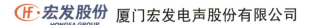 厦门宏发电声股份有限公司

努力代表民族继电器工业在全球保持领先地位

一、总体情况简介

厦门宏发电声股份有限公司（以下简称"宏发"）成立于1984年。宏发始终秉承"不断进取，永不满足"的企业精神，坚持"以市场为导向，以质取胜"的经营方针，建成了品类齐全、配套完整的产业体系。目前宏发拥有48家控股公司，建立了三大区域研发生产基地，全球员工超14000人。宏发拥有全球最全的控制继电器类别和型号，涵盖功率继电器、电力继电器、汽车继电器、信号继电器、新能源继电器、密封继电器等共160多个系列、40000多种常用规格。宏发控制继电器广泛应用于工业、能源、交通、信息、生活电器、医疗等领域，产品出口到120多个国家和地区，在欧洲、美洲、亚太及中国上海、北京、四川等地建立本地化营销及服务网络，具备全球化的市场运作和技术服务能力。2012年，宏发成功上市（股票代码600885），为持续、稳健、快速发展奠定了坚实基础。2020年宏发业务收入78.19亿元，同比增加10.42%，市场占有率居世界第一。2020年继电器产量21.7亿只，同比增长13.5%，实现净利润11.3亿元，同比增长15.3%，人均74.2万元，同比增长7.6%，达到国际同行业先进水平。

宏发已发展成为集产品研发、模具制造、零件制造到自动化成品装配于一体的继电器全产业链研发生产企业。宏发凭借着继电器行业内最强的技术资源优势，行业技术地位日益提升。宏发技术中心被认定为"国家级企业技术中心"。宏发被工信部认定为"国家技术创新示范企业"、第二批"国家制造业单项冠军示范企业"、第一批"工业产品绿色设计示范企业"，被商务部、发改委认定为首批"国家汽车零部件出口基地企业"，被科技部认定为"国家技术创新工程创新型企业"。

二、突出优势和典型经验

（一）始终专注于继电器的企业经营战略

宏发始终聚焦于继电器这一细分领域，专注于继电器全产业链的技术创新、质量提升和品牌培育，不断巩固和提升在继电器技术、市场的优势。宏发始终坚持继电器全产业链协同创新发展，宏发不依赖社会化专业分工，坚持关键的工序自己做，实现从模具加工、零部件制造、生产线开发到产品的研发、设计和制造、检测试验的全产业链自主可控。历经30余载奋斗，宏发发展迈入了一个全新的历史阶段，发展成为全球最大的继电器制造供应商。行业地位变化、竞争态势转变必然对宏发的发展战略提出新的要求。2018年宏发把"代表民族继电器工业追求和巩固在世界行业的领先地位"作为宏发新的使命，把"打造全球化的领先企业"作为宏发在相继实现了"世界知名的继电器制造商"和"世界最主要的继电器制造商"两个规划目标之后新的奋斗目标。这一系列战略思想的系统提出，不但为宏发今后的工作指明了方向，而且为宏发未来发展提供了指引。

（二）"以人为本，不断进取"的宏发特色企业文化

宏发形成了"以人为本、不断进取"的特色企业文化，大力传承继电器的发展经验，使宏发经营走上良性发展轨道。宏发特色企业文化既包括"不断进取、永不满足"的企业精神，"通过共同促进企业的发展，在为社会和股东做贡献的同时，努力为员工自身谋取越来越多的利益"的核心价值观，"以质取胜，以市场为导向"的经营方针等7个核心理念，也包括"质量效率是核心""创新发展建特色""技改实力争第一"等6个管理思想；既包括"辩证法""以人为本和大爱精神""爱国主义和民族使命感"三大核心内容，也包括"好的继电器要有好的零部件""要么不投，要投就投最好，十年不落后"等特色做法和经验。这些思想和理念、经验和做法，凝聚着宏发30年发展的智慧，闪烁着辩证思维的光芒，是宏发发展之魂。

（三）覆盖全产业链的技术创新

宏发拥有覆盖全产业链的技术创新平台，该平台是基于国内继电器行业内首家国家级企业技术中心组建，集行业内唯一一个覆盖全产业链的研发中心、亚洲最大的继电器检测中心，国家级博士后工作站和院士工作站于一身，代表了继电器行业内的最高研发水平。宏发持续加大研发投入，引导产学研用合作，调整组织结构，优化资源配置，在不断提高全产业链协同创新能力的同时，加强全产业链核心技术攻关，取得涵盖产业链的技术成果。行业内最强的

技术资源使宏发技术发展由跟随向引领转变，核心产品和关键技术研发相继取得重要突破，确保宏发能够保持在同行业中的技术优势。宏发作为行业技术创新的先行者，是行业内唯一一家主持制定继电器国家标准的企业，宏发已主持或参与制定国家标准和行业标准22项，其中，主持制定了国家标准7项、行业标准2项，参与制定了国家标准9项、行业标准4项。宏发还代表中国继电器标准化委员会参与多项国际标准制修订讨论工作，目前在IEC技术专家队伍中有5人来自宏发。宏发一直以来十分重视知识产权积累工作，截至2020年年末，宏发拥有有效专利1234项，其中国际发明专利65项，国内发明专利283项。

（四）全产业链发展基础上建立的全面质量管理模式

宏发始终坚持"以质取胜"，质量管理服务于经营，在全产业链发展的基础上建立了全面、全过程、全员参与的独具宏发特色的全面质量管理模式，促进可持续发展。宏发以质量管理为核心，以质量体系标准为基础，基于PDCA循环和风险管理的思维，充分融合其他各种业务管理体系，形成一个系统的、透明的、易于识别的、从市场开发到售后服务的一体化管理系统，有效地为实现宏发的经营目标服务，持续提升产品可靠性和质量竞争力。宏发基于"产品质量是设计出来"的思维和"五设一体"的理念，集成先期产品质量策划和项目管理的手段和方法，以保障高质量的产品设计，形成宏发特色的新品开发质量管理模式。宏发持续提升产品实物质量，围绕"翻越门槛"标准，统一制定"翻越门槛"五年规划并滚动实施，继电器客户端的不良率$\leq 0.15/10^6$的水平，达到国际一流水平。宏发广泛开展产品改进、六西格玛改进和QC小组活动，持续提高产品免校正率、电寿命及其一致性，继电器质量水平实现新的飞跃，继电器产品质量达到国际一流同行水平。宏发始终坚持"质量铸就品牌"的品牌文化，宏发的品牌培育和发展不是依靠广告塑造出来的，而是通过对产品质量的专注，对每个客户项目的完美服务，在广大客户心目中逐步打造起来的。宏发紧紧围绕"创国际品牌，树百年宏发"的愿景，建立并完善以品牌管理委员会为轴心，质量、营销、技术系统三方横向协同的联动方式品牌管理机制，通过不断提高产品质量和服务水平，推进品牌建设，提升品牌价值。

（五）领先的装配自动化能力

继电器专用自动化技术是宏发核心竞争力之一。宏发深耕产线自动化数十年，在1998年成立了厦门精公电气自动化有限公司，后续又设立工业机器人公司来专门研制及生产自动化生产线和工业机器人。宏发不断加大继电器专用自动化装配设备的研发创新力度，重点提升自动化装配精度和装配效率，并结合宏发每年发布的技术改造计划,不断提升宏发自动化生产水平。宏发坚持以"高指标、硬指标"规划引领技改工作。通过高标准的投入,促进生产率和过程质量控制能力提升,使宏发自动化装备研制能力跃升到一个新台阶。目前已经自主开发 150 多条自动化产线,开发的继电器装配生产线及前道部分装备水平已经达到全球一流水平,自动化程度达 80% 以上,最快生产设计节拍达 1s/只,自动化程度的上升极大地提高了宏发人均生产率,保证产品质量的一致性和稳定性,最终实现良好的经营效益。

(六) 自主可控的制造产业链

"好的产品是由好的零件制造出来的,好的零件来自好的模具",宏发以此为指导思想,统筹模具生产和前道零部件制造发展规划,结合领先全球的自动化生产线的设计及制造的能力,打造成完整的深度集成模具、精密零件、装配生产的制造产业链,形成企业核心竞争力。在模具方面,宏发具备行业领先的模具设计及制造能力,拥有德国 JUNG J600 成型磨床、OPS G5 放电火花机、瑞士 GF 高精密加工机床等高端设备,模具精度可达到 $1\mu m$,一年可完成 800 副模具设计制造。在零部件方面,引进世界先进 BTU 烧结炉、ARBURG 热固注塑机、BRUDERER 闭式高精度高速冲床等,高起点打造关键零部件工艺水平,金工、注塑、电镀、触点等精密零部件加工能力达月产能超过 13 亿件。建立自主强大零部件生产保障能力是宏发取得成功的基石,也是未来宏发全球发展、实现百年愿景的最重要、最根本的基础工程。

(七) 国际化的市场运作和技术服务能力

宏发继电器产品出口到全球 120 多个国家和地区,可为全球客户快速提供可满足需求的产品与解决方案。2019 年,宏发在海外设立的首家工厂——印尼宏发公司正式开业。印尼工厂的开业,既是宏发响应国家"一带一路"倡议的一个重要节点,也是宏发产品国际化战略推进的重要布局。2019 年 11 月 11 日,宏发并购德国海拉集团"汽车继电器业务",大大加快宏发汽车继电器海外高端市场的拓展,进一步提升宏发继电器在全球汽车行业领域的影响力,对宏发产品国际化战略的实施具有重要意义。

三、未来发展展望

"十四五"时期是宏发由大到强加速迈进的新发展阶段,要继续坚定不移地走宏发特色发展道路,全面推进建设现代化强企新征程,再铸新辉煌。为此,宏发确立了"十四五"工作指导思想:传承和弘扬宏发特色文化及经营理念,坚持"以市场为导向,以质取胜"经营方针,深入贯彻"翻越门槛、扩大门类、提升效率"三大发展思路，严格遵循"统一规划、强化集中、纵横结合、分块实施"16字管理方针，抓住"以质取胜"的经营核心理念和"质量、效率"双突出的经营特色，提升技术创新引领能力，打造自主可控的产业链体系，逐步建立自动化、智能化制造工厂，增强核心竞争力，促进宏发高质量发展。

在这一指导思想引领下，宏发要努力实现以下发展目标，即：股份公司形成统一的宏发特色管理模式，培养一支与宏发发展相适应的优秀人才队伍，建立较为完善的厦漳、东部和西部三大研发生产基地，巩固继电器产品优势，扩大开关产品规模，夯实连接器发展基础，拓展其他产品门类，打造较强大的零部件内配能力，各企业实现可持续良性发展。

福建新大陆支付技术有限公司

每一次支付 都能发现新大陆

一、总体情况简介

福建新大陆支付技术有限公司（以下简称"新大陆支付技术"）是新大陆科技集团成员企业，主要从事电子支付核心技术的自主创新、产品研发和销售，及行业全面解决方案的提供，拥有国际电子支付市场第一集团军地位，是全球第二、亚太第一的 POS 机供应商。新大陆支付技术主要产品为电子支付全领域产品（各类 POS 机）及相关解决方案，并不断创新发展与产品相关的云支付技术、自动化安全管理平台技术和人脸识别支付技术，立足国内、拓展国际，致力于推动"中国制造"走向世界。

二、突出优势

（一）技术先进性

新大陆支付技术产品涵盖专业金融 POS 机、移动支付终端、智能多媒体终端、商业收银终端等，致力于扫码支付、新零售、人脸识别等领域的创新和突破，为新大陆支付技术提供基础性核心技术支撑。

1. 云支付技术

新大陆支付技术以改善支付体验、扩展支付应用为出发点，提出云支付整体解决方案，研发具有技术突破性的"云支付综合受理终端"技术及应用产品。该技术基于云计算架构，依托互联网和移动互联技术，以云支付终端为载体，为个人、家庭、商户、企业等客户提供以安全支付为基础的结算、金融业务、信息、电子商务、垂直行业应用、大数据等各种云服务的新一代支付应用模式。

2. 自动化安全管理平台技术

新大陆支付技术针对海外市场需求建立满足生产、远程授权和管理的安全管理平台。该平台技术将客户环境开发包通过 SDK 实现与服务器间交互，更新、维护可在服务器端持续进行；基于 Android 和 Linux 的通用、跨平台金融支付 API 设计与开发，可实现逻辑相同的金融支付功能接口调用；传统金融支付平台产品增加对 QT 应用支持，并兼容原有框架应用；远程密钥导入系统（RKI）和客户证书颁发系统（PKI）建立海外生产环境安全体系。

3. 人脸识别支付技术

新大陆支付技术积极布局人脸识别技术在支付领域的应用，研发相关终端设备及解决方案。该技术按照"银行卡受理终端安全规范"（UPTS）设计，具备软硬件安全防护机制，内置符合安全规范的密码键盘；配备单目、红外双目、3D 结构光等摄像头的多种方式人脸数据采集模块，结合活体检测功能，抵抗二维、三维虚假人像的伪造攻击；设计一体式、分体式、外置式等多种产品形态的人脸识别支付受理终端。

（二）产品质量

新大陆支付技术通过 ISO 9001 质量管理体系认证和 ISO 14001 环境管理体系认证，对生产全过程进行严格的质量和安全监督管理。在全球范围内的电子支付产品安全保障方面，新大陆支付技术是我国获得 PCI PTS 4.X 认证设备数量最多的供应商，并拥有全球首款 PCI PTS 4.X 认证的 MPOS 设备和全球首款 PCI 5.X 安全认证的全触屏智能 POS 机。

新大陆支付技术自主研发的 N910 智能支付终端以强大的功能扩展性、支付安全可靠性及背部防滑、非接区域利于挥卡操作等人体工学优势，获"2017 中国设计红星奖"。智能 MINI 收银机 N850 融合点单、收银、管理功能于一身，支持多样支付方式，全面满足金融、餐饮、商超、行政窗口等全场景应用，以其颠覆性和创新性获"2019 德国 IF 设计奖"。人脸识别受理终端通过国家金融 IC 卡安全检测中心 – 银行卡检测中心终端安全认证，成为我国唯一拥有自主研发人脸识别算法的支付硬件供应商。

（三）发展效益

新大陆支付技术专注于金融电子化和电子支付等领域，始终保持在行业内的前瞻与创新优势，所研发、生产的各类 POS 机长期居于国内主流厂商前列，近三年主要产品销售收入均超过 10 亿元。

新大陆支付技术研发国内首款分体式 POS 机，打破国外垄断；首创"云支付整体解决方案"，助力银行实现以"消费者支付"为核心的业务聚合；人脸识别终端 FPOS F7，是业内首款采用人脸识别线下支付安全应用技术进行设计的"刷脸 POS 机"，满足银行卡受理终端安全规范，率先拥有全面进入人脸识别支付领域的绿色通行证；系列全触屏智能 POS 机，实现全卡支付、条码支付、声波、NFC 等创新应用。

新大陆支付技术先后入围三大电信运营商及多家大型银行客户的设备供应商名单，在设备方面与阿里、腾讯、美团、苏宁、京东等多家大型互联网公司深度合作，并积极拓展非金行业客户，为便利店、餐饮、医药、石化、烟草等各类行业实现支付设备定制与优化。新大陆支付技术逐步形成移动互联网银行系统建设能力，为银行客户提供集业务服务、智能营销、客户互动等金融功能于一体的前后端统一平台。

从传统 POS 机时代、新兴支付时代到智能 POS 机时代，新大陆支付技术一直是我国支付行业的标杆和引领者。

（四）交付能力

新大陆支付技术依托强大的供应链管理体系，建设强有力的交付团队和交付流程，打造有业界领先的交付体系：自主 CRM 系统实现客户开发、意向订单、实际订单、订单交付的全流程系统化管理；自主供应商协同平台实现订单电子化、采购招标电子化、全流程物料供应信息电子化；中央数据处理系统实现与供应商端数据库的 EDI 电子数据交换。

三、典型经验

（一）技术创新能力

作为国内电子支付领域龙头企业，新大陆支付技术建立有相关研发机构：福建电子支付企业工程技术研究中心、福建省数字化支付安全重点实验室等，均具备完善的研究及开发试验条件；拥有固定研发、试验及试制场所 3000 多 m^2，各类先进、检测仪器设备 100 多台（套）；每年研发投入占企业营收的 5% 以上，为科研创新提供切实保障。新大陆支付技术现已申请 300 多项知识产权，其中授权发明专利 22 项、实用新型专利 57 项、外观设计专利 62 项、软件著作权 94 项。在核心技术研发攻关、产品开发、行业应用、测试验证等方面，具有显著优势。

（二）企业管理能力

新大陆支付技术围绕战略及经营目标，建立规范、有效的风险控制体系。新大陆支付技术中心负责前瞻性、共性技术的研究及整体核心技术管理，立足解决产业关键技术"高端失守"难题。较强的核心技术管理能力和技术发展规划能力，为新大陆支付技术创新工作持续有效地贯彻实施提供坚实基础。

（三）人才队伍培养

新大陆支付技术汇聚高水平、高素质的多学科交叉领域专业人才，具备"理论研究-技术开发-工程化-实际应用"一条龙的实力。新大陆支付技术制定有一系列分配和激励机制，鼓励员工最大限度发挥主观能动性和团队协作精神；通过委托外部培训、内部短期培训、学术交流活动等形式，着力改善科技人员知识结构，提升专业技能，让人才价值在企业得到充分体现。

（四）品牌培育与企业文化

新大陆支付技术作为新大陆科技集团成员企业，获集团公司授权使用"新大陆"品牌的同时，也成为集团品牌战略的重要组成部分。新大陆支付技术积极维护和提升品牌资产价值，开展卓有成效的品牌传播与推广工作。"新大陆"商标先后获得"中国驰名商标""福建省著名商标"等荣誉称号。新大陆支付技术重视企业文化建设，实施员工关爱工程，着力营造关爱、和谐的企业氛围，促进企业和员工关系的和谐稳定，增强凝聚力和向心力。

（五）产业协同发展

新大陆支付技术深度践行"支付+"的增值理念，不断拓宽发展业务，从单一提供支付设备向以智慧支付产品（硬件+软件）、解决方案、跨行业的支付生态建设业务发展变革，在大数据时代发展背景下，赋予"支付"更多想象空间和实现可能，构建多元化、服务化、社交化的数字支付生态圈。

与此同时，新大陆支付技术高效对接全球一流创新资源，辐射全球用户需求，在终端技术、新零售、支付生态等多领域提供有竞争力、可信赖的产品，持续为客户创造价值，构建共创共赢的合作生态，以期让用户真正享受到数字时代带来的支付创新福利。

（六）国际化发展

多年来，新大陆支付技术始终站在技术革命和时代发展的前列，引领中国支付行业的发展潮流。伴随着全球品牌战略的推进，全球营销网络覆盖至亚太、中东、非洲、欧洲、北美、拉美等60多个国家和地区；多款主流产品陆续获得MasterCard、VISA、AMEX、JCB等全球卡组织认证。新大陆支付技术在国内外拥有4家工业4.0智能化生产基地，包括福州、漳州、深圳3大国内生产基地和巴西1家海外生产基地。根据不同国家的国情和产业政策法规，产品出口采用了整机出口、SKD半散件出口当地组装（如部分中东国家）及CKD全散件出口当地组装（如巴西）等方式，实现海外产品的本地化改造和批量供货，全球发展进入快车道。

四、未来发展展望

新大陆支付技术将始终以客户为导向，保持全球视野，融入国家战略。持续扩大研发投入，保持持续性创新能力，尤其是围绕着数字货币等新型支付方式的落地与推广，积极探索下一代硬件受理终端的技术创新与路径。

国内市场上，作为金融支付终端设备第一品牌，在深耕智能POS产品线的同时，着力开辟新的人脸支付设备市场，持续保持MPOS机、扫码POS机等市场领先地位，积极跟踪并把握数字货币推广下我国商户支付终端全面升级的潜在需求。在国际市场，继续完善海外产品体系，以满足不同国家地区的差异化需求，同时加快海外合作和销售渠道建设，为新大陆支付技术的全球化布局夯实基础。

五、专家点评

新大陆支付技术产品线涵盖金融 POS 机、移动支付终端、商业收银终端等，并不断创新发展与产品相关的云支付技术、自动化安全管理平台技术和人脸识别支付技术，现已成为全球知名电子支付行业领先的技术、产品、服务及解决方案的综合提供商。

新大陆支付技术是全球领先的 POS 机供应商，与国内金融收单机构及第三方支付公司建立了良好合作关系，行业影响力渗透至电信、保险、物流、税务、电力、石油等多个领域，并于近年加速向国际市场拓展，在欧洲、中东、南美、东南亚取得较好业绩。

中国银联股份有限公司福建分公司副总经理　刘瑞斌

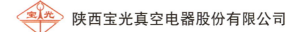 陕西宝光真空电器股份有限公司

"宝光"之光 闪耀世界

一、总体情况简介

陕西宝光真空电器股份有限公司（以下简称"宝光"）的前身是陕西宝光电工总厂，是于1974年建成投产的三线军工企业，生产大功率广播发射管、闸流管和高频加热管，于1975年研发制造出中国第一只商用真空灭弧室。

宝光从事电力电子元器件制造细分领域，主导产品为真空灭弧室。宝光经过持续的技术改造，从国内外引进先进的生产设备，拥有了国内一流的工艺技术装备和完善的检测手段。2014年起，宝光真空灭弧室产销量已经超过德国西门子、ABB公司以及日本的东芝等国际知名公司，产销量多年来稳居行业第一，国内市场占有率保持在25%以上，销量居于世界前列。

经过40多年的技术积累，宝光在真空灭弧室整个产业链的技术研究和实践经验上具备了其他企业不可比拟的优势。宝光拥有自己的陶瓷、玻璃外壳研制生产力量，还拥有波纹管、金属零件及其表面化学处理生产线，是首家被认定为省级企业技术产品中心、首家通过质量管理体系认证的灭弧室生产企业，并始终在长寿命、大电流、高电压灭弧室的研究上，在推广先进的一次封排及灭弧室固封极柱工艺上走在行业前列。

宝光被陕西省认定为高新技术企业，被科技部、中国科学院、科技部火炬中心认定为重点高新技术企业。先后荣获国家科学技术进步奖二等奖、全国"五一劳动奖状"等荣誉。2017年获批工信部第二批"制造业单项冠军示范企业"。宝光成为名副其实的世界中高压级真空灭弧室第一生产商。

二、突出优势

（一）技术优势

1. 40多年电真空技术的深厚积累和持续创新

自1975年，我国第一只商用真空灭弧室在宝光诞生，宝光始终关注真空灭弧室前沿技术，先后突破产品小型化技术、一次封排制造工艺、电器大容量开断关键技术、电弧特性控制技术、真空钎焊工艺、自动检测技术、固封极柱

APG 成型工艺等多项国内、国际领先技术，始终保持行业领跑者地位。

2. 领先的研发实力，完善的研发平台

宝光拥有一支高素质专业研发团队，具备三维设计、电磁场仿真、力学分析、热场计算等能力，可以快速响应市场需求。目前建设成真空电器技术国家地方联合工程研究中心实验室 1 个，陕西省真空电器工程研究中心 1 个，陕西省新能源核心元器件设计中心 1 个，院士专家工作站 1 个。宝光与诸多高校科研院所有长期深度合作，形成一大批科技成果。目前宝光拥有核心专利 86 项，专有技术 10 项，先后获得国家科技进步奖特等奖 1 项、二等奖 1 项。

3. 宝光产品服务于国家多项重点工程

宝光真空灭弧室在多项国家重点工程应用，其可靠的质量为企业赢得赞誉。宝光真空灭弧室应用于冬奥会张北柔性直流电网试验示范工程、雄安新区建设、中国天眼建设、上合峰会、三门峡工程、天安门改造、国家动车等重大工程项目。

4. 是行业唯一具备全部零件自制技术的企业

宝光掌握灭弧室全部零件生产制造技术，具备全部零件自制能力。保有核心技术的零件自制加工和普通零件的外购相结合，发挥自身特点，借助外部成本优势，全面提升市场竞争力。

5. 不断推进数字化转型，提高智能化制造水平

宝光拥有行业内最先进的生产设备和检测设备，装备水平世界先进，近年来不断提升产线数字化水平，融合信息化技术与工业化技术实现产线的升级换代，开发了行业内诸多首台套定制产线等。信息系统贯通原材料采购检验、瓷壳、零件、封排成品的全部过程，运行 PLM、ERP、MES、WMS、CRM 等系统。通过产品信息和数据的自动采集、传输、控制和分析，实现产品全寿命周期的数字化管控。

6. 秉持绿色环保理念，推进可持续发展

近年来宝光不断加大环保技术设备的投入，做到不排放一滴污水、一缕废气。通过新材料开发、工艺创新全面响应党中央环保、安全要求。

（二）质量优势

1. 具备系统性供应商质量管理能力

通过对供应商质量管理模式和方法的探索和研究，建立了从 SAM（供应商准入认证）-SQM（供应商资质认证）-SPM（供应商绩效管理）-供应商端质量改善完整工作流程，形成了以供应商质量认证、考核、评价、培育、风险管理为核心内容的系统性的供应商质量管理方法，确保供应商供货产品质量的可靠性和稳定性。

2. 完善的体系建设和持续改进能力

1995年,宝光主要产品"真空灭弧室"获得了陕西省首届"名牌产品"称号。1996年,宝光在全国无源器件行业中率先通过ISO 9002质量管理体系认证;依次通过了ISO 9001质量管理体系认证、ISO 14001环境管理体系认证、OHSAS 18001职业健康安全管理体系认证、能源管理体系认证、两化融合管理体系认证、知识产权体系认证。

3. 产品质量稳步提升

宝光以"质量"立企,产品质量稳步提升。灭弧室一次成品率由2010年的96.79%提高到2020年的99.37%;顾客周期质量退赔率由2010年的700×10^{-4}%降低到2020年的50×10^{-4}%以下。2020年真空器件类产品国内顾客满意度调查加权得分为优秀,市场接受度持续提高。

(三) 效率优势

发挥规模优势,深挖内部潜力,宝光运营效益持续提升。2019年资产总值较2017年增长17.55%,营业收入增长16.03%,2019年利润总额较2017年增长18.02%,资产负债率保持在34.34%以下。

三、典型经验

(一) 扎实积累,勇于创新,技术引领发展

1. 高度重视知识积累传承和技术自主创新

宝光从技术引进到消化吸收,再到自主创新,走出了一条引进吸收发展的道路。宝光掌握和研发真空灭弧室四代核心技术,拥有自主知识产权,凭借技术优势承接了多项国家重大项目和卡脖子项目。宝光注重知识积累和传承,将企业发展过程形成的各种技术资料、文档、文献进行归类管理,作为再创新的基础和人才培养的宝贵资源。

2. 坚持外联内引、产学研合作、协同创新增强企业创新水平

宝光在真空灭弧室领域持续与行业开关整机厂家、大学以及科研院所合作,合作研发一批具有代表性的新产品和科技成果,取得了显著的经济效益,极大地提升了企业创新水平。通过充分与外部科研院所的合作,弥补了宝光在创新方面高端人才、专业技术、创新资源等方面的不足,实现产学研的高度融合,促进了企业技术进步和科技成果转化。

(二) 继承优秀传统,筑牢"质量"基石

1. 基于信息化、自动化的质量控制

宝光设计上拥有三维、多种电磁场、力学、运动学软件服务设计的能力;生产上拥有一流的工艺技术装备,具有自主知识产权的工艺方法、关键零件的

机械人加工等优势；质量控制上拥有行业第一条真空灭弧室自动检测线，X射线真空度测试流水线，单只流镀银自动生产线，后工序自动加工生产线，生产制造 ERP、MES 系统，质量跟踪电子随工单系统，客户关系管理系统（CRM系统）等。基于信息化、自动化的质量控制确保了产品质量稳步提升。

2. 利用大数据分析实施动态质量管理

一是利用质量大数据分析，在关键控制节点设置质量管控。二是基于上一阶段运行数据评价，形成自主动态检验转移规则，通过上一阶段性质量表现，关联下一阶段的控制执行方案，通过动态的检验转移规则，形成一个自主动态的良性循环体系，从而进入一个自我控制、不断超越提高的运行体系。三是控制的细化，必将带动考核的细化。不断健全考核和奖励机制，使质量控制工作长期健康向上不断发展，与此同时，也带动相邻的工作节点、操作、执行不断完善。

3. 科学的质量控制方案

根据产品重要性和客户的特殊要求，结合产品加工环节和质量特性，制定不同的质量控制方案，在保证全面质量的同时，把握关键质量控制点进行特殊监控，确保产品的高品质。

（三）推进改革改制，淬炼管理能力

1992 年，为适应国有企业下放属地管理的要求，宝光的主管部门由国家电子工业部改为陕西省电子工业厅，同时公司更名为"陕西宝光电工总厂"。1997 年，按照现代企业制度改制的要求，宝光整体改制成为"陕西宝光集团有限公司"，同年发起设立"陕西宝光真空电器股份有限公司"，1997 年宝光正式挂牌上市。

2009 年，按照扁平化、高效率、直线式管理模式，宝光进一步深化、完善现有组织结构模式，形成"职能部门+事业部制+子公司"的既有扁平化快速反应机制，又具有较强的主动性和创造性的组织机构。

近年来，随着国企改革不断推进，宝光对管理机构进行"去机关化"改革、优化、精简职能部门，增强生产经营单元的职能权利，激发组织活力，管理能力不断提升。

（四）发挥积极作用，带动产业链充分发展

在 20 世纪 80 年代，宝光开始涉足真空灭弧室领域时，国内基本没有专业生产配套零部件的厂家，主要由宝光自行生产配套，从而形成了从原材料采购开始，通过零件加工、零件表面处理，直至真空灭弧室产品整管装配生产的全过程自制的生产运营模式。

20 世纪 90 年代后期，随着国内专业生产零部件厂家的崛起，尤其专注专精等方面的发展，外部市场的零部件供应优势逐渐显现，宝光建立了基于ERP供应商管理模式，实施"诚信付款"，秉承共同成长理念，带动一大批关联企业快速发展，和宝光成长起来的部分供应商已然成为其领域的国家制造业冠军，真正实现了合作共赢。

2009年以后，宝光战略形成了以稳定发展灭弧室产品市场为主导，电子陶瓷、电气配件高速增长为配套，国际进出口业务为拉动的产业协同布局。

（五）实施国际化战略，创新企业发展格局

近年来，国家"一带一路"倡议为企业实现国际化经营，全球化布局创造并提供了更为广阔的市场空间和竞争平台，海外市场拓展进入了一个新的发展时期。宝光作为灭弧室制造企业的"领头羊"，积极投身参与国际市场竞争。

1）宝光发掘自身特点，利用多年的外贸从业经验和市场积累，有效运用现代国际市场营销理论，实施战略营销的新思路，通过专注细分市场，紧密客户关系。

2）经过长期的海外市场耕耘，不断优化真空灭弧室产品的结构，高附加值产品销售比例进一步提升。市场范围的有效扩大，持续推进真空灭弧室制造的可持续发展。

四、未来发展展望

宝光视国家制造业单项冠军为责任，致力于成为国内一流、国际有影响力的电子器件及其配套产品制造与服务型企业。宝光基于电真空技术方面的核心领先优势，为顾客提供安全、可靠、绿色、高效的电真空器件和高压电气配套元件产品。

未来，宝光将进一步深化机制体制改革。实行三项制度改革，破解国企改革与高端人才培养的难题；推进企业所有制改革，引进混合所有制模式，并借此拓展产业范围。宝光将加大对信息技术和智能制造技术的投资力度，促进生产方式转型升级。同时，宝光将深度参与国际顶尖行业技术组织的交流，在全球化视野下，与行业内的世界知名企业建立交流机制，推动提升企业国际化发展格局。

 红宝丽集团股份有限公司

打造全国最大聚氨酯硬泡组合聚醚产业基地　持续推进技术迭代

一、总体情况简介

红宝丽集团股份有限公司（原名"南京红宝丽股份有限公司"，以下简称"红宝丽"）创建于1987年，前身为江苏省高淳化工总厂下属的聚氨酯泡沫分厂；1991年6月更名为南京市聚氨酯化工厂；1994年6月在南京市聚氨酯化工厂整体改制基础上，以定向募集方式设立股份有限公司；2007年9月在深交所中小板上市，成为我国聚氨酯硬泡组合聚醚领域的首家上市公司。红宝丽总部坐落于南京市高淳区经济开发区，现为国家高新技术企业，拥有全球一流的聚氨酯硬泡组合聚醚等新型化工材料的研发中心和产业基地。

红宝丽聚氨酯硬泡组合聚醚产品是聚氨酯硬泡的主要原料之一，聚氨酯硬泡主要应用于冰箱、集装箱、热水器、建筑节能等行业的隔热保温，其中冰箱行业是聚氨酯硬泡应用的高端领域，也是红宝丽聚氨酯硬泡组合聚醚的最大应用领域，客户覆盖了LG、三星、博西、伊莱克斯、美的、海信等白电制造知名企业。

单项冠军产品（聚氨酯硬泡组合聚醚）生产基地

二、突出优势

红宝丽创建 30 余年来，坚持创新引领，走专精特新发展道路，不断做强做大，现已拥有全国最大的聚氨酯硬泡组合聚醚产业基地，"红宝丽"牌组合聚醚畅销全世界 50 多个国家和地区，聚氨酯硬泡组合聚醚的销量、销售收入和产品市场占有率连续多年全国、全世界同类企业第一。2020 年，红宝丽经营业绩实现了逆势增长。全年实现利润总额 1.54 亿元，同比增长 50.0%；实现收入 25.76 亿元，同比增长 8.1%；实现产品销量 23 万 t，同比增长 6.5%。

与竞争对手相比，红宝丽主要优势表现在以下几个方面：

（一）个性化的产品与服务

在聚氨酯行业，根据不同区域的顾客及顾客不同生产季节、不同生产工艺技术的特点与要求，通过定制化产品，技术降本，快速响应客户需求，为顾客提供个性化的解决方案。

（二）专业技术优势

红宝丽具有聚氨酯硬泡领域的核心技术，掌握了行业领先的快速脱模、多元发泡、生物基多元醇合成等技术，开发了切合市场需求的环保型、功能型硬泡组合聚醚，满足客户降本增效、环保节能、产品综合性能提升等需求，同时积极开发新技术，充分运用技术壁垒提高竞争对手的进入门槛，通过技术升级与客户实现强强联合。

（三）区域与设施优势

红宝丽生产基地建立在国家级石化产业基地——南京化学工业园，园区内公用工程与公共设施配套齐全。红宝丽拥有 15 万 t/年聚氨酯硬泡组合聚醚产业化设备与设施，同时，红宝丽拥有大容量环氧丙烷储存设备，确保了主原料的安全稳定供应，规避了石油价格波动风险，整体装备水平达到国际先进，产能规模位列全国第一。

（四）稳定的核心员工团队

红宝丽拥有一支认同红宝丽文化、忠诚红宝丽事业的核心员工队伍，并且通过核心骨干员工的持股计划与股权激励等措施，将员工发展与企业发展相结合，保持核心员工团队持续高效和稳定。

（五）良好的企业形象

红宝丽秉持发展企业"五个为"（为国家、为顾客、为员工、为股东、为社会）的办企宗旨，以打造"政府认可、客户信赖、员工认同、股东拥戴、社会尊敬"的具有高度社会责任感的企业为目标，遵纪守法、诚信经营，积极履行企业的社会责任与义务，树立了良好的企业形象。

（六）良好的合作伙伴关系

红宝丽按照"互利共赢、共同发展、共同开发、共享成果"的合作理念，与供方、顾客、高校科研院所等建立了战略合作伙伴关系，如：与巴斯夫、赢创、美的、南京工业大学等开展了深入有效的合作。

三、典型经验

创新是推动红宝丽持续发展的主旋律，伴随着旋律的演绎，五大音符奏响了最强音，它们是红宝丽发展的五个重要着力点，分别是文化创新、制度创新、技术创新、管理创新和市场创新，五大创新音符共同奏响了红宝丽的发展乐章，响彻激情似火的红宝丽创业岁月。

（一）文化创新——凝心聚力的灵魂音符

红宝丽的文化底蕴深厚，并汲取时代精华，保持着旺盛的创新活力。2000年初，国内某大型企业集团突然停止合作，导致红宝丽瞬间丢失60%的订单，2008年金融风暴突然来袭，2019年中美贸易战打响后"去中国化"席卷全球，对红宝丽都是关键考验，但红宝丽最终都挺过来了，实现了健康持续发展。

2018年，红宝丽企业文化案例作为经典案例被收入高等学校经济与工商管理系列教材——《企业文化》（第3版）。

（二）制度创新——与时俱进的奋进音符

红宝丽制度创新分为体制创新与机制创新两个方面。在30余年发展中，从建厂初期的内部承包，到1991年的外部承包，到1994年的股份制改造，到2000年的红宝丽集团组建，再到2007年的成功上市，红宝丽适时进行了五次决定企业命运的体制创新，每一次都克服了旧体制的束缚，实现了新的能级跨越。

机制创新则是对红宝丽重视人才、储备未来的体现。红宝丽创始人、董事长芮敬功的创业语录中，有这样一句话："办好企业，必须信奉两个'上帝'，一个是企业职工，一个是产品用户。没有这些，单纯靠财产和资金是不能自然增值的。"红宝丽视员工为最宝贵的财富，倡导员工与企业同成长、共发展的理念，将企业的发展和人的发展高度统一。

（三）技术创新——敢为人先的绿色音符

红宝丽建立了"研制一代，生产一代，开发一代，储备一代，构思一代"的技术创新体制，经历了从引进消化再创新起步，到集成创新，再到原始创新的创新模式变革。但不变的，是红宝丽对技术创新领域的专注度。红宝丽坚持有所为，有所不为，聚焦战略是红宝丽取得成功的制胜武器。红宝丽的发展理念是做强、做大、做长，在关键的从做强到做大迈进的过程中，不盲目铺开摊子作战，坚持在细小领域下大功夫，做到"高人一层，快人一步"，而后取得磅礴力量。

绿色，是红宝丽技术创新的底色。制冷设备中的大量氟利昂释放会破坏大气臭氧层。基于此，20世纪90年代初，红宝丽就着手研制隔热保温发泡材料中氟利昂替代的新技术并获得成功，得到行业专家的高度盛赞，让红宝丽坚定了技术创新要以绿色发展为基础的决心，此后红宝丽对环保发泡剂的应用便引领潮流，持续推进低氟-无氟聚醚的技术迭代。除了以"女娲补天"之力保护臭氧层外，红宝丽还以可再生的植物油（如菜籽油）为原料合成生物基多元醇，潜心研究聚氨酯降解回收技术，达到国际先进水平。同时，精准满足客户需求，推行"个性化设计"，做到"一厂一方""一线一方"，研究开发的低密度、快速脱模、高热阻、耐高温、阻燃等组合聚醚，受到客户青睐，使红宝丽的技术创新优势迅即转化为各客户端的竞争优势。

（四）管理创新——品质为先的质量音符

红宝丽作为化工企业，一直将安全生产视作生命线，始终把安全生产作为各项工作的重中之重而一抓到底。2016年5月，红宝丽启动PSM（过程安全管理）项目。2019年，"红宝丽集团引入PSM实践项目"获得江苏安全生产科学技术奖。如今，红宝丽又上线了安全生产信息化云管理平台。

（五）市场创新——共赢发展的合作音符

现在中国的每三台冰箱中，就有一台使用的是红宝丽组合聚醚，红宝丽冰箱用聚氨酯硬泡组合聚醚市场占有率连续多年全世界第一。红宝丽业务目前涵盖美国、德国、土耳其、韩国、巴西、印尼等50多个国家和地区，主要客户有博西、LG、三星、伊莱克斯、惠而浦、美的、海信等知名家电制造企业。

四、未来发展展望

未来，红宝丽将继续秉承"为国家、为顾客、为员工、为股东、为社会"的办企宗旨，在打造环氧丙烷-聚醚、醇胺产业链的同时，不断延伸产业链，完善产业布局，努力把红宝丽建设成为政府认可、客户信赖、员工认同、股东拥戴、社会尊敬的伟大企业。

五、专家点评

自 1987 年开始,红宝丽由一个濒临倒闭的小作坊艰难起步,历经 30 余年创新发展,发展壮大成为全世界聚氨酯硬泡组合聚醚行业的"白老大",现有年产 15 万 t 组合聚醚的生产能力。之所以能有这样的成就,重要原因之一就是聚焦主业、持续进取、不断创新。红宝丽坚持以创新为内生增长的驱动力,一直专心致志地关注自己的专业领域,紧紧围绕"五大创新"(制度创新、技术创新、市场创新、管理创新、文化创新),在细分领域花大功夫,把传统业务"做专、做精、做优、做特"。红宝丽的创业成就,是我国中小企业锐意进取、大胆创新的缩影,为我国广大中小企业指明了一条聚焦发展、创新驱动的发展道路,具有显著的示范作用。

南京师范大学会计与财务发展研究中心主任　江希和

吡啶碱产业"链"动未来

一、总体情况简介

安徽国星生物化学有限公司（以下简称"国星生化"）自成立以来，始终坚持以发展壮大民族产业为己任，以技术创新为手段，坚持走自主研发、科技创新发展道路。国星生化成功投资建成年产 43.5 万 t 的吡啶碱产业链，产能占全球市场份额 45% 以上，全国市场份额 65% 以上，完全掌握了市场话语权，打破了国外长达半个多世纪的技术垄断，产品远销 108 个国家和地区，产品品质优良，受到国内外客户广泛好评。

二、突出优势

（一）企业简介

国星生化成立于 2007 年 1 月，注册资本 3.29 亿元，是一家集新型三药（医药、农药、兽药）及三药中间体的研发、制造、销售为一体的"国家火炬计划重点高新技术企业"。

国星生化大门

近年来，国星生化先后荣获"国家级绿色工厂""国家火炬计划重点高新技术企业""国家技术创新示范企业""全国制造业单项冠军示范企业""国家精细化工智能工厂试点示范""全国质量标杆企业"等20余项国家级荣誉称号，并已成功组建"国家级企业技术中心""国家地方联合工程实验室""国家博士后科研工作站""杂环化学安徽省重点实验室"等12个省级以上研发平台，2016年国星生化产品检测中心通过CANS实验室认证，拥有"红太阳"中国驰名商标，是行业内唯一一家荣获国家"绿色＋技术＋平台＋品牌"金牌大满贯的企业。2020年，国星生化成功顶住新冠疫情、国际经济下行，以及国内安全环保要求的巨大压力，逆势突破，总体发展呈上升趋势，实现营业收入15.08亿元，同比增长12%；利润总额17052.5万元，同比增长22.8%。

（二）自主创新引领国内吡啶碱行业发展

吡啶碱被誉为杂环类三药及三药中间体的"芯片"，是重要的精细化工原材料。由于大规模工业化生产吡啶所采用的合成法技术复杂，工序繁复，核心技术被美、日等跨国公司垄断60多年，获得较大利润，对技术转让并不积极。为突破国外公司对我国的技术封锁，提高吡啶碱生产的独立性和技术水平，国星生化以吡啶催化剂为突破口，于2008年开发出具有我国自主知识产权的合成吡啶新型催化剂及生产技术，通过研究确定使用催化效率高、再生利用周期长的新型复合分子筛催化剂，配合采用具有自主知识产权的流化床技术工业化合成吡啶，产品收率达87%，工艺技术达国际领先水平，成功打破了国外跨国公司的技术垄断，填补了国内空白，解决了国内吡啶碱行业发展的瓶颈问题，为吡啶碱产业化生产提供了科学有效的指导。

（三）精益求精保障企业产品高质领航

国星生化作为8项吡啶碱系列国家、行业标准的主要制定单位，始终坚持以高标准、高质量要求自身。国星生化先后荣获"全国工业品牌培育示范企业""全国质量标杆企业""中国石油和化工行业质量标杆"等多项荣誉；吡啶碱系列产品先后荣获"省新产品""省工业精品""省名牌产品""省重点新产品""省高新技术产品"等荣誉称号，拥有"红太阳"中国驰名商标，产品质量受到客户广泛好评。

国星生化采用新型复合分子筛催化剂生产技术，通过醛氨法催化合成吡啶，产品收率及纯度两项指标均达到国际领先水平，相关对比数据见下表。

吡啶碱产品质量水平一览表

主要技术/服务指标	同行业水平	国际先进水平	国星生化水平
吡啶含量（%）	99.9	99.92	99.96
吡啶色度（Hazen 单位）	15	10	10
3-甲基吡啶含量（%）	99.0	99.0	99.7
3,5-二甲基吡啶含量（%）	99.0	99.0	99.4
2,3-二甲基吡啶含量（%）	99.0	99.5	99.5

（四）勇担使命开创社会、企业共赢局面

吡啶碱是一种重要精细化工原料，80%的含氮杂环类医药、农药和大量的化学中间体均需要使用吡啶碱，甚至食品添加剂、烟草香料、子午轮胎、日用化工用品等也是吡啶碱的下游衍生物。据统计，吡啶碱产业链可带动下游1000多种产品的市场发展。该产业链符合国际21世纪绿色环保、节能减排、循环经济产业发展要求，不仅是国际上增长潜力最大的三药及三药中间体，也是未来30年不可替代的超高效、低毒性、无公害、高活性的仿生物及手性环保农药产品。这也是美、日等跨国公司牢牢把住吡啶碱技术命脉的一个重要原因。

国星生化针对吡啶碱关键技术的攻克以及工业化生产，打破了国外半个多世纪的技术垄断，为我国民族产业振兴开启了新征程，极大促进了我国杂环类三药及三药中间体行业的进一步发展。自吡啶碱生产技术实现工业化以来，为企业创造了巨大的经济效益，也为区域内经济良性、环境友好发展做出了突出贡献。

三、典型经验

（一）以技术创新为驱动力

国星生化自成立以来，十分重视科学技术创新。国星生化每年新增几十项研发项目，对原始技术进行创新研发，对现有工艺提出技术改进，保障技术能力紧跟时代要求，创新能力不落人后；为保证技术研发经费能够稳定及时到位，技术研发项目能够正常运行，国星生化自2009年起设立技术开发专项资金，从制度上为技术中心研发经费的来源和投入做出保障，明文规定每年研发费用不低于企业销售收入的3%，并逐年提高。

国星生化一直坚持以科技为先导，逐步完善了技术中心的组织机构、运行机制、创新机制、产学研合作创新机制、国际化创新合作网络、基础设施等建设。国星生化于2014年12月被认定为国家企业技术中心，并以企业技术中心

为载体平台,先后承担建设了"多相反应与分离技术国家地方联合工程实验室""杂环化学安徽省重点实验室""安徽省吡啶碱工程技术研究中心"等技术创新机构,并依托在行业内的技术、资金、装备等优势,与中科院大连化学物理研究所、浙江大学、合肥工业大学、安徽工业大学等科研院所(校)建立了良好的产学研合作关系,组建了国家级博士后科研工作站、浙江大学-红太阳生物技术与工程联合研究中心等产学研平台,建立了一套较为完整的企业技术创新体系,以科技创新驱动企业蓬勃发展。

(二)以管理制度为保障力

为加强企业管理,明确内部相关职责,保障各项工作顺利开展,国星生化建立健全内部组织架构,完善了管理制度体系,并从生产安全保障、产品质量保障、知识产权管理、人才激励培养等多方面加强建设与管理。

国星生化根据国家法律法规要求,并结合企业实际情况制定了《安全培训管理制度》《危险源识别、风险评价和控制程序》《质量考核条例》《质量事故处理方法》《质量信息管理制度》《知识产权奖励办法》《专利维权管理制度》《知识产权管理办法》《实验室研发人员激励制度》等一系列管理制度,为企业经营管理有序运转提供了有力的保障。

(三)以人才培育为续动力

为壮大扩展企业的创新人才队伍,推动技术人员的快速成长,国星生化实施了以岗位实践为基础,以技术提升为目标,以以岗促学、学历培训、国内外进修和高校智力引进为支撑的多层次、全方位人才培养模式。采取脱产培训、外出观摩、研讨交流等多种培训方式,强化理论知识和实践技能培训,培养了国星生化的创新团队。

为了激励研发人员的积极性和创造性,国星生化建立以重大技术创新产出为导向的绩效考评和奖励体系,支持技术要素参与分配。实行科研成果效益和科研承担人员个人利益严格挂钩的量化考核方法,全面提高广大科研人员的事业心和责任心,对科研人员收入实行上不封顶、下不保底的政策,能者先上,庸者逐步分流;以项目为单位,建立企业项目独立核算体系,制定了《科研项目管理规定》《研发人员绩效考核制度》,以此来激励研发人员的创新积极性。同时开辟了管理、技术的两个人才成长通道,为人才的成长与发挥提供了广阔的平台,也为企业发展提供了源源不断的持续动力。

(四)以产业协同为竞争力

国星生化研发的以吡啶碱为原料的生物医药项目,缩短了下游医药和饲料添加剂行业研制周期,加速了行业发展。吡啶碱项目建成实施后,大量使用甲醛、乙醛、液氨等原材料,极大带动甲醛、乙醛等化工产业的快速发展,同时下游生物医药产品烟酰胺、兰索拉唑、埃索美拉唑和奥美拉唑等药物的成功应用，拓展了烷基吡啶的应用，产生的经济效益促进了当地经济的腾飞。

国星生化以吡啶碱产业为核心，促动生物医药产业链发展，并与区域经济发展形成合力，形成吸引"人流、物流、资金流、技术流、信息流汇聚"的强大磁场，打造本区域内首个以强势企业为核心、周边配套企业为基础、针对性服务行业为辅助、配套企业再建配套为衍生的不断扩大的跨企业、跨行业、跨区域合作的生态经济产业集群，有力提升了产业的凝聚力和竞争力。

四、未来发展展望

未来，国星生化将基于企业愿景、使命和价值观，紧紧围绕国家"十四五"发展战略规划，坚持"科技兴企、智造强企"的发展思路，以"5G+工业互联网"建设为手段，推进信息化与工业化深度融合，全面提升企业研发、生产、管理和服务的智能化水平；围绕吡啶碱产业链，以全员智慧全力进军生物技术行业，利用生物技术替代传统化学合成工艺，加快吡啶碱产业绿色改造升级；加强质量品牌建设，不断拓展吡啶碱产业链上下游，在更安全环保的情况下做强做优生物技术吡啶碱产业，成为世界杂环类三药中间体的领导者。

五、专家点评

通过了解，我们发现安徽国星生物化学有限公司拥有严肃进取的科研态度与实力雄厚的科研能力，通过自身的科研攻关和技术创新，成功打破了国外的技术垄断，取得了显著的产业化成果，产生了巨大的社会经济效益，为推动国内吡啶碱产业的技术进步提供了良好的产业化示范。希望企业能够基于已取得的成果，进一步提升智能化制造水平，通过融入"工业互联网"技术，实现化学制造与科技服务的有序连接，推进企业向现代化、数字化、智能化转型升级的进程。

合肥工业大学教授　冯乙巳

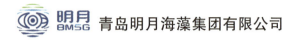青岛明月海藻集团有限公司

国家制造业单项冠军示范企业发展案例

一、总体情况简介

青岛明月海藻集团有限公司（以下简称"明月海藻"）是目前全世界最大的海藻生物制品企业，是以海洋大型褐藻为原料生产海洋生物活性物质产品的高技术企业。明月海藻秉承"利用海洋资源，造福人类健康"的使命，专注海藻活性物质的深度开发和应用，拓展出现代海洋基础原料产业、现代海洋健康终端产品产业，以及海洋健康服务产业三大产业板块，规划建设了青岛明月海藻生物科技中心、青岛海洋生物产业基地、江苏大丰海洋生物产业基地、智利海藻资源开发基地，打造了"一个中心、三大基地"的产业空间布局。

明月海藻拥有海藻活性物质国家重点实验室、农业农村部海藻类肥料重点实验室、国家地方工程研究中心、国家认定企业技术中心、博士后科研工作站等高层次科研平台，先后荣获国家高技术研究发展计划成果产业化基地、国家海洋科研中心产业化示范基地、国家创新型企业、制造业单项冠军示范企业、国家科技进步二等奖、中国工业大奖提名奖、中国纺织工业联合会科学技术进步二等奖等荣誉，并被誉为青岛市"新五朵金花"——"海洋之花"。"明月牌"商标被认定为中国驰名商标。企业近三年经营情况见下表。

2018—2020 年企业经营情况表

年度	销售收入/万元	利税/万元	研发投入/万元
2018	284523	11273	18780
2019	312295	11408	20950
2020	402010	16408	26930

二、突出优势

明月海藻集团海藻酸盐年产1.6万t，占世界总产量的60%，产品市场占有率达国内40%、国际30%，多年来稳居世界第一位，是海藻生物产业龙头企业，与同行业企业对比产量情况见下表。

明月集团与同行业企业产量对比表

品种及产量		企业名称	地区
褐藻胶 3.5 万 t	10000t 以上	青岛明月海藻集团有限公司	青岛
	1000~6000t	日照洁晶集团有限公司	日照
		青岛聚大洋海藻工业公司	青岛
		青岛瑞星海藻工业有限公司	青岛
		青岛胶南南山海藻有限公司	青岛
		荣成寻山集团有限公司	威海
		荣成瑞成九洋藻业有限公司	威海
		海阳市洲际海藻有限公司	烟台
	500~1000t	5~8 家企业	青岛、烟台

我国海藻加工大部分产品属附加值较低的工业级产品,食品级及医药级产品生产能力仅 10000t 左右,仅占总产量的 28.57%,而国外海藻加工企业食品级和医药级产品一般占总产量的 71.43% 左右,产品具有较高的附加值,具体情况见下表。

与国际同行业产品情况对比表

国家或企业	总产量/t	食品与医药产量/t	高端产品比例(%)	市场占有率(%)
美国杜邦公司	8000	4800	60.00	13.79
美国 FMC 公司	6000	4000	66.67	10.34
日本喜美克 KIMICA	2000	1300	65.00	3.45
日本富士化学工业株式会社	1000	500	50.00	1.72
日本纪文株式会社	1000	500	50.00	1.72
丹麦丹尼斯克	2000	1800	90.00	3.45
法国	1000	500	50.00	1.72
中国	35000	10000	28.57	60.34
其他国家	2000	1000	50.00	3.45
合计	58000	24400	42.07	100.00

明月海藻的海藻酸盐生产工艺达到国际领先水平,近年,明月海藻依托国家科研创新平台,不断开展海藻生物领域新产品、新技术、新工艺的研发,提高海藻生物的产品附加值,推动我国海藻生物行业转型升级,不断提升我国海藻生物行业在国际上的地位。产品关键性能指标与生产能耗指标达到国际领先水平,与国际水平对比情况见下表。

与国外同行业产品技术指标对比表

产品指标	明月海藻集团	亚什兰
水分（%）	≤7	≤8/10
含钙量（%）	≤0.1	≤0.1
透明度	≥60cm	25~35cm
黏度下降率（%）	<10	10~15

与国外同行业产品能耗指标对比表

能耗指标	明月海藻	亚什兰
水耗/(m^3/t)	600	1000
硅藻土消耗/(kg/t)	450	800
提纯效率	高	低
提取率（%）	28	26

三、典型经验

（一）超前的企业经营战略

近年来，明月海藻抢抓"海洋强国""健康中国""大健康建设"机遇，打造具有明月特色的海藻生物大健康经营体系，以海藻酸盐生物产业为发展主线，围绕大健康，打造海洋生活新方式，开发利用海洋生物资源。明月海藻坚持"经略海洋从一棵海藻做起，一棵海藻做成一个大健康产业"的发展主线，遵循"创新、协调、绿色、开放、共享"的发展理念，定位于"海洋科技、健康生活、品牌展示、创意经济"等服务特色。围绕供给侧改革和大健康产业，依托海藻活性物质国家重点实验室、国家级众创空间等创新创业平台，建设集创意设计、科技研发、学术交流、工业旅游、产业孵化、体验营销、健康教育、康复培训、健康饮食于一体的多功能、全方位、高层次的海洋生物健康经营体系，实现海洋经济的高质量发展，促进海洋生物产业新旧动能转换。

（二）良好的研发经费保障及激励机制

明月海藻始终遵循科研投入优先的原则，持续加大研发基础投入，不断完善技术创新软硬件建设，为保障产品研发、科研机构建设、科技成果转化，保证每年科研投入占销售收入比例保持在6%以上，持续大量研发投入确保了科技项目研发和成果转化，形成了投入产出的良性循环。与此同时，在研发激励机制上设立了技术创新奖，并完成了研发人员薪酬改革。

（三）强大的科研基础保障

明月海藻围绕海藻生物产业链协同创新，以行业内唯一国家重点实验室为中心，构建我国首个国家级海藻生物产业技术集成与创新服务平台：包括国家认定企业技术中心、国家地方联合工程研究中心、海藻生物产业孵化器、国家众创空间、国家星创天地等国家级高层次创新平台，形成了包含基础研究、技术开发、工程应用、产业孵化四位一体的创新创业公共服务体系，助推青西新区成为国家级海藻制品基地。

明月海藻2015年获批海藻活性物质国家重点实验室，拥有较强的研发条件、人才队伍及研发能力，拥有行业内一流的科技支撑平台。目前，实验室拥有检验中心2200m^2、试验室10000m^2、中试车间2000m^2，拥有元素分析仪、热重分析仪、高效液相色谱仪、差示量热扫描仪、等离子电感耦合质谱仪等先进仪器设备400余套，设备原值9000余万元。

海藻活性物质国家重点实验室

（四）创新团队及研发创新带头人保障

明月海藻拥有一支求真、务实、创新、高效的优秀专业科技人才队伍。团队成员专业门类齐全、层次结构合理。从事科技研发人员602人，其中具有高级技术职称人数75人，其中包括千人计划专家3人、长江学者1人、享受国务院特殊津贴专家3人、山东省泰山学者特聘专家2人、省部级突出贡献中青年专家1人、外籍专家6人、博士后8人、硕士研究生60余人。

四、未来发展展望

"十四五"期间，明月海藻制定总体目标：企业主营业务收入达到100亿元、利润总额达到4.6亿元。明月海藻将围绕海藻酸盐产业板块，以提高海藻酸盐产业自主创新能力和产品附加值为总体发展目标，研究海藻酸盐提取和分离、功能化改性，以及功效和应用领域的共性关键技术，通过化学、物理、生物等改性技术的应用提高和改善海藻酸盐的功效，拓宽其应用领域。

明月海藻将推进生产精细化管理，结合 ERP 与自动化系统，逐步推进数据的采集和分析，保证生产稳定科学，建立生产过程的标准化与规范化，通过分析对工艺进行总结、提升，加大技术工艺对生产的指导和总结；开展设备精细化管理，作为生产稳定性管理的有效支撑，优化提升设备的有效运行，对特殊设备、关键设备运行进行科学调配。加大对生产产品在线质量的优化提升，特别是产品稳定性的提升，加大对产品一次合格率的综合提升，优化降低库存。

明月海藻以国家重点实验室为中心，构建我国首个国家级海藻生物产业技术集成与创新服务平台，通过平台建设，研究海藻生物制品提取和分离、功能化改性，以及功效和应用领域的共性关键技术和产业化，促进海藻生物制品产业链上、中、下游协同创新，推进海藻酸盐在功能食品、医药、生物材料、美容化妆品、生态农业等高端领域的应用，促进我国海藻生物产业向高附加值、高端应用转型升级。

五、专家点评

青岛明月海藻集团有限公司是全球最大的海藻生物制品生产企业，拥有海藻活性物质国家重点实验室、农业农村部海藻类肥料重点实验室等一系列国家级研发平台，是全球最大的海藻酸盐生产企业，在全球海藻生物产业享有很高的美誉度。自 2007 年以来，我与明月集团围绕海藻酸盐的研究开发有直接和密切的交流合作，联合承担了科技部国家重点研发计划、工信部强基工程项目等多个围绕海藻酸盐生物制品研发的重大项目。明月集团拥有一支对市场变化具有敏锐洞察力和强大竞争力的优秀团队，凭借在海藻生物产业半个多世纪的研发和技术积累，围绕国家海洋强国和大健康产业的发展需要，在"海藻+健康"领域解决了一批卡脖子关键技术，成功开发了组织工程级海藻酸盐、海藻酸盐医用纤维、海藻酸盐医用敷料、海藻源膳食纤维等健康产品，成为行业公认的"海藻+健康"解决方案的领导者，在医疗卫生、功能食品等健康领域为消费者提供全面系统的解决方案，不断改善和提升新时代消费者的健康体验。

明月集团被工信部确定为"制造业单项冠军示范企业"是对其长期在海藻酸盐等海藻活性物质研究和开发领域中的专注能力、技术领先能力、全球市场占有能力的综合认定和最高评价。期待明月集团继续秉承"利用海洋资源、造福人类健康"的使命，对标世界一流企业的管理理念与方法，保持团队活力，坚持创新原动力，重视在海藻活性物质的提取、分离、纯化和功能化改性等方面的技术投入，积极履行企业的社会责任，为全球"海藻+健康"领域的客户提供更加优质的产品、服务等综合解决方案，做大做强中国自己的民族产业品牌。

嘉兴学院材料与纺织工程学院教授　秦益民

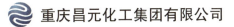 重庆昌元化工集团有限公司

创新发展　追求卓越

一、总体情况简介

重庆昌元化工集团有限公司（以下简称"昌元"）是全球最大的锰酸盐、高锰酸盐制造商，总公司位于重庆市荣昌区，生产基地位于重庆市荣昌区、甘肃省白银区。主营产品有高锰酸钾、高锰酸钠、重铬酸钠等，主要应用于医药、化工、军工、冶炼、印染、纺织、电镀防腐、水处理及环保、电子等领域。产品质量优异，受到国内外客户高度认可。

昌元致力于绿色环保发展，注重创新研发，自主研发的气动流化塔氧化法工艺是锰酸盐、高锰酸盐行业最先进的清洁生产工艺，该工艺被环保部列为环境友好型生产工艺，被发改委列为鼓励类，被工信部列为节能减排推广技术，已成功移植到铬盐行业，成为唯一量产化的铬盐湿法清洁生产工艺。昌元现拥有自主知识产权核心技术2项；授权专利55项，其中发明专利17项，实用新型专利38项；科学技术鉴定成果7项，其中国际领先水平技术5项，国内领先水平技术2项；荣获"全国制造业单项冠军示范企业""国家级重点高新技术企业""国家级两化融合示范企业"等17项国家级荣誉称号，荣获"重庆市隐形冠军""重庆市高新技术产品""重庆市绿色工厂"等28项省市级荣誉。

二、突出优势

（一）技术先进性

在锰酸盐、高锰酸盐技术发展过程中，昌元通过不断创新和革新，自主研发出具有国际领先水平的"气动流化塔法"工艺，淘汰了行业中"高污染、高环境风险"的平炉法、转窑法等落后生产工艺，引导和促进国内高锰酸盐生产企业采用更清洁环保的技术进行生产，提升整个行业发展水平，该技术获得原化学工业部科技进步一等奖，2011年被列入国家发改委9号令《产业结构调整指导目录》鼓励类；工信部节能司〔2011〕381号文件及《铬盐行业清洁生产实施计划》推广类清洁生产技术；工信部《工业转型升级投资指南》

中节能减排推广类；2019 年列入《石化绿色工艺名录》（2019 年版）。

（二）产品质量

完善的质量管理体系是基业长青的保障。昌元具有健全的质量保障管理体系，于 1994 年开始实施 ISO 9001 质量管理体系，同年通过质量管理体系认证，质量管理得到持续提升，为高质量发展奠定基础。

清洁生产工艺提升产品质量。气动流化塔生产工艺的先进性不仅体现在技术先进性上，在质量提升方面也有明显优势。依托于先进工艺，昌元产品主含量高、杂质少、品种齐全，执行的内控标准严于国家标准，产品能充分满足国内外高品质市场需求。

优异的产品质量使昌元成为高锰酸钾国家标准的起草者，2017 年再次作为主要修订单位，完成了国家标准 GB/T 1608—2017《工业高锰酸钾》的修订。高锰酸钠目前尚无国家标准，国际上也无相关标准，为了满足国内外客户对于水处理行业的严苛要求，昌元制定了严格的企业标准，对重金属镉、铬、铅、汞等做了明确规定，正力图通过技改创新和管理创新推动国家标准的出台。

（三）发展效益

1. 企业经济效益

锰酸盐、高锰酸盐是一种传统的无机化工产品，用途广泛，被誉为工业味精，不可替代。昌元作为全球最大制造商，拥有绝对定价权，议价能力强。

昌元不断寻求突破，在稳固国内市场的同时，大力拓展中南亚、美洲、欧洲等国际市场，有近 1/3 的产品用于出口，将优质产品销往全世界，树立中国品牌。近 5 年来，占据了国内 90% 和全球 60% 以上的市场份额，如下图所示。

国内外市场占有率趋势图

2. 清洁技术推广

昌元自主研发出的"气动流化塔连续液相氧化生产锰酸钾"技术，彻底改变了传统平炉焙烧工艺，提高了锰矿的有效利用率。昌元将该技术移植到铬盐领域，已实现了铬盐清洁生产产业化。

在清洁工艺的再创造和再优化方面，昌元也取得系列成果，研发和建成了全流程的高锰酸钠清洁生产工艺、湿法氧化铁粉技术、离子膜连续电解工艺技术等。

此外，昌元在锰酸盐、高锰酸盐新功能开发和下游衍生品研发方面做了大量工作，主攻水污染治理、土壤污染治理、空气净化、杂质处理等环境保护方面的难题，研究其对于环境污染治理、生态环境修复的作用，目前已取得了巨大成功。

三、典型经验

（一）技术创新

为推动技术创新，昌元成立了企业研发中心负责创新研发工作，建立了健全的创新管理制度，从新产品开发、科研攻关、科技项目考核、激励机制等方面全方位管理。在2019年成立了"锰铬研究院"，从战略层面进行技术综合管理，加强内外部统合，推动企业可持续发展。

昌元每年的研发投入占比均保持在2.7%以上，在新产品研发、工艺优化改造、资源综合利用、节能减排等方面开展了一系列技术创新工作，如近两年研发出环境污染处理专用药剂——复合盐，解决了水处理过程中面临的铁锰超标、藻类污染等多项难题。

（二）管理能力

在战略管理方面，昌元从顾客需求角度定义企业的核心竞争力，以市场为导向，建立以顾客价值追求为中心的战略管理方略。在文化管理方面，昌元通过典范学习、案例分析、先进评优等多种形式，强化企业内部凝聚力和外部感染力，打造优秀团队。在制度和流程管理方面，昌元通过打破职能习惯，培养系统思维，提高工作效能；引进信息化流程管理软件，强调全过程的协调及目标化；导入ISO管理体系、能源标准化、两化融合标准体系等，健全管理制度，坚持用制度管理企业。在组织管理方面，昌元通过不断优化组织架构，平衡权利和责任的关系，实现高效的组织管理，以技术创新，专业管理为主线，集中优势力量推动企业技术提升和跨越式发展。在计划管理方面，昌元通过制定短、中、长期目标、层层分解落实责任制、定期考核，解决目标和资源匹配的问题，确保目标达成。

（三）企业文化

昌元的核心文化是"创新发展，追求卓越"。昌元致力于推广高效环保的清洁生产工艺，改变无机盐行业的污染现状，让更多的人能守着绿水青山过好日子！

"创新"是企业发展的灵魂，是引领发展的第一动力！昌元从成立初期就明确了以创新为先导，以科技兴业、以质量求生存的发展思路，坚持自主创新发展不动摇，昌元以优质安全的产品为依托，为提升人类生活质量服务，以新技术振兴无机盐行业，用新工艺引领行业发展。昌元致力于绿色技术的研发与产业化升级，坚持以绿色发展为生存之本，严格"源头控制，过程把控，末端治理"，减少污染物的产生和排放，用实际行动践行"绿水青山就是金山银山"。"人才"是企业发展的保障，尊重知识，用好现有人才；更新观念，培养发现人才；不拘一格，选拔有用人才；注重实绩，重奖有功人才，昌元创建了"奋发向上、精细管理、优势经营、奖功罚过"的企业文化，给员工创造了一个良好的"有事干、干成事"的工作环境。

（四）质量品牌

质量是品牌的生命，昌元建立了健全的质量管理责任体系，导入卓越绩效、精益制造等管理模式，不断强化以客户为导向的创新观念，明确"从市场中来、到市场中去"的研发支撑理念，建立了一套以客户为导向的创新方法、流程和制度；针对不同行业、不同需求的客户建立了差异化的管理机制；调研客户需求，开发新产品，提升附加值及用户使用体验；建立完善的售后服务体系，以顾客关注为焦点，多渠道了解客户需求，努力提高产品和服务质量，提升企业产品形象，增加客户满意度。

经过60余年的发展，昌元品牌已经覆盖全球，并在行业内享有极高的声誉，"嘉陵"牌高锰酸钾竞争力首屈一指。昌元通过了NSF美国国家卫生基金会、REACH和KIWA共3项国际认证，获得了ISO 9001质量管理体系证书、石油和化工企业质量检验机构定级证书（A级）；在国内拥有9个注册商标，在国外11个国家注册了"嘉陵"商标；此外昌元获得了中国石油和化学工业知名品牌产品、高锰酸钾产品质量金质奖章、中国驰名商标等12项质量品牌方面的荣誉。

（五）经营绩效

昌元现有资产总额20亿元，年收入10亿元，锰酸盐、高锰酸盐产品毛利率40%，年出口额超过4000万美元，累计上缴税金已超10亿元，可以称得上是无机盐细分领域企业中的翘楚。

昌元在发展中聚焦主业，集中资源主攻具有核心竞争力的（高）锰酸盐行业，同时积极延伸产业链，研发推广"爆品"，为集团提供高额利润；将核心竞争力技术应用到铬盐及其他行业，努力培育新的行业冠军；加强资源综合利用，变废为宝，实现循环发展；推进创新技改、节能减排项目，进一步节约资源、降低成本，实现绿色发展和经济效益的双赢。

（六）产业协同

昌元立足于找准自身定位，通过协同推进、优势互补方式，不断提升核心竞争力、盈利水平和服务水平，实现锰、铬两个世界第一。以锰兴铬、持续做优支撑产业；以铬养铬、发展下游产业。

（七）国际化发展

昌元建立了完善的销售服务体系，设立了国际贸易部，拥有一支高素质、国际化的销售团队，通过全球化的市场推广，高效建立目标客户，树立良好的品牌形象；进行REACH、NSF、KIWA等准入认证，在欧洲、美洲、亚洲，乃至非洲，加快全球销售网络布局；与国内销售相辅相成，提升国内、国外市场份额，组合进出口优势增加经济效益；积蓄力量建设海外支撑点促进行业整合，实现真正意义的优势经营。

为加快国际化市场推广进程，昌元积极应对美国发起的高锰酸钾反倾销诉讼，并于2017年获得反倾销零关税胜诉，这是我国化工产品领域里首个推翻美国商务部不公裁决的经典案例，也为整个行业的良性发展、公平竞争起了很好的示范作用。

四、未来发展展望

（一）巩固（高）锰酸盐制造业单项冠军地位

昌元处于（高）锰酸盐行业龙头地位，产品应用领域广泛，尤其在水处理、石墨烯领域市场潜力巨大。未来五年内，将进一步加强与国际公司合作，开拓美国市场、印度市场及欧洲市场。

（二）达成铬盐龙头企业目标

昌元10万t/年重铬酸钠项目一期工程已实现产业化，十四五期间将达成二期工程的建设，立足国内铬盐高端市场，开拓国际市场，构建铬盐销售网络，成为铬盐行业富有竞争力的企业。

（三）产业链上下游延伸

挖掘产业链上下游存在的行业机会，结合自身优势，切入相关行业，延长昌元的产业链条，实现企业"双百"目标持续投入技术研发，将技术应用延伸至锂盐等其他无机盐领域。

五、专家点评

重庆昌元化工集团有限公司依靠技术创新发展成为锰酸盐、高锰酸盐行业龙头企业；依靠产品创新，为我国新材料、环保处理、药物生产等重要产业提供基础保障，其作用不可替代。企业依靠产品拓展了市场渠道，国际市场占有率达到60%以上，特别是在与国外主要竞争对手的博弈中，成为国际市场的主导力量。昌元聚焦下游产业链，深度挖掘产品应用潜能，在精细化学品制备及应用技术方面，开发出环境友好的新型水处理剂；探索高锰酸钾在高附加值、高技术含量、市场需求量大的重要药物中间体生产中的技术；推进高锰酸钾在新材料石墨烯中的产业化应用等，其绿色发展和高质量发展方向与国家政策接轨。步入"十四五"后，新征程前景广阔，在高质量、高效益发展的形势下，必然大有作为！

中国无机盐工业协会会长教授级高级工程师　王孝峰

国投新疆罗布泊钾盐有限责任公司

"死亡之海"铸造"硫酸钾航母"

一、总体情况简介

国投新疆罗布泊钾盐有限责任公司(以下简称"国投罗钾")成立于2000年9月,2004年成为国家开发投资集团有限公司控股企业,资产总额66亿元,主要从事硫酸钾肥的生产销售及盐湖资源的综合利用开发。目前,国投罗钾已建成年产150万t硫酸钾生产装置、年产10万t硫酸钾镁肥生产装置,是世界上最大的硫酸钾生产企业。

自2000年起,国投罗钾依靠自身科技实力,用了不到五年的时间,完成了小试、中试,建成了工业试验厂项目。2006年,年产120万t钾肥项目开工建设,2008年底,项目建成并一次性投料试车成功。项目建成投产后,实现了硫酸钾生产规模全球最大,产品质量全球最好,使我国一举迈入了世界硫酸钾生产大国行列。

国投罗钾是国家技术创新示范企业,并拥有国家级企业技术中心,依托自身科技实力,通过多年研究,创新性地开发出适合罗布泊盐湖资源特点的"用含钾硫酸镁亚型卤水制取硫酸钾的方法"专利技术,形成了具有自主知识产权的罗布泊硫酸钾生产工艺。国投罗钾先后承担了自治区科技项目、火炬计划项目、国家"十五""十一五"科技支撑项目十余项,完成了一批高技术含量的工艺设备试验与发展研究项目,有力推动了罗布泊资源综合利用开发,获得国家授权专利53项,制定、参编国家和行业标准11项。其中"罗布泊地区钾资源开发利用研究"和"罗布泊盐湖120万t/年硫酸钾成套技术开发"分别于2004年和2013年获得"国家科技进步一等奖","新疆罗布泊钾肥基地年产120万t硫酸钾项目"在2016年获得"第四届中国工业大奖",国投罗钾2017年被工信部认定为第二批制造业单项冠军示范企业并于2020年通过工信部复核。

二、突出优势

国投罗钾以罗布泊盐湖纯天然卤水为原料生产的"罗布泊"牌硫酸钾,

各项指标均达到和超过国家优等品标准,并已通过质量管理体系、环境管理体系、职业健康安全管理体系、能源管理体系和绿色产品认证,具有"养分含量高、作用时间长、环境亲和度好"等特性,是目前世界上不可多得的无氯优质钾肥。产品上市以来广受赞誉,是经济类作物及高档水果的首选钾肥品种。目前国投罗钾硫酸钾国内市场占有率达50%以上,2019年中国品牌建设促进会评估企业品牌价值为72.21亿元,位于化肥行业前列,品牌强度位居新疆工业企业第一名。

经过20年的创新发展,国投罗钾已累计生产硫酸钾1720万t,累计销售硫酸钾1710万t,实现利润总额超过134亿元,取得了良好的社会效益和经济效益,实现了国有资产的保值增值。

国投罗钾始终坚持创新是企业发展的基石和根基,企业在创新发展中坚持技术、管理和商业模式的创新,打造发展新引擎,一举改变了世界硫酸钾生产格局,形成了全球硫酸钾看中国,中国硫酸钾看罗钾的局面。

三、典型经验

(一)坚持管理创新,推动高质量发展

国投罗钾始终遵循国投集团"三为"理念,提出并践行"以人为本、科技为先、务实创新、追求卓越"的管理方针,确立"坚持健康安全发展,构建和谐国投罗钾"安全发展理念,树立"坚持把良心放在粮食中,打造为中国'米袋子'和'菜篮子'负责的'良心钾''放心钾',让质优价低的'罗布泊'品牌产品走进千家万户,惠泽'三农'"的经营理念。国投罗钾以国家粮食安全战略为引领,聚焦主责主业,制定实施"5+3"发展战略,全面深化市场化改革,不断完善法人治理结构,加大对董事会、经理层授权放权力度,积极推行实施职业经理人制度,建立绩效薪酬联动、差异化激励分配机制,调整生产结构,优化组织生产,挖掘产能潜力,丰富产品结构,深化业财融合和两化融合,推动大法治、大监督、大风控、大体系建设,实施精细化、信息化经营管控。通过这些举措,国投罗钾顶住了全球经济复杂多变、钾肥市场需求萎缩的重重压力,在推动国内硫酸钾市场稳定和整个化肥行业蓬勃健康发展中起到了中流砥柱的作用。

(二)坚持技术创新,引领健康可持续发展

国投罗钾始终坚持以资本为纽带,通过产学研结合、多学科协作,依托国家级企业技术中心,先后承担自治区火炬计划、"十五"国家科技攻关计划、"十一五"国家科技支撑计划等科研项目十余项,建成年产10万t钾镁肥生产装置,完成工程化盐田防渗新材料试验、钾镁特种肥及全水溶硫酸钾工业性试

验等一批高技术含量的工艺、设备与发展研究试验项目,积极探索经济上可行、技术上可靠的盐湖资源循环经济产业模式,推动科技成果产业化。2020年国投罗钾入选国务院国资委"科改示范行动"企业,通过体制机制创新和改革,进一步激发科技创新巨大活力,持续推动产业链、创新链、价值链深度融合,构建企业发展新格局,实现企业更高质量、更可持续的绿色发展。

(三)坚持商业模式创新,提升品牌价值

为提升"罗布泊"牌硫酸钾的品牌价值,国投罗钾整合资源为供应链下游客户开展金融服务,完善品牌标识产权管理,二维码质量追溯体系,针对假冒、仿冒品牌产品实施多角度、全方位的精准打击,构建以客户为中心的售后服务体系,搭建具有罗钾特色的农化服务模式,创建多层次、全维度的品牌形象,将"罗布泊"牌硫酸钾"绿色、环保""天然矿肥"的品牌特质及"有实力、讲信誉、负责任"的经营理念深植于广大用户心里,打造出一批愿意紧跟国投罗钾步伐的稳定客户群。

(四)坚持"走出去"战略,产品走向国际市场

大力实施"走出去"战略,实现优质产品走出去、优秀品牌走出去。国投罗钾以战略视野聚焦和定位全球市场,制定实施让产品和品牌走出去、依靠技术合作走出去、抓住"一带一路"机遇走出去的"三步走"战略。借助IFA会议、FBM会议等国际贸易会议,广泛开展全方位深层次交流合作,依托经销商出口产品,扩大海外市场份额,在国际市场树牢"罗布泊"高品质、纯天然的品牌形象,获得国际同行广泛认可和一致好评。

(五)凝聚"罗钾精神",打造卓越企业文化

二十年来,罗钾人在罗布泊用无数血汗凝聚成以"情系三农、为国分忧的爱国精神,献身盐湖、艰苦奋斗的创业精神,一流技术、永不止步的创新精神;同心同德、敢于担当的团队精神"为核心的"罗钾精神",国投罗钾立足"关心人、尊重人、成就人"总目标,大力深化企业文化建设,从单纯的激励人、鼓舞人向打造更大品牌效益、实现企业经济效益和社会效益最大化转变,促进企业创新、转型和提升。

(六)全面加强党的建设,打牢根基促发展

国投罗钾创建实施"卓越党建管理模式创新性落地"工作体系,把党建工作融入生产经营,系统策划党建顶层设计,把党的组织神经末梢延伸到最基层,将党委主体责任和纪委监督责任嵌入经营管理,党建工作总体要求纳入企业章程,并把党委研究讨论作为董事会、经理层决策重大问题的前置程序,完善党委成员与董事会、经理层"双向进入、交叉任职"的治理体系,充分发挥党委"把方向、管大局、保落实"的领导核心作用,形成"六星支部""前

锋品牌"等一批党建管理模式，淬炼出一支敢打硬仗、无私奉献、勇于创新的先锋队。

（七）积极履行社会责任，用行动扛起责任担当

国投罗钾始终秉承国投集团"三为"理念，服务"三农"，回报社会，积极参与社会公益事业。

一是质量为先，绿色发展。国投罗钾坚持以纯天然绿色生态型高效无氯钾肥作为产品定位，建立了质量管理体系、职业健康安全、环境管理体系、能源管理体系，并对所有控制过程明确了管控程序和要求。国投罗钾牵头修订了《农业用硫酸钾》国家新标准，将国标中优等品氧化钾含量由51%提高至52%，增加了硫含量的技术指标要求，在提高产品综合质量水平的同时，有效促进了行业技术进步。为推进农业绿色发展，国投罗钾牵头制定了《农业用硫酸钾》团体标准，标准严控硫酸钾肥料中氯离子、游离酸及重金属等有害、有毒杂质含量，为保护土壤性质起到积极作用。

国投罗钾坚持以循环经济的3R原则指导实施绿色矿山建设规划，先后完成节能减排项目改造20余个，各项污染物排放指标和单位产品能耗完全符合并低于国家标准要求，企业成立至今未发生重伤以上安全责任事故和环境污染事故。

二是积极投身公益事业，助力脱贫攻坚。近年来，受复杂严峻的国内外经济形势影响，在保持企业经济效益稳定增长压力巨大的情况下，国投罗钾通过送资金、送项目、送技术、送培训、送思想等"输血+造血"方式，积极帮扶阿克苏、和田6个村脱贫，以实干和实效做群众的知心人、贴心人、暖心人，赢得群众及各级政府认可。

三是坚决扛起推动新疆经济社会发展的经济、政治责任。20年来，国投罗钾累计缴纳各种税费超过100亿元，向社会提供了4000多个就业岗位，相应带动了铁路运输、物流、建筑、服务业、房地产业等相关行业的发展，为促进新疆地方经济发展和维护社会稳定做出了重要贡献。

四、未来发展展望

未来，国投罗钾将立足新发展阶段，坚持以新发展理念引领高质量发展，积极融入国内国际双循环良性互动新发展格局，围绕以钾肥为主的战略性资源开发及新型高效化肥上下游产业链增值业务，深入贯彻农业供给侧结构性改革和绿色发展要求，保障我国粮食安全，促进"三农"发展，力求通过"科改示范行动"深耕改革破解发展难题。存量上，按照"减量化、再循环、再利用"的原则，综合开发利用罗布泊盐湖资源，提升智能制造水平；增量上，聚焦主责主业，通过资本运作，整合外部优质资源，延伸上下游产业链，优化

产业布局，丰富产品结构，形成具备市场竞争力的"罗布泊"牌"一篮子产品"；变量上，创新商业模式，塑造肥料新业态，打造肥料产业生态链。以科技创新为引领，建成以技术支撑、人才支撑、品牌支撑、效益支撑，以钾盐资源开发为主导，构建新型高效复合肥产业链，打造世界一流钾肥企业。

五、专家点评

21世纪初期，中国经历了深刻的肥料产业转型，其规模和速度前所未有。其中，中国钾肥产业走在肥料行业变革的最前端，不仅改变了中国市场资源紧缺的局面，更是改变了全球钾肥的格局。在围绕资源进行的这场变革中，国产钾肥则是"掷地有声"，当进口钾肥作为境外资源获取的主要方式逐渐步入风口浪尖之时，国产钾肥应声而起，利用现有资源，通过技术提升、融入循环理念，最大限度地保障了国内供给。在这场旷日持久的资源"大比拼"中，国投罗钾依靠科技赋能，丰富和完善了中国钾盐工业的产业结构，重构了中国钾盐工业格局。国投罗钾不仅开启了中国资源型硫酸钾事业的先河，还借助技术实力推动硫酸钾工业不断适应现代农业的发展。国投罗钾的创新尝试，体现了以其创新制造技术优势开拓新产品的市场目标，并不断满足多元化的中国农业需求，目前国内钾肥在自给保障方面已经形成了"硫酸钾看'罗钾'"的局面。

中国无机盐工业协会钾盐钾肥行业分会

常熟市龙腾特种钢有限公司

深耕 PC 钢棒产品生产
争做中国民营中型优特钢行业领头羊

一、总体情况简介

常熟市龙腾特种钢有限公司（以下简称"龙腾特钢"）创建于 1994 年，2001 年改制为有限责任公司，新老厂区占地 200 多万 m^2，建筑面积 120 多万 m^2。现有职工 3652 人，工程技术人员 485 人，资产总额 87 亿元左右，是高度专业化的特钢生产企业。龙腾特钢具备年产铁 240 万 t、炼钢 290 万 t、轧材 320 万 t 的生产能力，为国内及全球 20 多个国家和地区的用户提供多规格、多品种、高品质的特殊钢产品。龙腾特钢是 2013 年首批通过了国家工信部组织的《钢铁行业规范条件准入》的 45 家企业之一。

龙腾特钢拥有国家级技术中心，先后承担过国家火炬计划、省工业和信息化转型升级、省重大成果转化项目等科研项目。

龙腾特钢拥有国内唯一集烧结-炼铁-炼钢（电炉或转炉）-LF（LF+VD）炉精炼-连铸（或浇注）-型钢轧机（或 PC 钢棒热轧盘条生产线）六位一体的现代化船用型钢或特殊不对称特钢型钢（或 PC 钢棒）生产线。已成为国内 PC 钢棒、船用型钢生产行业中规模最大、品种最齐、专业化程度最高的生产基地，2019 年 PC 钢棒年产销量近 176 万 t，已成为国内最大的 PC 钢棒供应商。

龙腾特钢部分厂区图

二、突出优势

（一）技术先进性

PC钢棒产品是龙腾特钢的三大主力产品之一，多年来连续获得江苏省高新技术产品和江苏名牌的荣誉称号，并于2016年获得了国家冶金产品实物质量认定产品"金杯奖"的荣誉称号，龙腾特钢是GB/T 5223.3—2017《预应力混凝土用钢棒》国家标准的第二修订单位，该标准于2017年11月1日已经正式实施并生效，"龙特"牌商标是江苏省著名商标，国内市场占有率达到63%以上，并且产品的技术与实物质量在国内处于绝对领先的地位，产品销售遍及全国，并远销日本、美国、德国、澳大利亚、韩国、巴西、智利、南非等国家和地区。在2016年海关总署根据龙腾特钢的申请专门为此产品单列了出口编码。

（二）产品质量

龙腾特钢是目前国内唯一能够保持全年连续生产、能够提供国标与非标定制的长流程PC钢棒专业生产企业，龙腾特钢的预应力混凝土用钢棒产品先后获得了"冶金产品实物质量金杯奖""江苏省高新技术产品""江苏省名牌"等荣耀称号，同时获得了韩国、马来西亚等国家对该产品的认证与认可。

（三）发展效益

2017—2019年龙腾特钢营业收入分别达111.98亿元、120.38亿元、124.34亿元；净利润分别为4.58亿元、5.81亿元、7.30亿元，上缴税金2.43亿元、8.06亿元、4.95亿元，企业整体经营质量和盈利能力稳步提升，在2019年中国民营企业500强排行榜中位居第345位，继续保持中国民营中型优特钢行业领头羊的地位。

三、典型经验

（一）技术创新

龙腾特钢在技术创新上走出了一条"以标准为导向，以专利为区隔，以市场为目标"的发展之路。

龙腾特钢技术创新规划总的思路：走"研发、制造、服务一体化"的战略发展道路。依靠科技进步，调整结构，淘汰落后，研发新品种，使工艺技术和装备水平达到或接近国际先进水平；完善科技创新体制和激励机制，开发人才资源，建立一支高素质的科技人员队伍；加强新技术的引进、消化和应用，提高技术创新能力，拥有一批具有自主知识产权的产品和技术，培育核心竞争能力；提高环境保护和资源综合利用意识，推进清洁文明生产和生态龙腾的建设,最终体现为客户创造价值,形成具有龙腾特色的技术创新体系。

(二)管理能力

龙腾特钢提出了"技术创新,管理创新、效益创新"的企业宗旨,技术创新是企业立足的根本,管理创新是企业持续发展的重要保证。企业在内部推行了模拟市场机制,每个分公司、分厂与上下工序的分公司与分厂按市场机制进行月结;企业成立了产品质量攻关的部门"提升办",发布了"三大项目提升管理制度"。

(三)企业文化

龙腾特钢的核心价值观是"为君子风范,处事远见卓识";企业的使命是"对客户服务至上、对员工安居乐业、对社会涌泉相报";企业的宗旨是与时俱进、敢为人先;企业的愿景是国内领先、国际一流;企业的战略是实施"小产品大市场"的精品战略;企业的目标是为员工创造价值,为社会创造价值。

(四)质量品牌

通过多年来的努力,从 2016 年起龙腾特钢的预应力混凝土用钢棒、热轧球扁钢、预应力混凝土钢棒用热轧盘条、优质碳素钢热轧盘条、优质碳素结构钢热轧圆棒等产品,连续获得了由国家钢铁工业协会冶金科技发展中心颁发的"金杯奖"证书。龙特牌商标多年来连续获得"江苏省著名商标"荣誉称号;从 2008 年起包括 PC 钢棒、热轧球扁钢等在内的多项产品连续荣获"江苏省名牌""江苏省高新技术产品"等荣誉称号。

龙腾特钢产品生产的全过程均能严格按照 ISO 9001 中《法律法规与其他要求控制程序》的要求执行,各生产过程所需采用的标准均包含在《法律法规与其他要求一览表》中,并受到《法律法规与其他要求评价表》的控制。产品的各项指标均在国标规定范围内,能够满足客户的要求。

龙腾特钢通过 ISO 9001 质量管理体系后,把工作的重点放在质量管理原则的贯彻上来。企业在八项质量管理原则中贯彻效果明显,通过持续的努力让顾客满意的意识,已经深入到企业全体员工的头脑之中。

实施卓越绩效模式后,龙腾特钢提出了"品质品牌提升""行业技术提升""科技创新提升"三大提升项目。"品质品牌提升"重点关注引起客户投诉的质量、成本、交期、服务等方面的问题;"行业技术提升"重点关注与行业一流企业的差距,通过学习先进企业的优秀经验来弥补自身的不足,最终实现超越标杆的目标;"科技创新提升"重点关注新产品开发,新技术的应用,最终实现"人无我有、人有我优"的目标。

(五)产业协同

龙腾特钢生产的 PC 钢棒已经成为国内各大管桩厂的首选供货商。目前龙腾特钢已经与建华管桩、三和管桩、中技桩业、中淳高科、江苏天海、广东鸿业、韩国 KCRCIC、CEPCO、三星、PHAN VU、AJU 等国内外各大管桩企业建立了广泛的产业协同关系，销售地区涵盖江苏、福建、广东、浙江、湖南、韩国、越南、印度尼西亚、马来西亚等，同时充分利用工业互联网带来的快捷与高效的联系机制，为各大企业提供了供应链管理的直接供货模式，方便客户建立零库存模式，有效降低库存成本，提高生产的灵活性。

四、未来发展展望

近年来，龙腾特钢在生产经营过程中顺应中国制造 2025 及智能制造的政策，坚持品种结构调整战略向差异化、专业化、高端化和高附加值方向转变，不断进行技术更新，在全面采用自动化生产设备的基础上，在热轧热锻轴承钢球毛坯等车间通过国内总体布局智能化车间设计，部分引进日本全自动工业机器人技术，有序稳妥逐步推行智能化代替自动化的试点，坚持用先进产能淘汰落后产能，通过汰旧换新，实现装备与工艺的升级换代，为发展注入源源动力。

"十三五"期间，龙腾特钢将夯实四大管理体系对企业产品质量的把控能力，充分利用"互联网+"战略，加快信息化建设，实现生产操作的智能化和自动化控制，实现管理手段的现代化。

龙腾特钢控股的"常熟市龙腾焊材科技有限公司"，将与日本国际一流的先进工艺装备企业合作，建成智能、高效自动化的生产线，装备水平在全世界、全国同行业处于领先水平。该项目总投资为 45 亿元，主要生产高强度特种焊接材料，规划年产能 120 万 t，产品主要用于国际国内高端装配海洋、船舶、高铁、汽车等领域；还生产高压油气管道用特种管件，规划年产能 60 万 t，届时直接替代国内进口，为油气管道快速发展做好配套服务。项目已经于 2020 年 5 月动工，投产后龙腾特钢年销售收入将净增突破 100 亿，实现年销售收入 300 亿，利税 40 亿元的目标。

五、专家点评

龙腾特钢生产的 PC 钢棒在国内同行业规模最大、品种最全、质量最高、技术最先进，部分技术和指标位于全球同类产品前列，是国标 GB/T 5223.3—2017 的重要支撑，2016 年海关总署专门为此产品单列了出口编码。

龙腾特钢产品营业收入近三年均在 100 亿元以上，且稳步提升，盈利能力高，带动社会经济发展贡献大。在技术创新上，以标准为导向，以专利为区隔，以市场为目标，走出了一条"研发、制造、服务一体化"的战略发展道路。在企业内部推行了模拟市场机制，降本增效和质量提升效果显著。

常熟理工学院教授　张方舟

Jiuli 浙江久立特材科技股份有限公司

中国不锈钢管产业领跑者

一、总体情况简介

浙江久立特材科技股份有限公司（以下简称"久立特材"）创建于1987年，是一家致力于工业用耐蚀耐温耐压不锈钢及特种合金管材、棒材、线材、双金属复合管材、管配件和锻件等管道系列产品研发与生产的行业领军企业，2009年在深交所挂牌上市（股票代码002318）。久立特材位于最具活力的"长三角"太湖南岸——浙江省湖州市，在湖州市下辖两大制造基地，分别是南浔双林工业园区和吴兴工业园区。

久立特材现为全国制造业单项冠军示范企业、国家技术创新示范企业、国家绿色工厂、中国民营制造500强企业、国家知识产权示范企业、国家两化融合管理体系贯标试点企业等。

二、突出优势

久立特材始终致力于为全球工业提供高性能材料，产品规格覆盖几乎所有工业用无缝钢管和焊接钢管两大系列近千个品种，尺寸多样、规格齐全。无缝钢管生产采用世界先进的热挤压工艺，并结合热穿孔+冷轧/冷拔工艺联合成型技术，同时，焊接钢管通过小口径、中口径和大口径三种类型协同发展，极大地满足了客户多样化、全方面应用需求。目前，产品材料覆盖（超级）奥氏体、（超级）双相钢、镍基合金、（超纯）铁素体、马氏体、钛、锆等。广泛应用于核能、电力、油气、化工、航空、环保、海洋工程等高端领域及其装备制造业。管道产销量已连续11年居国内同行业首位。

目前，久立特材拥有国际一流的技术装备水平，拥有国内最先进、最齐全的特殊合金管材制造装备——4200t全自动热挤压机组、长行程高速数控冷轧管机、FFX柔性成型数控全自动连续焊管机组、组合式高精度数控弯管机等各类国际先进装备300余台套，建有多条专业化生产线，包括热挤压、大口径厚壁JCO成型和高端耐蚀合金全自动生产线，以及国内首条数字化智能制造不锈钢换热管与C形管流水线、换热管"数字工厂"和智能立体仓库等，装备数控化率达到国际一流水平；并建有以 SAP、MES 为核心的信息管理平台，各种嵌入式软件、PLC、DSC 系统都支撑自动化装备实现全流程的无缝连接和精益控制。为工业用各种断面复杂、变形难的耐蚀合金、高温合金、钛合金和不锈钢等特殊合金管材提供研发及生产，为工业管道系统提供安全可靠和高性能、耐蚀、耐压、耐高温的不锈钢管和特殊合金材料的解决方案。

久立特材拥有国家级企业技术中心、CNAS 认可国家钢铁实验室、国家级博士后工作站和浙江省重点企业研究院、浙江省工程技术研究中心（重点实验室）、浙江省级院士专家工作站，以及海外腐蚀与完整性中心等科研平台。经过 30 多年的科技创新，久立特材已成功完成开发核电关键设备用耐蚀合金管、海洋工程用超级双相不锈钢管、耐蚀合金油井管等 16 项具有自主知识产权的高端特殊合金管材产品，突破"卡脖子"技术，替代进口，实现了国产化，在国内、国际等一批重大工程中得到广泛应用。

久立特材凭借产品质量、优质服务和创新能力，先后成为中石化、中石油等大型企业的金牌供应商。至今为止，久立特材已经与壳牌、BP、埃克森美孚、道达尔、沙特石油公司等众多世界 500 强企业建立了长期的业务合作，产品出口到全球 70 多个国家和地区。同时，久立特材积极开发国际市场原材料的供应和先进设备的进口，努力实现全球资源配置。

截至目前，久立特材共自主研发新产品、新技术 100 多项，其中 45 项通过省级鉴定；申请专利 170 余件，有效授权专利 140 余件，其中发明专利 80 余件，同时，3 件发明专利荣获中国专利优秀奖；主持制修订国家标准 16 项，外文版国家标准 3 项，行业、团体标准 6 项，参与制修订国家、行业及团体标准 28 项。

三、典型经验

（一）瞄准行业瓶颈，加大技术创新，打破国外垄断

高钢级、高耐腐蚀管材等特种合金管材一直是我国的短板，长期依赖进口，而普通不锈钢管材产能过剩严重，行业危机严重。久立特材通过技术创新，围绕核电、海洋工程、油气、航空等领域特殊合金管材产业发展急需解决的重大项目和技术难题编制技术路线图，攻克了一批行业关键技术，研发出了一批核心竞争力强的高端产品，其中有 16 项新产品是长期被国外垄断的"卡脖子"关键战略新材料。

1. 核电关键设备用高性能不锈钢和耐蚀合金管材及结构材料

自 2010 年开始，久立特材自筹资金、自主设计、自主建设了多条核电用管专业生产线，同步开展核电关键设备用高性能不锈钢和耐蚀合金管材及结构材料研制和国产化工作，开发了一套核电用高性能、高精度管材制造工艺，产

品成功替代进口,实现了国产化。并且由于综合性能先进,产品已广泛应用于国家重大核电工程项目,摆脱了关键领域核心技术受制于人的被动局面,保障我国能源安全,平均降低了我国核电建造成本20%以上。

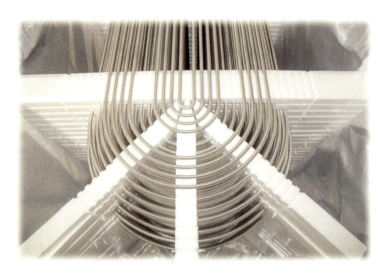

核电关键设备用高性能耐蚀合金管

2. 海洋工程用超级双相不锈钢管材

进入21世纪以来,由于超级双相钢材料具有优越的耐蚀性和高强度性能,尤其是更高使用温度下的耐氯化物腐蚀性能,该类材料被广泛应用于海洋工程。但因该材料冲击韧性不可控、强塑性不可控等技术瓶颈,多数钢管都依赖进口。比如我国某海域水下生产系统用的超级双相不锈钢脐带缆管,几乎全部从国外进口。因此,为摆脱我国海洋工程用超级双相不锈钢管材对国外的依赖,填补国内空白,同时保障我国海洋油气能源开采以及国防战略安全,久立特材联合相关单位成立项目研发创新团队,通过微量元素成分设计与协调技术、组织演变及控制技术和高性能超级双相不锈钢管的制造技术等多项研究,开发出了满足深部海洋油气开采需要的高强度耐腐蚀的超级双相不锈钢管材。该项目的成功研制,为海洋重点工程、重点装备工程所需高性能超级双相不锈钢制品的国产化做出贡献,替代进口,为国家节省大量外汇;同时提升我国特殊合金管生产水平,推进我国具有自主知识产权的深井油气开采用超级双相钢钻采装备的国产化进程,为我国钢铁产品升级换代,大力开发新能源和转变经济增长方式做出重要贡献。

3. 超深复杂油气井用耐蚀合金油井管

在油气田勘探、开采过程中,需要用到大量的油井管,我国每年消耗约

350万t，耗资约250亿元，并且国内每年将新钻油气井约3万口。在超深超高压井的苛刻腐蚀环境中，在高温及CO_2、H_2S、Cl^-等腐蚀介质的共同作用下，油气井管柱极易发生失效。但是，长期以来，耐蚀合金管材的核心制造技术被国外钢管生产公司所垄断，国内高钢级耐蚀合金油井管95%以上都由国外进口。并且随着国际形势的发展，对于部分高性能油井管管材，外国政府限制对我国出口，严重制约了我国油气资源的开采和供应，对我国的经济发展和居民日常生活造成了较大影响。因此，久立特材组建了一支由高层次人才与专家组成的超高温超深井用耐蚀合金油井管创新研发团队，对超高温超深井用耐蚀合金油井管的核心制造技术进行研究，突破了耐蚀合金油井管材制造及析出强化镍基耐蚀合金点蚀行为和控制关键技术壁垒，开发了马氏体不锈钢、双相不锈钢以及镍基合金等多种耐蚀合金油井管产品，摆脱了油井管材受制于人的局面，实现了国产化、自主化，已在国内能源项目中大量运用。

耐蚀合金油井管材

（二）开拓发展思路，开展产学研合作，加速成果转化

为增强研发能力、加快科技成果转化、促进产业化发展，久立特材与上海大学、上海核工程研究设计院、冶金工业信息标准研究院、中国科学院金属研究所、上海发电设备成套设计研究院等多家知名高等院校、科研单位建立了多种形式的产学研联合体或项目课题合作，开展多领域、多形式的合作，引进和培养各类人才为"久立"服务。

为了促进材料腐蚀性能试验研究，与西安摩尔石油工程实验室共建了"浙江摩尔久立工程材料联合实验室"，开展了超级双相钢、耐蚀合金等材料的H_2S、CO_2等应力腐蚀研究。

2018年又在海外建立了久立特材首个海外研究机构——"久立腐蚀与完整性中心"。

2019年，久立特材牵手钢研总院等四家单位，定位"高、精、尖"产品战略，共建创新中心。通过产学研合作，将进一步优化企业产品结构，提高高性能、高附加值产品收入的占比，从而加快企业转型升级。

四、未来发展展望

随着经济发展、工业化战略实施、技术革新及产业结构调整，全球不锈钢生产消费重心已逐步向中国转移，近年来，不锈钢的生产能力呈现爆炸式增长。未来中国不锈钢将长期引领全球不锈钢产业发展，产品也逐渐由低端、普通向中高端、特殊方向发展。

因此，"十四五"时期久立特材将始终坚持为全球工业装备提供安全可靠的不锈钢管的核心理念，继续领跑国内不锈钢管产业，瞄准国家战略急需的"卡脖子"材料，进行重点研发创新，实现"打造特殊合金管材国际一流品牌"。坚定企业的主导产品——不锈钢管和高合金特殊管道、复合管、管件，坚持"长、特、优、高、精、尖"的特色化战略，扩大耐蚀合金、高温合金、钛合金等高端管材、材料，如航空、核电、油气等领域用镍基合金管、尿素级不锈钢管、钛合金管、氢能用管等高端品种的研发与生产能力。

五、专家点评

浙江久立特材科技股份有限公司是我国不锈钢及特种合金管材、双金属复合管材、管件制造行业领军企业，产销量和市场占有率已连续11年位居国内同行业首位，其技术能力享誉世界。迄今久立特材已成功开发"核电关键设备用耐蚀合金管、海洋工程用超级双相不锈钢管、耐蚀合金油井管"等16项具有自主知识产权的高端特殊合金管产品，打破了国外垄断，产品替代进口并实现批量出口。研制产品已在我国一批重大工程中得到批量应用。久立特材攻克了一批国家重大工程急需的"卡脖子"产品技术，为保障重大能源装备完全自主化和国家能源安全提供了重要支撑。同时，该公司的技术进步也极大地提升了我国高端不锈钢管和特种合金管的国际竞争力，为推动产业升级做出了突出贡献。

中国工程院院士　刘正东

 贵州钢强股份有限公司

深耕钢丝绳主业
抢占中国钢丝绳企业国际标准"话语权"

一、总体情况简介

贵州钢绳股份有限责任公司（以下简称"贵绳股份"）坐落于贵州省遵义市，始建于1966年，前身是中央"三线建设"重大战略决策下建成的"八七厂"，主要从事钢丝、钢丝绳、钢绞线生产及相关设备、材料、技术的研究、生产、加工、销售及进出口业务，年生产能力40万t，是该领域技术实力最强、生产能力最大、市场占有率最高的企业之一。

50多年来，贵绳股份深耕钢丝绳主业不辍，主动承担引领行业发展的使命和责任，注重装备提升、工艺技术创新，可研发生产 $\phi1.0\sim\phi264mm$ 各种结构钢丝绳（其中锌铝合金密封钢丝绳可达 $\phi200mm$）、$\phi5.0\sim\phi28.6mm$ PC钢绞线、$\phi0.15\sim\phi9.0mm$ 各种用途钢丝，以及钢丝绳预张拉、涂塑、索具等深加工产品，具有生产高强度、高韧性、特粗、特长、特殊结构、特殊用途钢丝绳的突出优势。"巨龙"牌钢丝绳产品先后用于钢铁冶炼、矿山开采、石油钻井、海洋工程、港口机械、航空航天、载人索道、桥梁工程、国防建设等行业和领域。

二、突出优势

贵绳股份具有全方位的设计、研究、开发、制造、生产和服务能力。

（一）矿用钢丝绳

贵绳股份拥有30多年的三角股钢丝绳研发和生产经验，年销售3000余t，广泛应用于矿山、冶金及部分特种设备的关键部位。可研发生产 $\phi17\sim60mm$ 的全系列三角股钢丝绳型号。

（二）大跨径桥梁用钢丝绳

贵绳股份先后开展了国家科技支撑计划"特大跨径悬索桥缆索系统关键材料研究""高强度低松弛预应力钢丝、钢绞线用钢及制品研发"及省重大

专项"大跨径悬索桥吊索制造关键技术研发与应用"等项目。项目产品获批国家重点新产品，成功应用于港珠澳大桥、浙江舟山跨海工程西堠门大桥、贵州坝陵河大桥等国家重大桥梁工程建设。技术国际领先，创造了国内多项第一。

（三）航空用钢丝绳

贵绳股份参与了国家重大科技成果转化"不锈钢钢丝绳产业化"项目，已形成航空航天及民用高性能不锈钢丝绳的生产能力。贵绳股份研制的具有自主知识产权的航天专用不锈钢丝绳产品成功运用于神舟系列载人飞船，并主持起草了首个《飞船用不锈钢丝绳规范》国家军用标准，产品填补国内空白，技术国际领先。

（四）大型空间结构用钢丝绳

贵绳股份参与了国家火炬计划项目"密封钢丝绳高速连续模拉技术产业化"，自主研发了国际领先的异型钢丝高速连续拉拔技术、高钒合金镀层技术、双层密封绳一次捻制技术及生产装备。贵绳股份成功研制了130mm国内最大直径锌铝合金镀层全密封钢丝绳，打破国外垄断，实现替代进口，在贵州铜仁奥体中心体育场馆项目应用中，为项目节约建设成本约5000万元。

（五）海洋工程用钢丝绳

贵绳股份攻克了海洋用钢丝绳生产技术难题，成功研制了具有完全自主知识产权的264mm世界最大直径海洋工程用镀锌钢丝绳，另外160多t国内单件最重的钢丝绳等缆索产品已成功应用于12000t世界最大打捞起重船"振华30号"，产品填补了世界空白，满足了国家海洋工程及装备建设需求。

（六）港口机械用钢丝绳

港口机械用钢丝绳大量替代德国、韩国、日本等国同类产品，在全国各港口广泛应用，还远销新加坡、美国、斯里兰卡、马来西亚等国家和地区，以质量稳定赢得了市场口碑，销量逐年增长。

三、典型经验

（一）技术创新

"十三五"期间，贵绳股份坚持深耕主业，创新驱动发展，加强科技创新和品牌建设，建立起中国钢丝绳企业国际标准"话语权"，引领钢丝绳行业发展向国际先进水平靠齐。

 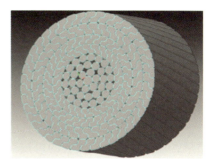

锌铝稀土合金镀层全密封绳设备和锌铝稀土合金镀层全密封绳

贵绳股份在海洋及石油工程用钢丝绳、空间结构用密封钢丝绳及索具、大跨度桥用钢丝绳、港口机械用钢丝绳、高速电梯用钢丝绳、胎圈钢丝胶管钢丝及特种商品钢丝、大直径高强度 PC 钢绞线七大高附加值产品领域开展技术攻关，推进贵州钢绳产品转型升级。

1. 持续完善研发机构建设，为创新工作提供组织保障

贵绳股份拥有国家级企业技术中心、高性能特种金属线缆及装备国家地方联合工程研究中心、特种金属线缆工艺设计中心等创新平台，为企业开展可持续的研发活动提供支撑。

2. 立足自身发展，加强科技创新人才培养

贵绳股份专业技术工程人员队伍覆盖冶金、机械、金属材料、化工等领域，在特种金属线缆研究方面具有明显优势。

3. 持续研发经费投入，为创新工作提供经费保障

贵绳股份长期以来高度重视企业技术创新工作，每年投入研发经费占销售收入的 3% 以上，2018 年以来，每年投入研发经费见下表。

近年贵绳股份研发投入的情况

年份	2018 年	2019 年	2020 年
营业收入/万元	207579.37	218829.16	约 210000.00
研发投入/万元	10607.05	10693.76	约 10500.00
研发投入比重	5.11%	4.89%	约 5.00%

4. 注重专利申请，确保企业长效核心竞争力

贵绳股份一直重视专利申请与保护。截至 2020 年贵绳股份累计拥有有效专利 202 件，其中有效发明专利 31 件。近三年共申请专利 169 件，每年的专利申请情况见下表。

贵绳股份专利申请情况

年份	2018 年	2019 年	2020 年
专利申请数/件	88	66	15
其中发明专利申请数/件	72	25	15

5. 做好产品质量体系认证，确保每一件产品合规

贵绳股份深植"质量兴企，品牌强企"理念，增强全员质量意识，通过质量管理体系从生产流程的可控性、技术工艺的先进性、产品质量的稳定性来加强企业品牌建设，提升企业品牌影响力。

（二）管理能力

"十三五"期间，贵绳股份全力推进金属线材制品产业的转型升级、高质量发展。坚持品牌引领、强化技术创新、主导行业标准，巩固"巨龙"品牌国内金属线材制品行业领先地位。

（三）企业文化

贵绳股份的企业使命是推动制品行业发展，服务国民经济建设。企业专注于线材制品的研制生产，坚持走"以质取胜、科技创新、结构调整"发展之路。

（四）质量品牌

贵绳股份优化产品结构，紧跟下游行业产品升级新需求，依托高端装备制造、能源、交通、汽车、机械、铁路等国家及地方重点投资项目，提升产品质量和档次，发展深加工，延伸产品占比提高到 10% 以上。提高了电梯用绳、大型矿山用绳、桥用缆索、海洋工程用耐候钢丝绳、汽车悬架弹簧钢丝、CO_2 气体保护焊丝、特殊用途钢丝、多丝大直径高强度低松弛预应力钢绞线等高附加值特色产品的市场份额。加快了国际品牌建设，建立产品国际市场竞争优势。

（五）经营绩效

贵绳股份营销绩效考核由单一的销量考核激励，逐步转变为"总销量、品种销量、销售预算、资金回笼、效益绩效、库存积压、销售进度、新品市场开发、专项任务指令等"全方位、多维度的考核激励机制，增强营销人员责任心和使命感，培养具有全面能力的营销人员。

（六）产业协同

贵绳股份加强对外交流合作，坚持"引进来、走出去"的指导思想，积极推进"产学研用"模式，促进技术创新。贵绳股份坚持以战略为引领，推进"战略+运营"管控模式，集团公司定位于战略投资中心、财务管控中心、资源配置中心、协同服务中心和风险控制中心；二级板块定位于运营管控中心、生产经营中心。

（七）国际化发展

贵绳股份聚焦行业前沿，紧跟国际技术发展趋势，聘请英国、德国、意大利等国专家进行技术交流，了解国际先进的生产技术，协助解决技术壁垒，提升产品质量和人员技术水平。

四、未来发展展望

未来，贵绳股份将以"精品+规模+服务"战略为导向，积极做好搬迁改造、兼并重组、市场营销、品质升级优化、产业链延伸、节能减排、人才队伍建设等重点工作，提升企业核心竞争力，保持国内领先地位，通过专业化打造"中国制造"品牌，提升国际市场影响力，跻身世界先进行列。

贵绳股份将按照"四个一批"产品发展总思路优化产品结构，大力提升桥梁用钢丝绳、空间结构用钢丝绳、露天开采用钢丝绳、海洋工程用钢丝绳、索道用钢丝绳、电梯用钢丝绳等高端产品的生产能力，实现产品转型升级。

贵绳股份将充分发挥企业的自身优势，开展合作攻关和产品研发、工艺研究。借助科研院所、高等院校等科研平台实施产学研优势组合，瞄准高精尖产品，着力产品高强度、高韧性、防腐蚀、耐疲劳等关键技术领域研究，全力打造贵州钢绳世界品牌。

贵绳股份将充分利用自身优势参与上下游产业链合作，努力构建完整的产业链体系，推动产业内部纵向延伸，产业之间横向协作，促进主业做强做优做大，持续推动企业高质量发展。

五、专家点评

贵绳股份承担多项国家及地方重大科技项目，完成"高速、超高速电梯钢丝绳关键制造技术集成推广""海洋锚泊钢丝绳防腐关键技术研究及应用""胎圈用镀高锡钢丝工艺研究及推广应用""大跨径悬索桥吊索制造关键技术研发与应用"等项目、课题研究，由张中可、熊玉竹等专家组成的验收评审组一致认为：高速、超高速电梯钢丝绳、海洋锚泊钢丝绳、大跨径悬索桥吊索等产品性能指标符合要求，实现产业化制造。

贵阳时代沃顿科技有限公司教授级高工　梁松苗

贵州科学院研究员　张中可

贵州大学教授　熊玉竹

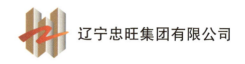

专注工业铝挤压产品研发制造
三大核心业务并举发展

一、总体情况简介

辽宁忠旺集团有限公司（以下简称"忠旺集团"）成立于1993年，至今已发展成为全球第二大、亚洲最大的工业铝挤压产品研发制造商。忠旺集团在铝加工行业率先打通了集产品研发与生产服务于一体的产业链条，形成了为工业轻量化发展提供系统性、一体化解决方案的服务能力。

2017年，凭借强大的技术实力、先进的生产工艺及领先的市场占有率，忠旺集团荣获第二批制造业单项冠军示范企业荣誉称号，并于2020年顺利通过复核。

二、突出优势

（一）技术先进性

忠旺集团具备集合金熔铸、模具设计、先进设备及产品研发四位一体的综合配套优势，整体技术水平、装备能力和产业规模都处于国际领先水平。忠旺集团不仅拥有挤压机数量最多，其中还有两台225MN全球最大的挤压机。一些大截面的产品，如高铁车头部分的蒙皮挤压型材、复兴号列车一体化车钩面板、一体化裙板，国内目前只有忠旺集团等少数企业能够生产。不断的技术创新是忠旺集团进一步巩固核心竞争力的基础。

忠旺集团可自主解决生产过程中的铝合金高效洁净化熔炼、大规格锭坯成型制备、铸锭多级均匀化、大型精密复杂结构模具设计制造、大规格薄壁复杂断面型材等温挤压及在线均匀化处理等核心关键技术，可产业化生产 ϕ784mm 细晶、均质铝合金圆铸锭和最大外接圆直径达1002mm的轨道交通用超宽幅复杂断面工业铝挤压型材。2019年，忠旺集团"轨道交通车体用铝合金大规格复杂断面型材加工与连接成套技术"荣获辽宁省科学技术进步奖一等奖。

（二）产品质量

忠旺集团以质量为先，坚持把质量作为集团的生命线，强化各部门质量主体责任，加强质量技术攻关，建设标准体系、质量监管体系、诚信经营，走以质取胜的发展道路，实现集团的愿景——打造国际一流的工业铝挤压产品研发制造商。忠旺集团锁定优质供货商以控制产品质量，并从合作年限、合作规模、履约记录等方面对供货商进行分类、评级和备案。集团针对每个工艺过程制定专门作业指导书及产品检验标准，严格执行国家、国际标准及客户的特殊要求，同时利用增加检验频次等方法，达到出厂产品 100% 检验，合格后出厂，产品监督抽查合格率 100%，确保了出厂产品满足客户要求。集团建立产品质量信息定期披露制度，质量、测量、实验室体系年年通过认证机构的监督审核；集团还建立了对产品质量信息的收集、整理、分析、反馈直至决策的管理系统，并制定了严格的产品回收程序，对制造过程中发现的异常问题，立即启动应急机制，包括对产品的追溯管理，确保不符合要求的产品不转序、不出厂。

忠旺集团为进一步提升产品质量，落实质量主体责任，努力创建质量诚信体系，以产品生产许可、国家标准等法律法规和规章制度为准则，把诚信溶入企业经营理念之中。从原材料进厂到产品出厂等生产质量控制全过程，已成为企业的行为方式和员工的自觉行动。忠旺集团现已连续 14 年被国家工商总局评为"国家级守合同重信用企业"。

（三）发展效益

忠旺集团目前已发展成为全球第二大、亚洲最大的工业铝挤压产品研发制造商，产品广泛应用于绿色建造、交通运输、机械设备及电力工程等领域，并推动其轻量化发展。以高端工业铝型材及全铝轨道车体、汽车、特种车车厢、航空航天、船舶结构、铝合金模板等为代表的系列产品，已成为忠旺集团向世界展示发展成就的重要名片。

三、典型经验

（一）技术创新

忠旺集团于 1998 年组建企业技术中心，每年研发创新投入资金超过 5 亿元，保持行业领先地位。目前集团拥有国家级企业技术中心、国家轻量化材料及成形技术与装备创新中心、国家地方联合工程研究中心、国家博士后科研工作站、CNAS 国家认可实验室等多个创新平台，先后获得国家专利 923 项，参与制修订行业标准 95 项。

忠旺集团拥有一支专注于铝及铝合金新工艺、新技术、新材料和新装备的研发、设计及测试分析的专业科研队伍,可针对客户日益增长的轻量化要求,提供从产品设计到生产服务的一体化解决方案。在发挥自身优势的同时,忠旺集团积极通过与多个领先的行业研究机构和科研院所、高校的合作,源源不断地引入人才,创新技术,在高端产品开发上不断突破。

2013年,忠旺集团正式被批准列入"国家高新技术企业"行列,2016年被评为"国家技术创新示范企业",2019年获评"国家知识产权示范企业"。

(二)管理能力

忠旺集团以卓越管理为支撑,已获得进入铁路、汽车、船舶、航空等行业在内的多项国际资质认证,如挪威船级社认证、IRIS认证、汽车行业质量管理体系认证(TS 16949)、航空航天质量管理体系认证(AS 9100)、欧盟的CE认证等一系列国际权威认证,为集团在铝加工行业的快速发展提供了有力保障。

(三)企业文化

忠旺集团高度重视企业文化建设,践行"以人为本、文明塑魂、内强素质、外树形象"的企业文化。从建立现代企业制度、全面提升企业管理水平、培育核心竞争力这一基本要求出发,确定了"追求卓越,引领未来"的企业精神和"人忠业旺,忠诚兴旺"的企业价值观,制定了《忠旺集团员工行为规范》;并将企业精神、企业价值观、安全标语警句制作成大型喷绘悬挂在厂区和车间的显要位置,营造了具有人文理念的安全文化氛围,逐步形成了独具特色的企业文化体系。

忠旺集团积极组织员工开展技术培训、举办安全知识竞赛、运动会等文体活动,为员工搭建发展平台,陶冶员工情操,满足员工精神文化需求,激发员工积极性和团队精神,营造了良好的企业文化氛围。

(四)质量品牌

忠旺集团以"树忠旺品牌,创世界名牌"为宗旨,保护和发展"忠旺"品牌资产,整合优势资源,提升品牌价值,增强市场竞争力。

为推广和维护品牌形象,忠旺集团多次参加在全国各地举办的展会及交易会等,并投入了大量资金进行多方位的广告宣传。经过多年的艰苦努力和精心培育,"忠旺"已经成为国内相关领域具有较高知名度的一流品牌。

(五)经营绩效

以轨道交通领域为例,仅在2020年上半年,忠旺集团就为国内的南宁、广州、深圳、武汉、宁波、杭州、福州等城市轨道交通项目供货车体铝挤压材,更为时速250km、时速350km中国标准动车组"复兴号",以及土耳其、匈牙利、菲律宾、马来西亚等海外轨道交通项目供货车体铝挤压材。

(六)产业协同

作为全球领先的铝加工产品研发制造商,忠旺集团一直高度重视"高精尖"技术的研发创新,致力于高附加值项目的推进、高端终端铝产品的推出,不断拓展铝合金产品在各个领域的应用范围,现已形成了工业铝挤压、铝压延及深加工三大核心业务并举的协同发展格局。

铝挤压方面:以轨道交通领域为例,忠旺集团充分发挥业界领先的核心优势,已为海内外多个城市的动车组、地铁项目批量提供优质的车体铝挤压材。

铝压延方面:忠旺集团在天津投建了设备先进、配套设施齐全的铝压延材生产基地,并正努力将天津铝压延材项目打造为中国智能化的顶级工厂,该项目完成后,将成为全球设备最先进、配套设施最齐全的生产基地。忠旺集团创造性地研发出具有耐腐蚀功能的高端铝板,能极大满足国内快速增长的集成电路专用设备市场需求,有望跨行业打破国外垄断,有效填补国内相关产品空白。

深加工方面:以新能源汽车领域为例,据不完全统计,国内市场方面,忠旺集团已成为奇瑞、比亚迪、一汽等国内领先的汽车厂商的合作伙伴。在新能源汽车铝合金车身领域市场占有率居全国第一。海外市场方面,忠旺集团2020年成功入选宝马集团高端铝挤压材供应商,与更多知名汽车厂商的深度合作也在有序推进中。

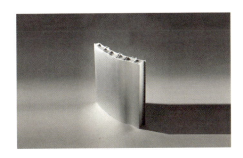

工业铝挤压型材

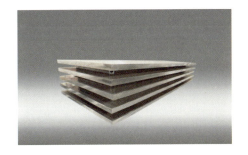

铝压延材厚板

深加工动车组车厢

深加工汽车车体骨架

（七）国际化发展

忠旺集团重视并实施国际化经营战略，铝加工产品已获得进入铁路、船舶、汽车、航空等行业多项国际认证资质。轨道交通用铝挤压材已随着中国高铁走向世界，目前已为墨西哥、泰国、尼日利亚等海外轨道交通项目供货车体铝挤压材。汽车用铝挤压材已与奔驰等欧美领先的汽车制造商达成合作，并直接作为一级供应商为宝马、捷豹路虎及全球顶级新能源汽车主机厂供货。

此外，忠旺集团还借国际并购深化布局，进一步"逐鹿"国际市场。先后收购德国高端铝挤压企业乌纳铝业的控股权和以澳大利亚为主要生产基地的全铝合金超级游艇制造商 Silver Yachts 的控股权。

四、未来发展展望

通过不断超越，忠旺集团已成长为广受尊敬、可持续发展的全球领先企业。未来，忠旺集团将持续以"为客户创造价值、为员工谋求福祉、为股东实现回报、为社会承担责任"的企业使命为根本，努力打造成为轻量化综合解决方案供应商，为经济、社会和环境带来更具竞争力的价值回报，助力中国制造业实现高质量发展。

哈尔滨东盛金属材料有限公司

技术水平全球领先
打造铝合金添加剂行业"隐形冠军"

一、总体情况简介

哈尔滨东盛金属材料有限公司（以下简称"东盛金属"）成立于1995年，经过25年的努力，目前已成为全球最大的铝合金金属添加剂制造商，是国家重点高新技术企业，是黑龙江省首家"制造业单项冠军示范企业"，是国家知识产权局认定的"国家知识产权示范企业"和"国家知识产权战略实施工作先进集体"。

东盛金属现有自主知识产权的熔剂型金属添加剂、铝型金属添加剂、速熔硅三大系列约30余种铝合金辅料产品，具有此领域全世界最先进的生产工艺和流程，是世界上唯一可以生产93%金属含量的铝合金添加剂企业，技术水平世界领先。现有专利50余项，且两项发明专利分获第十七届、第十九届中国专利奖。

1995年以前，铝合金添加剂的关键技术被欧美发达国家垄断，为突破技术壁垒和封锁，公司总裁张忠凯毅然辞去中国有色进出口总公司的稳定工作，与家人共同创办哈尔滨东盛金属材料有限公司，与基层技术人员在生产一线并肩奋战，最终率先在国内自主研发成功铝合金添加剂，打破国外垄断，填补国内空白。

二、突出优势

目前，东盛金属已成为该领域全球最大的制造企业，与全球300多家客户保持稳定合作关系。产品出口至51个国家和地区，广泛应用于飞机和高铁用铝。以东盛金属的销量计算，自2008年以后，每三架波音或空客飞机用铝中，就有一架使用东盛的产品。同时，北车高铁90%用铝、南车高铁50%用铝均使用东盛的产品。东盛是中国全部三家军工用铝合金企业的主要供应商，在未来的C919大飞机用铝中，也将看到东盛产品的身影。

东盛金属始终秉承精益求精的工匠精神创新发展,实现产品金属含量由60%至93%的五次技术升级,成为目前全球唯一可生产此金属含量的企业,吸引了众多国际铝业巨头上门求购。目前,东盛金属是包括美国铝业、俄罗斯铝业、海德鲁铝业在内的全球十大铝业集团的核心供应商,规模已连续两年超过德国贺氏公司,保持全球同行业第一名。

全球著名铝业集团——力拓加铝欧洲公司,主要为空客飞机和宝马、奔驰、大众汽车提供特种铝材,对铝合金添加剂品质的要求十分严苛。历经三年多的五轮严格审核,东盛金属最终以过硬的品质敲开了它的大门,成为进入力拓加铝供应链的第一家亚洲公司,至今一直是其全球主要供应商。

20世纪90年代初,铝合金添加剂领域里最具实力的英国LS公司于2010年评测东盛金属产品后,认为东盛金属的技术已达国际一流水平。为此,LS公司找到东盛金属,希望能为其贴牌生产。面对一年几千吨订单的诱惑,张忠凯经过慎重考虑,拒绝了LS公司的合作要求,他说:"我们要赚钱,但更要在世界铝加工领域创立独立自主的中国品牌,提高中国在国际上的话语权!"多年后的今天,东盛金属产量已是LS公司的15倍。

2018年6月,NorCast 2018国际铝熔铸技术论坛在挪威召开,全球20多个国家的近200位铝熔铸专家和多位国际知名铝业集团总裁、副总裁出席论坛。张忠凯也受邀出席并发表该论坛开办以来的首次添加剂专题主旨演讲,演讲后,几家知名铝厂就如何实现产品更新换代与东盛金属洽谈,充分彰显了东盛金属在铝合金添加剂市场的国际地位。

论坛第二天,东盛金属受邀访问世界500强——全球五大铝业集团之一的海德鲁铝业。海德鲁铝业特地为东盛金属的来访升起了中国国旗,这不仅是对东盛金属技术实力的认可,更彰显了中国制造的强大影响力。

三、典型经验

(一)善于变革,敢为人先

东盛金属始终坚持走创新驱动发展的良性轨道,大力推进知识产权工作,先后获得"国家知识产权示范企业""国家知识产权战略实施工作先进集体"称号。

东盛金属坚持在企业管理、技术研发、商业模式等各层面创新,对降本增效的员工给予15%奖励,并花重金引进原版丰田精益管理体系及"阿米巴管理",对工厂进行全面升级,不断精益,全面提高公司核心竞争力。同时,东盛金属主导起草《铝及铝合金成分添加剂》国家行业标准,发起主办中国国际铝熔铸技术论坛,整合行业技术资源,为行业发展贡献力量。

（二）重信守诺，金字招牌

东盛金属在经营过程中始终遵循"重信守诺、守法经营"原则，为员工和客户营造公平、健康的交流环境。

2007年，在电解锰片价格大涨前，东盛与四家国际大型铝业公司签订供货合同，并与供应商签署采购合同锁定锰片价格。但价格大涨后，供应商撕毁合同，东盛如继续履约交货，就面临着一千多万元的损失，这对一个刚发展起来的民营企业而言，是个严峻的考验。然而，东盛金属毅然坚持按原价如期交货，也因此赢得了俄罗斯铝业、迪拜铝业、肯联铝业等国际铝业巨头的信赖。

四、未来发展展望

未来随着铝合金行业的不断发展，铝合金添加剂产品需求扶摇直上，作为铝合金添加剂领域单项冠军示范企业，东盛金属将继续坚守领域，砥砺前行，抓住新时代的发展机遇，锐意进取，为全球铝行业提供高品质的铝合金添加剂系列产品。

北新集团建材股份有限公司

使命引领、创新驱动
为打造世界级工业标杆奋斗

一、总体情况简介

北新集团建材股份有限公司（以下简称"北新建材"）是世界500强中央企业中国建材集团所属绿色建筑新材料产业平台，1997年在深交所上市（000786.SZ），目前已发展成为中国最大的绿色建筑新材料集团、全球最大的石膏板产业集团。两次荣获全球石膏行业突出贡献奖并三次荣获最佳年度公司，荣获中国工业企业质量标杆、国家级企业管理现代化创新成果一等奖、中国最佳股东回报上市公司等荣誉。2016年，荣获中国工业领域最高奖项——中国工业大奖；作为中央企业提质增效转型发展新典范上报国务院；被清华大学经管学院作为第一个"文字+视频"企业案例中英文全球发布；2019年，被全球权威评级机构穆迪授予A3评级，成为全球同行业最高评级；荣获中国质量管理领域最高奖——全国质量奖，是我国建材行业第一家荣获中国工业大奖、同时荣获全国质量奖+中国杰出质量人的企业；2020年，在中国建材集团推荐支持下，荣获"中央企业抗击新冠肺炎疫情先进集体"称号；荣登2020中国企业专利实力500强第143位，位居建材行业第一名。

二、突出优势

北新建材以"绿色建筑未来"为产业理念，为各类建筑提供"鲁班万能板""净醛石膏板系统"等创新产品和墙体革新、内装工业化、装配式建筑解决方案；实施"制高点"战略，以"技术创新、品牌建设"为战略引擎，开创出一条中国传统制造业自我革新转型升级之路。是国家级创新型企业，拥有超过3000项国家专利；品牌价值752亿元，名列亚洲建材品牌三强；2004—2019年实现年均净利润复合增长率达31%，2019年ROA达14%，销售净利润率达18%，资产负债率降至32%（剔除非经常性损益），经济效益和经营质量持续提高，在一个充分竞争、完全开放的制造业赢得超过50%的市场份额。

三、典型经验

（一）技术创新

依据"一体两翼、全球布局"战略，北新建材制订了技术与开发长短期计划，围绕石膏板+、防水、涂料三大业务，开展技术创新活动，通过"产学研用"的方式，建立了协同开放的创新体系。近年来，北新建材在技术标准、自主知识产权、科研项目、科技奖励等方面取得了丰硕的成果，增强了核心竞争力，巩固了行业领先地位，为行业的可持续发展、服务民生居住环境重大需要提供了科技支撑。

北新建材以"技术创新"作为制高点战略的双引擎之一，持续加大研发投入，进行应用基础技术、产品技术、工艺与装备技术、应用技术四个方面的协同创新研发；构建完整的全屋装配解决方案、防水解决方案和涂料粉料砂浆解决方案，为安全舒适宜居的建筑提供绿色材料和成套技术方案。

1. 自主创新

（1）依据战略进行技术定位　北新建材的战略是，石膏板、龙骨、矿棉板、防水材料、涂料、粉料等产品的总体技术（产品、生产工艺技术、生产装备技术、应用技术等综合技术）达到国内领先、国际先进水平，特别是涉及石膏板业务的核心技术要达到国际领先水平。

（2）以国际先进技术为目标，开展技术创新　北新建材采用自主研发与合作研发相结合的方式，根据项目不同的来源确定研发实施方式。国家级省部级课题，主要是与全国优势高校、研究院、企业合作研发；集团课题，主要是与集团内部的研究院和企业合作研发；企业自立研发课题，可自主研发，也可根据需要进行合作研发。

（3）构建研发团队，整合校企资源，实现"产学研用"，促进技术成果的转化、推广和应用　北新建材技术团队由行业内顶尖的专家、学者，机械、电气、材料、化学、自动化控制等方面的技术人员组成。2017年北新建材成立院士工作站，进站院士1名，知名专家3名，通过承担国家重点研发计划等重大项目，整合校企资源，充分发挥在"产学研用"中的纽带作用。

北新建材依托强大应用技术研究力量，创新开发出鲁班万能板、净醛石膏板、相变石膏板、装配式板式复合墙体、净醛涂料、特种防水卷材等新产品、新技术，在北京城市副中心、上海万豪酒店等典型建筑工程中进行了应用示范，效果良好。

2. 技术管理

北新建材建立了由技术发展建设部、战略营销部、企业管理部（科技管理）、精益生产部、全屋装配事业部和工厂构成的协同开放创新体系，从应用基础研究、产品端、生产技术端、应用技术端，以及基地研发分部的基层创新和微创新，结合与高校、研究院所及优势企业的合作，开展"产学研用"的技术创新活动。北新建材通过加大硬件平台建设、完善激励和分配机制、强化知识产权管理等举措来推动技术创新。目前拥有国家企业技术中心、国家级博士后科研工作站、企业国家级 CNAS 实验室、北新建材科学技术协会、院士专家工作站等创新平台。

（1）技术评估　北新建材《技术评估管理办法》中规定，北新建材及时委托第三方专业评价机构或遴选北新建材技术评估领导小组及专家库成员，进行技术评估活动，评估方式包括内部评估、外部评估和联合评估。

（2）专利管理　北新建材不断健全完善知识产权管理体系，为企业战略、技术创新、市场开拓提供强有力的支撑和保障，企业逐步形成了较为成熟的知识产权体系，包括完善的组织架构、相关管理制度，满足企业战略需求的短、中、长期目标。截至 2020 年底，累计申请专利 5679 件，其中 PCT 67 件、发明 1637 件；拥有有效专利 3177 件，其中 PCT 11 件、发明 438 件。

（3）技术诀窍　作为国内一线品牌，北新建材在生产经营工作中坚持不懈追求产品质量，关注技术诀窍的收集、整理、推广、再优化。在实际生产中，鼓励、倡导一线技术工人不断摸索、实践、总结经验、再实践，总结技术诀窍，并给予奖金、证书等荣誉。截至目前，总结并推广应用 118 项技术诀窍，在工艺、配方、操作方法上固化，逐步成为企业核心竞争力的一部分。

（4）技术标准制定　北新建材制定或修订标准 70 余项，其中国家标准 17 项，行业标准 36 项。围绕石膏板业务，北新建材制定了《特种纸面石膏板》《功能石膏板》《高强纤维石膏板》《特制石膏基饰面板》4 项企业标准，为引领行业高质量发展发挥了重要的作用。

（二）品牌建设

北新建材将"品牌建设"提升至企业战略高度，成功培育了质量、技术、效益、规模全面领先的中国高端自主品牌"龙牌"，拥有产品全、质量高、环保好、基地广的优势，可提供高品质绿色全屋装配综合解决方案。基于此，高层领导围绕北新建材总体战略及品牌现状，制定了"北新建材"及"龙牌"从 B2B 到 B2C 过渡的品牌发展规划，制定了以"抢占制高点为核心打造产业链品牌"的品牌策略，逐步实现打造世界一流品牌的目标。

1. 从行业名牌升级为社会名牌

北新建材以行业品牌优势为基础，扩展到整个产业链的影响力，通过"绿色"这个引起社会共鸣的价值主张，引入社会化营销，创建新媒体阵营，优化媒介策略，发展公益品牌，通过实施渠道制高点、客户制高点来推动产业链上下游的绿色实践来提升企业的社会知名度。

2. 从中国品牌升级为世界品牌

北新建材成立国际公司，明确企业品牌国际定位及形象，基于国际化产业布局，以国际化合作伙伴的原属地国产品品牌为起点进行推广，在提升品牌影响力方面借鉴国内品牌以工程项目制高点为切入的成功实践路径，加强"BNBM"在行业内品牌推广，树立行业内国际知名品牌形象，继而打造世界一流品牌。

（三）企业文化

北新建材的企业文化从"敬业爱厂、以厂为家"的"大院文化"起源，在发展的过程中不断传承"以人为本""和谐奋进"的"人和文化"基因；做实北新建材在二次创业时期提出的"绩效为荣"文化，并导入"创新发展"文化，逐步形成了以"敬业爱岗、绩效为荣、创新发展、以人为本"为内涵的"人和+标杆"文化。

（四）质量管理

北新建材将质量视为企业的生命线，形成"零容忍、全责任"的质量文化，坚持"质量和信誉是北新建材永远的追求"的质量方针，以"质量上上、服务上上，打造世界领先的产品质量"为目标，实施"三层级、五体系"全过程质量管理。

北新建材建立了质量责任体系和质量安全关键岗位责任制，《产品质量管理制度》中在业绩考核、职位晋升等方面实行质量安全一票否决制和责任追究制，执行重大质量事故报告及应急处理制度，建立产品质量追溯体系，实施产品退换货和缺陷产品召回机制。

四、未来发展展望

北新建材制定全球石膏板产业布局发展规划，计划将石膏板全球业务产能布局扩大至 50 亿 m^2 左右，配套进行 50 万 t 龙骨产能布局，加快优势业务建设与发展，进一步强化和巩固核心业务。2017 年，北新建材与坦桑尼亚阳光集团公司等正式签订协议，设立北新建材工业（坦桑尼亚）有限公司，分步建设石膏板等新型建材产业基地，为坦桑尼亚带来非洲最先进的绿色建筑产业链，此次签约意味着北新建材全球化布局正式开启。2019 年北新建材决定在乌兹别克斯坦和埃及投资设立子公司并建设年产纸面石膏板生产线、装饰石膏板生产线及轻钢龙骨生产线。

五、专家点评

北新建材坚持创新驱动发展，在新产品研发与应用方面，通过技术创新，实现"从1到N"，石膏板质量、技术、价格、品牌、效益全面超越一流；"从0到1"，研发了全球原创鲁班万能板全屋装配体系；以创新引领打造"整体解决方案＋材料集成供应＋设计施工咨询指导"的一体化产业发展新平台；联合中国建筑材料联合会石膏建材分会共同设立"中国石膏科学研究院"，通过产学研合作，共同推动建筑装饰行业创新发展，满足人民对美好生活的向往。2004—2019年，石膏板业务从中国第三跃居全球第一，实现年均净利润复合增长率达30%，资产负债率降至25%，ROA总资产回报率达14%，销售净利润率达18%，成为制造业通过科技创新产业化实现转型升级新典范。

中国建材集团有限公司科技管理部总经理　郅晓

中材（天津）粉体技术装备有限公司

技术为核、创新求进
立磨技术发展领军者

一、总体情况简介

中材（天津）粉体技术装备有限公司（以下简称"粉体公司"）是天津水泥工业设计研究院有限公司（以下简称"天津水泥院"）下属的专业化高新技术企业，专门从事工业大型粉磨成套设备以及粉磨系统备品配件的理论研究、设计研发、设备供货、技术咨询和调试服务等业务。

粉体公司是国内水泥生产设备之立式辊磨机（以下简称"立磨"）的研发和设计龙头企业，在国内立磨的研究开发和产业化推广方面贡献卓越。粉体公司设计的立磨在粉磨水泥生料、水泥熟料、煤粉、矿渣微粉等各个方面均有广泛的应用。近年来，结合市场需求，粉体公司在水泥传统行业之外，陆续推出钢渣立磨、制砂立磨、脱硫石灰石立磨、镍渣立磨、凝灰岩立磨、炉渣立磨、干排粉煤灰立磨等产品，进入了冶金、电力、化工、煤炭、骨料等多个行业，拓展了立磨的应用范围，将立磨技术的产业化应用推向新高度。

二、突出优势

受国家大力发展自有知识产权技术、突破技术壁垒的战略指引，结合集团公司对于产品专业化的要求，契合国内外市场的实际需求，天津水泥院与中材国际于2003年出资成立"天津仕名粉体技术装备有限公司"，后于2011年更名为"中材（天津）粉体技术装备有限公司"。

（一）技术突破，打破壁垒

粉体公司成立之时，正是国内水泥行业大发展的前期，当时大型粉磨设备技术掌握在欧美供应商的手里，是国内自主发展的一大技术难关。粉体公司集天津水泥院数十年来深耕水泥行业之智慧，成立四年，即推出了国内首台配套5000t/天熟料生产线的生料立磨并迅速顺利投产。在短短数年之内，通过自主技术的不断成熟和设备产能的不断提升，逐步占领了水泥生料立磨的国内市场。而另一个水泥行业的重要粉磨设备,国产首台水泥立磨也由粉体公司在2010年率先推出,并在同一条生产线的同等对比中各项性能超越欧洲产品,迄今已有近20台水泥立磨销售到国外市场,实现了市场上的真正突破。

直到今天,粉体公司在技术追求上依旧保持着国际视野,在设备设计研发、设备制造、设备质量管控上向国际先进水平看齐,为"强国梦"做出自己的贡献。

(二) 极致追求,性能领先

据钢铁行业2019年统计,因冶炼钢铁,全国年产约2.75亿t固废矿渣;作为粉体公司拳头产品之一的矿渣立磨,迄今已经销售超过两百台套,合计产能超过1亿t/年,超过国内全年固废矿渣产量的36%。

粉体公司在矿渣立磨粉磨工艺技术、设备技术上深耕细作,在追求设备大型化的同时丝毫没有放松对于设备细节的追求,对于降低能耗的追求达到极致,系统的电耗、燃料消耗、材料消耗在近些年的扎实工作之下,取得了多项突破。仅以电耗为例,粉体公司矿渣立磨粉磨的系统电耗可以达到32kW·h/t,较行业内普遍的40kW·h/t电耗整整降低了20%,实现了"几乎不可能完成的指标"。

系统电耗达到32kW·h/t的粉体公司防城港项目矿渣立磨

矿渣立磨性能提升上的成功经验也带动了粉体公司对其他类型立磨设备的升级与改造。在一直被业内认为是立磨粉磨难题的水泥熟料粉磨技术方面,粉体公司自主研发的新型研磨结构投入使用后,使得设备整体性能提升到国际先进水平。在传统的生料立磨领域，粉体公司通过新型外循环粉磨工艺、高效选粉机及粉磨结构优化技术研发成果，在国内外其他立磨供应商的数十台设备上实现了技术改造、升级换代，为生料粉磨系统降耗开创了新途径。此外，粉体公司还有多项自主知识产权，取得新成果与新技术并得到实际应用。粉体公司一路走来，潜心钻研、脚踏实地，逐步建立自有的技术与管理体系，打破了国外供货商的知识产权壁垒。

（三）紧跟时代"云发展"

近年来，跟随信息技术发展的大潮，以单机自动化、系统数字化为基础，粉体公司扎实开展系统智能化工作。

一方面，粉体公司通过现代通信手段，在多个现场实现国内外设备在线远程监控和数据的云传输。不仅能够为客户提供及时的操作建议，搭建运行数据与专家建议"直通车"；而且能够为设备的预防性维护提供数据依据，降低运行故障隐患。

另一方面，利用大量的运行数据积累建立设备运行数据库，寻找系统运行的最优模型，并在此基础上逐步实施系统智能化、无人化"自动驾驶"，充分实现设备最大价值，降低系统运行人力成本和人力风险，实现最优控制操作。同时，粉体公司立磨粉磨的云服务平台初见雏形，已获得4项软件著作权。

三、典型经验

（一）开拓思路，技术创新

随着"绿水青山就是金山银山"的科学发展理念深入人心，注重对工业废弃物、矿业废弃物的无害化、减量化、资源化处理已经成为社会共识。粉体公司在此方面很早就进行了研究，并在多个领域、针对不同物料推出了粉磨工艺解决方案。粉体公司自成立以来，陆续推出了"国内首台"的大型钢渣立磨、镍渣立磨炉渣立磨、干式粉煤灰立磨、铅锌尾矿立磨、凝灰岩立磨等设备。同时，粉体公司还为建材行业之外的其他行业提供了各类型的原料粉磨设备，包括从石灰石、磷矿石、铁矿石、电石渣，到近两年推出的陶瓷行业"湿法转干法"重要技术环节的陶瓷原料立磨，再到经鉴定整体技术达到国际先进水平的参与骨料行业生产的机制砂立磨等。

粉体公司充分利用自身深厚的技术底蕴，不断进入新行业，推出新设备，实现了行业拓展、多点开花的新发展，为工业绿色化与环保产业发展提供了先进的技术支撑。

（二）扬帆出海，迈向国际

继2008年与2010年粉体公司先后打破国外水泥生料立磨与水泥熟料立磨

对国内市场的垄断后,粉体公司自己的立磨产品也开始走出了国门,从东南亚市场起步,逐步销往中亚、南亚、非洲、南美洲、中东等地区,并在 2015 年销往欧洲。在国家"一带一路"发展政策指引下,粉体公司立磨产品与服务继续在沿线国家开花结果。到目前已经有近 80 台立磨设备销往 20 余个国家和地区,设备表现优秀,获得了国外业主的支持与认可。

土耳其 Limak Kilis 项目

四、未来发展展望

作为一家国有企业,粉体公司将提高政治站位、强化使命担当,秉承以技术为核心、以创新求发展的经营理念,竭力做强、做优立磨设备与服务,在粉磨工艺技术、设备工艺技术及设备制造等方面继续保持国际领先水平。

一方面,粉体公司在行业的发展中,将继续发挥技术引领的核心作用。粉体公司在建材行业关于立磨粉磨技术的十四五发展规划上,提出了"30/20/10"的能耗发展目标,即矿渣粉磨系统电耗达到 30kW·h/t,水泥粉磨系统电耗达到 20kW·h/t,水泥生料粉磨系统电耗达到 10kW·h/t。粉体公司将持续攻坚克难,从工艺最优选型、设备精准设计入手,尽快突破此项技术挑战。

另一方面,站在粉磨技术发展的角度,粉体公司要继续拓展思路、扩展视野,不局限于建材行业,还要为配备粉磨工艺的其他行业提供其所需的优质产品,为全社会工业粉磨的节能降耗发挥优势作用。继续扩大产品国际化的推广工作,真正实现"大国重器"走向世界的梦想。

江苏鹏飞集团股份有限公司

专注回转窑
通过工程项目总承包扩大国际市场份额

一、总体情况简介

江苏鹏飞集团股份有限公司（以下简称"鹏飞集团"）是中国水泥机械龙头企业，是中国和全球最大的回转窑供应商之一。

鹏飞集团的发展，是几代鹏飞人汗水与智慧的凝聚，是鹏飞人负重前行的见证。企业发展大体经历了三个阶段。

一是创业初期（20世纪50年代至21世纪初），从铁木竹生产合作社起步，逐步发展为农具厂、农机厂、机械厂。至21世纪初，企业快速壮大为省级企业集团，形成了员工认同，具有企业自身特色、经营作风和发展目标的企业文化和战略思路。

二是主业培育期（2001—2014年）。完成股份制改造，加速技改投入，扩大市场占有率，奠定全国建材机械行业龙头企业地位，形成了"世界技术、国际标准、鹏飞制造、质立全球"的企业优势。

三是品牌提升期（2015年至今）。企业扩大规模，提高质量，拓展市场，加快转型升级，深化产学研合作，建成国家企业技术中心，引进技术人才，建立鹏飞品牌与重点客户关系，奠定鹏飞在行业中的冠军地位。形成制造和服务两大产业，国内外两大市场比翼齐飞，产销两旺，股本回报率达24.4%。根据弗若斯特沙利文的行业报告，按2018年收入计算，鹏飞集团回转窑产品国内市场占有率达22.6%，全球市场占有率达13.5%。

鹏飞集团是国家重点高新技术企业、江苏省隐形冠军企业、江苏省自主工业品牌50强，主要产品回转窑被评为中国名牌产品、全国制造业单项冠军产品。现建有国家级企业技术中心、江苏省工程技术研究中心，完成国家产业振兴、国家火炬计划、国家重点新产品等一批重大装备项目，获省部级科技进步奖、技术革新奖60多项，国际PCT专利16件，已授权发明专利39件，获中国专利优秀奖2个，参与起草制定国家标准和行业标准30多项。2019年11月鹏飞集团在香港联合交易所主板上市，企业呈现出增长稳、质效高、活力强的良好局面。

二、突出优势

（一）节能新技术应用取得突破

鹏飞集团经营业绩优，持续创新能力强。企业致力于大型干法水泥回转窑节能环保共性技术研发，技术经济指标处于国际先进水平。通过对水泥煅烧装备大型化、高效低阻旋风预热器技术、预分解炉焚烧生活垃圾兼收节能与环保技术、高刚度窑体内衬技术、废气余热回收利用技术、大型回转窑智能控制技术等多项节能技术集成优化，在多项节能技术集成优化的基础上进行了二次创新，开发出大型水泥煅烧关键节能技术与装备。高效低阻旋风预热器技术，旋风预热器采用双出风口旋风分离器专利技术，阻力损失降低15%～20%；预分解炉焚烧生活垃圾兼收节能与环保技术，预分解炉旁置生活垃圾燃烧室，设计电动锁风阀门，解决加料和密封问题，将垃圾焚烧热汇入熟料煅烧热源，节约矿物燃料并消纳污染，实现循环经济；高刚度窑体内衬技术，用耐热钢棒串连高保温性能的窑体内衬，形成整体形保温层，提高窑体刚度，减少变形，避免红窑掉砖；废气余热回收利用技术，在窑烧成带外围，研发环形热交换器，回收利用窑体辐射热，减少烧成带热散失，节省烧成带外围冷却风机电耗；大型回转窑智能控制技术，煅烧系统采用计算机智能控制系统，对旋风预热器、预分解炉、煤粉燃烧器、回转窑和冷却机全面优化集成，实现风、料、煤最佳匹配。"鹏飞"回转窑新型干法回转窑和窑外分解等新技术的推广和应用，大幅度降低煅烧热耗，达到高效节能的效果。可比熟料综合煤耗从原来的115～122kgce/t降低到97～103kgce/t；可比熟料综合电耗由原来的65～72kW·h/t降为52～56kW·h/t，技术经济指标和环保已达到国际先进水平，与同规格设备相比，产量提高22%，能耗降低16%。

（二）诚实守信创造一流精品

鹏飞集团主营节能环保专用设备及工程总承包服务，高效节能与环境保护专用设备包含大型工业窑炉和节能粉磨设备等高新技术产品。60多年来，为国民经济和建材工业的发展做出了重要贡献，提供重大装备近200万t，开发研制新产品70余项，多项工业产品技术填补国内空白。

鹏飞集团高度重视产品质量，建立了科学的质量保障体系，拥有先进的产品质量检测手段，通过了GB/T 19001质量管理体系认证，以最严格的内控，最苛刻的检验，持续提升质量管理水平，质量要求高于国家标准，回转窑筒体板材都为钢厂直接定制，整体喷砂处理，轮带、挡轮、大齿轮等重要铸钢件工作面不允许焊补,出厂产品合格率100%。

(三) 转型发展提升新高度

鹏飞集团总承包的土耳其2500t/天生产线项目,仅15个月就完成了工程设计、设备采购与供货、土建施工、设备安装调试、人员培训等整个工程项目建设。

鹏飞集团坚持产业链协同发展,带动周边减速机、电机标准件、衬板、钢材、铸件、电器控制、水泥机械辅机及建筑施工等30多家大中型配套协作企业,年综合效益达150亿元,带动就业1000多人,形成以龙头企业为主体,以规模企业为依托,主机产品优势突出,辅机产品规模齐全,相互配套,相互促进的发展格局。

鹏飞回转窑应用于埃及 GOE Beni Suef 六条日产 6000 吨水泥熟料生产线

三、典型经验

(一) 实现四大战略转型

由国内市场为主向国际市场为主转型。融入国家"一带一路"建设,充分利用沿线国家良好合作环境,使国际化成为企业经济增长新动能。

由单机产品向工程总承包转型。产业研究院工作重心从新产品研发扩展到工艺、装备、控制系统的工程研发,快速提升工程总承包履约水平和服务能力,成为国际知名水泥工程总承包商。

由建材行业向其他行业转型。聚焦回转窑功能延伸研发,推动从建材专用设备制造基地向矿山、冶金窑炉,固废危废热解窑炉制造基地的战略转型。

由制造业向制造业服务化转型。将研发、工程设计、技术咨询与服务、设备制造、备品备件、后期服务等分散环节整合为完整的产业链，实施市场战略和业务运行方式再造，构建项目设计、装备供货、工程建设"一站式交钥匙服务"的新业态。

（二）整合适应市场体系

设立国际工程公司，调整组织结构，拓展海外业务市场，在境外增设分支机构。目前，鹏飞集团向全球提供产品和一站式解决方案服务的国家有70多个，其中"一带一路"沿线的国家超过50个。健全完善产业链条，整合区域内建材企业，建成规模大、配套全、技术领先的全国建材装备全产业链特色产业基地。自建跨境电商平台，采用"互联网+"技术建立跨境电商贸易平台，发挥市场集中采购优势，探索建立"跨境电子商务+海外仓"外贸新模式。自主设计成套设备，成立江苏鹏飞节能储能产业技术研究院，建立国家企业技术中心。

（三）集中搞好核心业务

与重点配套厂商缔结战略联盟，获得配套厂商低价、高质、优先保障的配套产品和优先服务，形成合作供应链。与重点外协厂商达成伙伴关系，将更多的精力转向核心业务，建设配套产业基地。与原材料供应商实施战略合作，实行原辅材料零库存管理，减少资金占用，避免原辅材料价格波动影响。

（四）打造优秀人才队伍

通过积极探索，鹏飞集团创新形成了一套自己的人才培养方式，每年挑选理论水平高、业务能力强的拔尖人才送国外项目部学习锻炼，让他们快速提高；招聘外语专业人才，充实国际经营人才队伍。集团先后成立了10多个项目部，建立了国际化人才储备库。

四、未来发展展望

"十四五"时期，鹏飞集团将围绕绿色化、智能化、服务化的要求，重点在节能环保、新能源领域形成企业发展新优势，巩固回转窑市场冠军地位，加快向冶金、环保等行业转型渗透，全面改造提升传统产业，实现企业智能化升级，深化"一带一路"战略和国际产能合作，以工程项目总承包扩大国际市场份额。加快自主创新成果的转化应用，推动产业升级和企业高质量发展。

坚持科技创新战略。实施产学研合作，推进窑炉节能改造，推广垃圾协同处置技术，开发烟气余热回收、节能储能设备。完成大型辊压设备研发及产业化、污泥处置再生制陶关键技术研发及产业化、低阶煤洁净利用热解技术研发及产业化。加快研发冶金窑炉、矿业粉磨、固废处置新产品。

全力推进双循环战略。发挥自身优势，瞄准国际、国内两个市场，使

"内循环"和"外循环"紧密结合,形成以国内大循环为主体、国内国际双循环相互促进的新格局,发挥内需潜力,巩固单项冠军地位,拓展国际、国内两个市场,实现可持续发展。抓好"一带一路"政策机遇,实现鹏飞国际化新突破。

加快实施人才兴企战略。打造具有国际视野的高素质企业管理队伍,熟悉国际惯例、具有国际化经营经验的经营队伍,精通业务、熟悉市场、语言过关的市场开发队伍。在机制上改革创新,树立全球视野,选用急需人才,制定市场化、国际化的选人用人标准,给予国际化的薪酬待遇,增强对国际化人才的吸引力。

五、专家点评

在行业"去产能、去库存、增效益"的背景下,鹏飞集团不断提升核心竞争力,对内完善产业链,加强供给侧结构性改革,对外加快"走出去"步伐,积极开拓"一带一路"国际市场,推动转型升级向纵深转折,找到了一条转型增效的优质路径。

调结构、练内功、增效益,面对经济增速放缓和行业产能过剩的不利形势,鹏飞集团专注主营业务持续创新,以创新驱动促进供给侧结构性改革,不断向关联产业延伸,实现从建材专用设备向冶金、环保综合装备转型升级,找到市场"蓝海"。看准形势,提前"转型",鹏飞集团的经验为传统制造业去产能提供了参考。

挖掘新动能、增添新优势、开创新商机,才能不断在国际竞争中立于"不败之地"。

东南大学经济管理学院博士生导师/教授　陈淑梅

江苏苏博特新材料股份有限公司

行业领先的新型土木工程材料供应商

一、总体情况简介

江苏苏博特新材料股份有限公司（以下简称"苏博特"）于 2004 年 12 月注册成立，于 2017 年 11 月 10 日在上海证券交易所主板挂牌上市（股票代码 603916）。公司基于"创造更好材料，构筑美好未来"的企业使命，秉承"开放、创新、诚信、共赢"的核心价值观，专注于土木工程材料事业的发展，以科研创新为原动力，以顾问式营销为核心竞争力，坚持科研以市场为中心，管理以客户为中心，经营以效益为中心，持续关注企业相关方利益，成为引领行业的现代科技型企业。目前注册资本 31061 万元，总资产达 50 亿，净资产 24 亿元，资信等级为 AAA 级，主营业务是混凝土减水剂的研发、生产、销售和技术服务。

苏博特于 2017 年入选工信部第二批"制造业单项冠军示范企业"，2020 年通过单项冠军示范企业复核。2019 年主营业务收入达到 29.2 亿元，上缴税收 3.18 亿元。在中国混凝土外加剂企业综合十强和聚羧酸系减水剂企业十强评比中，2014—2019 年持续排名第一。目前已经发展成为国内混凝土减水剂行业科研实力最强、市场占有率第一的龙头企业。

二、突出优势

（一）研发平台优势

苏博特被发改委、科技部等五部委批准为"国家认定企业技术中心"，是"高性能土木工程材料国家重点实验室"的共建单位和"先进土木工程材料江苏高校协同创新中心"的协同体单位。苏博特是国家技术创新示范企业，建有"江苏省功能性聚醚工程技术研究中心"等研究开发与成果转化平台，设有高性能减水剂、功能性助剂、功能性水泥基材料、水泥基材料裂缝控制、高性能混凝土、交通工程材料、外加剂应用技术、新技术示范与推广八个专业研究所和分析测试中心，建有科研用房实验楼 3 万多平方米，拥有各种宏观、微观设备 1200 余台套，研究条件居全球同行业领先水平，为苏博特的技术创新和产品开发提供了平台支撑。

(二) 技术优势

针对地域材料差异显著、混凝土组成复杂化和结构施工多样化的技术特点，苏博特产品持续推陈出新，实现了聚羧酸高性能减水剂的功能化和系列化，解决了国外产品适应性差、功能化不足的问题。苏博特通过自主创新突破了磷酸化关键技术壁垒，率先开发出全新第四代磷酸基减水剂，并完成了产业化，实现了规模化应用。相比第三代聚羧酸减水剂，其具有广泛的粉体颗粒界面亲和性，混凝土可利用掺合料品种和含量大幅增加，可有效降低混凝土黏度30%~50%，克服了其敏感性高、泵送黏度大的缺点，攻克机制砂混凝土易泌水状态差的难题，是满足现代混凝土高流态、高效泵送施工需求与行业绿色可持续发展的下一代关键材料。苏博特攻克了不饱和醇和端烯基聚醚单体制备的关键技术，建立了从产业源头不饱和醇—端烯基聚醚—高性能减水剂母液—减水剂成品—技术服务在内的完整产业链，是国内减水剂行业内唯一具有完整产业链条的企业。苏博特减水剂产品（见下图）技术处于国内领先、国际先进水平，获国家科技进步奖二等奖6项，国家技术发明二等奖2项，2018年入选中国新上市公司"研发创新先锋奖"，江苏省上市公司创新百强（第8名）。

单项冠军产品（减水剂）系列

(三) 人才优势

苏博特拥有专业配置齐全、年龄结构合理、创新能力强、技术推广与管理经验丰富的人才团队，在江苏人才发展战略研究院发布的江苏工业企业人才竞争力100强榜单中排名前10。苏博特拥有博士或硕士学位人员约200人，其中中国工程院院士 1 人、国家杰出青年基金获得者 2 人，4 人入选国家高层次人才特殊支持计划（"万人计划"），1 人入选中青年创新科技领军人才，11 人入选江苏省 "333 高层次人才培养工程" 第一、二、三层次培养对象，在行业内具有独特的人才优势，为行业标准编制、产品研发创新、重点工程应用等方面做出重要贡献。

（四）品牌优势

苏博特是目前行业内唯一入选工信部 "制造业单项冠军示范企业" 的企业，主营产品减水剂获工信部 "单项冠军产品"。苏博特被认定为国家高新技术企业、国家认定企业技术中心，荣获江苏省上市公司创新百强第 8 名、"江苏省优秀民营企业""工业强省六大行动重点项目单位" 等荣誉称号。

苏博特生产的混凝土外加剂产品以其优异的产品性能、稳定的产品质量、专业的技术服务，赢得了用户的信赖，也赢得了市场。产品成功应用于港珠澳大桥、江苏田湾核电站、四川溪洛渡水电站、乌东德水电站、南京地铁、安哥拉陆阿西姆水电站、孟加拉国帕德玛大桥、坦桑尼亚姆特瓦拉港口等国内外水利、能源、交通、市政等领域的重大工程。

（五）经营绩效及行业影响力优势

近 3 年，苏博特主营业务收入持续增长，2019 年减水剂产品年销售收入达到 29.2 亿元，年上缴税收 3.18 亿元，居行业第一。

苏博特产品业务覆盖全国三十多个省自治区直辖市，并在印度尼西亚、孟加拉国等国家和地区设立了 6 家海外经营机构，将产品业务拓展至东南亚、中东、南美、非洲等地区。产品广泛应用于高速铁路、高速公路、跨江海特大桥、水电、核电、风电及市政、民用建筑工程建设中。

三、典型经验

（一）研发驱动产品革新，科技创新引领企业发展

苏博特被认定为 "国家企业技术中心" 和 "国家高新技术企业"，持续注重研发平台的建设。

1. 全方位的研发及产品中试平台为高性能产品开发提供重要支撑

苏博特实验室拥有 30000m^2 的科研配套用房，试验仪器设备总价值达 8000 多万元，拥有各种设备 1200 余台套，实验室拥有高性能化学外加剂材料制备、材料亚微观分析表征、热性能与流变性能、力学性能、收缩变形性能、长期耐久服役性能、微观机理分析和环境模拟的试验设备与研究条件，能够进行材料制备、性能测试、结构分析及材料耐久性和失效机理的研究。产品精密生产控制装置如下图所示。

单项冠军产品精密生产控制装置

2. 稳定足额的科研经费投入为项目攻关及产品开发解决后顾之忧

苏博特遵循"科技铸就基础,博特创造未来"的企业理念,每年的科研经费投入不低于销售收入的5%,企业近三年研发费用及占业务收入比例分别达到6.11%、5.12%、5.17%。稳定的科研投入为"十二五、十三五"科技攻关项目、973计划、国家重点基金、科技成果转化等重大科研项目的顺利实施,先进仪器设备的购置,科研环境条件的完善,以及人才培养引进提供了保障。

3. 高规格的人才引进及培养方案保证先进的研发能力

苏博特一直注重科研团队建设,拥有专职科研人员300余人,博士或硕士学位人员约200人,研究队伍专业结构齐全,年龄组成合理。研究专业有材料学、有机化学、高分子化学、结构工程、混凝土学等。企业非常重视人才,尤其是青年创新人才的在研究人员培养。通过创造出国留学机会,与高校联合培养,聘请国内外专家指导,承办、参加国内外学术会议,产学研合作,让科研人员在重大项目中承担重要任务等多种方式有效促进了人才的健康成长。

(二)全方位的知识产权保障助力产品及品牌影响力

苏博特一直以"科技铸就基础"为核心经营理念,成立至今始终坚持技术创新引领,将技术创新与成果保护置于非常重要的战略地位,建设完善了知识产权体系,并取得了系列知识产权保护成果。

苏博特累计申请专利 826 件，其中申请 PCT 国际专利 22 件，已获授权中国发明专利 453 件，授权国际发明专利 15 件，获中国专利银奖 1 项，中国专利优秀奖 5 项，江苏省专利金奖 1 项，各项产品和技术均具有完整的自主知识产权。

（三）先进的企业经营战略引领企业飞跃发展

苏博特基于"创造更好材料，构筑美好未来"的企业使命，秉承"开放、创新、诚信、共赢"的核心价值观，专注于高性能土木工程材料事业的发展，推进混凝土减水剂及其应用产业的绿色化进程，加强结构与装饰类功能性材料的研发、生产与应用，探索结构修复防护、交通工程关键材料的产业化应用；以科研创新为原动力，以顾问式营销为核心竞争力，坚持科研以市场为中心，经营以效益为中心，管理以客户为中心，持续关注企业相关方利益，成为引领行业并受社会尊敬的现代科技型企业。

四、未来发展展望

未来，苏博特以"人无我有、人有我优"理念为统领，坚持"以客户为中心、以创新为生命线、以奋斗者为本"的发展思路。进一步聚焦混凝土外加剂主业，更新完善产品体系与市场布局，实施"两大一新"工程，继续保持行业领先地位；积极拓展土木工程材料相关业务，加强在防水修复材料、道路交通材料等方面的研发与应用，推进相关多元化发展的规划；借助"一带一路"国家倡议，积极开拓东南亚、中亚、非洲等市场，稳健实施海外市场布局；借力资本市场，通过在工程咨询、市政施工等业务领域的投资，实施内生性增长和外延式发展的双轮驱动，实现营收增长和市值提升两大目标。

五、专家点评

苏博特是我国混凝土减水剂产品科研、生产和技术服务的领军企业和技术标杆企业。该公司成果先后荣获国家技术发明二等奖 2 项，科技进步二等奖 6 项；部分技术已达到国际领先水平，成功应用于我国三峡工程、港珠澳大桥、京沪高铁、田湾核电等各领域重大工程，为我国基础设施建设做出了重要贡献。凭借雄厚的技术实力、领先的产品性能、完善的应用体系和良好的企业信用，在国内外学术界和工程界均享有较高的影响力和知名度。

同济大学教授　蒋正武

沪东重机有限公司

深耕船舶动力 60 余年
大型船用主动力柴油机制造国内领先

一、总体情况简介

沪东重机有限公司（以下简称"沪东重机"）自 1958 年发展至今，经过 60 多年的风雨洗礼和历史积淀，已成长为国内最具实力的船舶动力装备企业。现为中船动力（集团）有限公司全资子公司，已成为集研发、制造、服务于一体的世界一流海洋动力企业。随着公司规模的扩大及业务的不断拓展，沪东重机下属有中船动力研究院有限公司、上海中船三井造船柴油机有限公司、中船海洋动力部件有限公司、上海沪东造船柴油机配套有限公司、上海沪江柴油机排放检测科技有限公司 5 家投资企业。

沪东重机在船用低速柴油机动力领域具有雄厚实力，大型船用主动力柴油机制造居国内龙头地位、位列世界一流方阵。沪东重机以"打造世界领先的创新型、服务型海洋动力企业"为战略目标，不断提升"中国制造"的影响力。产品随船出口世界各地，获得了良好的市场声誉。沪东重机主营业务包括：船用高、中、低速柴油机及关重零部件的研发、制造和服务；双燃料主机及 WHR、SCR、EGR、FGSS 等绿色环保产品、装置的研制；核电应急发电机组、陆用电站，盾构、顶管机等地下空间装备，扩散器等工程机械产品；计量检测，培训和设备维修服务等。其中，主营产品船用低速柴油机目前已具备 370 万马力产能，市场份额稳居国内第一、全球前三。

沪东重机 1998 年至今被认定为上海市高新技术企业，2004 年被认定为上海市企业技术中心企业，2005 年被认定为国家级企业技术中心（分中心），2009 年被正式认定为"国家级企业技术中心"，成为"国家船舶动力工程实验室"的成员。通过了中国新时代认证中心 GJB 9001B—2009 认证，具备国家核安全局颁发的民用核电安全电气设备设计许可证和民用核电安全设备制造许可证。2017 年，沪东重机荣获工信部颁发的中国制造业"单项冠军示范企业"称号。2018 年，沪东重机荣获国务院批准设立的、中国工业经济联合会颁发的"中国工业大奖表彰奖"。

二、突出优势

(一) 技术先进性

近两年沪东重机以每年不低于年营业收入3%的研发投入，先后研制了各类国际国内低速柴油机如12S90ME-C、12X92DF、7G80ME-C、6G70ME-C、6X72DF等，均为性能优异的机型。12S90ME-C机型采用轴系扭振研究和改善技术、柴油机燃油消耗优化技术、超大型柴油机装配技术、主机减振技术、主机减噪技术、部分零部件的设计优化技术。12S90ME-C机型为国内首制，处于世界先进水平。12X92DF机型采用超大功率市政低压供气系统、双燃料柴油机安全监测及控制系统、双燃料柴油机轴系扭振及优化技术、双燃料柴油机排气系统设计、双燃料柴油机排放及振动噪声测量技术、双燃柴油机性能匹配及增压器匹配技术。12X92DF为中船集团自主开发的全球首台最大型低压双燃料发动机，由沪东重机建造完成，其各项性能参数已达到国际领先水平。

(二) 发展效益

2018年沪东重机收入总额434022万元，其中主营产品柴油机销售收入382771万元，销售数量367万马力，利润总额26088万元。2019年沪东重机收入总额421069万元，其中主营产品柴油机销售收入379779万元，销售数量359万马力，利润总额26043万元。2020年沪东重机收入总额45.4亿元，其中主营产品柴油机销售收入40亿元，销售数量254万马力，利润总额3243万元。

(三) 技术或质量奖项情况

沪东重机近三年累计获中国船舶工业集团公司授予的科技进步一等奖3次、科技进步二等奖2次、科技进步三等奖1次，获上海产学研合作优秀项目奖特等奖、上海市科学技术奖三等奖、浦东新区科学技术奖一等奖、2018年制造业与互联网融合发展试点示范项目、2018年大数据产业发展试点示范项目、高新技术企业、浦东新区创新成就奖、浦东新区科技进步奖三等奖各一次。

三、典型经验

(一) 积极推进研发创新、致力于培养高技术人才

1. 保障研发经费

沪东重机将研发工作作为提升企业竞争力的核心，视为企业工作的重中之

重，在经费管理上不断探索有效方法，逐步完善相关制度，保障研发经费有序合理的投入，保障技术创新工作的开展。2020年企业科技活动经费支出额为2.7亿元，占主营业务收入的比例达到15%。由动力设计院及财务部主管人员对经费使用情况进行跟踪和及时反馈，每月进行经费支出的归结。针对重大项目，定期组织财务人员、项目管理人员、技术负责人召开经费讨论会议，并对后阶段用款计划进行调整和安排。这些制度的建立保障了研发工作的经费投入有序、合理，保障了科研开发工作的顺利进行。

2. 建立高素质研发团队

沪东重机技术中心（动力设计院）于2009年被正式认定为国家认定企业技术中心，是"国家船舶动力工程实验室"的骨干成员单位，技术中心作为沪东重机专门的研发机构，是企业下设的专职进行技术开发、产品设计的部门，隶属于企业最高管理层，是企业开发体系的核心，下设综合技术所、中高速机产品所、低速机产品所、关重件产品所、应用技术所。技术中心技术研发团队涉及产品设计、制造技术、信息技术等各技术领域，形成了一支高素质的研发队伍，承担着各类研发项目的研究工作。

沪东重机高度重视对科技体系的建设，通过把人才队伍划分为管理、技术、技能三类，制定金字塔形的人才培养制度，形成科学的人才培养模式。通过把企业内专家、项目总师、科技委员会、技师工作室等各类人群、组织和项目串联形成系统的人才培养和管理模式，加速推进人才培养。

3. 建立知识产权管理体系

1）沪东重机根据各个业务群的职能分配知识产权申请及保护工作。研发部负责自主品牌民用海洋动力装备方面工作、中高速机产品所负责与中高速机整机实现方面工作、低速机产品所负责与低速机整机实现方面工作、关重件产品所负责原材料开发、部件开发以及相应部件的工艺路线、制造等方面工作、成套产品所负责与成套设备实现方面工作、服务技术所负责服务技术能力方面工作。

2）设立知识产权专员，形成日常联络机制。

3）目前，沪东重机已建立知识产权信息库，就相关专利、软著等信息进行分别汇总归集，并在内部实现共享。信息库由专人管理，定时更新完善，信息库的建立有助于企业管理人员、技术人员对企业现有技术情况有充分认识，同时，在数据库中将对核心专利、外围专利等进行分级。进行了知识产权全过程管理，把知识产权创造、管理、运用和保护与科技项目的立项、实施、结题和推广应用紧密结合，用知识产权促进科研和创新活动，提高科研和创新活动的效率，保护科研创新活动的成果。沪东重机拥有有效专利总数526件，其中有效发明专利数209件，拥有核心自主知识产权数量20件。

4. 参与或主导相关产品领域国际国内相关技术、工艺标准制定

1）在国家、行业标准的编制方面，参与完成国家标准 GB/T 12919—2017《船用控制气源净化装置技术条件》、GB/T 35176.1—2017《船舶与海上技术　船舶氮氧化物还原剂 AUS40　第 1 部分：质量要求》、GB/T 35176.2—2017《船舶与海上技术　船舶氮氧化物还原剂 AUS40　第 2 部分：测试方法》和 GB/T 35176.3—2018《船舶与海上技术　船舶氮氧化物还原剂 AUS40　第 3 部分：处理、运输和储存》的编写，均已发布和实施。同时积极参与国家标准和行业标准《船舶行业安全生产标准化考评标准》《舰船主机增压器通用规范》等标准的征求意见工作，认真组织讨论和意见准备，及时完成反馈上报意见和建议的工作；同时也积极参与完成标准化成果材料的组织和准备工作。

2）在企业标准的管理方面，对所有企业标准进行了内容审核，编制整理了企业标准制修订计划，组织进行年度企业标准制修订计划并跟踪、协调，共推进完成企业标准 896 项。

3）在外部合作方面，与上海市标准化研究院等机构合作，不断收集完善企业标准文献库，现有标准文本已经达到 4000 余份。

（二）营造优质企业文化

沪东重机积极落实企业社会责任，将社会主义核心价值观的基本要求细化分解到社会责任履行工作中，自 2009 年起连续五届被评为上海市文明单位。

围绕弘扬先进、选树典型目标，突出关注在生产一线和转型发展前沿先进典型，深入挖掘企业党员在各自岗位发挥先锋模范作用的情况和事迹。进一步增加先进人员和技师人员展示载体，弘扬劳模精神、工匠精神，选树身边的沪东重机榜样以及优秀技能人才典型。开展创先争优七一评选表彰工作，对"两优一先"人员进行集中表彰。

推动企业工业文化展示建设，通过组织职工参观、观看历史纪录片，实地感受企业深厚的历史底蕴，弘扬重机历史文化。推进企业工业博物馆及历史文化展示馆建设，梳理企业经典机型及 1928 年来重要历史事件，依托荣誉墙、重机轴、老工间等展示区域搭建，进行集中布展策划和影像记录。夯实文化基础，提升职工归属感和凝聚力，进一步塑造企业良好形象。

四、未来发展展望

沪东重机将继续致力于推动产品与业务优化升级，研究新船舶需求，深入挖掘新需求，低速机业务将继续保持市场领先优势，同时发展应用产业，向非船领域延伸发展相关多元业务。

五、专家点评

沪东重机有限公司作为我国船用低速机龙头企业，60余年来深耕船舶动力领域，为我国造船工业发展、海军装备建设做出了杰出贡献。

作为我国改革开放后最早一批参与国际竞争的企业，沪东重机有限公司自始至终坚持科技自立自强的精神，代代传承精益求精、质量至上理念，引领我国行业发展，产品不断迭代升级，厚积薄发，赢得了海内外客户的信任，国际市场占有率不断攀升，终于发展成为领先的船舶动力制造企业。

响应国家高质量发展理念，沪东重机作为改革的先行者，在中国船舶集团的领导下，在行业内率先从精益制造向研发、制造、服务一体化发展；自主知识产权绿色环保、智能化产品推陈出新，服务保障能力从国内走向国际扩展，拓展主业成功进军核电领域。未来，沪东重机的发展前景将更为广阔！

中船动力集团有限公司科技委副主任
中国船舶集团有限公司首席专家　吴朝晖
研究员级高级工程师

大连华阳新材料科技股份有限公司

深耕产业用纺织品专用装备
填补多项技术空白

一、总体情况简介

大连华阳新材料科技股份有限公司（以下简称"华阳新材"）是国家高新技术企业，2001年开始，始终专注于产业用纺织品领域纺粘法非织造材料，尤其是聚酯纺粘法非织造材料的新工艺、新产品及成套装备技术的研发，为客户提供包括产品设计、技术方案设计、工厂设计、成套技术装备设计与制造、安装与调试、后续技术支持等的总体化工程服务。

华阳新材是中国纺织工业联合会命名的中国聚酯纺粘产品及技术装备的研发基地，具有压力容器设计和制造许可证，在行业内具有相当的规模和品牌实力。

华阳新材主要从事高强聚酯长丝胎基布生产线成套技术装备设计与制造，产品类别为非织造布生产线联合机（高强聚酯长丝胎基布生产线）。该非织造布生产线联合机的技术及装备于2014年通过了中国纺织工业联合会的科学技术成果鉴定，并获得其颁发的科学技术进步一等奖，被评价为"国内首创，国际先进"。华阳新材高强聚酯长丝胎基布生产线成套装备研发和制造的成功，填补了国内空白，其产品可完全替代进口同类产品，产品用于改性沥青防水卷材行业，打破了我国高强聚酯长丝产品及其生产技术与装备一直被欧美等少数发达国家所垄断的局面，改变了我国多年来产业落后现状，扭转了我国众多领域基本建设工程因防水材料的技术性能不佳而导致工程质量低、寿命短的状况，成功消除了因我国经济快速发展、城市化建设步伐加快等带来对高质防水材料持续高速增长的需求压力，改善了我国改性沥青防水卷材行业产业结构不合理的局面，特别是有效、快速地推动了我国防水卷材产业的产品升级换代及产业结构调整，对推动我国产业用纺织品纺粘法科技水平的进步具有里程碑的意义。

非织造布生产线联合机（高强聚酯长丝胎基布生产线，见下图）采用纺粘直接成网、针刺固结的工艺，产品均匀、强力高、抗热收缩性能好，物理性能优于短纤聚酯胎，经适合的淀粉浸胶工艺，更符合防水卷材生产线的工艺要求，是迄今为止国际公认的性能最佳的改性沥青防水卷材胎体。产品的成功研发，改变了国内改性沥青卷材胎体以短纤聚酯胎为主的市场格局，提高了卷材总体性能指标和使用寿命，聚酯胎使用寿命由3～5年，增加到如今以长丝胎基为胎体的防水卷材使用寿命的15～20年。产品的优质及低成本优势，已经完全主导了国内聚酯长丝胎基布市场，不仅使国外产品已基本退出了我国市场，而且已开始出口国外。华阳新材这一生产线的成功研发，促进了我国沥青防水卷材用胎基国家标准的提升，因此，华阳新材也参编了国家标准GB/T 18840—2018《沥青防水卷材用胎基》。

高强聚酯长丝胎基生产线

2017—2019年，华阳新材在HuaYangFNZC-Ⅲ型成套技术装备基础上，研发并推出了HuaYangFNZC-ⅢG型高强聚酯长丝胎基生产线成套技术装备，又一次实现了技术装备的进步，生产线速度、产能大幅提高，单位产品能耗进一步降低，产品质量更加稳定，性价比高，具备的无毒无污染的环保特性，进一步增加其竞争优势，HuaYangFNZC-ⅢG型技术装备研发成功以来，得到了国内外相关专业用户的充分认可及一致好评。

截至2019年底，华阳新材已完成了111条高强聚酯长丝胎基布生产线的建设。据中国纺织机械协会和中国产业用纺织品行业协会统计，2014—2019年，华阳新材承建的该类生产线在全球市场占有率达60%以上，在我国市场占有率近80%，国内外市场占有率排名第一，也因此获评了2017年单项冠军示范企业称号,并通过了 2020 年单项冠军示范企业复核。华阳新材是国内最早进入聚酯纺粘法非织造布工程服务领域的企业之一,经过长期经营积累了大量的成功项目案例,树立了良好的行业口碑,具备较强的技术研发能力及工程转化能力。

二、突出优势

(一)技术先进性

非织造布生产线联合机(高强聚酯长丝胎基布生产线)共由 20 多台套设备组成,包含多项关键核心技术和系统,包括纺丝、冷却、气流牵伸、分丝摆丝、负压成网、针刺固结以及定型、浸胶、烘干固化等后整理技术。作为一项系统性工程,每个分系统的技术及装备水平以及各系统间合理有效的衔接,均是影响本项目最终产品性能指标的重要因素。

华阳新材高强聚酯长丝胎基生产线成套技术装备均是自主研发,可与目前国际上的先进技术相媲美,更加符合油毡胎基标准所要求的纵横向强力均衡的特点,具有技术后发优势,而且性价比高,投资成本和运行成本均具有较大优势。

(二)产品质量

华阳新材是国内最早进入聚酯纺粘法非织造布工程服务领域的企业之一,通过对产品质量的严格把控积累了大量的成功项目案例,树立了良好的行业口碑,得到了用户的一致好评,拥有稳定的客户基础。

(三)发展效益

截至 2019 年底,华阳新材已完成了 111 条高强聚酯长丝胎基布生产线的建设,新增销售额 116539 万元,新增利润 25520 万元。同时,客户销售高强聚酯长丝胎基布的利润约为 94742.2 万元/年,纳税额为 27564 万元/年。

(四)关键领域补短板及具体情况

华阳新材多年来从事产业用纺织品领域纺粘法非织造材料的新工艺、新产品以及成套装备技术的研发,为客户提供总体化工程服务,属于国民经济行业分类中的"专用设备制造业"。

华阳新材借助中国制造 2025 的战略机遇,围绕中国制造 2025 实现制造强国的战略目标,补强高强聚酯长丝胎基布生产线技术及成套装备的国内短板,不断进行高端装备创新工程,突破领域内共性关键技术与工程化、产业化瓶颈。华阳新材的高强聚酯长丝胎基布生产线技术及成套装备属于"高速智能型非制造装备制造",填补了这一生产线装备制造的国内空白。

三、典型经验

（一）以技术创新引领企业发展

华阳新材综合高分子化学、纺织化纤系统工程技术、化纤机械、电气自动化与智能管理等理论科学，完善核心技术体系，通过长期的自主研发和技术攻关，掌握了一系列聚酯纺粘法非织造布领域的生产工艺和装备技术，拥有授权专利97项，其中授权发明专利18项，授权实用新型专利79项，形成了完整的核心技术体系。

（二）持续提升管理能力

华阳新材引进外部团队对企业整体的管理制度和流程进行梳理，以企业内部控制基本规范及其指引为标准，结合企业经营管理实际，形成了一套有效的内部管理制度和相应的流程。

（三）发扬华阳精神，建设企业文化

华阳新材在创新发展的同时，将企业核心价值观"客户至上、人才为本、创新求精、诚信共赢、不忘初心、牢记使命、艰苦奋斗、共铸辉煌"融入经营活动中，成为全企业奉行的华阳精神，深入每一位员工的内心。

（四）严控产品质量，发挥品牌效应

华阳新材重视产品质量管理，采用质量控制过程方法，确保质量管理体系的有效实施、保持和持续改进，提升了企业生产线产品质量的可靠性和稳定性，为顺利建立企业的品牌体系，完善企业的品牌培育和品牌管理，促进品牌发展打好了坚实的基础。

（五）强化产业协同，提升企业竞争力

华阳新材通过与产业链企业和高校院所建立战略合作联盟，实现优质资源对接，打通上、下游间各个环节，达到资源合理化、成本最小化、技术管理协同化，实现上、下游的资源共享，增强科技创新能力，加强市场分析能力，减少流通环节，降低成本。实现整个产业链的拉动式的生产和柔性化的供应，做强、做精整个产业链，实现企业的高效运转。

四、未来发展展望

近年来，华阳新材的生产经营稳步提升，聚酯纺粘法工程技术在国内逐渐成熟，应用领域越来越多，涉及大型基建工程、房地产、城镇老旧小区改造等。

未来，华阳新材将继续专注聚酯纺粘法工程技术服务领域，高强聚酯长丝

胎基布生产线成套技术装备的研发升级，以"交钥匙"式整体工程解决方案的服务形式，加速推广企业具有核心技术及知识产权的高强聚酯长丝胎基布生产线成套技术装备，使聚酯长丝胎基布生产线成套技术装备的市场占有率继续保持领先。与此同时，加大国外市场开拓力度，扩大生产规模、健全销售网络，利用先进技术、产品性价比及成本优势，继续开发海外市场。

五、专家点评

华阳新材是我国产业用纺织品专用装备领域的骨干企业，坚持创新驱动和人才兴企战略，建立了严格的质量管理体系，形成了积极奋进的企业文化。通过长期的自主研发和技术攻关，华阳新材掌握了高强聚酯长丝胎基布生产线的生产工艺和装备技术，生产线性能达到国际先进水平，填补了我国在该领域内的空白，获中国纺织工业联合会科学进步一等奖。

高性能聚酯长丝非织造布装备的研发和应用推广，大幅提高了防水卷材的产品质量和使用寿命，推动了我国防水卷材领域的产业升级，是产业用纺织品技术进步、服务国民经济各部门的典型案例。

希望华阳新材在智能化、绿色化方向继续完善提升非织造布装备水平，形成我国在该领域的核心竞争力和长板技术，为产业用纺织品行业提供优质配套；加大先进装备的推广应用，服务全球基础设施建设。

中国纺织工业联合会副会长　李陵申
中国产业用纺织品行业协会会长

ᴊᴀᴄκ 杰克缝纫机股份有限公司

聚焦主业发展　实现缝制装备产业革命

一、总体情况简介

杰克缝纫机股份有限公司（股票代码603337，以下简称"杰克股份"）始创于1995年，专业从事工业缝纫机的研究与制造，是全球缝纫机行业产销规模最大的企业，其产品属于专用设备制造业的缝纫机械制造（国民经济行业分类与代码：3653）。杰克股份拥有国家企业技术中心、省级重点企业研究院、院士工作站、国家级博士后工作站等多种创新平台，每年投入科研经费超2亿元，拥有发明专利675项，在行业中占领了缝制机械的技术高地。先后荣获了中国驰名商标、国家技术创新示范企业、中国工业大奖（提名奖）、国家专利示范企业、国家重合同守信用单位、国家火炬计划重点高新技术企业、浙江省2019年省级工业互联网平台创建企业等荣誉称号。2017年，凭借工业用缝纫机这一主营产品，杰克股份荣获制造业单项冠军示范企业的荣誉称号。

杰克股份以"聚焦、专注、简单、感恩"为核心价值观，以构建"智慧管理体系、智能创新体系、智能制造体系、智能服务体系"为重点，致力于打造"智能裁床（缝前）＋智能缝纫机（缝中）＋IPMS智能生产管理系统（缝中）＋智能熨烫（缝后）"为一体的智能制造成套解决方案服务商，变革下游企业生产方式，引领缝制装备高质量发展的产业革命。

二、突出优势

（一）技术先进性

1. 核心技术突破

（1）服装制造产业数字化整体解决方案　缝制产业缝制数字化智能管理，基于面向CPS的MES系统实施，通过在科学排产、计划调度、生产物流、工艺执行、过程质量、设备管理等环节实现感知、分析、决策、执行闭环系统，基于数据自动流动降低缝制产业缝制生产系统的不确定性，支持实现生产调度管理、现场管理、机器报修等多项功能；对应开发多类型员工终端APP和系统APP，包括缝制员工终端APP、缝制现场管理APP和缝纫机报修系统APP

等，支持缝制产业缝制生产的物联网数字化管理；实现多类型科学决策算法的信息端集成，针对生产现场各种实际情况，支持利用各种先进决策算法进行科学、高效的智能订单排产，大幅度提升排产效率；通过设备运行数据采集、分析及应用，支持设备精准维护保养，解决缝纫设备保养不及时、不精准问题；基于设备物联能力，支持设备远程维护。

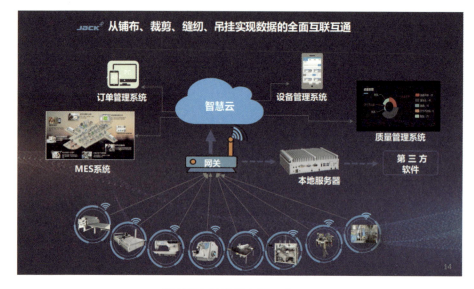

缝制设备的数据全面互联互通

（2）全自动的缝制单元开发　立足去技能化和多工序合一的缝制单元自动化开发，智能化优势，实现智能服装缝制装备的规模化工业生产，加速缝制装备智能化产业化进程，满足面向服装行业"机器换人"和转型升级需求。

（3）基于物联网的智能面料裁割装备与3D扫描系统集成创新　智能面料裁割装备与其他自动设备的对接，实现了工业互联；结合温度、压力、速度等传感器技术的应用，可实现大批量裁剪的精度控制；结合超声波技术，提供了全球唯一的多层碳纤维预浸料裁剪方案；结合图像识别技术的应用，实现了真皮等不规则材料的自动裁剪，为未来设备的无人化提供了可能。3D扫描系统数据与裁割系统的对接集成或网络集成，实现了一体化。

2. 主要产品关键性能指标、能耗指标及与国际国内领先水平的对比情况

杰克股份自主研发的全自动平缝机，是集机壳的创新设计、电动机的优化利用、电控的集成设计于一体的全新产品。该产品具有自动送料、自动缝纫、自动倒回缝和自动抬压脚等功能，无论从操作还是在安全保护功能方面，都具有人性化设计理念。目前国际国内领先水平的对比情况见下表。

国际国内领先水平的对比情况

标准项目		标准内容	ISO要求	国标/行标要求	日本要求	德国要求
运转性能	起动转矩	0.4N·m	—	0.45N·m	0.4N·m	0.4N·m
	噪声	≥6500（针/min）≤83dB(A)	—	85dB(A)	83dB(A)	83dB(A)
控制功能	自动停针位	不大于5°	—	不大于10°	—	—
	自动感应缝料	灵敏、正确、可靠	—	—	—	—
先进性参数	能耗	10h计算能耗不高于离合器电动机的35%	—	—	—	—
外观质量和结构材料	材料	主轴采用合金渗碳钢或低碳钢并进行必要的热处理和特殊处理；连杆类材料采用超硬铝或锡青铜材料，杂质Fe含量≤0.15%	≤0.19	≤0.2	≤0.2	≤0.2
	配合间隙	500h的测试要求，规定试验前后的数据和具体的试验方法	—	—	—	—

3. 产品主要加工工艺、技术及与国际国内领先水平的对比情况

根据工业用缝纫机产品的工艺技术特点，杰克股份通过对加工工艺的多项优化，确定了铸件及机壳的脱脂、磷化、喷漆、喷塑等表面处理由定点外协厂家加工，部分零部件通过定点供应商供应，关键部件的机加工及整机装配由企业自行生产的工艺技术方案，其工艺技术达到同行业先进水平。其中柔性全自动金加工复合线是目前全球缝制设备企业唯一一家自主开发与应用的主要针对缝纫机主壳体的精加工自动线，单线投资达到1.2亿元。

（二）产品质量

杰克股份始终高度重视产品的品质管理，按照ISO 9000执行标准制定了《质量异常和客户意见处理控制程序》《生产和服务提供控制程序》《员工培训控制程序》等相应的质量管理制度，并严格贯彻执行；企业在原材料、半成品、成品等环节均设有专职检验。同时开展高层管理人员三走访（走访市场、走访现场、走访供应商）系列活动，深入市场一线，走访服装厂，聆听客户需求和建议，推动杰克股份不断改善和提高产品质量，研发出高效、智能、更具竞争力的新产品。

(三) 发展效益

杰克股份在发展过程中，以"智能化升级、融合化创新、品牌化增效、绿色化提升"为方向，以构建"智慧管理体系、智能创新体系、智能制造体系、智能服务体系"为重点，积极推进两化融合，打造特色、提升传统、培育新兴，进一步增强企业可持续发展和迭代更新能力，打造特色鲜明、结构合理、竞争力强的工业互联网企业，改变下游缝制企业生产方式，引领缝制装备产业革命。

在中国轻工业联合会组织的年度缝制机械行业评比中，杰克股份连续五年综合排名第一，在市场占有、技术水平、研发实力和品牌服务方面都在行业内名列前茅。2018年起杰克股份销售收入达到全球行业第一，市场占有份额均排在国内企业首位。

三、典型经验

（一）战略聚焦，定位清晰

杰克股份的发展之路是一条"坚守主业不浮躁、坚持转型不动摇、坚定投入不退缩"的道路。2015年前，杰克股份专注主业，发力中端客户，在"里斯定位战略"的指引下，集中优势资源，聚焦客户、品类和服务。市场规模不断扩大，品牌影响力不断提升，技术储备不断增强，在各方面积聚了能力。

随着经济形势、行业发展的变化和技术的不断革新，2015年杰克股份适时调整战略思路，从聚焦中端市场转变为"立足中端，拓展中高端"的发展战略，实现全产业链价值的增值。夯实主业，向上进军。

（二）从成本与营销驱动向研发驱动转型

2006年，杰克股份导入IPD（集成研发管理），是业内首家导入该系统的企业，极大地提高了研发创新的能力和效率。2015年，杰克股份二次导入IPD，正式助力研发驱动战略。

杰克股份正进一步打造国际化的研发体系，通过国际并购、重组的方式，加快引进欧洲顶尖的研发团队，在拓卡奔马德国研发中心，迈卡意大利研发中心，杰克股份杭州中央研究院，武汉、西安、台州研发中心的基础上，整合技术共享平台，优化组织，构建全球协同研发平台，实现全体系做研发，进一步加强缝前和缝中设备一体化的打造。

杰克股份立足缝纫机三机产业的基础上积极开发缝纫机械人、智能终端联网功能缝纫机等前沿产品，引领全球缝制装备的发展，采用核心品类迭代（五代）研发体系，即生产一代、储备一代、开发一代、预研一代、前沿构思一代，达到生产一代领先行业两代的目标。

杰克股份研发队伍规模业内最大，目前建有博士后流动工作站，拥有研发人才近 600 人，其中海归 5 人，博士、博士后 12 人，硕士研究生 60 多人，本科及以上学历人员占到研发总人数的 80%。强大的人才储备推动了企业的创新发展，目前杰克股份拥有专利 800 余项，并连续 4 年成为全球缝制行业发明专利申报数量最多的企业。

（三）研发驱动、品牌驱动并行

2013 年，杰克股份把"快速服务 100%"作为品牌定位，初步形成了"独一无二、与众不同"的品牌认知，杰克股份的"快速服务"不是狭义上的售后服务，而是从研发设计、产品质量、预防服务、快修服务等方面的系统建设。

同时，杰克股份在全球 120 多个国家建立了 5000 多家营销与服务体系，在全球主要的市场都设有分公司和办事处，员工来自全球 30 多个国家，拥有近 300 名外籍员工，且外籍员工比例会越来越高，这正是在全球范围内响应快速服务的布局。

2017 年，杰克股份与国际知名广告公司举行品牌战略合作签约，成为中国首家正式启动品牌战略的缝制设备商，率先迈向"品牌驱动"的全新发展阶段，将以战略高度和全球品牌视野探索适合杰克股份、适合缝制行业的品牌发展之路，在国际舞台上讲好中国缝制品牌的故事，助推中国产品向中国品牌转变。

（四）深耕文化，助力企业发展

经过 20 多年的快速发展，形成了企业文化架构。杰克股份的企业文化理念体系是企业核心竞争力的重要组成部分，是企业发展的灵魂，是杰克股份核心价值观的体现，同时又是衡量企业管理能力、制度建设、行为准则和企业形象的重要标准。

杰克股份内部旨在创建无边界管理的组织文化，通过优化管理组织流程，推动团队合作经营和实现矩阵型管理。杰克股份形成了"以文化人、以文育人、以文聚人、以文养人"的文化建设模式，构建了和谐、信赖、利他、共赢的家文化，并将产业链上下游纳入"家"的范围，通过共同成长实现企业发展目标。

四、未来发展展望

（1）打造全产业链的行业智能制造基地　以打造缝制智造产业园为方向，将产业链条上的核心企业，按照产业链供需关系进行嫁接式一体化整合。推进工业化与信息化的融合，传统与新兴的结合，逐步实现"制造"向"智造"转变，形成世界级缝制设备产业集聚基地。通过产融互动加快全球布局，尤其在关键技术和产业链进一步巩固行业地位。

（2）形成人才集聚中心　依托龙头企业的发展优势、浙江台州的区位地理优势，将缝制高精尖人才汇聚到台州缝制事业中来。强化人才的核心作用，实施好科技创新人才培养计划、优秀青年人才储备计划、国际高端人才引进计划。

（3）未来工厂　主动响应"两化融合"战略，突出智慧产业化和产业智慧化方向，将人机互动、智能生产物流管理、3D打印技术等先进技术应用于从铸造、金加工、喷漆、装配到打包的生产全流程，并对整个生产流程进行数据采集、数据监控、数据分析，从而使智能柔性缝制生产系统灵活、个性化、网络化。

五、专家点评

杰克缝纫机股份有限公司长期专注于专用设备制造业的缝纫机械制造，企业战略定位清晰，聚焦主业不动摇，在缝制设备制造这一领域不断进行技术创新，实现服装制造产业数字化整体解决方案、全自动的缝制单元开发、基于物联网的智能面料裁割装备与3D扫描系统集成创新等行业核心技术的突破。杰克股份将产品加工工艺技术、关键性能指标、能耗指标对标国内国际，目前技术和工艺已达到国际领先，单项产品市场占有率位居全球前列。在企业发展过程中，重视研发创新，全球协同研发平台，实现全体系做研发，进一步加强缝前和缝中设备一体化的打造。研发驱动与品牌驱动并行，以战略高度和全球品牌视野探索适合杰克股份、适合缝制行业的品牌发展之路。

中国工程院院士　谭建荣
浙江大学设计工程及自动化系系主任

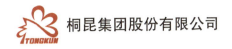

加快发展化纤主业　推进建设制造强国

一、总体情况简介

桐昆集团股份有限公司（以下简称"桐昆集团"）成立于1981年，总部位于浙江省桐乡市，是一家主要从事高性能差别化涤纶长丝设计研发、生产制造和销售服务的股份制上市公司。

桐昆集团是国内综合实力最强的化纤企业之一。企业在发展过程中，始终以专业专注的态度，聚焦涤纶长丝领域，连续19年名列中国企业500强。2020年，位列中国企业500强第260位、中国民营企业500强第85位、中国民营企业制造业500强第44位。经过40年发展，桐昆集团现拥有总资产近450亿元，下辖3个直属厂区和19家控股企业，员工两万余人，垂直整合了"炼化—PX—PTA—长丝—加弹—织造"全产业链，整体实力和市场竞争力不断增强，奠定了桐昆在中国聚酯纤维行业领军企业的地位。目前，桐昆集团具备1000万t原油加工权益量、420万t PTA、740万t聚合、780万t纺丝能力，高性能差别化绿色聚酯长丝产能和产量位居世界第一，国内市场占有率超过20%，是涤纶长丝行业的"单项冠军"。

目前，桐昆集团拥有国家企业技术中心、院士专家工作站、博士后科研工作站、国家认可实验室、国家新合纤产品开发基地、省级企业研究院、浙江省工程研究中心等研发平台。"十三五"期间，桐昆集团主持承担了2016年工信部绿色制造系统集成项目、2017年国家重点研发计划项目重大专项以及2018年工信部智能制造新模式应用项目等多项省部级以上重点项目或专项研发，推动行业的技术创新和绿色、智能制造。通过主持参与国家项目，不仅取得了一系列科技成果和自主知识产权，还得到了国家科技部门和行业协会的充分肯定，荣获国家科技进步奖和省部级以上科技进步奖33项。

二、突出优势

（一）品质与品牌

桐昆集团始终认为质量是企业的生命，全面推行精细化管理、标准化管理和全面质量管理。品牌始终是质量的核心保证。企业主导产品为"GOLDEN COCK"牌涤纶长丝、"桐昆"牌涤纶长丝和聚酯切片,"GOLDEN COCK"牌涤纶长丝为"中国名牌产品""中国免检产品";"桐昆"商标被评为"中国驰名商标"。目前,"GOLDEN COCK"牌涤纶长丝有POY、DTY、FDY、混纤丝、复合丝、中强丝六大系列1000多个品种,其中POY、DTY、FDY三大系列产品入选国家绿色设计产品,是全球化纤企业中产品门类最齐全的企业之一,有"涤丝超市"的美誉,被业界称为全球涤纶长丝的"沃尔玛"。

(二)技术先进性

2020年12月3日,桐昆集团股份有限公司投资150亿布局苏北,进军下游织造产业。至此,桐昆集团具备了"石油炼化—PX—PTA—长丝—加弹—织造"内循环产业链。为此,桐昆集团以解决制约国内聚酯涤纶行业上下游产业链发展的关键技术着手,推动产品开发、技术革新、装备制造等向深层次发展,在聚酯涤纶行业起到了示范和推动作用。尤其是在几次关键的转型升级时期,通过对企业、行业的技术瓶颈进行技术攻关,使技术全面达到国际先进水平,为建设现代化的纺织强国发挥龙头企业引领、示范作用。

1. 开发高端功能产品,提升行业供给侧水平

桐昆集团自成立以来,开展了大量新产品的技术研发工作,这些功能性差异化聚酯涤纶纤维,彻底改变了以往国内化纤企业主要从事同质化竞争的局面。其中自主研发的功能性差异化聚酯涤纶纤维,改善了聚酯涤纶纤维的舒适性和功能性等,整体提升了中国化纤行业的技术水平。

2. 合作研发国际先进的工艺技术与装备,推动行业整体发展

近几年,桐昆集团研发的"聚酯装置'一头三尾'工程化技术""聚酯聚合纺丝一体化设计"和"原油拉伸32头纺 iBox- MANTA 节能纺丝技术"等新型工艺技术与装备都是在我国首次研发成功并运用,为国内同行提供了宝贵的经验,对推动我国聚酯涤纶纤维工业的技术进步具有里程碑式的意义。

3. 突破卡脖子技术,打破国际技术垄断

在中美贸易摩擦不断加剧的大背景下,需要进、出口的聚酯涤纶纤维制造业领域受到了一定影响,而桐昆集团作为全球最大的涤纶长丝生产制造商,务必要率领行业"国货当自强",企业针对产业链中纺丝助剂、高端装备等"卡脖子"产品、绿色催化剂、关键技术等开展技术创新,以实现自主可控。近几年,桐昆集团自主研发成功的环保高效纺丝助剂的系列产品,就是"国产油剂当自强"的典型代表,该技术突破了行业卡脖子技术和共性难题,打破了国际技术垄断。

（三）智能制造

1. 主持智能制造项目，推进行业智能化水平

智能制造是制造强国的主攻方向，为此，桐昆集团通过主持智能制造项目，与项目联合体浙大中控等知名智能装备、软件和系统集成商合作，在项目技术开发与实施过程中对 30 多种核心技术装备进行创新性研发和应用，核心智能化装备国产化率达到 84.2%，提高了智能化装备在化纤行业的应用比例，加快了数字化、智能化系统集成产业发展。

2. 融合大数据和制造业，构建数字化发展新引擎

桐昆集团作为全球最大的涤纶长丝生产制造企业，携手全球大数据领导企业——联想公司开展战略合作，成立恒云智联数字科技公司，通过有机结合大数据和制造业，构建数字化发展新引擎，打造了行业的"灯塔工程"。该工程通过数据的全量采集整理、识别、筛选进行趋势性分析，为生产管控、质量管控、经验决策等提供支撑，实现数据的"全局可视、全局可析、全局智能"，推动了传统制造业转型升级驶入"快车道"。

（四）绿色制造

随着聚酯纤维行业的快速发展，"微塑料污染""节能降耗"等行业共性问题日益凸显。针对聚酯纤维行业发展的巨大压力，桐昆集团在提高产品品质和技术水平的同时，始终牢固"绿色发展和绿色制造"理念，坚持走资源节约、环境友好、关系和谐的绿色发展之路，并将绿色制造和相关技术作为转型升级的重要途径。尤其是近几年，桐昆集团研发的"高质再生绿色聚酯纤维制造集成技术"，实现了涤纶废丝 100% 回收利用，不仅避免了环境污染的产生，还可以节省原料成本，实现变废为宝。

另外，"十三五"期间，针对常规化聚酯产能大、工艺流程固定、生产品种单一，导致产品同质化严重，对市场需要的多种高附加值的产品又难以根据市场变化迅速做出反应的难题，桐昆集团牵头主持了工信部绿色制造系统集成项目——"绿色多功能差别化聚酯纤维制造与应用技术集成创新"，实现了上下游产业协同绿色制造。这些绿色制造技术的实施，引领了行业可持续发展，获得了"2019 年中国纺织工业联合会科学技术一等奖""第七届中国十大纺织科技项目""绿色技术银行评选的 2020 年绿色技术应用十佳案例"的荣誉。

（五）发展效益

基于桐昆集团聚焦主业的创新研发和打造"石油炼化—PX—PTA—长丝—加弹—织造"的内循环产业链等优势，企业在盈利能力方面不断提升，使企业在面对全球疫情"大流行"导致经济衰退的背景下，还创造了一定的经济效益。截至 2020 年三季度，企业销售收入 328 亿元，利润 18 亿元。

三、典型经验

为实现百年桐昆的美好愿景，全方位提升企业生产经营质量，桐昆集团打造出桐昆"吉普车"特色管理模式。两个前轮是桐昆"文化"和"战略"，是驱动轮，也是方向轮；两个后轮是桐昆"团队"和"创新"，是驱动轮，也是支撑轮；而高高挂着的"备胎"，就是"风险'不动'轮"，是桐昆发展的重要保障。

（一）文化驱动轮：愿景导向，不忘初心，高质量发展

桐昆集团秉承"行纤维之事，利国计民生"的崇高使命，以"打造百年桐昆、实现永续经营"为愿景，在"团结、拼搏、务实、创新"的桐昆精神指引下，发展成为了化纤行业的标杆和领导者。进入新时代后，融合"红船精神"与时俱进提出了构建新时代桐昆初心、雄心、良心、恒心、戒心和匠心的"六心"精神，成为桐昆前进的内生动力，推动桐昆稳健、高质量发展的不竭源泉。

（二）战略驱动轮：战略领航，推动企业卓越发展

桐昆集团在掌舵人的卓越带领下，经历七次跨越式发展，坚守主业，贯彻"稳健发展""反周期发展""高质量发展"等战略理念，拓展行业，延伸产业链，打造化纤制造优良产业生态系统，奠定绿色发展、智能发展的转型升级发展之路。

（三）团队驱动轮：五大团队，精诚协作，铸就桐昆特色管理模式

桐昆集团拥有一支"忠于桐昆，扎根企业"的稳定中高层团队，以及管理、员工、技术、财务、经营五大人才团队，坚持"客户至上"和"质量、效益至上"的理念，以"一厂一品一特色"为产品特征，以管理创新为主线，以装备创新升级为重点，运用绩效考核体系实施与生产质量和效率相关的技术研发、供应链管理、生产制造、设施设备管理等九个过程的管控，保证各项战略绩效目标的实现。

（四）创新驱动轮：科技兴企，培育竞争优势，领先行业

桐昆集团专注于涤纶长丝的制造技术与产品创新，自主开发的"超大容量高效柔性差别化聚酯长丝成套工程技术开发"荣获国家科学技术进步二等奖。近三年，开发了"32头纺原油上油牵伸技术"和"一体化紧凑型聚酯纺丝技术"等行业乃至全球领先的技术，研发与应用行业、全球首台套装备。

（五）风险不动轮：居安思危，风险管控稳根基

桐昆集团始终以归零的心态务实创新，做到高兴不过夜、经验教训带终

生,越是取得成绩的时候,越是要有居安思危的忧患意识,越是要有如履薄冰的谨慎心态,强化风险管控,提升抗风险能力,以稳健作为发展的基本点。

四、未来发展展望

进入"十四五",桐昆集团作为全球最大的聚酯涤纶纤维生产制造商,将继续坚持深化转型升级,推进制造强国迈上新台阶。

一是围绕"延链、补链、强链"继续加强技术创新,提高行业的整体技术水平,也激发行业科技创新新动能;二是继续发挥龙头企业作用,基于冠名的中国纤维流行趋势,加强对国内、国际市场的引领和掌控,扩大国产品牌的影响力;三是继续优化结构调整,首先是区域结构调整,企业产能继续坚持向中西部地区转移,响应国家战略布局的"一带一路"和"国内大循环为主体"的发展思路;其次是产业结构调整,通过开发高品质、柔性化的功能性聚酯产品,充分满足人民对美好生活的新期待,并通过公司新项目、新产品建设,将产品拓展至军用、工业用等领域,扎实推进转型发展;四是继续解决"卡脖子"关键技术难题和薄弱环节,紧抓绿色聚酯催化剂、硅油等关键技术瓶颈攻关,增强聚酯纤维产业链中关键环节、关键领域、关键产品的自主可控能力;五是积极响应国家的碳中和目标,继续坚持绿色发展道路不动摇,要更加重视环境友好,提高绿色发展的水平,并开发设计更多绿色产品,引导全社会的绿色消费,促进行业的绿色发展;六是继续加快数字化、智能化进程,提升管理水平、产品品质,以及市场快速反应能力,进而全面提升企业的核心竞争力,在新时期继续推动行业高质量发展。

展望"十四五"期间,桐昆集团将立足国家发展战略要求,以上述六方面为抓手,科学应对百年未有之大变局,实现行业的高质量发展,为"十四五"开好局,为建设现代化的纺织强国贡献力量。

康赛妮集团有限公司

全球高档纱线顶级供应商

一、总体情况简介

康赛妮集团有限公司（以下简称"康赛妮"）成立于 2000 年，总部位于浙江省宁波市，是集染色、粗纺、精纺、半精纺、花式纱、高档面料、服装服饰的设计研发、电子商务和进出口贸易等业务于一体的大型企业集团。凭借领先的创新设计和一流的产品质量，康赛妮目前已拥有 LV、HERMES、ARMANI、PRADA、CHANEL、POLO、THEORY、J. CREW 等 100 多个全球顶尖服装品牌客户，全面进入国际高端粗纺市场，成为亚洲唯一一家进入全球奢侈品纱线俱乐部 PITTI IMMAGINE FILATI 的企业，是国际高档纱线的顶级供应商。

作为国家高新技术企业，康赛妮建立了"浙江省技术研发中心""国家羊绒和花式纱线研发基地"等创新载体，与世界知名设计师合作，创新研发获得国家 20 余项授权发明专利、6 项设计大奖、16 项国家绿色设计产品等。先后荣获了"国家制造业单项冠军示范企业""国家绿色工厂""改革开放 40 年羊绒行业引领企业""国家绿色供应链管理示范企业""全国纺织品标准化工作先进单位""纺织行业智能制造试点示范企业""国家工业产品绿色设计示范企业""中国驰名商标"等荣誉。近三年来，康赛妮主营产品高档粗梳羊绒纱线年均销量超过 2500t，综合年产销值达 26 亿元，市场占有率位居国际国内首位。

康赛妮大楼

2020年年底，康赛妮顺利通过国家工信部第二批"制造业单项冠军示范企业"复核。

二、突出优势

2017年，康赛妮已经成长为全国唯一使用全新国际自动化流水线的大型纺织纱线制造企业，同年被评为国家制造业单项冠军示范企业。目前，康赛妮年生产销售羊绒等纯天然原料为主的高档纱线、面料近10000t，其中100%纯羊绒纱线超过2500t，占世界纯羊绒原料产量的16%以上，是中国羊绒纱线出口量最大的企业。

2020年5月，康赛妮研发团队将"绿色、健康、可循环"设计元素聚焦于产品，分别与拥有一流学科的东华大学、西安工程大学等著名高校合作，克服重重困难，专项攻克纱线抗菌的部分技术，成功研发出具有抗菌功能的时尚毛针织纱线系列产品，为市场带来了一股"清新、健康、可循环"的新潮流。

通过国际专业检测机构的测试，康赛妮的系列抗菌羊绒纱线符合国际标准，可以大批量投放市场。该系列产品具有优良的抗菌性，不仅可以抑制细菌在羊绒纺织制品上繁殖，去除细菌分解而产生的异味，还能阻断病菌传播途径，降低在公共环境下的交叉感染率。而且，此抗菌纱线性能优越，洗涤几十次后仍可以保持较好的抗菌性，能够切实保障消费者的身体健康。

三、典型经验

无论何时何地，董事长薛惊理常常告诫员工"专注到极致，就是冠军"。纱线虽微小，却内含乾坤。唯有跟上时代的节奏，把握潮流的脉搏，专注以工匠精神，不断打磨，才能开新局、创新势。"没有夕阳产业，只有夕阳企业，专注方得始终。"薛惊理这么说，也是这么做的。

创立20年，康赛妮始终把技术创新作为企业发展的核心竞争力，不断加大研发投入，研发投入占营收额的4%以上，走出了一条"自主创新＋协同创新"的开放式发展路径。

康集妮建立了一支专业技术人员领衔的创新团队，设立康赛妮特种纱线研究院、技术中心、博士后工作站，积极引进国际先进的研发、制造、检验设备和生产工艺技术。同时，康赛妮与江南大学、浙江理工大学开展产学研合作，共同研发高档羊绒纤维制品，获得宁波市科技进步一等奖和全国行业的多项科技奖项。

通过持续的创新投入，康赛妮不断积累创新成果。目前已经拥有各类专利40项，其中发明专利24项，主持制定了《山羊绒绒条》等6项国家行业标准，参与制定6项国家行业标准。其中，自主研发的免复洗染色羊绒纤维制品、具有活性负氧离子的羊绒纤维制品、阻燃防辐射纳米羊绒纤维制品等六大系列高性能纤维产品的销售收入已占到企业全部销售收入的70%以上。

目前，康赛妮的主要产品是以纯天然山羊绒为原料的高档羊绒纱线。包括26支、28支、32支和36支粗梳羊绒纱线。其中，高端产品粗纺26支纱和36支纱达到国际领先水平。

凭借优良的产品质量，康赛妮的品牌影响力迅速扩大，有力助推其在全球市场不断拓展。目前，康赛妮已经建立遍布全球的销售网络。在英国、美国、日本、德国、俄罗斯、西班牙等30多个国家和地区建立了销售子公司或销售代理机构。

除了产品技术创新，还有生产技术创新。受技术和设备限制，传统纺纱企业生产线的自动化和集成化水平较低，生产工序不连续，对人工操作的依赖性较强，导致生产效率较低，产品质量稳定性有待提高。为了打破这一瓶颈，康赛妮从2014年开始调整生产端布局，逐步向智能制造领域延伸，积极推进生产线"机器换人"，康赛妮从意大利和日本先后引进12条国际先进的全自动高档粗梳纤维纱生产线，以及相应的技术测试设备、全智能化包装系统和智能化测试试验仪器。

四、未来发展展望

新一轮产业技术革命浪潮到来之际，康赛妮紧抓智能化发展机遇，2019年与德国西门子联手设计打造全球毛纺行业第一家智能数字化无人未来工厂，建筑面积近10万m^2，代表着康赛妮实现从自动化到智能化的"华丽转身"。智能工厂全面对标中国制造2025和工业4.0理念，引进国际最先进的全自动数字纺纱生产流水线10条，并配备目前行业一流的生产辅助设备和制造执行系统（MES）、企业资源计划系统（ERP）、产品全生命周期管理（PLM）等智能软硬件系统，通过工厂内部通信网络架构和互联互通信息集成的技术方案，围绕传统制造业数字化改造、无人化制造技术创新以及"5G+"工业互联网产业化这几项先进制造关键领域实施示范，推进绿色制造+互联网，推动互联网与先进制造融合发展，提高产业资源智慧化管理水平，促进提升制造数字化无人化水平，实现智能化、个性化和集成化制造。设备流水线全程采用机器人手臂操作和自落连转承衔接技术，打造世界一流交付制造系统，是全国毛纺行业第一家无人智能化工厂。既能降低人工成本，又提升50%生产效率，库存周转率提升100%，品质提升25%，交货周期缩短50%，开启业界三周交货新时代。

未来三年康赛妮将在现有平台上持续发展。智能工厂正式全面投产进入生产满负荷量产阶段；做大做强产业链供应链并推动收购兼并工作；每年推进

30余项新产品新技术研究开发和产学研一体化工作，实施申报国家企业技术中心和国家重点实验室工作，研发投入占营业额比重达到4.5%；销售团队与销售网络持续扩张，专业流行面料发布平台影响力扩展发力，继续推动国内外优秀人才加入销售设计团队；企业管理团队加强专业化提升，智能化信息化生态化建设基本达到设计目标。未来三年产销值、利税总额、实交税金年均增长15%以上。

五、专家点评

康赛妮坚持研发生产羊绒纱线20年，并使企业主导产品——高档粗梳羊绒纱线市场占有率达到16%，占据国际、国内首位，这体现了中国民族企业和企业家的坚韧、责任和力量。康赛妮突出产品创新开发，抢抓机遇开拓市场，构建优质供应链产业链，并与此俱进积极提升生产方式的自动化、智能化、无人化水平，让企业成为亚洲唯一一家进入全球奢侈品纱线俱乐部PITTI IMMAGINE FILATI的企业，成为国际高档纱线的顶级供应商，这也是康赛妮发展的核心竞争力和永恒动力之源。康赛妮也体现了关怀员工，绿色发展的良好品质和社会责任感，体现了务实、勤奋、敬业的"宁波帮"精神，体现了顽强拼搏、锐意进取、百折不挠的企业家精神。康赛妮的这些特质和典型案例将会推动、引领毛纺织乃至全国纺织行业在科技、智能、绿色方面的进一步发展，具有极大的代表性和推广意义。

浙江理工大学校长/工程院院士　陈文兴

CIXING 宁波慈星股份有限公司

方向对了 路就不远

一、总体情况简介

宁波慈星股份有限公司（以下简称"慈星股份"），是全球最大的智能针织装备解决方案的供应商，也是多项国家行业标准的起草单位及国家高新技术企业，在瑞士及意大利设有一流的针织机械及控制技术研究中心。早在2013年，慈星股份就已经将产业链延伸至工业机器人领域，与国内领先的运动控制公司合资组建了专业的机器人控制系统研发企业。2014年3月，慈星股份整合相关资源组建了慈星机器人技术有限公司，定位于"掌握核心技术的系统集成商"，为寻求转型升级的劳动力密集型企业提供一揽子数字化车间和智能制造方案。

二、突出优势

宁波慈星股份有限公司于2012年3月29日在深交所上市。慈星通过持续开发创新产品、不断创新市场理念、率先建设云定制平台、布局工业机器人产业，实现企业自身及上下游企业的转型升级。慈星倡导"产品+服务"的市场理念，不仅在研发上保持核心技术领先，而且在服务上采取多种途径，为客户提供全方位服务，将"制造业"升级为"制造服务业"。

2016年慈星被工信部认定为国家智能制造试点示范企业；2017年1月，主导产品荣获国家科技进步二等奖；2017年11月，企业被工信部认定为国家制造业单项冠军示范企业；2020年10月，企业被工信部认定为国家绿色示范工厂。同时慈星股份积极牵头国家、行业标准制定工作，以第一起草单位的身份主持制定国家标准2项、行业标准3项、浙江制造团体标准1项，企业拥有授权发明专利130项，获省部级科技进步一等奖4项。

慈星股份专注于针织装备领域，做专做精做强，目前已成为国内智能针织装备的龙头企业，产品市场占有率全球第一，远超全球其他同类品牌。为适应智能制造和智能工厂新趋势，慈星又开发了高端机型3D一体成型电脑横机，极大地提高了装备的自动化、智能化水平，推动了针织行业技术进步。

宁波慈星股份有限公司

生产车间

三、典型经验

（一）从逆境中磨炼

慈星股份能有今天的局面，离不开一个人，他就是慈星股份董事长孙平范，在创业初期，他"走遍千山万水，吃尽千辛万苦，说尽千言万语，想尽千方百计"，最后在高科技密集、一度被国外品牌垄断的电脑横机行业立足，并后来居上迅速赢得市场，规模扩张300多倍，不仅超越日本对手，还成功收购行业老三，顺利实现了国际化，书写了国产横机产业崛起的神话。

2008年，慈星自主研发的"GE2-45S型电脑针织横机"和"GE88型电脑无缝针织内衣机"两个项目被中国纺织工业联合会列为"十一五"纺织行业推广技术项目。2009年，在全球金融风暴冲击的余波下，慈星股份电脑横机逆势飞扬，实现了国产电脑横机产销量的世界第一。

2010年6月，慈星股份全资收购拥有60年历史的电脑针织横机企业，世界第三大电脑横机制造商——瑞士事坦格集团（STG）及其旗下的意大利时尚设计中心，还包括事坦格上海纺织机械有限公司。事坦格拥有全世界最先进的电脑横机嵌花技术，这使慈星股份在嵌花精密技术上得以提升了一大步。

凭借事坦格完善的国际销售网络，"慈星横机"在全世界的品牌美誉度也提上了更高层次，一举打开了国际市场。随后慈星股份又以第一大股东的身份参股意大利Logica公司，使慈星股份在制版软件研发这方面占领了制高点，建立了独有的国内外双品牌合作研发机制。

品牌美誉度得到提升之后,很快反映到销售上。数据显示,"慈星电脑横机"2010年销售超过2万台,销售额达25亿元,利润7.3亿元,出口电脑针织横机308台,销售额达518.1万美元;2011年,慈星股份的销售额超33亿元,相比2009年的销售额增长了近4倍。

(二)打破国外垄断

在慈星股份的全自动电脑横机推向市场之前,国内电脑针织横机市场由日本岛精(Shima Seiki)、德国斯托尔(Stoll)等国外品牌垄断,中国企业在最需要的时候往往容易被外方卡脖子,供货和售后服务的不稳定,严重制约并阻碍了我国由针织大国向针织强国发展。

因此,慈星股份实现全自动电脑针织横机装备的国产化和自主化,让中国企业不再受制于人,也增加了行业的活跃度,更扩大市场;对"中国制造2025"发展规划中的智能纺织装备产业化创新驱动发展战略来说,也具有推动作用,可以促进"互联网+"应用,加快新一代信息技术与纺织业融合创新发展。

技术的进步打破了垄断,取得了替代进口的实力,也获得了业绩的高速增长。

自2007年开始,慈星电脑针织横机销量连续8年位居行业第一,仅2009年1月至2020年12月,就销售全自动电脑针织横机20余万台,销售收入170余亿元。

2012年3月29日,慈星成功在深交所创业板上市(300307),募资21.35亿元,让慈星股份有更多底气在欧洲设立研发中心,为提升企业研发实力,吸纳国际科技人才打好了基础;另一方面,慈星股份利用"产品+服务"的模式理念,不仅确保了核心技术领先,还提升了服务水平,将"制造业"转变成为"制造服务业",促成"慈星"品牌在横机行业中的领先地位。

对慈星股份来说,更大的意义在于,利用上市募集来的资金,推动了企业向智能制造全面深入。慈星股份与国内领先的运动控制研发企业固高科技成立了合资公司,共同开发机器人控制器,并在2014年组建了面向具体行业智能制造的慈星机器人技术有限公司。慈星股份还与香港科技大学ATC李泽湘教授领衔的运动控制研发团队、美国加州大学伯克利分校机器人与人体工程学实验室全球领先的机器外骨骼团队、瑞士联邦理工及巴黎东部马恩·拉瓦雷大学人工智能算法团队等产学研合作,共同开发工业机器人。

(三)为行业制定标准

作为行业的领跑者,慈星股份在"掌握核心技术"之后,对知识产权进行保护并为行业制定标准。慈星股份一共申请的专利数量多达1300多项,其中获得授权的国家发明专利就超过130项,掌握了大量纺织鞋服智能制造领域的核心技术。

作为全自动电脑横机的全球第一大企业,慈星股份还以第一起草单位的身份主持制定了《电脑针织横机》《电脑无缝针织内衣机》《高速丝袜机》三项行业标准;主持起草了国家标准《纺织机械与附件 针织机用输纱器与纱线控制装置》第1、2部分,参与制定了国家标准《纺织机械与附件 针织机用输纱器与纱线控制装置》第3部分;主持制定了浙江制造团体标准1项,为行业的科技进步做出了自己应有的贡献。

(四)全面推动个性化定制

现在让慈星最引以为傲的,是其个性化定制系统。这个系统有一个C2M云平台,并以此为中心,通过EC、ERP、SCM、MES等系统,将设计、生产、营销及供应商等各大系统进行连接,实现众包设计、智能生产供应管理、可追溯订单交付、个性化柔性定制的全流程服务,进而建立一个全新的针织鞋服产业链运作规则,通过流程再造、引进O2O电商平台,并在制造侧导入工业机器人,将原来传统针织鞋服的生产和分销流程进行颠覆,并通过C2B和C2M的营运模式实现针织鞋服产业的去库存化,提升产业链运行效率。

这是慈星股份从手摇横机升级到半自动电脑横机,再升级到全自动电脑横机之后的又一次升级。过去只生产和销售电脑横机的慈星,现在开始卖"制造+服务"。具体来说,就是卖设备的时候,顺便把众包设计、智能生产的模式卖出去,每一台慈星制造的全自动电脑横机,都是这个系统的终端。

慈星云定制平台将整合、集聚服装原材料、个性化面料、智能纺织装备、设计师、品牌服装等众多资源,各自分工合作,通过建立一批样板智能工厂,开展带头示范,循序渐进,建立新的协作规则,形成以物联网为基础、以互联网为工具的产业协作经济发展新形态。2016年,C2M项目被工信部授予第一批国家级"智能制造试点示范项目",这是政府层面对慈星股份在智能制造领域所做出努力的认可。"

这套系统的背后,实际上是慈星股份研究开发的全自动电脑针织横机和鞋面机,再往深处探究,就是慈星过去十年来的主攻方向——智能制造、机器人、人工智能等。慈星立足当下,立足制造业本身,全面进入工业机器人的智能制造装备行业,抢抓高速发展黄金机遇,放眼长远,布局服务机器人的智能化产品研发和产业化,把握更大的潜在市场。

四、未来发展展望

为完善产业布局,近年来慈星股份陆续完成了对国内多家人工智能和机器人企业的战略投资。还与美国加州大学伯克利分校机器人与人体工程学实验室、香港科技大学机器人研究所、中科院自动化所等国内外顶尖的人工智能和机器人研究机构开展了深度战略合作。这些资源的有效整合，将为慈星建立一个以机器人、智能制造、人工智能及"互联网+"等技术融合发展的生态系统奠定基础。

五、专家点评

宁波慈星作为纺织行业智能制造企业代表，为了行业转型升级与高质量发展做了大量有益探索。近年来，随着国内生产成本要素上升，纺织服装企业面临着越来越多亚洲其他地区的低成本竞争压力；同时，欧美市场随着快时尚、个性化与环保理念的盛行，生产环节更短、生产模式更加灵活柔性的针织机械生产设备始终被日本、德国企业所垄断。宁波慈星通过自主创新，紧密结合国内市场，不断加大研发投入，在突破国内单机设备的同时，针对行业发展瓶颈，为业界提供了更少用工、更节省原料、更加契合高效大规模个性化定制的针织行业智能制造解决方案。为提高行业国际竞争力，保障我国纺织服装产业链终端生产自主可控做出了突出的贡献。

中国纺织机械协会秘书长/高级经济师　丛政

 新凤鸣集团股份有限公司

科技赋能
打造化纤行业全要素一体化智能工厂

一、总体情况简介

新凤鸣集团股份有限公司（以下简称"新凤鸣"），创办于2000年2月，是一家集PTA、聚酯、纺丝、加弹、进出口贸易于一体的民营上市企业（股票代码603225）。集团位于中国化纤名镇——桐乡洲泉，下设中辰、中维、中石科技、独山能源、中益等20余家子公司，生产基地"两洲两湖"布局，目前形成聚酯年产能500万t，PTA 500万t生产规模。

新凤鸣连续多年跻身"中国民企500强""中国制造业500强"，拥有20年的聚酯长丝研发和生产经验，拥有国家企业技术中心、全国示范院士专家工作站、省级重点研究院、省级博士后工作站等科研平台和研发机构，在低碳环保、柔性、智能自动化聚酯长丝制造等方面拥有国际领先的核心自主知识产权。新凤鸣拥有专利授权421件，其中发明专利24件；软件著作权10件；主持、参与国家、行业标准制定40余项；主导产品涵盖POY、FDY、DTY、HOY等多个系列品种，共1000余个规格及多种中高档差别化聚酯长丝，牵头承担国家重点研发计划"重点基础材料技术提升与产业化""聚酯、聚酰胺柔性化高效制备技术"项目，成为国内行业首家牵头"十三五"重点研发计划的民营企业。

新凤鸣参与国家重点研发计划1项，主持多项省部级重点研发计划、创新专项。2012年"大容量短流程熔体直纺聚酯长丝柔性生产关键技术及装备"项目获得中国纺织工业联合会科技进步奖一等奖，2013年"超大容量高效柔性差别化聚酯长丝成套工程技术开发"项目获得国家科技进步二等奖1项，2015年"两化深度融合提升生产效率"获得浙江省企业管理现代化创新成果一等奖，2016年"化纤企业全流程自动化生产管理"项目获得国家级企业管理现代创新成果二等奖，2016年获得"中国纺织联合会第五届全国纺织行业管理创新成果大奖"和"全国纺织行业质量奖"，2018年获得中国纺织联合会

厂区图

"纺织行业智能制造试点示范""纺织行业功能性聚酯纤维重点实验室"认证称号，2018年"高效节能短流程聚酯长丝高品质加工关键技术及产业化"项目获得省科技进步二等奖，2019年"基于熔体直纺在线可控多功能高品质聚酯纤维制备技术"项目获得浙江省科技进步二等奖，2020年"熔体直纺高效柔性添加成套装备及工艺开发与产业化"项目获得"纺织之光"科技进步二等奖等多个省部级科技奖项。

二、突出优势和典型经验

（一）高品质功能聚酯纤维产品柔性加工技术

新凤鸣研发团队攻克高品质功能聚酯纤维产品柔性加工技术，基于高黏度流体分散共混理论，研发功能有机杂化材料一体化制备技术，获得了形貌可控、热稳定性高、功能性持久、高含量多功能协效阻燃、抗菌、抗紫外线等聚酯母粒。开发了高黏度流体多孔注入球穴型动态高效混合在线柔性添加技术，实现功能母粒熔体短停留时间、低降解，满足熔体直纺小批量、多品种、高品质改性。通过在线添加技术，开发出原液着色纤维等差别化高品质功能纤维，省去切粒、切片干燥、染整等生产环节，节约了水电，实现了节能减排。创新的基于纺丝成形动力学模型仿真，优化纺丝工艺参数，有效降低纤维成形能耗、物耗，显著提升纤维品质，整体技术水平达到国际领先水平，该项目先后获得国家级、省部级奖项。

（二）聚酯长丝绿色制造产业化技术

新凤鸣始终专注节能减排。第一大合成纤维品种的聚酯纤维加工以最先进的熔体直纺工艺为主，但存在规模化生产的同时，无法兼顾产品高效柔性化开发、绿色加工等特点。对此，新凤鸣将聚酯聚合、纺丝、加弹全流程柔性化技术与绿色加工技术相融合，构建聚酯长丝高效柔性化及绿色制造产业化技术体系。率先建立起聚酯柔性梯度成果转化平台，对聚酯聚合、输送、纺丝等全过程仿真优化，构建微量多组分共聚、在线添加、纺丝组件等柔性化技术，建立了4万t（1千t、1万t、3万t）聚酯柔性梯度转化平台，新产品开发效率提升50%以上。开发出绿色高效催化聚合反应技术。基于所建立的三釜流程酯化反应动力学模型，开发出低醇酸摩尔比、加压酯化、钛系催化剂三釜短流程高效聚合工艺技术，实现大有光、半消光、阳离子聚酯稳定化生产，能耗显著降低，达到了国家标准的1级能耗。建立了高品质长丝绿色加工全套技术体系。开发出七辊无油牵伸、双排双头紧凑环吹工艺、超细多孔聚酯长丝WINGS FDY工艺及低阻尼高速上油及在线多点补偿非接触式高速加弹技术，实现聚酯长丝绿色高品质加工。

通过项目的实施，不仅能够确保企业在国内差别化、功能化聚酯纤维领域内的技术领先地位，而且能够带动下游与织造、染整等相关的企业产品开发，支撑我国聚酯工业的发展。该工艺大大改善了操作环境，减少了对环境的污染和人体的危害，能够引领国内甚至国外整个化纤行业向环保低碳方向发展，大大推动化纤技术的发展和进步，也能促进江浙地区乃至全国整个化纤纺织产业的整体升级。

（三）工业互联网平台"凤平台"

科技赋能，引领未来，新凤鸣作为嘉兴首个"尝鲜"5G应用的企业，建成了集"主数据、实时数据、ERP、MES、大数据及辅助决策和工业APP"等于一体的工业互联网平台"凤平台"。实现内外部互联互通，一体化打通了业务链、数据链和决策链，对内支撑智能+办公、生产、经营和智能决策，对外支撑拓展产业链、物流与供应链、金融与服务链，保障企业持续创新发展，平台赋能下，新凤鸣集团向上延伸了产业链、横向打通了供应链与物流链、向下延伸了金融与服务链，拥有"工艺水平、智能化水平、人均产值、综合增长率"等多项第一。新凤鸣创建了大数据+云计算优化的能效管理系统。基于"大数据+云计算"系统，搭建"三废"回收专用系统、燃烧、热力、运煤优化系统及智慧空压与水压分级管理系统，实现对整个生产过程全天候监测、整体分析、科学诊断和动态能效管理。新凤鸣集团重点建设"敦煌易购"电子商务、"丝路易达"智慧物流业务功能，完善构建"互联网+化纤"数字新生态，加快企业新旧动能转换和高质量升级发展。为了高质量建设智能制造平台，新凤鸣集团以"端到端"业务流程为主线，通过设计集团业务全息图，合理制定规划智能制造平台的架构。同时，进一步明晰平台相关系统的边界、功能定位和企业部门、岗位的职能职责，打破了系统界限，贯通了部门壁垒，实现了企业管理工作高效协同，有效支撑了企业创新发展。新凤鸣用5年左右时间，有序建成经营管理、生产营运、客户服务、基础技术四大平台和智能工厂示范，构建信息化标准和信息安全两个体系，建立一套信息化管控机制，力争2025年底前全面完成智能工厂建设，打造行业一流的信息化能力，支撑实现"最具专业性的纤维供应商"的战略目标。

（四）建设化纤行业全要素一体化智能工厂

受原油行情、中美贸易战等多项因素的影响，近年来化纤市场出现较大动荡，企业的转型升级和高质量、可持续发展显得至关重要。新凤鸣以"智造"换"制造"，积极进行智能化技术和装备的研发创新和改造，2017年参与国家级重点研发计划"智能机器人"，为行业智能化制造注入了新的力量，实现多个生产环节的"机器换人"。

结合"5G+"一体化工业互联网平台，新凤鸣率先开启了国内长丝加工智能制造的新模式，一系列的研发创新有效提高了生产效益。2019年12月，新凤鸣成为化纤行业首家"智能制造标杆企业""大数据应用示范企业"，代表行业先进的生产力，有力带动行业转型升级，提升竞争力，为推动国家数字经济做出了贡献。

三、未来发展展望

新凤鸣坚持规模化、高端化、专业化发展战略，以提高企业综合竞争力为目标，坚持走"规模扩张、技术创新、结构优化、质量效益、品牌建设"五者同步提升的稳健发展之路，实现"创业提升发展、创新转型升级、创优和谐共赢"的战略目标。着重以提升企业综合竞争力为出发点，以扩大产品差别化率、打造低碳节能型企业为目标，进一步加大科技创新与技改投入，力争实现"产业基地化、生产规模化、产品精细化、技术专业化、管理科学化"的产业升级目标，突出主业做精做强，力争实现"十四五"集团"三千"目标：即PTA年产能千万吨、聚酯年产能千万吨、年营收千亿元，将企业建设成为国内乃至世界最专业的纤维供应商之一。

长乐力恒锦纶科技有限公司

力恒锦纶助力中国化纤产业创新可持续发展

一、总体情况简介

长乐力恒锦纶科技有限公司（以下简称"力恒锦纶"）位于福建省福州市长乐滨海工业区，属于化学纤维制造行业，是福建省纺织化纤龙头企业。力恒锦纶坚持"聚焦主业，布局全产业链"的战略发展思路，坚定"不畏尝试、精进不止、协同合作"的企业发展价值观，在全球范围内率先完成"环己酮—己内酰胺—聚酰胺—锦纶6纺丝—锦纶6加弹—整经—织造—染整"锦纶6八道产业链完整布局。力恒锦纶立足于锦纶材料市场，生产的差别化锦纶6聚合切片、锦纶长丝、高弹丝等产品远销海内外，部分产品填补了国内空白，在锦纶、氨纶产品等纺织材料开发、生产上均处于领先地位。

力恒锦纶厂区图

二、突出优势

（一）技术先进

力恒锦纶的生产设备和技术属国际领先，生产流程采用智能化控制系统，产品质量达到国内外先进水平。通过进口世界著名供应商的己内酰胺、锦纶切片及自产的的锦纶切片生产超细旦锦纶长丝、锦纶加弹丝,采用德国巴马格和日本TMT的生产工艺,全套引进德国巴马格、日本TMT的先进卷绕设备,与国内最大纺织技术提供商北京三联虹普纺织化工技术有限公司合作进行设备安装、改造。

力恒锦纶参与国家"十二五"项目《大容量聚己内酰胺(PA6)高效连续聚合关键技术》并成功通过验收。该聚合研发工艺设计研发产能为日产3t,采用二段式聚合技术,工艺路线兼具德国Zimmer和瑞士Inventa的设计优点,聚合塔顶部设计有抽真空装置,具备研发高黏度工业级切片的条件;工艺设计时留有熔体直纺接口,并在聚合研发线旁留有两个纺丝实验位安装空间。力恒锦纶现承担国家"十三五"项目《聚酯、聚酰胺纤维柔性化高效制备技术》。整体而言,该聚合研发中心的设计体现了多样性、灵活性、前瞻性等特点,具体表现如下:

1)研发车间内部采用全钢平台架构,在国内较为罕见。由于全钢结构便于改动和切割,有利于后期工艺、设备改进与创新。

2)研发车间预留了纺丝试验空间,后期可上纺丝试验位连接熔体直纺接口,具备攻关已列入国家"十三五"科技规划的锦纶6熔体直纺项目的条件。

3)预聚进料前段,预留了改性剂进料口和静态混合器,为改性剂、催化剂等的开发试验提供了便利。

4)干燥段循环氮气加热采用蒸汽加热与电加热联合使用,并结合终聚塔顶真空泵,能生产和研发更多种类的切片。

对于生产制造型企业而言,科技创新是企业发展的原动力,是企业的核心竞争力,更是企业持续发展的有力保障。

(二)质量优异

产品质量是制约企业发展的关键要素。为了保证产品质量,力恒锦纶从源头开始,在技艺和流程上精益求精,追求完美,以质量和品质赢得行业消费者信赖。在质量技术监督局每年定期抽检中,力恒锦纶产品抽检结果均能达到优等品水平。除此之外,力恒锦纶通过方圆标团质量管理体系认证、环境管理体系认证和职业健康安全认证、海因斯坦欧盟信心纺织品认证证书,每年进行年检,保证证书有效延续。此外,因产品质量优异,力恒锦纶获得多项质量管理认可荣誉,如"福建省工业企业质量信誉承诺企业""福建省重质量守信誉优秀单位""质量信誉建设优秀企业"等。

(三)规模效益

自2006年投产至今,力恒锦纶产品涵盖了喷水、喷气织布、圆机、经编、花边织布等领域,用途广泛。在国内产品销售中,力恒锦纶产品80%销往经编行业。目前在生产经营中的品种有 100 多种，尚有储存品种 60 多种，此外，每月增加新品种 6~8 种。力恒锦纶近年产品绩效主要指标均处于同行业先进水平，并处于逐年上升趋势，2017 年和 2019 年企业产品在国内外锦纶行业的市场占有率居全国第二位。

三、典型经验

（一）技术创新

创新是企业生生不息的源泉，力恒锦纶以创新引领品牌，深耕实业领域，专注于生产技术创新，不断提升企业软实力。现已拥有日产 5t 的聚合研发中心、8 个独立研发纺位的产品研发中心，同时力恒锦纶重视产学研合作，与东华大学、厦门大学等多所国内知名大学共同研发，实现科技产业化，开发出更多适应市场要求的高科技产品，推动企业及行业的科技进步。目前，力恒锦纶已拥有 175 项国家知识产权专利，产品品种多达 100 多种，每年的新产品产值率维持在 20% 左右，并参与承担国家"十二五""十三五"重点建设科技项目，被评为国家级高新技术企业、国家差别化锦纶 6 产品开发基地以及福建省级企业技术中心。

（二）产品多样

力恒锦纶是国内最大的锦纶 6 生产和研发基地，致力于锦纶纤维的生产和研发，主要有 FDY、HOY、POY 和 DTY 等各系列锦纶长丝，还研发诸多锦纶 6 高附加高端产品如分纤母丝、直纺单丝、吸湿排汗纤维、抗菌除臭纤维、驱蚊纤维、色丝、超细旦纤维、异形纤维等。其中锦纶 6 分纤母丝产品采用高速纺丝设备，在 600m/min 的整经速度下，每 30000m 断头率低于 1 次，生产效率是同类单丝的 5~8 倍，产品具有无网络、抱合性低并且分丝率达到 100% 等特点。

（三）质量管控

力恒锦纶设有专门的品质管理机构——质检部，由总经理亲自担任企业质检中心主任，严抓质量关。生产部副总经理全面负责企业质量管理工作，并合理配置资源，明确职责和权限。在生产中对整个质量管理过程进行精心设计，形成了整套质量保证文件体系和有效的计划、执行、检查监督、分析改进的品控循环（PDCA），同时根据优质生产规范（GMP）的要求，在生产的各个工段制定了作业标准书和质量关键控制点，以规范操作，减少误操作造成的品质异常，每个工作岗位均有明确的岗位职责、绩效考核标准和质量要求，从而有效地消除质量隐患，提高解决问题的效率。力恒锦纶产品严格执行 GB/T 16603 锦纶牵伸丝、FZ/T 51004—2011 纤维级聚己内酰胺切片等各项标准，生产优质产品。在生产管理中，各部门严格按照 ISO 9001 质量管理体系的要求，结合企业质量职能分工，建立并保持了文件化的质量体系和有效的实施、监督机制，指导各部门循章运作，确保产品质量。力恒锦纶不断健全各项质量管理制度和考核办法，使企业的管理水平上了一个新台阶，产品质量达到了国内领先水平，产品畅销国内外，经济效益不断提高，企业的发展驶入了快车道。

（四）制度完善

1. 企业品牌培育相关制度

力恒锦纶在 2016 年 1 月开始导入品牌培育管理体系，设立专门的品牌培育办公室，由 8 名品牌兼职人员负责相关的品牌建设和宣传工作。以在 10 年内将力恒打造成为国内环保高性能纤维产业细分市场的领先者为目标；以诚信、竞合、共赢为经营理念，以担当、开放、创新为管理理念，共同打造属于力恒的品牌，使力恒成为最具竞争力、最具盈利能力、最具行业影响力的品牌。

2. 知识产权保障制度

力恒锦纶建立了符合企业实际情况的知识产权管理制度，从制度上规范了企业的知识产权工作。通过相应的激励机制，鼓励员工进行自主创新，为企业带来更多的知识产权，并在实际工作中，不断对制度加以修改完善。通过近年的实践，企业知识产权管理制度较好地规范了企业知识产权工作流程和各部门、人员的职责，使知识产权各项工作有人负责、有文件可依、有程序可执行，提高了知识产权工作效率与可操作性。同时依据知识产权中的奖励规定，企业已有多人获得奖励，进一步提升了员工为工作创造知识产权的热情。

3. 企业生产安全保障制度

力恒锦纶现有员工 1400 余人，按规定设置了安全管理机构安全部，成立了以总经理为主任的安全生产委员会，各部门、车间都配备了一名安全员，业务上由公司安全部指导。安委会每季度召开一次安全专题会议，进行总结及下季度工作计划安排，每次会议均形成纪要。企业建立、健全了包括各部门/车间、管理人员、从业人员的安全职责在内的安全生产责任制，从总经理、分管副总、各部门负责人、班组长到岗位操作工，层层签订《安全生产责任书》，做到了人人有安全职责，并对落实情况进行考核。企业建立工会，工会履行相关安全生产监督职能。企业根据安全生产法律法规、标准规范与其他要求制定了相应的管理制度，各职能部门定期识别和获取本部门、车间适用的安全生产法律法规、标准规范与其他要求，并向主管部门总经办汇总。总经办每年发布清单到各单位，及时将适用的安全生产法律法规、标准规范与其他要求以培训考核的形式传达给从业人员。每年进行安全生产法律法规、标准规范及其他要求的合规性评价，编制了合规性评价表。同时建立健全安全生产规章制度，全面布置落实安全操作规程的修订、培训工作，各项安全管理制度、规程得到补充和完善，形成了《安全操作规程汇编》《安全生产规章制度汇编》，并将其发放到相关工作岗位，对员工进行培训，狠抓制度落实，力求形成一种长效安全机制。

（五）标准制定

力恒锦纶积极参与推动行业技术进步和发展的各项活动。2016年参与了《民用锦纶长丝加工贸易单耗标准》的修订，提升锦纶行业的清洁生产技术水平。

（六）人才培养

企业内生动力，最终离不开人，人力资源是最重要的经济资源和生产要素。力恒锦纶注重人才队伍的建设，目前企业拥有工程师50名、技术骨干人员300多名，良好的成长氛围，实现了企业15年来中层员工"零流动"。每年企业从香港大学、厦门大学、东华大学等各大高校招揽研发及管理人才，并于2014年实施"新申代·青训营"人才培养战略计划，对优秀的应届毕业生及具有潜力的内部员工展开针对性培养，加速人才的成长，为集团百年企业的梦想输送人力资源。此外，力恒锦纶加强外部产学合作，积极与中国工程院、东华大学等国内高校、科研院所建立长效的合作机制，解决技术与人才瓶颈。内外兼修，用人的力量激发企业内生动力！

四、未来发展展望

未来力恒锦纶计划推动企业全自动化包装、自动落筒、自动平衡间等多方面建设工作，实现企业"机器换人"的落地实施，实现少人化、无人化目标；降低企业在用工、原材料、能耗方面成本，提升产品质量水平，保障企业生产安全，缩短产品生产周期，降低安全事故的发生率，向更高效率发展；打造化纤类垂直供应链资源整合运营平台，获取高资源利用率，打造比线下长乐纺织更大规模的线上长乐纺织产业，通过IOT（物联网技术）+SaaS（软件及服务）+AI（人工智能）的有机结合，实现"以软件为入口、以硬件做服务、以AI去制胜"的目标，依赖互联网技术红利催生出智能生态圈。

五、专家点评

力恒锦纶作为全球锦纶产业龙头企业，一直以来秉承高品位、高质量、以用户需求为导向的产品战略，研发出了众多功能性差异化产品，遵循创新、求实、优质的服务理念，产品坚持环保、舒适、健康，受到市场广泛的接受和认可。

中国化纤标准国际化推进委员会专家
福州市纺织工程学会常务理事　陈立军
高级工程师

山东如意毛纺服装集团股份有限公司

打造纯毛机织物单项冠军

一、总体情况简介

山东如意毛纺服装集团股份有限公司（以下简称"如意集团"）始建于1972年，全球拥有60多个全资和控股子公司，30多个国际知名纺织服装品牌，5000多家品牌服装零售店，拥有毛纺服装、棉纺印染两条从原料到高端制造的完整产业链。单项冠军产品为纯毛机织物，产品全球市场占有率达11%，其原料来源于全球优质羊毛产地——澳大利亚的如意罗伦杜牧场，全球最细的羊毛来自于该牧场，其产品设计源自分布在中国、意大利、英国、法国等地的6个全球设计研发中心，其制造中心分布于山东、新疆、宁夏、英国等地，年产纯羊毛机织面料1500万 m。

二、突出优势

（一）科技化

如意集团的纯毛机织物在国际上具有核心知识产权，核心技术优势明显，在国际上处于领先地位。

如意集团的纯毛机织物核心技术——嵌入纺技术获得了国家科技进步一等奖，核心知识产权已经获得了美国、英国、日本、韩国、德国、法国、土耳其、意大利等国家的国际专利，拥有国内发明专利40项，其他专利400多项。主导及参与了8项国家标准、8项行业标准、4项地方标准的制定工作，标准制定层次与规模处于同行业领先水平。国家纺纱工程技术研究中心、山东省纺纱技术创新中心两大技术研发平台为产品赋能，提供差异性产品，新型纺纱技术、绿色染色技术、低损伤加工技术、数码印花技术等技术的相互融合研发的超高支机织羊毛面料及超高支纯羊绒面料处于国际领先地位，核心技术形成了如意集团独有的产品，产品被杰尼亚、1881、BOSS等国际顶级品牌采用，如意牌毛机织面料具有与意大利、英国等顶尖产品相抗衡的影响力，国际竞争力强。

（二）品牌化

如意集团充分发挥品牌的力量，在奢侈品、高端、中端三个层面上分别布局如意品牌，在细分市场提升每个层级品牌的竞争力，以差异化的品牌提升主导产品的竞争力，通过品牌为产品提供支撑。如意集团全球拥有30余个中高端品牌，5000多家品牌零售店，使机织产品一直延伸到品牌终端。

依托如意集团旗下品牌的影响力，使产品的市场规模和全球影响力不断得到提升。

（三）高端化

以产品高端化为思路，在以上三层级产品中，如意集团的主层产品占据每个层级的高端，产品具有高附加值，性价比突出，为提升品质提供支撑。以毛机织物为依托，如意集团获得了2次山东省质量奖、2次中国质量奖，面料附加值高于行业平均水平15%。如意集团顶级纯毛机织面料紧盯国际尖级品牌诺悠翩雅（Loro Piana），在综合竞争力方面如意集团无论在产业链、产品结构、技术含量方面均与其看齐。

如意集团产品艺术中心

（四）时尚化

充分发挥国家级工业设计中心在设计领域的引领与带动作用，以设计辐射如意产业链，为产业链提供设计服务，培养设计人才，提升每个环节的设计开发能力。如意集团与清华大学美术学院、米兰理工大学设计学院、英国皇家艺术设计学院等产学研合作进行设计趋势的研究，设计引领型产品。在欧洲、亚洲、非洲等地建设如意集团的设计研发中心，设计开发辐射国家与地区的差异化产品，如意集团纯毛机织物年开发的产品有3000多个品种，20000多种花色，30余项技术达到国际先进水平，是我国纺织企业中唯一一个获得了3次中国国际面料设计大赛金奖的企业还获得了1次中国工业设计奖金奖。时尚化融合品种、品质、品牌三品战略，为打造全球时尚产业集团提供全力支撑。

如意集团产品体验中心

三、典型经验

（一）管理创新

1. 管理能力

近几年如意集团逐步建立起完善的法人治理结构，形成了具有战略决策能力的董事会，下设战略委员会、审计监察委员会、人事与薪酬评价委员会；具有超强执行能力的总经理层，负责实施董事会的战略决议；形成了分工明确、职责清晰的决策团队和执行团队，为企业发展提供了良好的组织保障体系。在创新体系建设方面，如意集团建成了国家级工业设计中心、国家纺纱工程技术研究中心、国家级企业技术中心、国家级博士后科研工作站、山东省重点实验室、山东省院士工作站等科研平台；建立了完善的三级创新体系：如意技术研究院，英国、巴黎、日本、米兰4个研究院分院和8个研究中心，研究院总部负责集团前沿技术储备和应用技术孵化，4个分院负责细化市场、细分领域的技术研究，8个研究中心负责承接孵化技术的产业化研究和日常工艺质量提升方面的创新研究。

2. 质量品牌

在质量管理方面，以"科技领先、精品战略"为理念的全过程质量管理模式，针对产品质量的结果进行的标准化管理，以实现最终产品质量符合国际标准、国家标准及客户标准。

3. 在人才管理创新方面

把人才引进工作作为企业发展动力，通过刚性引才和柔性引智，广缆各方英才。以英国、意大利等海外生产研发基地为依托，点对点引进高水平外籍顶级人才；引进产业领军人才。以横向项目为支撑，与国际国内 20 多所高校院所建立合作；多层共进，广泛培养企业自主人才，大力实施"走出去"战略，确立技术研发、经营管理人员赴海外参观考察和短期"充电"，坚持多渠道、多形式、多层次的原则，实施人才开发战略，强调学历不足为凭，倡导终身学习；长短结合。根据不同层次人才的不同需求，在有计划安排长期培训的同时，积极开展短期的岗位适应性培训，培养应用型人才。

4. 打造一流创新发展环境，让人才充分施展自己的聪明才智

良性的人才结构体系，为如意集团快速发展提供了重要的智力支撑，通过不断引进国际化创新人才、设计人才、营销人才、外国技术专家，有计划有节奏地培养自身人才队伍，特别是近几年根据集团人才需求定向培养了 10 位博士、60 多位硕士和 30 余名卓越工程师，已经形成一个具有如意特色的三级人才梯队：产业领军人才、中坚技术人才、基层工匠人才，为如意集团的创新发展奠定人才基础。

（二）经营创新

如意集团是以毛纺产业起家的国际知名技术纺织产业集团，专注从事纯毛机织物的设计、研发、生产、销售等工作，是一个由原料生产、设计服务、智能制造、贸易物流、品牌推广所构成的从原料到品牌的毛纺全产业链纺织集团。

在细分市场方面，企业主营"如意"牌精纺呢绒，并将提升质量管理与创新能力作为企业生命力的重要基础。

在国际化经营及品牌建设方面，相对于欧美等发达国家，中国纺织服装行业在品牌建设方面存在巨大的差距。为弥补这一短板，如意集团在致力于自主品牌建设的同时，开启了国际知名品牌的并购之路。近年来相继收购了德国派那手工西装、英国泰勒毛纺、法国轻奢品牌 SMCP 集团等企业，利用"如意纺"技术对其进行技术提升和品牌对接，提升了如意集团的国际知名度和影响力，进一步完善了从原料到制造到品牌零售终端的全产业链布局，实现由制造型企业向以科技制造为支撑的时尚品牌集团的转型，并形成了以下品牌群：

- 奢侈品牌：皇家如意、D'URBAN、Aquascutum。
- 轻奢品牌：Sandro、Maje、Claudie Pierlot 等。
- 高端品牌：NOGARA、INDIOS、JUDGER 等。

在完善品牌网络的同时，如意集团在全球 80 多个国家和地区建立了营销服务网点，结合全球品牌网络，形成了覆盖全球的国际经营网络体系，有效拓展了国内制造单元的产品销售。通过整合全球资源，如意集团迅速走完一个服装品牌企业 100 年所走的路程。

四、未来发展展望

未来 3~5 年，如意集团发展目标是，如意品牌面料市场占有率国内第一，全球第二，具体如下：

（1）奢侈品领域　皇家如意品牌面料产品定位瞄准普拉达（PRADA）、Loro Piana，市场占有率达到 20%，全球第一。产品关键质量指标耐干洗色牢度达到 4~5 级，耐汗渍色牢度 4~5 级，产品关键性能指标撕破强力大于 11，脱缝滑移小于 5，甲醛含量未检出，每米能耗成本小于国际水平。

（2）高端领域　高端领域超细羊毛精纺纱线及其面料、精梳长绒棉纱线及其面料，市场瞄准雅格斯丹、Sandro、D'URBAN 等品牌，市场占有率达到 21%，排名全球前三位。产品关键质量指标耐干洗色牢度达到 4 级，耐汗渍色牢度 4 级，产品关键性能指标撕破强力大于 10，脱缝滑移小于 5，甲醛含量未检出，每米能耗成本小于国际水平。

（3）中端领域　中端领域面向量大面广的市场，面向如雅戈尔、彬彬、庄吉等，市场占有率达到 20%，国内占有率前五，国际占有率前十。纱线及终端产品关键质量指标耐干洗色牢度达到 4 级，耐汗渍色牢度 3~4 级，产品关键性能指标撕破强力大于 10，脱缝滑移小于 6，甲醛含量未检出，产品能耗成本小于国际水平。

在技术方面，未来 3~5 年，如意集团年开发新产品每百万米达到 200 个，高于国际先进水平 180 个水平，掌握关键技术 10 个且达到国际先进水平，掌握关键工艺技术 10 项且使用该工艺生产加工过程中的纱线加工效率达到国际先进水平（万锭用工 20 人、十万次引纬断经 9 根，断纬 10 根，千锭时断头 15 根），产品质量指标达到国际先进水平。拥有核心自主知识产权 45 个，研发投入占主营业务收入的比重突破 4%。

以振兴中国纺织产业为己任
打造棉纺织行业龙头企业

一、总体情况简介

鲁泰纺织股份有限公司（以下简称"鲁泰纺织"）是目前全球高档色织面料生产商和国际一线品牌衬衫制造商，拥有从纺织、染整、制衣生产，直至品牌营销的完整产业链，是一家集研发设计、生产制造、营销服务于一体的产业链集成、综合创新型、国际化纺织服装企业。

鲁泰纺织办公楼

鲁泰纺织现拥有纱锭70万枚，线锭10.2万枚，具备年产色织面料22000万 m、印染面料9000万 m、衬衣3000万件产能。鲁泰纺织生产经营业绩一直位居全国纺织行业前列，先后获得"全国五一劳动奖状""中华慈善事业突出贡献奖""全国质量奖"等奖项。

鲁泰纺织被认定为高新技术企业、国家级工业设计中心、国家级企业技术中心、CNAS 国家认可实验室。近年来，鲁泰纺织成功开发 600 多项新技术、新产品，59 项产品通过省部级科技成果鉴定，其中 13 项达到国际领先水平，39 项达到国际先进水平；获得国家、省部级奖励 63 项，其中国家科技进步奖一等奖 1 项，二等奖 3 项；承担省级以上科技计划 21 项；获得授权专利 478 项，软件著作权 4 项；主持或参与制定国家和行业标准 68 项。

二、突出优势

鲁泰纺织作为单项冠军企业，是全球高档色织面料生产商和国际一线品牌衬衫制造商，中高档色织面料出口市场份额占全球市场的 18% 以上，是棉纺织行业龙头企业。鲁泰纺织在发展中坚持以科学发展观为指导，以振兴中国纺织产业为己任，走出了一条基于纺织而又超越纺织的绿色、低碳、科技、人文之路。作为棉纺织行业首家荣获全国质量奖、中国工业大奖的企业，鲁泰形成了独具特色的鲁泰生产方式、企业文化、科技创新模式，对行业发展有着典型示范和引领作用。

鲁泰纺织生产车间

三、典型经验

（一）技术创新发展

在国际竞争日趋激烈和行业发展动力转换的形势下，鲁泰纺织把发展基点放在创新上,更加突出创新对于企业产业转型升级的引领作用,重点体现在培育发展新动力、拓展发展新方向、促进资源优化配置、深入实施创新驱动发展战略四个方面。目前鲁泰纺织拥有"筒子纱数字化自动染色成套技术与装备""超高支纯棉面料加工关键技术及其产业化""印染废水大通量膜处理及回用技术与产业化""纺织面料颜色数字化关键技术及产业化"等核心技术和装备。

(二)经营绩效与产业协同发展

鲁泰纺织以体制机制创新促进发展方式转变,积极以市场为导向,加大科研创新,着力优化关键过程,充分调动了全体员工主观能动性和积极性,保障了企业持续的内在发展动力。同时有效实施过程管理,全面提升过程绩效,不断对研发过程、供应链管理过程、生产过程、设备管理过程等关键过程进行改进,满足市场和客户的需求。

(三)企业管理

持续学习、借鉴国内外先进管理模式,结合自身实际,打造独具鲁泰特色的管理模式——鲁泰生产方式(LTPS)。鲁泰自 1995 年至今,先后通过了 ISO 9000 质量管理体系、ISO 14000 环境管理体系、OHSAS 18000 职业健康安全管理体系、SA 8000 社会责任管理体系、两化融合管理体系、ISO 10012 测量管理体系、WRAP 环球服装生产社会责任标准等认证。同时不断推进管理创新,全面深入实施卓越绩效管理模式,着力构建鲁泰生产方式,实现了管理的国际化、科学化和精益化。

(四)企业文化

鲁泰纺织大力实施"文化强企"战略,坚定文化自信、强化文化担当,全面构建了以企业使命和愿景实现为目标,以企业价值观培育和弘扬为核心,以管理文化为主线,以创新文化、开放文化、品牌文化、人本文化、责任文化等五大专项文化为抓手的"鲁泰企业文化"。作为传统的劳动密集型纺织企业,鲁泰立足行业和自身实际,突出以"热爱员工"为主旨的人本文化建设,这是鲁泰纺织文化的核心。

(五)国际化发展

鲁泰纺织充分运用东南亚的区位优势,分别在越南、柬埔寨和缅甸建立色织布和成衣加工工厂,以不断推动企业的国际化发展,推进更高水平的跨国资源配置,带头加快国内纺织产业转型升级。

四、未来发展展望

鲁泰纺织的使命是"创造财富,奉献社会,衣锦四海,经纬天下";愿景

鲁泰面料馆

是"世界一流,百年鲁泰",是以实业为根基,立足纺织主业,适度扩大生产规模,在色织布细分领域保持全球第一的基础上,围绕产业链延伸、纺织相关领域和产品结构多元化,积极探索多专业发展道路,着眼做"大纺织""超纺织",在多个细分领域达到同业领先地位,打造国际化的世界一流知名企业,实现基业长青。

鲁泰纺织未来总体定位是以领先面料为核心的全球化服装解决方案供应商。分四个层面,产品层面定位于服装面料及成衣解决方案;客户层面定位于品牌服装企业及其服务商;业务层面定位于营销、设计研发、核心制造、供应链管理;全球层面定位于全球化的客户、全球化的研发与生产布局,以及全球化的人才队伍。

五、专家点评

鲁泰纺织股份有限公司作为纺织行业单项冠军企业,具有技术领先、产品过硬、服务周到的特点,这是他们不断创新、精耕细作的结果,充分显示单项冠军的独特优势,同时凸显其辐射带动能力,形成"冠军"集群,必将会在建设制造强国的光辉图景中留下浓墨重彩的一笔。

纤维材料专家
青岛新维纺织开发有限公司总经理　　王遵元

R OAD 泰安路德工程材料有限公司

锐意进取
铸造世界高性能土工材料知名品牌

一、总体情况简介

泰安路德工程材料有限公司（以下简称"泰安路德"）成立于 2002 年 4 月，注册资本 13800 万元，现有员工 380 人，系 2017 年度国家级制造业单项冠军示范企业、国家高新技术企业、国家级守合同重信用企业、国家知识产权优势企业，主要生产经营涤纶经编土工格栅、碳纤维经编土工格栅、超高分子量聚乙烯纤维经编土工格栅、玄武岩纤维经编土工格栅、玻璃纤维土工格栅等纤维经编土工格栅、玻塑土工格栅、塑料土工格栅、钢塑复合土工格栅等土工合成材料，其中 2 项自主知识产权产品发明专利获中国专利优秀奖。

泰安路德研发楼

泰安路德成立 19 年来，一直专注于土工复合材料的生产、销售。2020 年生产各类土工复合材料 2.5 亿 m^2（约合 20 万 t），实现销售收入 14.95 亿元。产品市场占有率达 22%，居全球同行业首位。纤维经编土工格栅作为企业主要经营产品，销售收入占企业总销售收入的 85%，产品利润率为 12% 左右，而同行业平均利润率仅为 7%，产品利润水平远高于行业平均利润水平。

泰安路德的产品主要应用于高速公路、高速铁路的路基增强加筋，水利堤坝除险加固，隧道、地铁工程，岛礁工程及矿山巷道支护等，替代钢筋使用，被国家发改委节能中心认定为首批 15 个节能典型案例产品之一。目前产品已被广泛应用于青藏铁路、京沪高铁、京九铁路、兰新铁路、神农架机场、胶州湾隧道工程、重庆合长高速公路、宁高城际铁道交通等上千项国家重点工程，泰安路德是京沪高铁山东段唯一中标单位。产品远销三十多个国家和地区，产品质量受到工程界专家和广大用户的一致好评，是国内技术最先进、品种最齐全的土工格栅生产厂家。

二、突出优势

（一）技术先进性

泰安路德现拥有土工格栅相关专利 100 余项，占土工材料行业专利总量的 18% 左右，居第一位，包括"一种耐用型高智能型复合土工材料及其制作方法""一种超高分子量聚乙烯纤维格栅网的涂层处理方法""环状碳纤维土工格栅""一种碳纤维格栅卷绕及切割装置"等重要技术发明专利；获得省级以上科技成果奖 15 项；目前已起草或修订各类标准 38 项，其中国家标准 4 项，行业标准 7 项。

泰安路德作为合成纤维制经编织物的制造业单项冠军企业，不仅在产能上保持优势，而且在基体纤维配比及复合编织技术、产品外层涂覆剂及涂覆工艺等核心工艺技术方面均为自主研发，且处于国内领先水平，确保企业技术引领同行业，保持行业竞争力和领导力。目前，泰安路德研发的光纤有效植入及协同变形技术可确保产品不仅具有加筋加固功能，还具有实时数据采集和安全预警功能，该产品填补行业空白，使土木工程安全监测技术实现了质的跨越，带领泰安路德实现高质量发展。

（二）产品质量

产品质量是企业的生命线。泰安路德自成立以来，始终坚持"精益求精出精品，持续改进无止境"的质量管理理念。产品合格只是最低的质量要求，精品才是最高的质量境界，精益求精出精品是公司不懈的质量追求。泰安路德定期在企业官网发布质量信用报告，始终坚持"质量第一，客户至上，求实创新，持续改进"的质量方针，建立了质量"一票否决"考核制度，以及一系列质量控制制度及规定，并设置"首席质量官"，具有一票否决权。

三、典型经验

（一）技术创新水平

泰安路德重视技术创新，一方面加大与高校、科研院所的深度合作交流，突破土工合成材料领域技术难题；另一方面，泰安路德通过留存收益、企业自筹、引进资金等多形式、多渠道相结合筹集资金，加大技术研发投入，每年投入的科技研发经费占销售收入的4%左右，为企业技术创新工作提供了强有力的资金保障。

泰安路德不断完善科研平台建设，投资建设了高标准的中心研发楼，总面积19134m^2。目前建有1个省部级行业科研平台及4个省级科研平台——中国轻工业特种土工复合材料重点实验室、山东省省级工业设计中心、山东省认定企业技术中心、山东省特种土工复合材料应用工程实验室和山东省土工合成材料示范工程技术研究中心。

借助高水平的科研平台，近年来泰安路德陆续承担国家、省级科研项目30余项，其中承担了工业和信息化部"工业转型升级强基工程——年产1500万m^2高强耐碱集成化玻璃纤维增强材料项目"；获得科技奖项20余项，其中2项发明专利获中国专利优秀奖，1项中国轻工业联合会科技进步一等奖，1项山东省科学技术进步二等奖。通过技术创新，企业研发实力得到提升。

（二）管理能力

泰安路德现有员工380人，其中高管9人，中层管理人员38人，技术人员81人，共计占总人数33.6%。企业员工本科生以上人员114人，占总人数的30%，专业技术人员81人（其中博士6人，硕士26人），其中高级工程师36人，组成了一支优秀的研发团队。员工年龄构成老中青相结合，其中30~45岁年龄段的员工占比64.7%，是企业的中坚力量。充足的人才能促进企业可持续性发展，推动企业做大做强。正是由这样高素质人才组成的管理团队和研发团队，使得泰安路德具备了优秀的管理能力和强大技术创新能力，形成了企业的核心竞争力，并保持行业领先。

（三）企业文化

泰安路德秉承"诚信为本，求实创新，路连九州，德惠天下"的企业精神和"以人为本，安全第一，效益至上"的企业宗旨，以面向世界、面向未来、建设一流企业为发展导向，形成了具有独特风格的企业文化体系。

伴随企业文化体系的建立，泰安路德充分发挥了企业文化在管理中的纲领性作用，使企业走上了以文化为主导的管理轨道。泰安路德不断壮大的过程中，始终把企业文化贯穿于企业管理的整体过程和每个员工的心目中，贯穿于每一项工作或任务，使得企业文化在全体员工中形成共鸣，增强了全体员工的凝聚力、向心力。

（四）质量品牌

泰安路德已通过 ISO 9001：2015 质量管理体系认证，并严格贯彻落实 ISO 9001 质量管理体系标准，对体系不断地进行完善、更新和改进，认真组织和部署好体系每年的管理评审工作。每年持续的管理评审，保证了企业质量管理体系运行，确保了产品的质量安全。

经过持续不断的努力，2016 年"路德"商标认定为中国驰名商标、山东省著名商标，通过马德里体系国际商标注册，"美格瑞诗"商标被评为山东省著名商标。"路德"牌涤纶经编土工格栅、玻璃纤维土工格栅等 4 项产品被评为山东省名牌产品，系产业用纺织品名优品牌、山东省塑料行业名优品牌。泰安路德被省政府评为"山东省百年品牌重点培育企业""山东省制造业百家高端品牌培育企业"，中国品牌建设促进会评价"路德"商标品牌价值为 13.58 亿元。

（五）经营绩效

近年来，泰安路德紧跟市场变化，抓住机遇，及时调整产品结构，积极推进管理、技术创新，使企业的市场竞争能力不断提升，经济效益实现跨越式发展。泰安路德 2018 年实现产品销售总额 137966 万元，其中申报产品销售总额 71362 万元；2019 年实现产品销售 143989 万元，其中申报产品销售总额 74874 万元；2020 年实现产品销售总额 149460 万元，其中申报产品销售总额 77709 万元，销售收入列国内同行业前列。

（六）产业协同

借助在土工合成材料行业影响力，泰安路德联合上下游企业，通过构建土工合成材料产业互联网平台，实现了原料、产品、工程应用的数据整合分析、预测、追溯，进而实现从产品用原料到最终客户工程使用的全产业链协同，促进了原材料供应、产品销售、工程应用的有效对接，加快了产业链各环节紧密协同，对优化资源配置、提升作业效率效果明显。

（七）国际化发展

泰安路德不断拓展海外市场，主营产品出口份额逐年递增，2018—2020 年出口份额分别占比 36.3%、37.8%、38.9%。企业积极参加国际展会、技术交流会等活动，进行技术及质量等方面的交流，通过欧盟 CE 认证将产品推向国际，打开国际市场，不断提高产品知名度、美誉度，打造国际品牌。"路德"商标为中国驰名商标，现已通过马德里体系境外商标注册。

四、未来发展展望

下一步,泰安路德将紧密围绕土工新材料产业"高性能、多功能、高附加值、智能绿色化"等发展趋势,重点突破碳纤维、玄武岩纤维、超高分子量聚乙烯纤维等高性能纤维复合材料产业化制备技术,聚丙烯长丝纺粘针刺无纺布等高端产业用纺织品产业化技术,多功能土工格栅、智能土工材料等功能纺织新材料制备技术。

泰安路德将持续坚持科技创新求发展,加快构建产学研用紧密结合的科技创新体系,大力实施"科技兴企"的发展战略,打造知名品牌,领军行业发展,以重点项目建设实施为支撑,着力在强化科技供给上实现新突破,大力促进创新成果转化,进一步增强企业创新动力、活力和实力,实现"四新"促"四化",努力为国家基础设施建设不断做出新的更大的贡献。

五、专家点评

泰安路德工程材料有限公司是一家集研发、生产、销售、服务于一体的土工合成材料生产企业,19年发展历程,让我们见证了泰安路德逐步发展壮大,快速成长为土工合成材料行业的佼佼者。作为土工合成材料行业的制造业单向冠军企业,泰安路德生产能力强,产品质量有保障,同时研发的高强智能集成纤维复合土工格栅集、碳纤维增强多功能格栅、高强聚丙烯长丝纺粘非织造布、四向拉伸塑料格栅等先进产品不仅打破国外技术垄断,而且有效提升了我国土工合成材料行业技术水平,为我国土工合成材料的发展做出了巨大的贡献。这些俨然已成为该公司的一张靓丽名片。希望泰安路德继续创新,持续突破,为中国土工材料民族工业发展续写辉煌。

中国土工合成材料工程协会秘书长　杨广庆

 青岛环球集团股份有限公司

连续三年产销第一
引领纺织行业数字化、智能化发展

一、总体情况简介

青岛环球集团股份有限公司（以下简称"环球集团"）成立于1966年，是集研发、生产、销售和服务一体的高端专用装备制造企业。环球集团是工信部"2019年度智能制造系统解决方案供应商"，国家智能制造系统远程运维服务试点示范企业，国家服务型制造示范企业，制造业单项冠军示范企业，拥有国家企业技术中心，国家专利及软件著作权200余件，深耕纺织装备40多年，系列产品处于世界领先水平。环球集团主营业务纺织装备是国家重点鼓励与培养的支柱产业，属于国家重点支持的国民经济行业——纺织专用设备制造业，是国家政策明确的发展方向，是引导未来经济社会发展的重要力量。

环球集团国家企业技术中心

环球集团从 20 世纪 80 年代开始涉足纺织装备行业,现已成为引领全球纺机行业发展的重要力量和主要推手。环球集团致力于纺织行业高效、节能、智能化装备的研制,为提高纺织装备智能化水平、优化我国纺织工艺流程、推动纺织行业转型升级做出了突出贡献,引领了纺织行业数字化、智能化生产的发展趋势。据中国纺织机械协会统计,近三年环球集团生产的粗纱机系列产品产销量排名全国第一位。

二、突出优势

环球集团生产的全自动落纱粗纱机、粗细联合智能全自动粗纱机系统和筒纱智能包装物流系统属于纺织行业纺纱工序的关键设备。为加快研发数字化、智能化纺纱生产关键技术,建立智能化、连续化纺纱工厂,实现纺纱全流程数字化监控和智能化管理,工序间产品自动转运,夜班无人值守提供有力保障,为纺织行业产品水平和质量的提高、节能降耗发挥了重要的作用。

三、典型经验

(一)企业经营战略

环球集团以市场为导向、以结构调整为主线、以自主创新为动力、以行业自律为保障,以纺织企业智能化纺织装备为研发方向,以粗细联合智能全自动粗纱机系统和筒纱智能包装物流系统为中心,向上下游延伸,通过引入智能化装备和辅助机器人,改进优化生产过程,为纺纱用户提供整厂智能化生产解决方案。

(二)品牌培育

环球集团坚持企业品牌的建设,以诚信为基础,以产品质量和产品特色为核心,培育消费者的信誉认知度,这样企业的产品才有市场,才能创造更好的经济效益。

环球集团经过艰苦努力,靠扎实的管理、过硬的质量和良好的社会形象打造出用户信得过品牌,并且荣膺 60 年最具影响力的纺织产品称号。以环球集团为龙头,辐射带动周边 200 余家民营企业加入大纺织装备行业,从而形成了庞大的产业集群。环球集团是中国纺织机械器材工业协会副会长单位、中国纱线质量暨新产品开发技术论坛最佳战略合作伙伴、中国纺织机械行业十大影响力品牌。加强品牌体系建设,已经大大提升了环球集团品牌的社会影响力。

(三)研发创新

环球集团把尊重技术、尊重科学、尊重人才作为环球集团的不变准则。在探索与实践中，提炼出了环球集团的核心价值理念：以客户为中心，用创新引领行业先锋。尊重技术、崇尚创新、鼓励试错的创新文化，是环球集团的核心文化。

全体环球人充分认识"全员学习、全员创新、全员任职资格"的现实需要和深远意义，扎根本职岗位创新求变；坚持"月度创新、季度创新、年度创新"三个层次创新选拔，鼓足干劲，乘势而上，贡献更多的创新成果；上下一心，立足新起点，奋力开启环球集团高质量发展新征程。

国家企业技术中心以为本企业发展提供技术支持，增强企业的市场竞争能力、经济效益和发展后劲为首要任务，依照精干、高效的原则建立了组织机构，结合企业技术创新管理体系，根据企业研发工作的具体情况和需要合理设置，并在制度建立、组织建设等各方面给予了有力保证。

（四）人才培养

环球集团为提高科研人员的积极性，实行能者上、庸者下、优胜劣汰的办法。在新产品的开发进程上，项目负责人对新产品的开发全过程负责，薪酬收入与项目的完成情况及新产品市场销售额直接挂钩提取，以激励科技人员的工作主动性和积极性。对上年度内部完成的技术含量较高的新产品开发项目，企业给予每个项目特别奖励，充分体现了奖优的政策，极大地调动了技术人员的积极性，使他们全身心地投入到科研开发工作中，新产品开发做出更大贡献。

四、未来发展展望

在构建"双循环"新发展格局大背景下，依托青岛打造"世界工业互联网之都"的优势，加快推进新一代信息技术（5G、大数据、云计算）与制造业、现代服务业深度融合发展，确定通过实施纺织装备智能制造转型升级，推动生产方式和产业形态的创新发展，集成纺织装备、软件、标准及服务，打造具有"青岛特色，国际领先"的纺织装备智能制造生态链。

纺织装备智能制造生态链示范项目输出的产品以"环球智工厂"命名，为客户量身定做纺织行业智能制造系统解决方案，方案整合了客户的上下游及各生产工序的装备和软件，赋能纺织工厂打造全流程纺织生态链系统。智能物流装备无缝链接单机装备实现连续化生产，通过智能物流平台实现信息共享，通过环球智工厂平台实现管理智能化。

"十四五"期间，环球集团将以智能化纺织装备为研发方向，以粗细联合智能粗纱机系统和筒纱智能包装物流系统为中心，向上下游延伸，通过引入智能化装备和辅助机器人，改进优化生产过程，为纺纱用户提供整厂智能化生产解决方案。"十四五"期间完成"环球智工厂"装备和技术的研发，并致力于建成智能装备制造业国家地方联合工程研究中心，实现企业技术研发水平国际领先。

五、专家点评

青岛环球集团股份有限公司进一步巩固"粗细联合智能粗纱机系统产销量中国第一"的行业地位；使企业智能纺纱装备集成服务实现"技术、质量、规模"三个第一；实现纺纱智能装备技术国际领先，成为世界知名纺织装备制造商。

企业继续沿着集成创新和自主创新的技术战略，重点发展高新技术高端产业，努力作成全球优秀的智能纺纱装备供应服务商，更好地服务于全球纺织业，最终成为全球智能纺织装备行业的领导者。

青岛大学教授　韩光亭

淄博大染坊丝绸集团有限公司

打造完整产业链条　壮大企业核心实力

一、总体情况简介

淄博大染坊丝绸集团有限公司（以下简称"淄博大染坊"）年丝绸织造面料总量位居全国首位。是目前国内唯一的具有自缫丝、织造、练印染、筒子染色、国内外贸易、丝绸文化艺术品完整产业链的生产企业，是全国宽幅丝绸家纺面料的龙头生产企业，山东省最大的丝绸印染生产企业。2018年淄博大染坊通过了国家企业技术中心认定，获得了全国制造业单项冠军示范企业称号，被认定为全国纺织服装高端品牌培育企业、全国绿色设计示范企业。

淄博大染坊在打造和构筑完整产业链中不断创新，在管理机制、研发机制、文化机制等方面全面创新，形成了独特的管理机制和深厚的企业文化，其独创的管理成果获得了全国管理创新成果大奖、山东省纺织服装新成果（新模式）奖项、全国优秀文化建设成果奖，连续三年被评为淄博市管理标杆企业，获得了全国十大品牌文化企业、全国纺织服装品牌重点培育企业、全国茧丝绸行业年度创新企业等多项荣誉称号。

二、突出优势和典型经验

淄博大染坊在发展历程中，把构筑完整产业链作为提升企业核心实力的总抓手，坚持"融合互补、科技创新、绿色生态、科学管理、品牌引领、市场带动"的理念，致力于打造和构筑完整产业链条，并推进产业链向价值链、创新链、质量链、效益链转化，提升企业核心竞争力，经过几年来的不断投入和持续创新，完整的产业链条呈现了"资源共享、成果共享、优势互补、上下互补、相互融合、相互链接"的突出优势，在市场竞争中发挥了强大的竞争力。近年来销售收入实现了"十连增"，取得了良好的经济和社会效益，在激烈的市场竞争中显现了强有力的市场竞争力和核心实力。

（一）坚持融合理念，打造完整产业链

淄博大染坊始终坚持"融合互补"的理念，坚持连续几年按照"勤迈步、迈小步、快迈步、不断进步"的总体工作思路，持续不断地通过技术改造、

对整体产业链条进行构筑,重塑工艺流程,两年间投资 2 亿余元,进行了一系列的升级技术改造,推动了企业转型升级,为构筑和打造完整的产业链条打下了坚实的基础。

在产业链的织造生产端方面,投资 6000 万元进行了织造生产线技术改造,引进了 26 台世界上先进的宽幅电子提花剑杆织机、10 台提花喷气织机及相关的准备配套设备,企业剑杆织机达到了 300 余台;在印染生产端方面,投资 1000 余万元更新置换了印花生产线,新上宽幅丝绸平网印花生产线,丝绸宽幅家纺印花面料填补了国内空白。投资 500 万元购置了新型的节能染整后整理设备,使企业染色和后整理生产工艺和质量水平成为江北首屈一指的企业。投资 1400 万元,对印染废水综合处理中心进行了全面的升级改造,使其印染水及废弃物处理能力达到了国内先进水平。

在一系列的打造完整产业链战略中,企业从长远发展考量,建立和完善了广西缫丝原料供应基地的建设,连续两年不断加大投入,在广西上林县和蒙山县分别建立了缫丝原料基地和织造生产企业,在实施"东桑西移"整体战略的基础上继续深化,在全国茧丝绸行业中率先提出并持续推进了"东绸西移"工程,目前在广西梧州蒙山县建立了拥有 56 台宽幅剑杆织机的织造生产企业,在上林县有 13 组缫丝机组,48 台剑杆织机,延长和壮大了生产链条,奠定和巩固了全国丝绸面料织造总量"冠军"地位。

(二)坚持科技引领理念,延伸上下产业链条

随着产业链条的不断完善,淄博大染坊着力依托完整的产业链条,在各个环节上为研发创新发力,推进产业链条向创新链、价值链转移。一是建立和完善了"全面统筹、系统规划、联合攻关、重点突破、成果共享"的自主创新研发机制,发挥企业完整产业链的优势,先后建立了国家级企业技术中心、中国纺织行业工业设计中心、淄博市丝绸染整生态技术工艺实验室,充分依托各类科研平台的建设和不断完善,形成快速的市场反应机制,一个新产品从研发到投放市场仅需一周时间。二是完善科技奖励制度,对有贡献科技人员进行重奖,每年拨出近 100 万元专项资金对新产品、新工艺的研发成果及合理化建议进行奖励。三是在充分发挥自身技术力量基础上,加大产学研联合步伐,先后与山东理工大学、山东工艺美术学院、南京艺术学院、上海视觉艺术学院等大专院校建立了良好的合作关系,又与富安娜、梦洁、金太阳等国内知名家纺品牌企业建立了战略联盟,联合研发新品,企业每年有近百个新产品投入市场。

目前淄博大染坊拥有 100 余项专利。有 8 个新产品被认定为国家绿色产品,1 个新产品获得全国纺织行业十大类创新产品奖,1 个新产品获得了中国国际丝绸博览会金奖,1 个新产品获得了山东省"省长杯"工业设计大奖赛铜奖,3 个新产品获得了"省长杯"工业设计大奖赛优秀奖;《多组分高档家纺

功能型面料的产业化研发》项目被列入了全市重点研发项目。

完善的研发创新机制为淄博大染坊的研发创新奠定了坚实的基础，产业链的不断完善和上下延伸也为产品结构快速调整和不断优化创造了条件，宽幅真丝家纺面料、功能型面料、细旦高尔夫、提花色织等高档面料占到全部产品的90%以上，企业每年新产品投产率达到了90%以上，先进装备占到全部设备的90%以上，企业整体实力及抗风险能力显著增强，并在2018年、2020年分别获得"全国茧丝绸行业年度创新企业"称号。

（三）坚持科学管理理念，优化整合产业链条

在产业链的构建中，为全面加强产业链的科学管理，企业按照"产品绿色化、质量精细化、操作标准化、管理规范化、方法先进化、实施全员化"的"七化"工作理念，运用先进管理办法将质量管理纳入了长远规划和动态化管理，全面推进新旧动能转换，提升产品质量水平和品质，实现产品科技化、高端化、品牌化、个性化、时尚化的全方位突破。一是对全公司每一岗位、每一环节的质量管理程序和流程进行了梳理再造，建立了完善的质量保证和监察体系和制度。二是加强了质量管理制度规范化，编制了《淄博大染坊丝绸集团有限公司质量管理制度汇编》，使每一项质量控制制度都落实到位，使每一岗位都处于受控状态，每一生产环节都实行动态式交互式的管理中，任何一个质量问题都始终可控及可追溯。三是全面强化了质量管理体系的贯标和认证，先后在企业内部推行了ISO 9001和ISO 14001体系认证，以科学、规范的体系全面带动和提升质量管理工作水平，建立起了完善的质量责任追溯机制。四是全员参与质量管理环境与企业质量文化同步推进。在质量管理活动中逐步丰富质量活动和内涵，总结出了企业特有的质量管理文化，形成了浓厚的质量管理氛围，企业连续三年有4个基层班组申报了中国纺织工业联合会质量管理小组，通过质量管理小组丰富扎实的质量管理活动，极大地提升了基层的质量管理水平。

（四）坚持绿色生态理念，提升发展产业链条

淄博大染坊在行业内率先垂范，积极构建绿色工厂及绿色产品的全产业链生产，利用集团公司的完整产业链优势，从原料采购、缫丝、织造、印染、整理、制品的各个环节实现了生产的全过程控制，所有产品均按照绿色生态设计的理念进行设计、开发，2018—2020年连续通过了国家工业和信息化部绿色产品认证，蚕丝被、丝带披肩、宽幅丝绸面料、床品四件套、真丝围巾等十几款产品被认定为绿色产品，2020年获得了全国工业产品绿色设计示范企业。同时企业积极发挥行业龙头作用，通过发挥自身的技术和管理优势，积极参与行业绿色标准的制定工作，参与编写了《绿色设计产品评价技术规范—丝绸

制品》标准，2018 年受中国纺织工业联合会及中国丝绸标准化委员会的委托，牵头制定《丝绸行业绿色工厂评价要求》标准。

（五）坚持文化引领理念，推进品牌链建设

淄博大染坊坚持不懈地推进和实施品牌带动发展战略，在国内外市场提升了影响力和知名度，在品牌培育过程中，企业坚持了"立足长远、文化引领、有序推进、品牌带动"的基本原则，将品牌建设纳入企业长远发展规划，全面实施了"品牌带动战略"。淄博大染坊坚持深挖丝绸文化，结合齐鲁文化、聊斋文化、陶瓷文化，将区域宝贵的历史遗存和传统文化元素与丝绸文化相结合，丰富了企业文化品牌建设内涵。淄博大染坊研发了集历史文化与现代艺术、古老技艺与现代织染技术于一体的丝绸文化创意产品，为古老丝绸产业注入了文化艺术的新属性，使丝绸产品具备了收藏、人文、艺术等综合价值、丰富了丝绸文化创意产品的艺术文化内涵。

（六）坚持以市场为中心，拓展延伸产业链条

企业在市场拓展中坚持以创新、互补的视角，不断加大市场营销创新力度，积极拓展国内外两个市场，加速形成"内外并举、线上线下互补"的营销新格局。一是加大与电商平台的深度合作，先后与"阿里国际站""1688"等有影响力的电商平台进行了深度合作，扩大和提升"诺宝·丝邦""齐约"自有品牌的影响力。二是企业通过不断加大各类国际市场认证体系工作力度，加快与国际市场接轨，自 2019 年以来，企业已先后通过了质量体系、环境体系、职工健康体系、知识产权体系等十余项国际认证体系，打通了与国际市场快速接轨的新通道。三是积极谋求国际市场的拓展和客户终端化，进一步延伸和扩大经营触角。2020 年在澳大利亚建立了大染坊（澳大利亚）公司，充分利用"海外仓"等模式，形成了国内外两个市场互补、互动、相互带动的良好局面，大幅提升了企业自营出口创汇能力和水平。

三、未来发展展望

淄博大染坊以长远发展、健康发展、生态发展、高质量发展的理念和战略视角，全面统筹中长期发展规划，在"十四五"期间将按照"布局科学化、动能绿色化、生产智能化、装备自动化、运作资本化、管理现代化"的方向发展，择机实施"退城进园"，在优化调整产品结构、提升装备水平、研发创新、强化营销建设十个方面加快实现"十大目标新突破"，建成世界首家生产装备全智能化的智慧、数字化丝绸生产企业，进一步巩固全国制造业单项冠军示范企业地位，全面实现大染坊绿色、持续、健康、协调的高质量发展。企业在"十四五"规划期内，将实现年自营出口创汇 2000 万美元，税金 7000 万

元，销售收入 20 亿元。

淄博大染坊将继续坚持不懈推进产业链的不断优化，持续向效益链、价值链、创新链、质量链、品牌链转化，使其完整产业链优势更加凸显，为国内茧丝绸行业产业链延伸起到良好的示范和带动作用。

四、专家点评

淄博大染坊丝绸集团有限公司是工信部自 2016 年开始实施"制造业单项冠军企业培育提升专项行动"以来，全国茧丝绸行业唯一获得"制造业单项冠军示范企业"殊荣的单位。该公司长期倡导"初心、匠心、专心、恒心、信心"的"五心"精神，坚持深耕丝绸主业不动摇，潜心打造完整产业链条，高度重视产品科技研发创新，着力打造自主品牌，积极拓展国际国内市场，不断提升企业综合竞争实力，赢得了国内外市场客户的广泛认可，为引领传统产业结构调整和转型升级注入了新的活力，发挥了极其重要的示范和带动作用。

希望该公司继续践行新发展理念，积极融入新发展格局，通过认真总结典型经验，专注细分产品领域、产品质量提升和品牌建设，突破关键领域短板，力争为加快培育具有全球竞争力的世界一流丝绸企业，促进"十四五"我国茧丝绸行业高质量发展，做出新的更大的贡献。

中国丝绸协会会长　唐琳

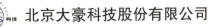

深耕专业领域　争为行业第一

一、总体情况简介

北京大豪科技股份有限公司（以下简称"大豪"）成立于2000年9月，注册资本92610.171万元。2015年4月登陆上海证券交易所主板（证券代码603025），是中国缝制机械电控领域第一家上市公司。专业从事工业计算机数控技术、工业互联网与物联网技术及其产品研发、销售和生产，是缝制机械设备电控行业的领导厂商和缝纺行业综合解决方案提供商。大豪领先推出了缝制设备远程运维平台、缝制加工智能工厂管理系统解决方案，成为国家智能制造试点示范项目。公司荣获工信部颁发的"中国单项制造业冠军示范企业"称号，通过国家发改委、科技部等五部委联合评定的"国家企业技术中心"认证，通过"北京市企业技术中心"认证，通过国家"高新技术企业认证"。

大豪总部位于北京中关村科技园区酒仙桥电子城科技园内，建有研发、办公、生产基地达6万多平方米。大豪科技旗下拥有多家分公司和子公司，并在国内外20多个地区设立了办事处。目前，大豪的刺绣机电控产品及其配套驱动器的市场占有率已位居世界第一，特种工业缝纫机和袜机电控产品在国内市场占有率第一。

二、突出优势

（一）技术先进性

大豪持续加大科研投入和坚持产品自主研发、持续创新，企业自主研发的多项技术处于世界领先水平，曾荣获国家级科技进步奖、国家优秀专利奖、中国轻工业联合会科技进步奖、中国缝制机械协会优秀产品奖等。大豪拥有多项行业领先的核心技术，其中伺服电源主控一体化技术，磁编断检和线张力控制装置，超多头、多功能组合刺绣机等产品的控制技术已达到国际领先水平。作为缝制、针纺机械设备电控领域的龙头企业，大豪一直专注于缝制及刺绣机电脑控制系统的研究和开发，不仅掌握了多项控制系统的软件开发和硬件设计技术，还掌握了设备机构动力学特性、缝制质量控制、机电一体化系统设计的分析、控制和验证的方法；同时还具备执行机构、配套驱动装置及运动控制算法的设计和研发能力。

（二）产品质量

大豪致力于为用户提供一流品质的产品和服务，是 IEC 缝纫机电气安全国际标准专家组成员，参与修订国际标准 1 项。大豪产品均执行企业标准，刺绣机及缝纫机电控产品均符合欧盟 CE 认证的标准并取得证书，使用户在使用中获得更大的质量与安全保障。大豪不断加大质量意识方面的宣贯力度，加强质量体系的培训和运行监控，在质量管理工作方面着重从焊接、来料、生产过程控制、OEM 质量控制、质量意识宣贯等多角度全面推动品质改善提升。大豪现有外围板件 OEM 厂家、整机 OEM 厂家各一家。在 OEM 质量管理方面，建立了 OEM 质量动态管控机制，根据合作协议和供方质量管理能力的动态变化。2017 年荣获中国轻工业联合会颁发的"全国轻工业质量信得过班组"（北京总部质检班组）、"全国轻工业质量信得过班组建设先进个人"（李明）、"全国轻工业质量管理小组活动卓越领导者"（程跃）三个奖项。2019 年荣获"全国轻工业优秀质量管理小组"奖。

三、典型经验

（一）技术创新

"创新永无止境"是大豪科技的一直以来遵循的经营理念，大豪秉承"生产一代、研发一代、储备一代、构思一代"四个一代的产品创新理念与机制，不断对产品进行改进升级，新产品产值率约保持在 80%。大豪一直致力于通过建立和完善企业内的软、硬件资产复用体系、加强企业内部的技术资产积累，在系统平台上和管理体制上加以保证、建立和完善信息的技术资产复用机制，从而从根本上提高了软、硬件开发效率、降低项目成本、减少项目开发中人员变动的风险。大豪制定了完备的内部知识共享和激励机制，充分发挥技术中心各级研发机构的主动性。大豪在自主研发、行业领先的通用控制系统平台基础上，将先进的信息处理、控制技术、驱动技术、检测传感技术等应用于缝制、针纺机械领域，构建了具有行业领先水平的产品体系。凭借强大的研发实力，紧跟市场和用户的需求，围绕缝制机械设备电控产品的研究、开发、制造、应用等方面进行了大规模的基础研究和实验，并在缝制机械设备整机厂商和终端用户的配合下针对缝制机械设备电控系统的设计参数、性能指标、产品稳定性等方面进行了大量试验，积累了丰富的技术储备和应用经验。

截至 2021 年 3 月，大豪拥有专利 349 项，其中发明专利 40 项、实用新型 84 项、外观设计专利 225 项；另有软件著作权 54 项；作为主要起草和参加起草单位共计参与制定了 1 项国际标准、9 项国家标准和 25 项行业标准。

（二）管理能力

大豪始终把人才培养和引进、人才梯队建设作为企业发展的重中之重，2019 年，大豪针对核心骨干人才实施了首期股权激励，建立了员工和企业利益共享、共同发展的长期激励机制。并定期进行业务流程优化和制度修订内容讨论，不断提升基础管理工作。大豪利用信息手段优化及固化业务流程，利用信息系统为运营提升快速决策信息，已于 2018 年通过两化融合管理体生活费认定，建立了完善的 SAP 信息化系统、MES + WMS 生产系统和 OA 办公自动化系统。1999 年和 2008 年大豪分别通过了 ISO 9000 质量管理体系认证和 ISO 14000 环境管理体系、OHSAS 18000 职业健康安全管理体系认证。

（三）企业文化与社会责任

"博观而约取，厚积而薄发。" 30 年磨一剑，大豪依靠不断的技术进步与创新，打造高品质产品，为客户、员工、股东及社会持续创造价值，并致力于将企业发展成为中国工业自动化控制领域最具竞争力和影响力的世界级公司。大豪与客户、供应商及其他业务合作方建立良好的合作伙伴关系，履行企业社会责任，树立良好的企业形象。大豪通过多种渠道和途径改善员工工作环境和生活环境，重视人才培训和培养，切实维护员工的合法权益。

（四）质量品牌

大豪品牌从诞生到成为世界知名品牌，靠的是不断追求创新的理念、一流产品的质量意识和遍及全国的及时服务。大豪被评为"第八届北京最具影响力十大品牌"，是行业内领军的龙头品牌，同时也是北京市知名品牌，入选 2019 年中国品牌价值评价轻工榜单。"大豪"不仅是整机生产商的首选设备，而且已经根植于缝制设备使用者的心中，是他们对"大豪"品质验证后的选择，使大豪成为名副其实的中国名牌。大豪较为注重宣传推广，通过广告宣传、参加中高级展会等方式扩大企业品牌影响力，树立了良好的企业品牌形象。

（五）经营绩效

大豪不断进行技术创新，为行业及用户带来创新的产品及成果，年研发投入占销售收入的比例达到 10% 以上。大豪主营产品集中在缝制和针织设备领域，主要包括刺绣机电控系统、特种工业缝纫机电控产品、横织机电控产品、袜机电控产品、手套机电控产品。刺绣机电控产品销量全球行业第一，特种工缝机电控产品销量国内行业第一，三类产品技术水平行业领先。

（六）产业协同

大豪的电脑控制系统是机械设备工业控制计算机及装置，集伺服驱动、多轴联动等自动化核心技术于一身,是电控类机械设备整机产品的"神经中枢"和"大脑系统",通过与绣花厂、袜厂、手套厂、缝纫机厂、横织机厂商等整机配套,实现带电控装置的自动化、半自动化缝制机械设备生产,实现了服装缝制操作的规范化、标准化、程序化,使服装生产逐步摆脱了对操作者技术熟练程度的依赖。受中国制造2025、工业4.0等政策及行业发展方向的影响,我国缝制设备制造业必将向制造业与信息技术相结合的方向发展,整机电控系统未来将承担着缝制设备更为重要的角色。我国服装、家纺装饰、鞋帽、箱包等终端产品行业机器设备的升级换代趋势明显,为缝制机械设备电控行业提供了良好的发展契机。

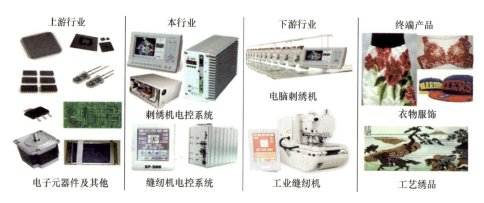

产业协同-产业链

(七)国际化创新合作网络建设

2017年大豪科技与德国技术专家联合开发的无传感器闭环步进电动机控制(sensorless closed loop step motor control)技术项目完成,该项目的实施使大豪在国际上首次在缝制设备运动控制产品中实现无位置反馈器件的矢量控制技术,达到国际一流的技术水准。2019年大豪科技与澳大利亚威尔克姆公司展开战略合作,成立了中外合资公司。这一合作的开展将会使在大豪在刺绣机制版软件领域的地位进一步巩固,行业地位将再次提升。

四、未来发展展望

在中国制造2025的政策指引下,大豪科技的目标是以市场为导向,以创新为基础,以自主知识产权为核心,成为全球缝制针纺行业领先的电脑控制系统及相关解决方案提供商,成为缝制针纺行业物联网、云计算、大数据应用领域的全球行业领导者。为顺利实现企业的整体战略目标,大豪科技将继续坚持产品技术创新战略,继续完善产品技术创新的工作机制和激励机制,将创新理念融入日常工作中,鼓励创新,鼓励新产品技术应用。在经营好现有产品业务的基础上，大豪计划采用相关多元化战略，通过与纵向产业链、横向相关产品领域的整合，将企业的核心竞争力复制到相关产品或领域进行企业扩张。通过多元化并购，培养新的业务增长点。后续大豪将紧密结合轻工业发展规划，依托技术领先优势，做大做强，成就产业的二次腾飞。

五、专家点评

大豪科技长期深耕于缝制设备行业，是缝制设备电控系统研发和生产的龙头企业，其电控产品以技术领先、质量可靠、服务便捷著称，受到行业用户高度评价，具有非常高的市场占有率。大豪科技非常重视研发投入，一直以"创新永无止境"的研发理念，引领缝制设备电控产品的开发，自主研发多项世界或国内首创的技术，产品始终保持国际领先水平，并多次获得国家、行业的荣誉表彰，是名副其实的缝制设备电控系统制造业单项冠军。

在中国制造转型升级与缝制设备数字化、智能化发展的时代大背景下，大豪科技在行业率先推出了缝制设备远程运维平台、缝制加工智能工厂管理系统等整体解决方案，成为国家智能制造试点示范项目，开启了智慧缝制的新篇章。

中国缝制机械协会副理事长/教授　林建龙

晨光生物科技集团股份有限公司

晨光生物单项冠军发展案例典型经验分享

一、总体情况简介

晨光生物科技集团股份有限公司（以下简称"晨光生物"，证券代码300138），是一家专注于植物有效成分提取的高科技型企业，在中国、印度、赞比亚等地建有30多家子（分）公司。产品涵盖天然色素、天然香辛料提取物和精油、天然营养及药用提取物、油脂和蛋白四大系列80多个品种，其中辣椒红色素、辣椒油树脂、叶黄素产销量世界第一。

晨光生物先后荣获"农业产业化国家重点龙头企业""国家高新技术企业""国家技术创新示范企业""制造业单项冠军示范企业""智能制造试点示范企业""国家绿色工厂""河北省两化融合重点企业"荣誉，2012年荣获国家级企业管理现代化创新成果一等奖，2013年荣获河北省政府质量奖，2020年荣获中国工业大奖表彰奖。晨光生物建有国家认定企业技术中心、博士后科研工作站、国家地方联合工程实验室、院士工作站等科研平台，拥有230项国家专利技术、3项国家重点新产品、38项省部级科技成果；荣获40余项省部级以上科技奖励，其中"辣椒天然产物高值化提取分离关键技术与产业化"2014年荣获国家科技进步二等奖，"番茄加工产业化关键技术创新与应用"2017年荣获国家科技进步二等奖。

晨光生物先后通过了BRC体系认证、cGMP体系认证、国家实验室（CNAS）认可、ISO 9001认证、ISO 22000认证、ISO 14001认证、OHSAS 18001认证、KOSHER认证、HALAL认证、FAMI-QS认证、CMS认证、SEDEX认证、美国FDA产品注册，以及知识产权管理体系认证。产品符合联合国粮农组织、世界卫生组织及国家标准要求，远销欧洲、美洲、大洋洲及日、韩、南亚、东南亚、非洲部分国家和地区。

二、突出优势

（一）技术先进性

自2000年成立以来，晨光生物长期致力于植物有效成分的提取制备技术开发工作,科技成果评定先后获得国际领先 11 项、国际先进 13 项、国内领先 14 项,先进的研发技术进一步提升了晨光生物在国际植物提取行业的影响力,带动我国形成了多个世界领先的产业,引领了植物提取物产业标准化、高质化的发展方向。

(二)产品质量

晨光生物率先引进 HACCP 管理理论,首次在行业内构建形成符合提取物产业特色的从种植、采收、储运到加工全过程质量与安全保障体系。技术成果带动我国辣椒红、辣椒油树脂、叶黄素等多个植物提取物产品产销量世界第一。

晨光生物始终坚持质量第一的发展方针,全面实现卓越绩效管理体系。建立健全了道德诚信体系,形成了晨光生物质量安全文化,构筑了一道坚固的食品安全绿色屏障。晨光生物积极参与质量诚信建设,成为河北省首批通过食品行业诚信管理体系认证的企业。

三、典型经验

(一)工艺技术及配套装备的创新与实践

科技创新成果支撑我国辣椒红、辣椒素、叶黄素、红米红等多种植物提取物产品产销量世界第一,带动我国形成了多个世界领先的产业;创新的植物资源综合利用技术,做到了植物原料有效成分的"吃干榨净",促进了我国植物提取物行业的再度升级,进一步提升了国际影响力。

1. 创新辣椒天然产物高值化提取分离关键技术开发与产业化

首创辣椒粉制粒技术,突破以辣椒粉为原料带来的后续提取速率慢、溶剂用量大和固液分离难的连续化生产技术瓶颈;创新开发出集除杂、输送、破碎、筛分、干燥、磨粉、制粒、除尘于一体的技术与装备,建成业内首条规模化密闭型原料预处理生产线,并实现了清洁化生产。晨光生物通过研究揭示了辣椒红、辣椒素及其他成分在溶剂中的溶解和分配规律,设计复合溶剂提取体系,开发出辣椒红、辣椒素同步连续逆流梯度提取技术及多级连续离心萃取分离技术;并集成创新了系列配套装备,建成了世界首条连续化、规模化辣椒提取分离生产线。

通过技术创新,该项目实现了辣椒天然产物规模化、连续化、低能耗生产,带动我国辣椒红产品市场占有率由不足 2% 增至 80% 以上,辣椒素产品市场占有率达 50%,为我国新增了一个世界领先的产业。2014 年,该项目荣获国家科技进步二等奖。

2. 创新番茄皮渣中番茄红素提取与精深加工技术

率先提出"采用番茄皮渣为原料提取天然番茄红素"的工艺思路,开发了湿番茄皮渣溶剂一步提取技术,创下了番茄红素加工原料"零成本"的世界纪录。同时,面对"高热敏性番茄红素遇热损失严重"的行业共识,为了解决"湿法加工能力小"的产业化难题,在世界范围内首次提出"干法加工番茄红素"的技术路线,开发出了高温、瞬时烘干技术;创新烘干过程联用风选技术,实现了番茄籽与番茄皮的同步高效分离,使后续提取、精制得到充分保障。开发复合溶剂提取番茄红素油树脂工艺,实现番茄红素连续化、规模化生产。2017 年,该项目荣获国家科技进步二等奖。

3. 创新叶黄素提取和精深加工关键技术研发与产业化应用

首创万寿菊花菌-酶耦合生物破壁技术、低温连续逆流萃取提取技术,并完成了装备集成,建成了国际产能最大的日处理万寿菊花加工生产线;首创叶黄素连续皂化、结晶生产技术,实现产业化应用,打破了叶黄素高端产品的国外垄断,带动我国叶黄素产品产销量达世界第一。在新疆、云南等地发展种植基地,带动种植 80 余万亩,带动当地农民脱贫致富,对边疆发展和"一带一路"建设具有特殊意义,经济和社会效益显著。2016 年,叶黄素产销量跃居世界第一。

(二)产业协同情况

晨光生物在新疆、河北、云南地区建立辣椒、万寿菊、甜叶菊、菊芋等原料种植基地,带动种植近 80 万亩,带动农户 20 余万户,为农业结构调整、促进农民增收做出了重要贡献。通过种植万寿菊、辣椒等农作物,带动当地人民脱贫致富,为社会稳定和长治久安贡献了突出的力量。为推广万寿菊等原料种植,晨光生物与新疆农大、林科院等单位签订了"产学研"合作协议,在良种繁育、大棚育苗、田间管理、病虫害防治等多个领域展开合作,为进一步发展提供了科技支撑。为了充分发挥农产品加工企业对农业发展的促进和结构调整作用,晨光生物自 2006 年起在新疆先后成立了 6 家分公司,带动新疆成为世界甜椒最大产区,为新疆垦区农业种植增加了一个特色产业。

(三)国际化发展情况

晨光生物抓住国家"一带一路"发展契机,发挥公司外向型企业优势,加快走出去的步伐,充分利用国外优势资源,建设原料种植基地,以原料主产区为依托建设工厂。为在全球配置资源,晨光生物先后在印度、赞比亚等国家从事辣椒、万寿菊、甜叶菊等原料种植及初加工,2019 年投资 4000 万美元在美国建立 1 家子公司,主要从事番茄红素加工。

四、未来发展展望

晨光生物将瞄准"建设世界天然提取物产业基地,为人类健康做贡献"的目标,坚持开放合作、平台共享,创建国际领先的研发中心、检测中心、中试中心,占领行业科技制高点,做十个世界领先的植物提取产品,努力为中国增加一个世界领先的产业。在做天然产物提取物优质原料的基础上,延伸升级产业水平,结合植物提取物的功效,开发保健品;将植物提取技术和中医药理论有效融合,实现中药提取现代化,构建国内有影响的保健品、药品的大健康产业基地,晨光生物要做老百姓吃得起的、真正有功效的保健品、药品,为人类健康贡献力量!